浙江文化研究工程成果文库

浙江文獻集成

浙江文叢

王應遴集

〔第一册〕

〔明〕王應遴 著 林傑祥 編

浙江古籍出版社

圖書在版編目（CIP）數據

王應遴集 / （明）王應遴著 ; 林傑祥編. -- 杭州 : 浙江古籍出版社, 2024. 12. -- (浙江文叢). -- ISBN 978-7-5540-3151-3

Ⅰ. Z429. 48

中國國家版本館CIP數據核字第2024TS6684號

國家社科基金青年項目“中國戲曲在日本江户時代的流播與接受研究”（項目批準號：23CZW038）

教育部社科基金青年項目“海外藏明代戲曲文獻研究”（項目批準號：22YJC760048）

浙江文叢

王應遴集

〔明〕王應遴　著　林傑祥　編

出版發行　浙江古籍出版社

（杭州市環城北路177號　郵編：310006）

網　　址　http://zjgj.zjcbcm.com

責任編輯　石　梅

封面設計　吴思璐

責任校對　吴穎胤

責任印務　樓浩凱

照　　排　浙江大千時代文化傳媒有限公司

印　　刷　浙江新華數碼印務有限公司

開　　本　710 mm × 1000 mm　1/16

印　　張　109.75

字　　數　386千

版　　次　2024年12月第1版

印　　次　2024年12月第1次印刷

書　　號　ISBN 978-7-5540-3151-3

定　　價　750.00圓（精裝）

ISBN 978-7-5540-3151-3

9 787554 031513 >

浙江省文化研究工程指導委員會

浙江文化研究工程成果文庫總序

有人將文化比作一條來自老祖宗而又流向未來的河，這是説文化的傳統，通過縱向傳承和横向傳遞，生生不息地影響和引領着人們的生存與發展；有人説文化是人類的思想、智慧、信仰、情感和生活的載體、方式和方法，這是將文化作爲人們代代相傳的生活方式的整體。我們説，文化爲群體生活提供規範、方式與環境，文化通過傳承爲社會進步發揮基礎作用，文化會促進或制約經濟乃至整個社會的發展。文化的力量，已經深深熔鑄在民族的生命力、創造力和凝聚力之中。

在人類文化演化的進程中，各種文化都在其内部生成衆多的元素、層次與類型，由此決定了文化的多樣性與複雜性。

中國文化的博大精深，來源於其内部生成的多姿多彩；中國文化的歷久彌新，取決於其變遷過程中各種元素、層次、類型在内容和結構上通過碰撞、解構、融合而産生的革故鼎新的强大動力。

中國土地廣袤、疆域遼闊，不同區域間因自然環境、經濟環境、社會環境等諸多方面的差異，建構了不同的區域文化。區域文化如同百川歸海，共同匯聚成中國文化的大傳統，這種大傳統如同春風化雨，滲透於各種區域文化之中。在這個過程中，區域文化如同清溪山泉潺潺不息，在中國文化的共同價值取向下，以自己的獨特個性支撑着、引領着本地經濟社會的發展。

從區域文化入手，對一地文化的歷史與現狀展開全面、系統、扎實、有序的研究，一方面可以藉此梳理和弘揚當地的歷史傳統和文化資源，繁榮和豐富當代的先進文化建設活動，規劃和指導未來的文化發展藍圖，增强文化軟實力，爲全面建設小康社會、加快推進社會主義現代化提供思想保證、精神動力、智力支持和輿論力量；另一方面，這也是深入瞭解中國文化、研究中國文化、發展中國文化、創新中國文化的重要途徑之一。如今，區域文化研究日益受到各地重視，成爲我國文化研究走向深入的一個重要標誌。我們今天實施浙江文化研究工程，其目的和意義也在於此。

千百年來，浙江人民積澱和傳承了一個底蘊深厚的文化傳統。這種文化傳統的獨特性，正在於它令人驚歎的富於創造力的智慧和力量。

浙江文化中富於創造力的基因，早早地出現在其歷史的源頭。在浙江新石器時代最爲著名的跨湖橋、河姆渡、馬家浜和良渚的考古文化中，浙江先民們都以不同凡響的作爲，在中華民族的文明之源留下了創造和進步的印記。

浙江人民在與時俱進的歷史軌跡上一路走來，秉承富於創造力的文化傳統，這深深地融匯在一代代浙江人民的血液中，體現在浙江人民的行爲上，也在浙江歷史上衆多傑出人物身上得到充分展示。從大禹的因勢利導、敬業治水，到勾踐的卧薪嘗膽、勵精圖治；從錢氏的保境安民、納土歸宋，到胡則的爲官一任、造福一方；從岳飛、于謙的精忠報國、清白一生，到方孝孺、張蒼水的剛正不阿、以身殉國；從沈括的博學多識、精研深究，到竺可楨的科學救國、求是一生；無論是陳亮、葉適的經世致用，還是黄宗羲的工商皆本；無論是王充、王陽明的批判、自覺，還是龔自珍、蔡元培的開明、開放，等等，都展示了浙江深厚的文化底蘊，凝聚了浙江人民求真務實的創造精神。

代代相傳的文化創造的作爲和精神，從觀念、態度、行爲方式和價值取向上，孕育、形成和發展了淵源有自的浙江地域文化傳統和與時俱進的浙江文化精神，她滋育着浙江的生命力、催生着浙江的凝聚力、激發着浙江的創造力、培植着浙江的競争力，激勵着浙江人民永不自滿、永不停息，在各個不同的歷史時期不斷地超越自我、創業奮進。

悠久深厚、意韻豐富的浙江文化傳統，是歷史賜予我們的寶貴財富，也是我們開拓未來的豐富資源和不竭動力。黨的十六大以來推進浙江新發展的實踐，使我們越來越深刻地認識到，與國家實施改革開放大政方針相伴隨的浙江經濟社會持續快速健康發展的深層原因，就在於浙江深厚的文化底蘊和文化傳統與當今時代精神的有機結合，就在於發展先進生產力與發展先進文化的有機結合。今後一個時期浙江能否在全面建設小康社會、加快社會主義現代化建設進程中繼續走在前列，很大程度上取決於我們對文化力量的深刻認識、對發展先進文化的高度自覺和對加快建設文化大省的工作力度。我們應該看到，文化的力量最終可以轉化爲物質的力量，文化的軟實力最終可以轉化爲經濟的硬實力。文化要素是綜合競争力的核心要素，文化資源是經濟社會發展的重要資源，文化素質是領導者和勞動者的首要素質。因此，研究浙江文化的歷史與現狀，增强文化軟實力，爲浙江的現代化建設服務，是浙江人民的共同事業，也是浙江各級黨委、政府的重要使命和責任。

二〇〇五年七月召開的中共浙江省委十一届八次全會，作出《關於加快建設文化大省的決定》，提出要從增强先進文化凝聚力、解放和發展生産力、增强社會公共服務能力入手，大力實施文明素質工程、文化精品工程、文化研究工程、文化保護工程、文化産業促進工程、文化陣地工程、文化傳播工程、文化人才工程等『八項工程』，實施科教興國和人才强國戰略，加快建設教育、科技、衛生、體育等『四個强省』。作爲文化建設『八項工程』之一的文化研究工程，其任務就是系統研究浙江文化的歷史成就和當代發展，深入挖掘浙江文化底藴、研究浙江現象、總結浙江經驗、指導浙江未來的發展。

浙江文化研究工程將重點研究『今、古、人、文』四個方面，即圍繞浙江當代發展問題研究、浙江歷史文化專題研究、浙江名人研究、浙江歷史文獻整理四大板塊，開展系統研究，出版系列叢書。在研究内容上，深入挖掘浙江文化底藴，系統梳理和分析浙江歷史文化的内部結構、變化規律和地域特色，堅持和發展浙江精神；研究浙江文化與其他地域文化的異同，釐清浙江文化在中國文化中的地位和相互影響的關係；圍繞浙江生動的當代實踐，深入解讀浙江現象，總結浙江經驗，指導浙江發展。在研究力量上，通過課題組織、出版資助、重點研究基地建設、加强省内外大院名校合作、整合各地各部門力量等途徑，形成上下聯動、學界互動的整體合力。在成果運用上，注重研究成果的學術價值和應用價值，充分發揮其認識世界、傳承文明、創新理論、諮政育人、服務社會的重要作用。

我們希望通過實施浙江文化研究工程，努力用浙江歷史教育浙江人民、用浙江文化薰陶浙江人民、用浙江精神鼓舞浙江人民、用浙江經驗引領浙江人民，進一步激發浙江人民的無窮智慧和偉大創造能力，推動浙江實現又快又好發展。

今天，我們踏着來自歷史的河流，受着一方百姓的期許，理應負起使命，至誠奉獻，讓我們的文化綿延不絕，讓我們的創造生生不息。

二〇〇六年五月三十日於杭州

前言

王應遴（一五六七—一六四四），字堇父，號雲來，亦署雲來居士，晚號影道人，浙江山陰（今紹興）人。他是晚明文學家、天文學家、方志學家、藏書家、戲曲家，在當時聲名頗著，與著名藏書家祁承㸁爲世交，與當時著名文人士大夫劉宗周、徐光啓、祁彪佳、王驥德、趙琦美、陶望齡、楊東明、高攀龍等人皆有交往。他早年屢試不第，直到五十二歲（一六一八年）中副榜貢生，晚年官至禮部儀制司員外郎，李自成破京師時殉國。國內所存王應遴著作頗少，所以王應遴的生平經歷和著述情況較少受到關注和研究，是被學界忽略的重要人物。

一

王應遴的生平介紹主要見《越殉義傳》和乾隆《紹興府志》的記載，編者訪得《山陰縣仁讓堰王氏族譜》，有王應遴生平的詳細記載，兹據此三書，參酌王氏著作、徐光啓奏疏、祁彪佳日記與尺牘，梳理王應遴的生平經歷。

（一）早年求學應試與各地交遊時期（一五六七—一六一七）

王應遴生於隆慶元年（一五六七）九月十五日，父王燮（字大理，號宇和），他是家中長子，宗族排行第四十九。他有正妻張氏，繼室章氏，妾四人，共生八子、六女（《山陰縣仁讓堰王氏族譜》卷五）。他的早年經歷是多次參加科舉不售，主要活動是讀書，娶妻生子，參與各類著作的校讎、刊刻，與各地文人交往，參與鄉里宗族事務等。

陳啟元《影道人傳》稱：『孩時，學善才，拜大士，媚悦母恭人，至孝天植矣。總角，穎異軼群。舞象勺，隨蜚聲博士弟子員，試輒高等。稍躓浙闈，遊南北雍，數奇，雋取復逸，爲房師惋惜。益肆力制舉，旁及詩歌、古文詞。』（《山陰縣仁讓堰王氏族譜》卷八）可知他早年即聰慧超群，但是科舉應試却頗不順利。他由郡庠生入太學，所以他每次參加科舉都要去往北京應順天鄉試，却長年躓頓科場，自稱『六試未第』（《王應遴雜集·燕遊紀》）。

他從中年開始即著述不斷。三十六歲時（一六〇二）撰《仁讓鄉約》，此時他在鄉里已具有一定地位，文辭品行得到鄉人認可。四十六歲時（一六一二），再次進京赴試，途中遍訪各地友人，撰詩集《燕遊紀》，多爲紀行之作。五十歲時（一六一六），上《修志疏》，議修《一統志》，得萬曆皇帝首肯，他因此聲名鵲起。王驥德稱：『國朝一統之志，久湮弗葺，再上疏，請任編摩，一時有識之士争交朒躩之。』（王驥德《王堇父燈市詩序》）可知他因請修志書之事，受到海内文人士夫的關注。王應遴交遊甚廣，他師事王弘祖，與祁承㸁、祁彪佳父子交往甚密，與周汝登、陶望齡、趙琦美、劉宗周、王驥德、徐光啟、楊東明、陶允嘉、鄒元標、馮從吾、高攀龍等人皆有交集。

他家中藏書極多，攻讀著述勤奮。《族譜》稱：『家藏名書萬餘卷，篝燈纂述，寒暑不輟，老而彌篤。』（《山陰縣仁讓堰王氏族譜》卷五）陳啟元《影道人傳》稱：『插架外，廣購四部，且讀且纂且抄，祁寒溽暑，燈火青熒，瘁筆成塚，歲費側理幾萬番勿惜。……家新建佛道二藏，各數千函，畢窮焉。留心當世朝家實録藏秘閣者，典故所在，緗帙繁重，必借繕録，至稗官亦備參考。』（《山陰縣仁讓堰王氏族譜》卷八）其藏書種類繁富，且有不少稀見之書，祁彪佳曾向他借閱《神宗實録》，趙琦美曾借他所藏閣本《六書故》作抄録。其書齋『真如齋』，萬曆三十七年（一六〇九）以來校訂、梓行書籍頗多，萬曆三十八年刊行劉崧《槎翁詩》，三十九年校勘梓行陶望齡《歇菴集》。

此一時期，王應遴著述勤勉，已完成並刊行了天象著作《乾象圖説》《經緯星圖》和詩集《燕遊紀》等，編纂《皇明一統志》稿。他雖屢試不第，但一直在争取功名，希望自己在天文、地志方面的才能可以爲朝廷所用。

（二）初次入仕至削籍歸鄉時期（一六一八—一六三一）

王應遴於萬曆四十六年（一六一八）中順天鄉試副榜貢生，此後一直未授職。天啓二年（一六二二），經葉向高、韓爌上奏提拔，王應遴於是年九月任誥敕房辦事，次年升任中書舍人，又擢大理寺左寺左評事。在此期間，他曾參編《玉牒》和兩朝《實録》，並開始分『函』編纂《真如齋備書》，最早的『守字函』刊刻於萬曆四十八年。天啓二年，他曾與朝鮮貢使崔順立、尹知微就醫學問題筆談，並於天啓四年編爲《答朝鮮醫問》。

然而好景不長，王應遴初次爲官並不順利。天啓年間，魏忠賢當道，權傾一時。王應遴編輯《皇明衍學大訓》，其内容是輯補真德秀《大學衍義》，首列『防近習』一條，勸諫皇帝不當與近侍關係過密，以防内侍權力過大。此事觸怒魏忠賢，王應遴受廷杖一百，削職歸鄉（《山陰縣仁讓堰王氏族譜》卷五）。天啓六年秋，他在歸家途中謁泗陵、鳳陵，過莊子故里蒙縣，見《莊子歎髑髏》一書，有感而作雜劇《衍莊新調》（一名『逍遥遊』）。

王應遴歸家後，並未絶意仕途。魏忠賢被誅後，他爲尋求起用機會再次進京，在京城與祁彪佳、柳白嶼、陸叔度等人常有來往（《祁彪佳日記》）。

（三）再次入仕至抗敵殉職時期（一六三二—一六四四）

崇禎五年（一六三二）十月，徐光啟因修曆書事，上奏起用六十六歲的王應遴。王應遴得復原職大理寺左寺左評事，主要協助徐光啟編修《崇禎曆書》，於次年晉帶銜光禄寺録事（《徐光啟集》卷八），此後又擢大理寺右寺正。

崇禎年間，王應遴一直在從事天象研究與曆書編纂，在崇禎十二年曾上疏《曆法八議》。崇禎十六年，王應遴升禮部儀制司員外郎（《山陰縣仁讓堰王氏族譜》卷五）。是年正月，其長子王觀銘從表兄張焜芳北上抗擊流寇，於山東臨清遇清兵被執，殉難（嘉慶《山陰縣志》卷十四），張國維曾提請贈恤。王氏獲晉升，或與其子殉職有關。

崇禎十七年三月十九日，李自成破京師，王應遴與百官被執，王不肯歸順，奪刀擊賊，殉難，年七十八歲。妻子章氏殉節。其子王觀昉覓屍歸鄉，夫婦合葬於紹興梅里尖山。他殁後贈太僕寺卿，妻子章氏贈淑人（《山陰縣仁讓堰王氏族譜》卷五）。

二

王應遴發跡較晚，仕途波折，而一生筆耕不輟，著述頗豐，見於著録和記載者共有二十餘種，尚有五種存世。兹作介紹：

（一）《乾象圖説》（一名『新刻圖解乾象曆書』）

此爲天象學著作，内容爲諸星之位置、天象之問答、律吕宫調演算法等，附有大量天象圖、曆數表等。今未見刊本，有鈔本存世。存世版本有二種，一名『乾象圖説』，不分卷；一名『新刻圖解乾象曆書』，六卷。書名、卷次頗有異，而内容並無二致。

日本大阪府立圖書館藏有《乾象圖説》（檢索號：甲漢9），烏絲欄精抄本，四册，不分卷。封面、卷首署『乾象圖説』，又以『元』『亨』『利』『貞』標序。該書爲清鈔本，内容抄寫工整精細，爲《乾象圖説》今存最早的鈔本，即本次影印所用底本。

中國國家圖書館、日本國立天文臺、日本東北大學圖書館林文庫、日本東北大學圖書館狩野文庫等處藏有《新刻圖解乾象曆書》，皆爲日本江户鈔本，二册六卷，書名題『乾象曆圖解』或『新刻圖解乾象曆書』。中國國家圖書館藏本僅二册五卷，闕卷六。

（二）《真如齋備書》

此爲兵書，輯録歷代經典、前賢訓誡中的軍事思想和兵防資料，復加案語，再述其方法、器具等，分卷編纂。據張鼐序，其創作本意是『講求守禦之策，以佐度邊之一籌』。據目録，原擬刊行一百卷，最終刊刻二十卷，内容分『守』『練』『屯』『戰』『機』『本』六部分，尚有未刻的『陣』『運』『火』『水』等八十卷。該書今存晚明刊本，封面題『真如齋備書』，卷首有萬曆四十八年（一六二〇）張鼐、王弘祖序言二篇，日本國立國會圖書館藏（檢索號：154—52），即本次影印所用底本。

（三）《王應遴雜集》

此爲王氏著作的結集，收《衍莊新調》《仁讓鄉約》《長安燈市詩》《自儆詩倡和》等書凡十五種，内容涉及詩文、雜劇、奏疏、鄉約等，總題『王應遴雜集』。祁承㸁《澹生堂書目》著録《王堇父雜事九種》一册九卷，此或爲該書早期版本，收書九種，後增補爲十五種。該書爲日本國立公文書館内閣文庫藏本（檢索號：369—60），即本次影印所用底本。

《王應遴雜集》爲海外孤本，具有較高的文獻價值。《自儆詩倡和》收録楊東明、鄒元標、馮從吾、鍾羽正、高攀龍、王應遴等三十三人之詩作凡一百五十九首，卷首有楊東明序，作者名下皆注明官職與里居。該集作於天啟二年（一六二二），所録之詩多不見於各人之别集，不僅提供了大量晚明的佚詩，還爲考察作者的仕宦經歷、籍貫與交遊情況提供了重要線索。

《長安燈市詩》卷首有王驥德序，是王驥德的一篇佚文，該序落款署『萬曆丙辰燈夕宗弟驥德書於長安之行方諸館』，可爲王驥德的生平行跡提供補充。

（四）《朝鮮醫問答》

此書爲天啟二年（一六二二）朝鮮使臣崔順立、尹知微二人向王應遴請教醫學知識之問答記録。共有問答二十四條，復有問十條，王應遴對通曉者已經作解答，對尚不明確者，則録其疑問，待醫術高明者解答，以免中國見譏於外邦。

該書《王應遴雜集》中收録，書名爲『答朝鮮醫問』，卷首有天啟四年王應遴之『題詞』。另有日本享保五年（一七二〇）刊本，書名署『朝鮮醫問答』，一册一卷，旁附日文假名。卷末署『朝鮮醫問答大尾』，又『皇都中村孫兵衛富平鐫板』。後有跋，落款署『享保五年庚子扶達子禿計望洛東逸士長岡恭齋丹堂』。日本刻本現藏日本國立公文書館内閣文庫（檢索號：303—13），即本次影印所用底本。

（五）《墨華通考》

該書分地域記録全國各類石刻、碑記及所存之處，封面題『墨華通考』，卷首署『越山陰王應遴堇父輯，晉絳州韓霖雨公訂』。清代至民國經莫伯驥、葉恭綽、王蔭嘉遞藏，莫伯驥《五十萬卷樓群書跋文》有著録。臺灣圖書館藏有鈔本（檢索號：215—05123），八册十六卷，《石刻史料新編》第二輯第六册已影印出版，故本書不重複收録。

此外，王應遴見於著録或記載的著作尚有十餘種，即戲曲《清凉扇》《離魂》和《中星圖》《經緯星圖》《觀書》《測書》《數書》《皇明衍學大訓》《鏤影譜》《慈無量集》《瞻禮阿育舍利記》《易賸》《首善書院志》《大内窺觀》《廟制》《祧議書》等[二]。王應遴的著作中，除《衍莊新調》《答朝鮮醫問》已受到學界關注外，《乾象圖説》《真如齋備書》《王應遴雜集》等書因藏於海外，暫未受到國内學者的關注與研究。本書影印日本所藏王應遴著作四種，多爲海外孤本，爲明代文學、天象學、歷史學、宗教學等領域提供新文獻，值得相關領域的學者作深入研討。

三

關於王應遴的著述特點，陳啟元稱他『尤究天文曆律、輿地河渠、禮樂兵農之鉅，滙三教爲一，漢注疏、宋明道學交搜討，契良知宗旨』（《山陰縣仁讓堰王氏族譜》卷八）。王應遴通儒釋道三家，廣泛涉獵經學、佛教、典章、志書、兵法、天象、醫學、詩文、戲曲等多個領域，其思想體系與著述特點頗值得關注。

（一）思想體系：儒釋道融通

王應遴提倡『三教融通』，儒學是其讀書與治學之根本，一生未變，在耳順之年篤信佛法，至晚年則推崇道家。其雜劇《衍莊新調》末稱：『釋道雖分二途，與儒門總歸一理，但做心性工夫，三教豈分同異？』又曰：『莫疑心，教不同。要須知，三教通。』明確地表達了儒釋道三教融通的思想。觀其著述，也與此相符。

他早年編纂《仁讓鄉約》，就以太祖聖諭六言『孝順父母』『尊敬長上』『和睦鄉里』『教訓子孫』『各安生理』『毋作非爲』勸誡鄉民。今存晚年文字《釀川王氏族譜略序》，是他爲《山陰縣仁讓堰王氏族譜》所作之序，文中提到：『明於尊祖之義，則知吾之身即祖考之身，而保身慎行，繼志述事，無所不用其孝矣。明於合族之義，則知吾兄弟之身即吾之身，而敬長慈幼，恤孤賑貧，無所不用其仁矣。』（《山陰縣仁讓堰王氏族譜》序言六）

王應遴本人常以『書生』『經生』自稱，儒家的仁、義、恭、敬、孝、順等是貫穿王應遴一生的核心思想，也是王氏爲人處事、安身立命之根本。同時，他也精通釋道二家。雜劇《衍莊新調》之主旨即闡發莊子之道，並諷刺官場，揭露人性醜惡，意圖點破凡塵迷惘。當時王應遴正值貶官歸家之際，他對官場、世情頗爲冷淡，希望借莊子故事作自我解脱。他有著作《慈無量集》《瞻禮阿育舍利記》二書雖不存，但據相關著録可知皆與佛教有關。

他在六十歲前後曾篤信佛法。他創作《衍莊新調》時署名『雲來居士』，『居士』顯然是釋家稱謂。《衍莊新調》末尾的曲白云：

長生不若無生，此是佛教超於道教，欲免輪回，須了生死，修持有法，解脱有門。若論捷徑，無如專持名號，一念皈依，求生净土。是於生死海中，撈個津筏，並將名利，分外抛却筌蹄矣。

【二煞】了生死，須誓願宏，免輪回，仗度脱功。阿彌六字專持誦，一心不亂常提起，百妄都除莫放鬆。波羅蜜，須討個誠心種。盼得到青蓮法界，怕甚麼黑浪狂風？

引文中提到『佛教超於道教』，要了却生死，解脱苦難，需要修持佛法，皈依佛門。該劇是《衍莊新調》，本應闡發道教之真義，而末尾總結處却不提老莊，而倡佛法，可知此時他心中崇佛更甚於崇道。

到晚年，他又更崇尚道教，自號『影道人』。《族譜》卷八有好友陳啟元、侄子王觀瀛所作《影道人傳》二篇，王觀瀛《影道人傳》稱他『嘗自撰《鏤影譜》，有得於「雲破月來花弄影」之句，忽爾自悟，遂有此稱』（《山陰縣仁讓堰王氏族譜》卷八）。他晚年自稱『道人』，兩篇傳記皆爲此號而作，可知他晚年更崇尚道家。

（二）著述特點：涉獵廣博，多事編纂

王應遴一生涉獵頗廣，王驥德《王堇父燈市詩序》稱他：『自經生帖括而外，於一切人間世所有事，毋不擘畫揣摩，鑿鑿能言其要領。性好儲書，插架之富幾於二酉。所授剛古今遺經秘籍，指不勝僂。』指出他博聞多識，藏書與刻書繁多。

他在天象學方面用力最深，入《疇人傳》。他入仕後兩次上疏請求修曆，泰昌元年（一六二〇）的《議修曆疏》稱：『臣雖非專門，而幼喜此學，常繪有《經緯星圖》《乾象圖》行于世。又輯有《觀書》《測書》《數書》等二百餘卷藏于家。』（《王應遴雜集》）天啟三年（一六二三）的《修曆》稱『臣於此事留心二十餘年』（《王應遴雜集》）。據此可知，王應遴當在而立之年便開始關注天象，萬曆年間刊行了《乾象圖説》與《經緯星圖》，並輯有《觀書》《測書》《數書》等天象資料。他在崇禎五年（一六三二）被重新起用，此後一直從事天象觀察、曆書編纂等工作，直到去世。

他對天象興趣濃厚，生活中與此相關的記載頗多。作於萬曆四十年（一六一二）的《燕遊紀》有詩：

觀星臺距廣成寺咫尺，余登覽，見璇璣與南中稍異，詢之臺官，則漫無以對。余故究心於此者，然非經生所敢談也，慨然賦此

東眺觀星處，危臺護綵雯。問天驚帝座，探月動星文。

混沌誰人竅，璇璣若箇分。銅龍馴尺度，不敢挾風雲。

此時，王應遴從浙江去北京應試，剛一抵達，便去往廣成寺旁邊的觀星臺做觀察，發現該臺的璇璣有異樣，詢問後，臺官却茫然不知。崇禎四年（一六三四）十月十八日，王應遴在北京尋求起用，祁彪佳到訪，二人一起『登觀星臺，觀測驗諸器』（《祁彪佳日記》）。由此可見，王應遴在萬曆年間已究心於探索星象，經常登觀星臺觀星（並有較深的造詣），輯録相關資料，刊行專著，崇禎以後也一直從事相關工作，此爲王氏一生主要耕耘的領地。他的《乾象圖說》流傳較廣，獲得較高評價。錢曾《讀書敏求記》卷三評該書『使談天者解說以證圖，據圖以觀天，不屬之渺茫影響，亦可謂知天之深者矣』。

他在地志方面也用功頗深。萬曆四十四年（一六一六），他上《修志疏》，請修《一統志》，奏疏中提到此前的《大明一統志》在天順五年（一四六一）修成，已時隔一百五十餘年，亟待重修。得到皇帝首肯後，他憑一己之力，在萬曆四十七年完成了八百三十多卷的初稿，是年的《獻志稿疏》稱：『臣自奉旨以來，四易寒暑，不扇不爐，拮据燈窻，延集友伴，購借天下群

志，約檢閲遍二萬餘卷，採輯成藁，計有八佰三十餘卷。』泰昌元年（一六二〇）十一月由禮部尚書孫如游上奏内閣開館修志，由王應遴負責，但聖旨稱《玉牒》和兩朝《實録》尚未修成，修志之事尚待商議。天啓三年（一六二三），王應遴又上《請購志書疏》，請求購備各地方志，以修《一統志》。聖旨回復云：『志書着行文各省，直限一年内送至禮部，完日着王應遴收掌，以備纂輯。』可見天啓年間已經開館修志，由王應遴負責統籌，皇帝也給予了不少支持。可惜，他在不久後被貶謫歸鄉，修志之事終未能完成。

他的戲曲創作也頗值得注意。因雜劇《衍莊新調》流傳較廣，所以王氏一直被稱爲戲曲家。他酷愛戲曲，家中藏曲頗多，沈泰編《盛明雜劇》時曾向他借劇本，祁彪佳編《遠山堂劇品》時也曾向他借閲戲曲。其雜劇《衍莊新調》，有兩種刊本存世，此外復有傳奇《清凉扇》和《離魂》（當爲《離魂記》之簡稱），此二書今無存本，僅見祁彪佳之著録（《遠山堂曲品》《祁彪佳日記》）。他對戲曲創作頗爲稔熟，在貶官歸家途中，僅用數日便完成了雜劇《衍莊新調》。其所作戲曲多是仕途失意的不平之鳴，《衍莊新調》和《離魂》都創作於貶官之際，《清凉扇》則是書寫魏忠賢及其黨羽之罪，可見他將戲曲當作仕途失意時和著述之餘的一種自我解脱和慰藉。

其著述的另一個突出特點是常編纂『長篇巨作』。他著述極快，下筆如宿構，《長安燈市詩》百首僅用一夜便完成（王驥德《王堇父燈市詩序》）。他奉旨編纂《一統志》，僅用四年時間就完成了八百餘卷的草稿。他稱家中輯有《測書》《觀書》《數書》等天文資料二百餘卷，蓋非虚指。

其著作也有不少是積年累月編成，如《真如齋備書》便是分『函』編纂刊刻，最早的『守字函』刻成於萬曆四十八年（一六二〇），此後陸續編纂。崇禎八年（一六三五），王應遴曾爲編纂《備書》向祁彪佳借書。據《祁彪佳日記》，崇禎十一年十二月三十日，祁彪佳曾閲讀《備書》，可見該書當完成於崇禎八年至十一年間。其編纂始於萬曆末年，而成書於崇禎年間，歷時超過十六年。

綜上，王應遴的著述體系龐雜，涉獵廣泛，擅長資料編纂。這應該得益於他家中藏書萬卷，並有家坊，方便梓行，他自己又無書不觀，勤奮纂述。這也是他能夠編纂《一統志》《曆書》這樣卷帙浩繁的著作的原因。但是，他的『宏圖偉業』並未完成，《一統志》最終未能編成，原擬百卷的《備書》也只刊行了二十卷。若非殉國，他的著述應該會更加宏富。

林傑祥

甲辰夏於中山大學中國古文獻研究所

注

〔一〕據《明史·藝文志》《續通志》《千頃堂書目》《澹生堂書目》《王應遴雜集》《山陰縣仁讓堰王氏族譜》《遠山堂曲品》《祁彪佳日記》《漁洋讀書記》《先君子蕺山先生年譜》《王堇父〈廟制〉書跋》等資料之記載。

目録

乾象圖説

乾象圖説
元
甲漢
9

十三号

大阪府立圖書館
24139
明治四十二年六月一日

乾象圖說

後學庄應選著

紫微垣

垣高先問極出地北向須尋不動處要知真極本無星列宿俱旋斯獨異近極小星强名極後宫庶子遥相類帝星最明太子次連極五位作斜勢帝下陰德横兩鳥極下四輔承四細勾陳七星中甚明離極三度認最易勾陳柄曲鈎更曲勾内微星天皇帝太子上有無名星下方左樞上宰迎少宰上弼與少弼上衛少衛連少丞樞宰上弼少衛

朗步弼上衛丞次明右樞大明與左對太乙天乙綴微星
步尉上輔樞並朗步輔二衛丞小明左弼之內五尚書一
隱三細一頗明尚書之後小明二左樞右女昔史稱上步
丞閶曰華蓋四黑兩兩遮北門弼外六星名天棓其曲似
斗光頗明扶筐四星三晷晴天厨五星長方形二巨三小
近小弼後有一顆無名星六星仰承名天鉤迤北第三光
獨熒河中六星名造父三闇三微錯雜陳三隅纍纍曰王
良夾角一珠微遜明良旁一顆名為策策後八星閣道名
三暗下連奎宿角二巨三細與策親附路一顆王良下適

當壁宿上端停王良策星共閣道內有五顆光耀均五顆
四在河虛處一條閣道穿河身閣道盡處横傳舍六星隱
見斜直形右下七星為北斗天搶三星斗柄親三公三點
與搶類斗柄二旁隱輔星天理四星斗內隱三師小星少
輔隣文昌六星如半月東角小星光更清師昌之間名內
階六星微范兩簇分八穀九星一最著已盡紫微垣內星

太微垣

北斗四星南向軫翼軫之北太微垣垣中最鉅五帝座帝
旁小星四點攢座前四黑內屏遶座後三小横斜安正中

稍明為太子左後幸臣右從官謁者一黑在屏左九卿三
點三公三座偶數點名郎位一簇聯輝珠入綿郎將微星
位之左更與周鼎三小連位上常陳三可見二微在上一
臣懸三公三小與下應相亦同之斗柄前座北一點太陽
守太尊天牢守右邊左垣軌淡上相次相次將上將五位
連右垣軌淡上將次將次相上相星亦傒然虎賁一星右
垣末少微曲四佈西扃虎微之間一小星無名却在上相
肩長垣亦四曲且暗上與少微相後先三點靈臺一稍白
正當右將長垣間右前三小稱明堂在外一小名進賢靈

明之界一小珠微茫可見難名言

天市垣

房心尾箕宿之北天市名垣列兩行中有明星稱帝座侯星一位在其旁堦下四微名宦者宗正雙星侯並光一顆無名宗之類宗人四小入天潢前右一細名車肆市樓二小逼河生後左連二名帛度屠肆聯珠較帛長宗星二小在帛左上與東齊相頡頏列肆二星右垣内斗五斛四皆微茫左垣之星首稱宋南海與燕為雁行東海徐州吳越齊中山九河趙魏彊右垣之星首稱韓楚梁巴蜀秦周鄭

鄭晋河間與河中星體微異光皆揭右上圜八名貫索索上七公首射芒左北曲九稱天紀紀上三星婺女牀中山之巓名織女一巨二細三隅張其左四黑曰輦道道前四顆漸臺方

角

角宿两星南最巨中間平道黑星二左右九奥無名星天田二小角上對其頂正向瑶光星天門两黑角下是平星两白不甚平庫樓七星展屝似樓内四小名平衡樓間七小作三柱樓下馬腹三星明南門小星當腹處

亢

亢宿四星兩端黑左邊無名附兩粒亢上大角懸明珠角上玄戈與斗直玄戈斜帶梗河三惟有南星光欲滴角東四星左攝提垂下一星芒熠熠角西四星右攝提迤北第三獨異色角下四小曰亢池形如方勝欹斜立亢下遥遥指頓頑二星微遜陽門白庫樓東角右來侵南門最明近南極

氐

氐宿四明側斗形無名五點雜来侵上與七公明耀對類

公北有招摇星兩星右與玄戈夾下左復與貫索親索外
無名多纍纍直下正當天市奉氐下二小陣車是天輻亦
與車同倫平三平二皆車騎一明一暗騎將軍

房心尾

諺傳夏夜有星象儼如巨人窈進賢口梟四星即房宿上
三頰明下闇然當頭一果鈎鈐是鈐畔一微鍵閉言頷上
雙星近着日冠前曲四是西咸衛窈三暗稱為罰冠後四
黑名東咸當腹兩點積卒是積前相似名從官更有心三
最明顯中巨傍微當背肩接心是尾九點曲掉如衣角飄

風前神宮一星尾內生傳說獨生尾之尖天江六點當河
隄魚星一黑遊江邊龜星有五三畧見兩太雙星河外緣
巨人側身向西北其上正當天市垣

箕斗牛

箕星有四明相等哆口如箕正向西當前一點糠星黑何
年簸向河之湄箕背六星名斗宿北斗相方柄不如斗下
曲圍十三點形肖其名鼈似龜天淵四明鼈所向狗國小
方淵上圍國外雙烏名曰狗其毫相似立天鷄斗背六星
稱作建下五微明若仰盂河中九點天弁斜兩簷中高若

髻推弁上三星建河鼓中星獨巨二之魁鼓下四星天桴

卧皷旁各竪左旗右旗左旗曲七星皆小右旗亦七三揭

輝奚仲四微臨輦道正在天津角上居牛宿七星大小半

一巨居中上下齊牛前二小名羅堰堰上匏瓜四粒珠匏

下五星名敗瓜一粒等匏餘並微匏上跨河為天津四明

二小一更奇天津之下十三小總屬無名不必疑

女

女宿三微一稍白非方非斜形不倚右方數起趙為越周

楚鄭齊燕一流並楚為秦並肉代晋星直在坎之頭魏韓

光異代秦晋趙越燕齊鄭楚周下為九坎四可見平横三
白餘難求離瑜三點均且直坎下四微散不収

虛

虛宿兩星南最明南下圜三天壘城城下小方壘壁陣五
顆獨有二顆清壁陣東行十三㸃彼端亦作小方形陣頭
之下天錢遶稀微四點圓難成錢下二顆名敗臼臼下雙
珠莫可名虛東一小名司命司非司危虛上横人星只有
三星確六星車府射天津府上螣蛇六圜一兩尾八星遥

對分

危

危宿三星若磬折中間一點光微奪危下微光蓋屋名屋東三星墳墓接三顆晦明各自異虛梁四小墓左貼墓下雙烏哭泣臨一箇土公墳後歇壘壁十二南横遮羽林軍士縱横列軍前統御有天綱北落師門光更烈危端臼杵四星懸其南敗臼半邊缺

室

室宿兩星光耀同無名一顆頂上衝室旁雙星共三座或大或小皆離宮雷電六星推右大霹靂曲五半濛濛雲雨

平方回點小鈇鉞三小羽林中上頭直與螣蛇接其下從與火鳥逢

壁

壁宿二明與室似其上三黑霤天廐廐上一顆附路稱垣中正與王良對宿下雙烏又土公火鳥十星兩翼細

奎

奎宿十六連勝形東北一星芒獨異奎尖上與閣道通奎下七星外屏樹屏間五點不甚明兩顆揭輝屏盡處六個天倉遶曲屈天溷二黑倉右附溷下一明土司空鈇鑕五

小倉前地水委三星南極横其左一、星明最巨

婁

婁三不均光甚均上跦下容雜星凌左更各更各五點並若懸匏兩翼分當頭十點弦弧似其名總曰大將軍弦中一顆光殊顯弧背一㚷軍南門天庾三小天倉下芻藁六星左獨明

胃昴

胃宿三星聚一隅無名兩黑胃之餘胃下左更四點小更東天廩四明並天囷十三圜乙形左下三星光頗殊曲環

十六名天苑北顯南微正背西更有天囷十三點東經五宿勢猶紆大陵繞八中更朗當陵之中名積尸天船雜七與陵背船中積水看欲無其下六顆垂卷舌天讒一點舌尖居昴宿七星天讒下亂落圓珠一簇奇天阿點附天陰上天蔭五星皆隱微昴東孤月光如晦礪石四小供舌疫廩囷積來堪飽胃讒阿肆去致橫尸

畢

畢宿七星如小網左角一珠光獨朗珠邊一粒名附耳天節七小居畢上九州殊域畢之南圓圖七點依稀像畢上

天街三箇斜街上五車絶河往五車皆明右乞巨天潢五
小車中放潢旁三柱柱各三河中細覓如指掌車下横六
名諸王天高四點斜方樣下垂九點曰參旗旗下九斿與
旗傚

參觜

參宿七星明燭宵兩肩兩足三為腰參伐下垂三四點玉
井四星右足交玉下小方曰軍井屎星二點井南標四顆
厠星屎左列屎星一點厠上拋丈人子孫各連二老人最
巨南望遥觜宿三小當參上天關一顆井上昭司怪四星

明晦半水府相同莫混淆

井

井宿八星形似井座旗五黑垂其頂旗東五小皆無名貼旗斜下四星整左斜五點五諸侯其上北河兩明並河上一顆名積水河左斜方爟星命河下一微曰積薪南河似為北河証水位四小若仰盂上下數顆難攷訂井下曲回曰四瀆闕丘之一與河暎天狼最巨當其南野鷄圍六細難認軍市一白野鷄傍老人獨向天南炳弧矢十星儼張弧內外無名難究竟弧旁卧矢中頗明一矢加弦一矢剩

鬼柳星

鬼宿四星頗范昧中間白者積尸氣其下五小為外厨五
隅五點虛其內柳宿曲八如垂珠其上無名諸點繁天狗
監七當其南天社七横星頗鉅星宿十星大小異中間一
巨首尾細垂頭曲尾如蝎形其下一白名天記記下天稷
五顆星南隅一點與記類酒旗料三宿上摽其上却與文
昌對

張

張宿六星芒甚小中如方勝兩角捭軒轅大星當其巔一

十六里龍夭矯小方內屝轅上居轅下御女一星沓宿端
天相有三星向右一顆光獨皎台星上中下三座上尤明
相與雁行行大道台北二小名天牢一點太尊牢左照

翼軫

翼宿微星二十二上橫五星下無異其中六箇似張星兩
間各有三顆繫東甌五小在其南青丘三顆翼下寄丘南
馬尾橫三星上端一顆尤明鉅軫宿回珠不等方長沙一
黑中間藏左轄右轄二轄肩足附一顆無名南向光

東方七宿（蒼龍）　角亢氐房心尾箕　夏至之夜星而大火為昏之中　大火

北方七宿（玄武）　斗牛女虛危室壁　秋分之夜星而虛為昏之中　玄枵

西方七宿（白虎）　奎婁胃昴畢觜參　冬至之夜星而昴為昏之中　大梁

南方七宿（朱鳥）　井鬼柳星張翼軫　春分之夜星而鶉火為昏之中　鶉火

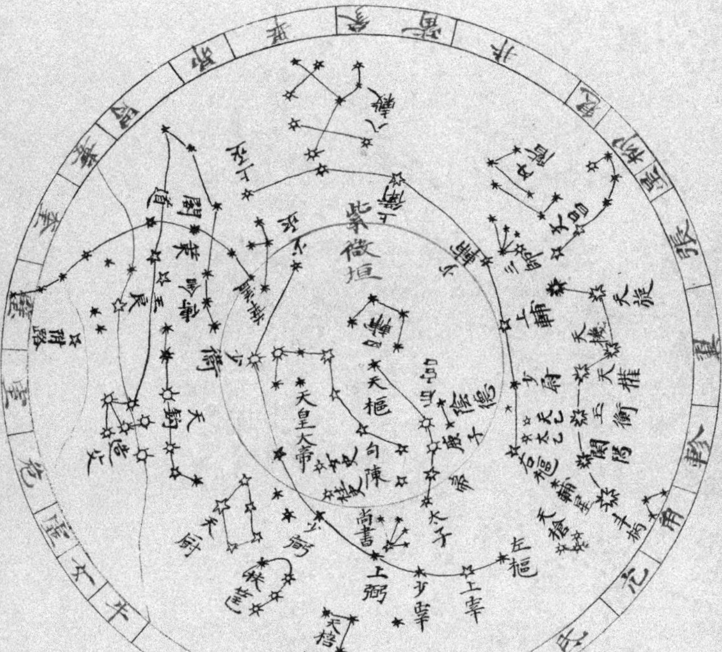
紫微垣
天皇大帝
天樞
勾陳
尚書
太子
庶子
陰德
上輔
少輔
上衛
少衛
左樞
上宰
少宰
上弼
少弼
天棓
八穀
文昌
內階
三師
天槍
天理
傳舍
閣道
華蓋
角
亢
氐
房
心
尾
箕
斗
牛
女
虛
危
室
壁
奎
婁
胃
昴
畢
觜
參
井
鬼
柳
星
張
翼
軫

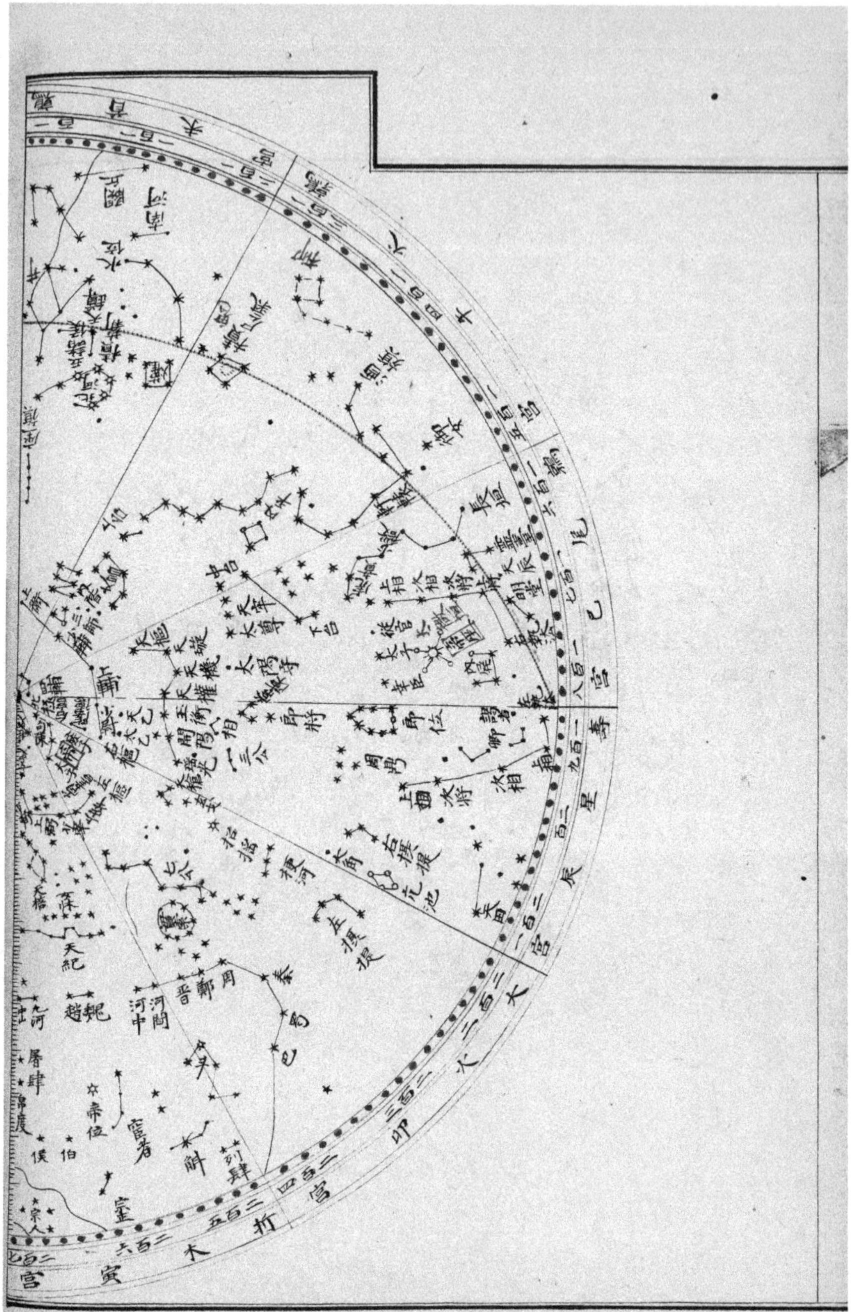

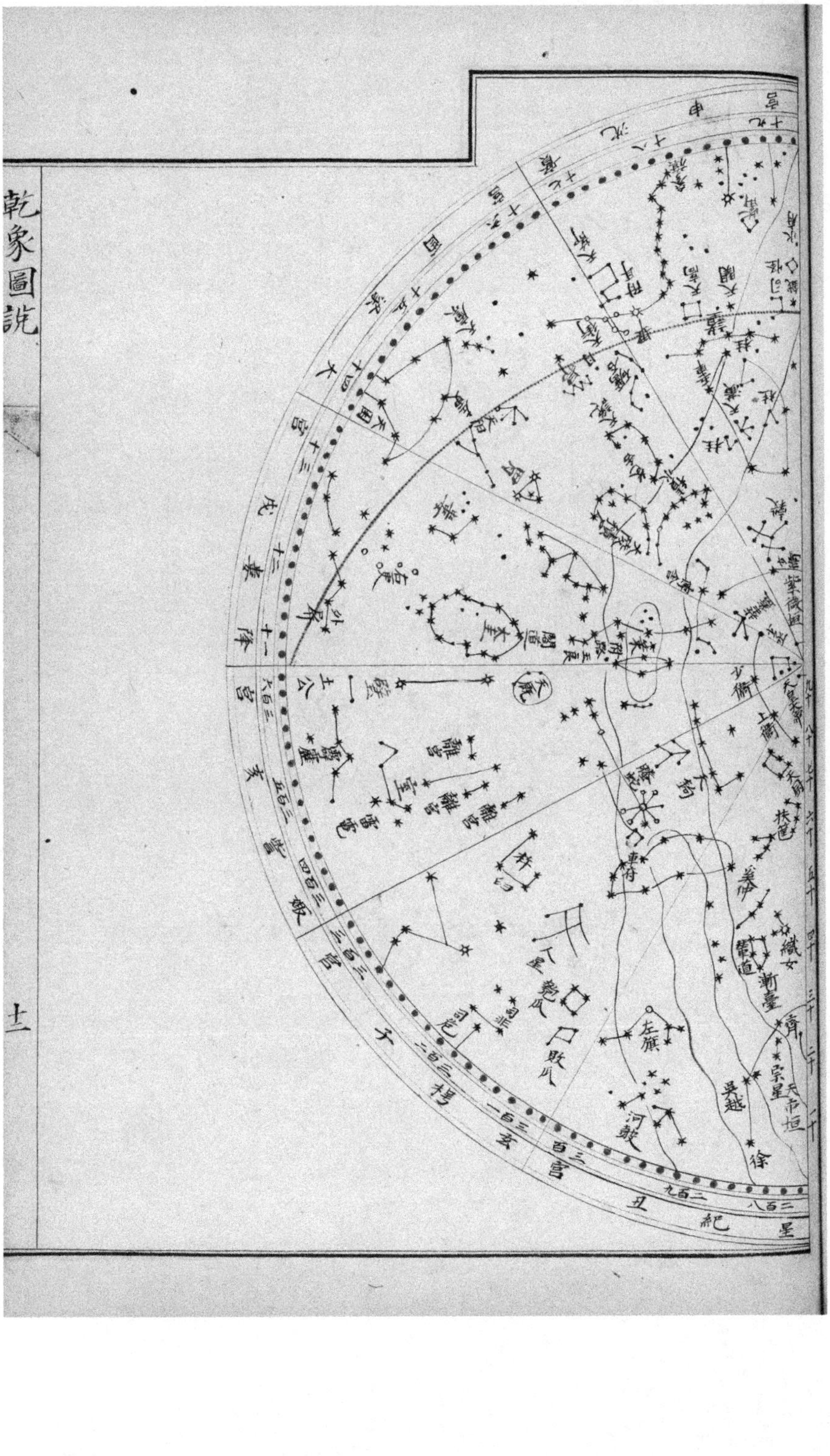
乾象圖說
十二

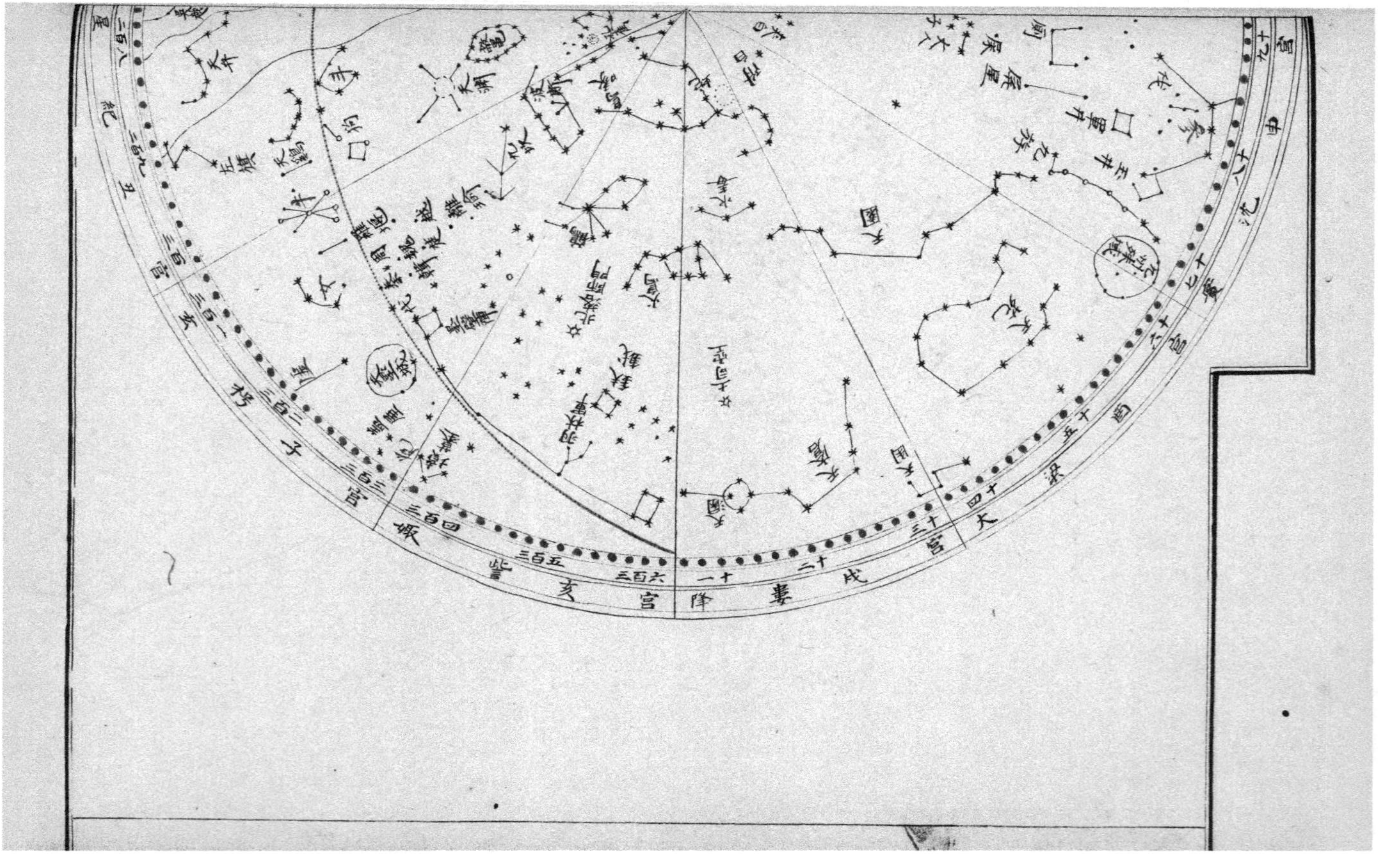

羽林軍
鈇鉞
北落師門
土司空
天倉
天囷
天苑
壘壁陣
天淵
狗
天雞
左旗

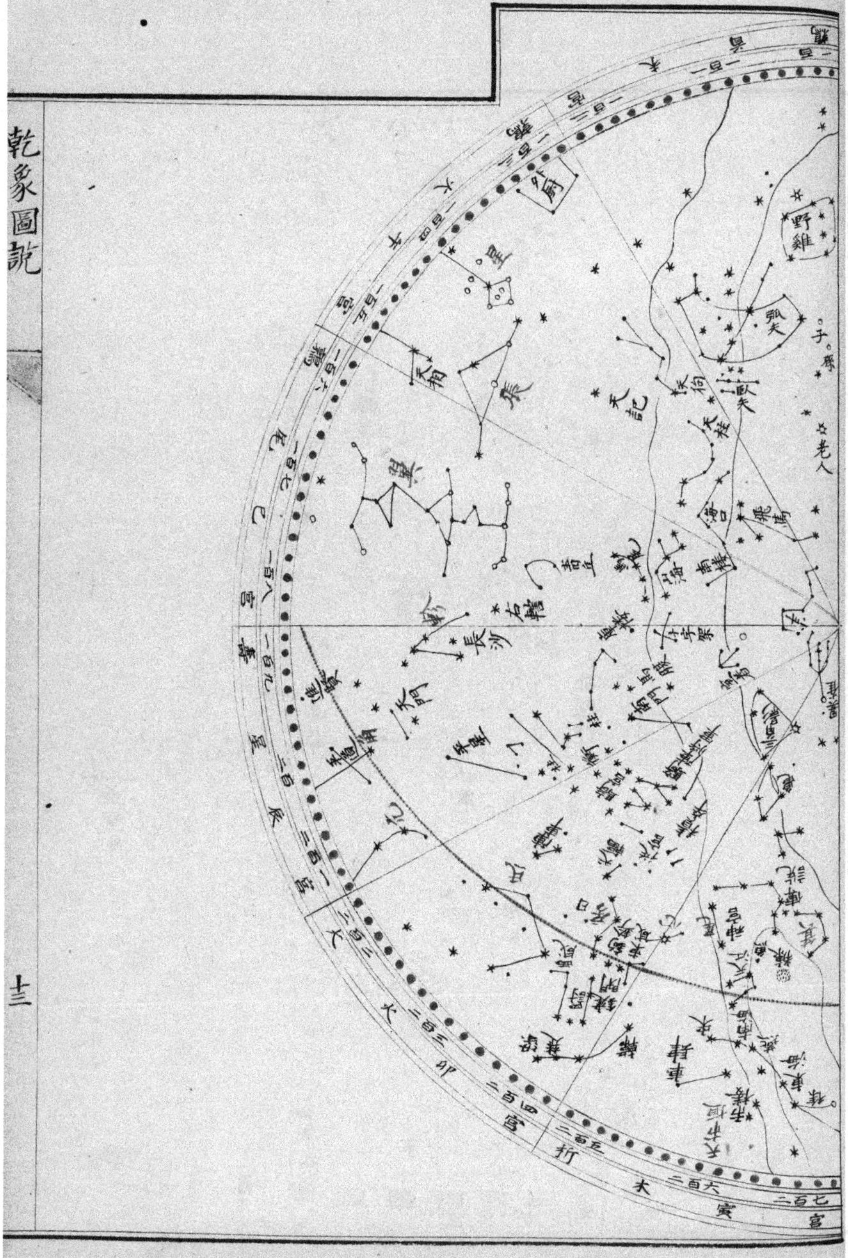
乾象圖說
十三
野雞
老人
天記
天稷
長沙
右轄
天門
軍市
南門
馬腹
宮
寅

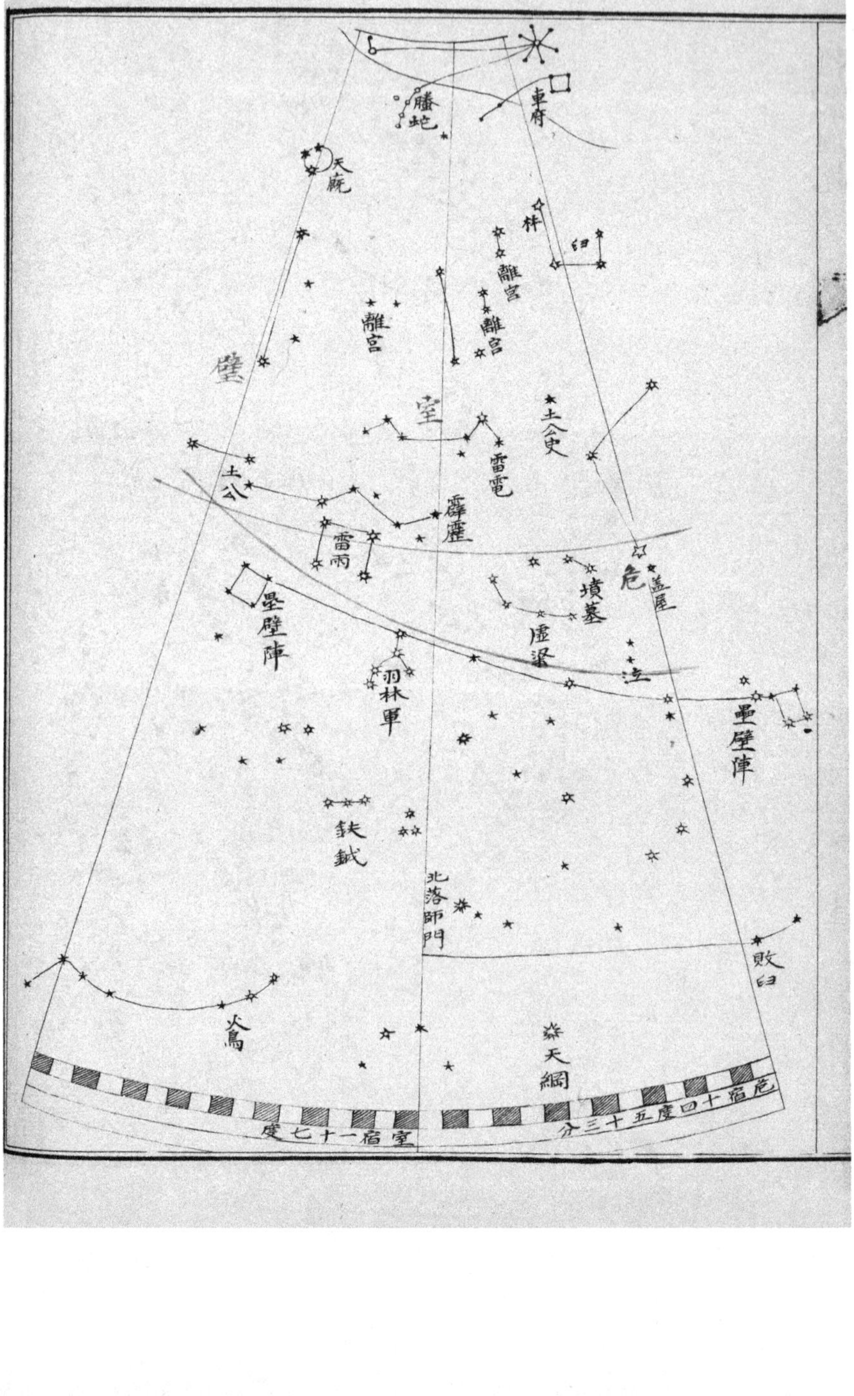

螣蛇
車府
天廐
杵
臼
離宮
離宮
離宮
壁
室
土公吏
雷電
土公
霹靂
雷雨
危
蓋屋
墳墓
壘壁陣
虛梁
泣
羽林軍
壘壁陣
鈇鉞
北落師門
敗臼
火鳥
天綱
室宿一十七度
危宿十四度五十三分

乾象圖說

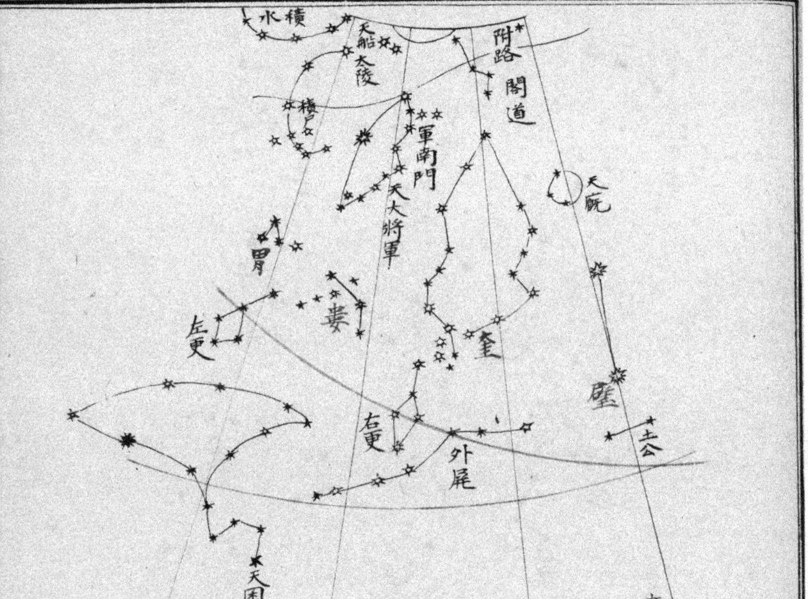

水横
天船
大陵
附路
閣道
積尸
軍南門
天大將軍
天廐
胃
婁
左更
奎
壁
右更
土公
外屛
天囷
天倉
天溷
天倉
芻藁
土司空
天庾
鈇鑕
火鳥
天園
水委
婁宿十二度四分
奎宿十四度二十分
壁宿十度二十八分

十四

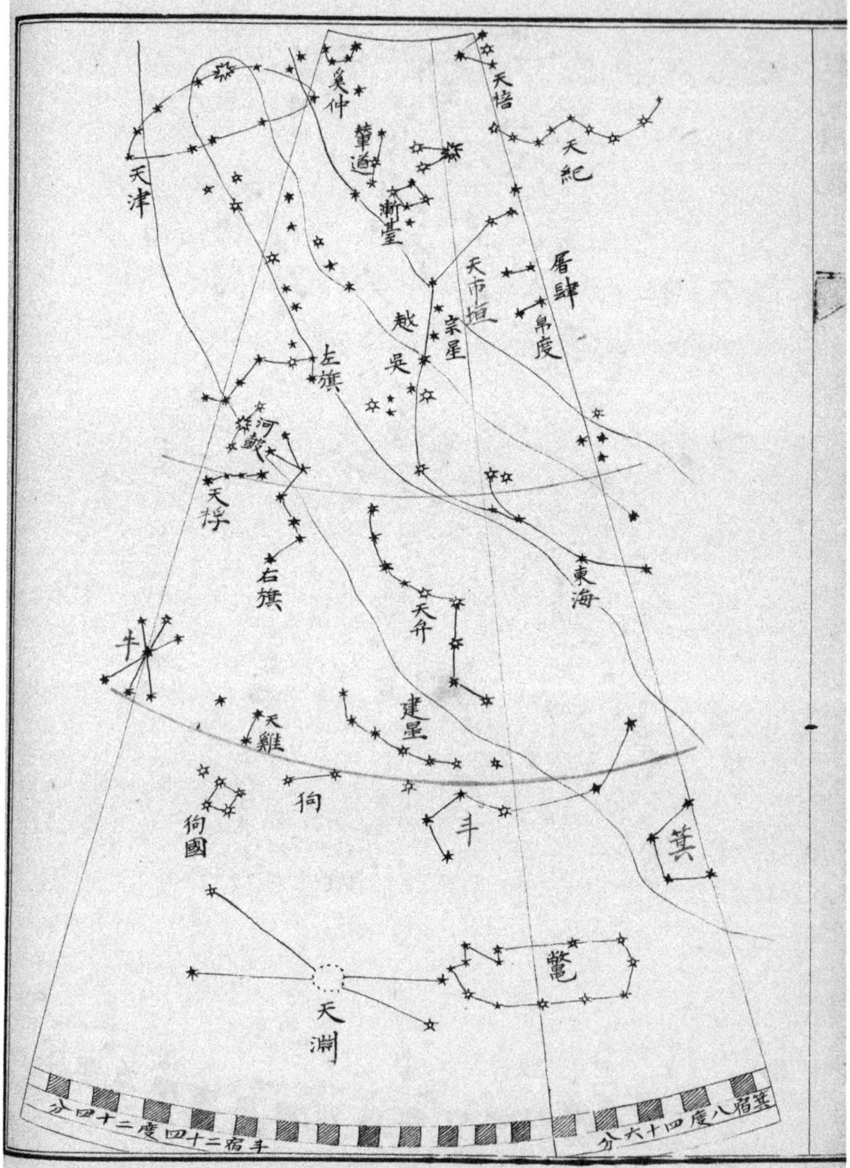
天津
亀仲
天棓
輦道
天紀
漸臺
天市垣
肩肆
越
宗星
帛度
吳
左旗
河鼓
天桴
右旗
東海
天弁
牛
建星
天雞
狗
狗國
斗
箕
鼈
天淵
斗宿二十四度二十四分
箕宿八度四十六分

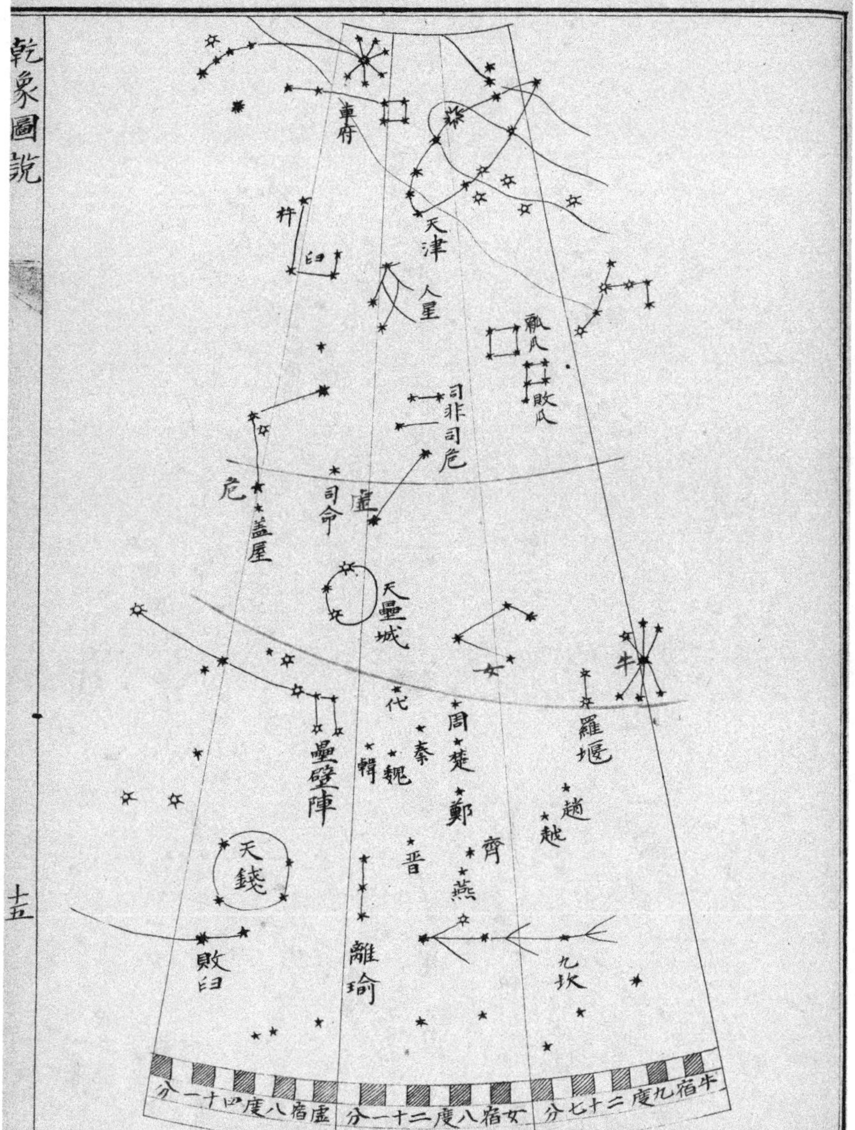
乾象圖說
十五
車府
天津
杵
臼
人星
瓠瓜
敗瓜
司非
司危
危
司命
虛
蓋屋
天壘城
牛
羅堰
代
周
秦
楚
韓
魏
壘壁陣
鄭
趙
越
齊
晉
燕
天錢
敗臼
離瑜
九坎
牛宿九度二十七分
女宿八度二十一分
虛宿八度四十一分

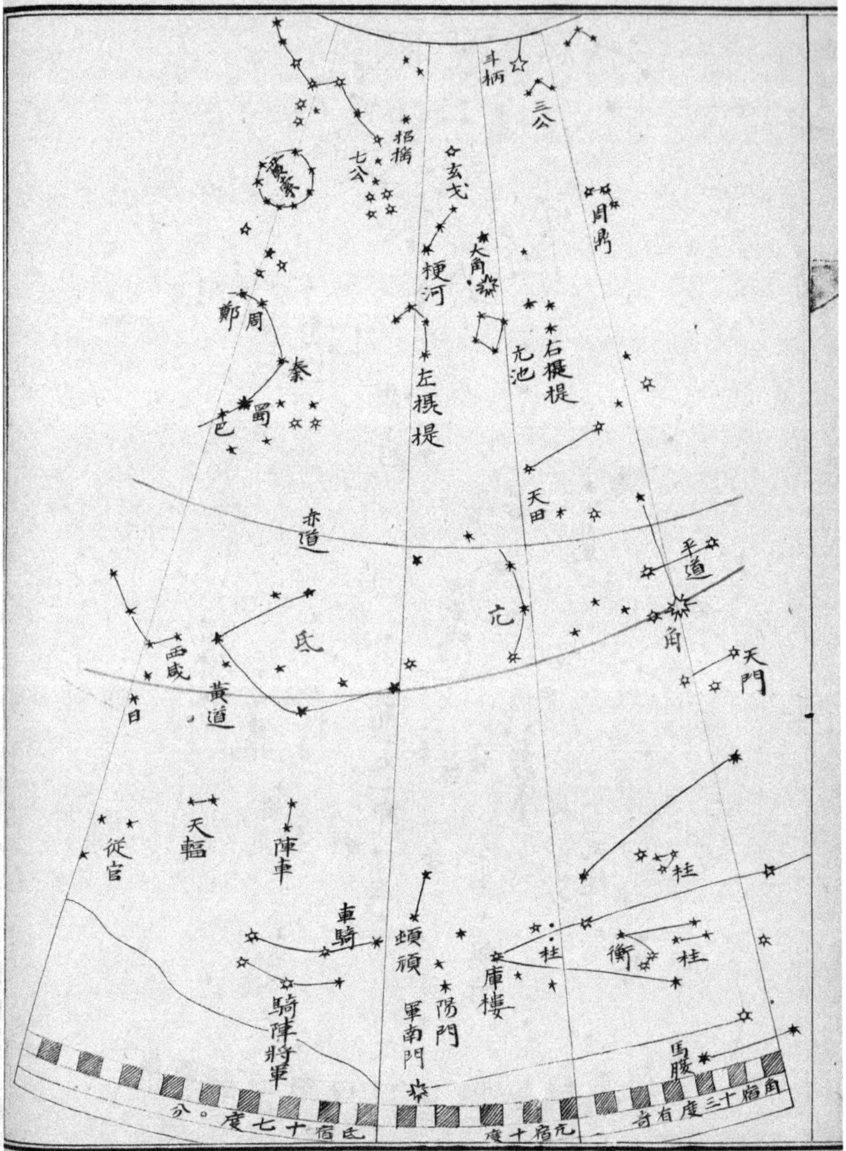
斗柄
三公
招搖
七公
玄戈
貫索
周鼎
大角
梗河
鄭
周
秦
蜀
巴
左攝提
右攝提
亢池
天田
赤道
平道
角
天門
亢
氐
西咸
黃道
日
天輻
從官
陣車
車騎
頓頑
騎陣將軍
陽門
軍南門
庫樓
衡
柱
柱
柱
馬腹
氐宿十七度○分
亢宿十度
角宿十三度有奇

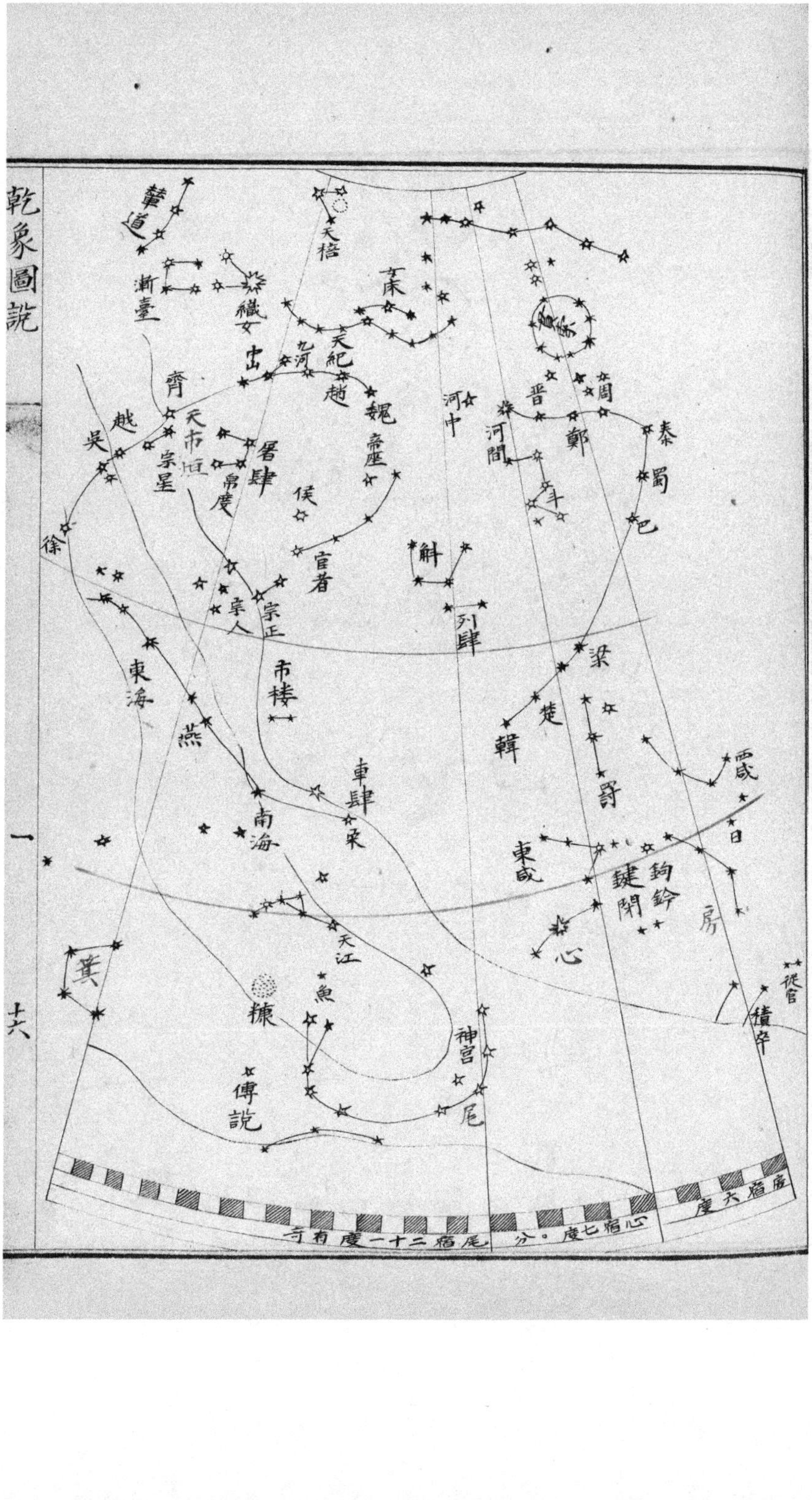

乾象圖說
一
十六
輦道
漸臺
織女
天棓
晉
鄭
周
秦
蜀
巴
梁
楚
韓
河中
河間
斗
斛
列肆
宦者
候
帝座
魏
趙
天紀
九河
齊
越
吳
徐
天市垣
宗星
帛度
屠肆
宗正
宗人
市樓
東海
燕
車肆
南海
天江
魚
糠
傅說
神宮
尾
心
東咸
西咸
日
鈎鈐
鍵閉
房
積卒
從官
箕
房宿六度
心宿七度〇分
尾宿二十一度有奇

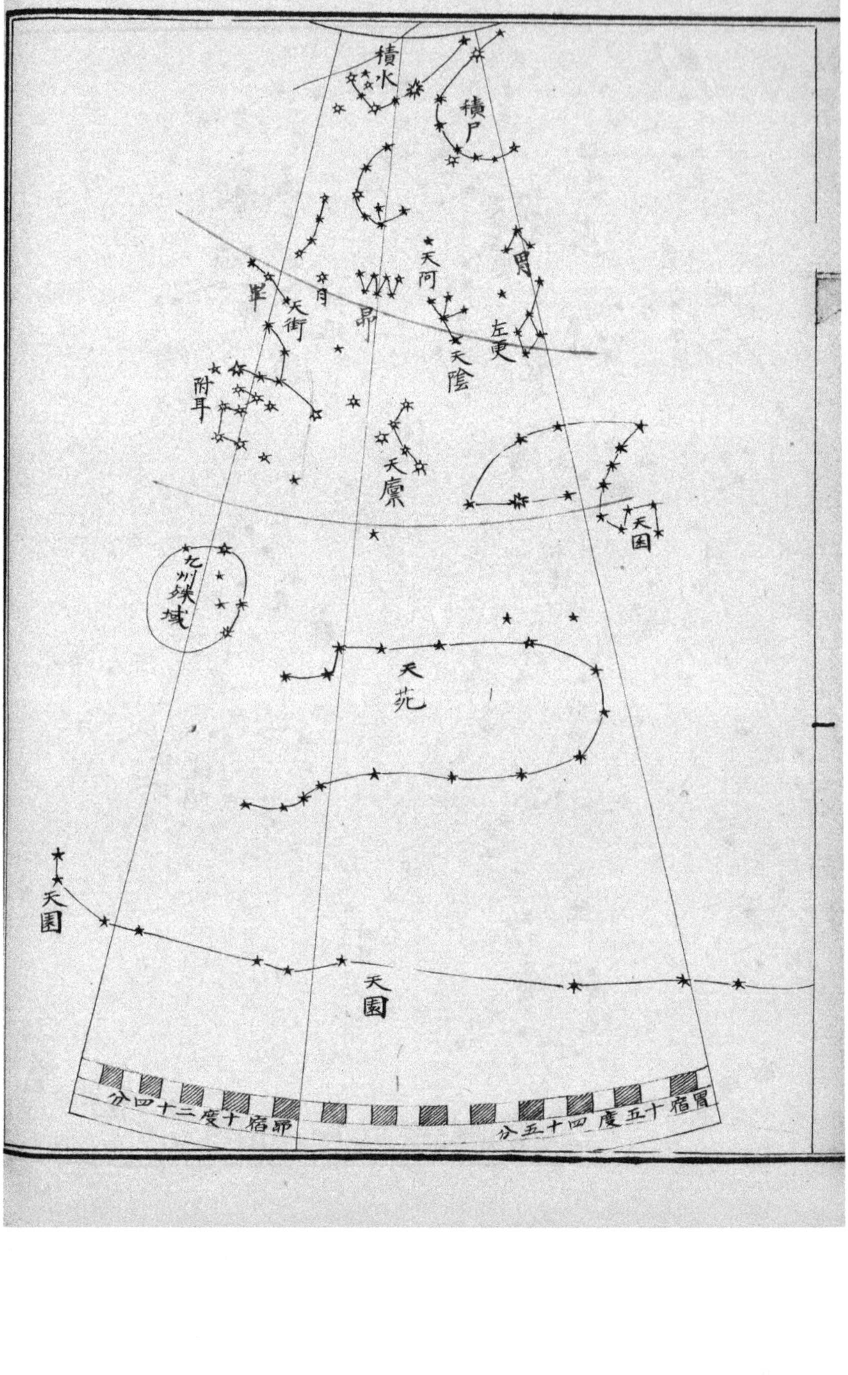
積水
積尸
天阿
胃
左更
天陰
昴
月
天街
畢
附耳
天廩
天囷
九州殊域
天苑
天園
天園
胃宿十五度四十五分
昴宿十度二十四分

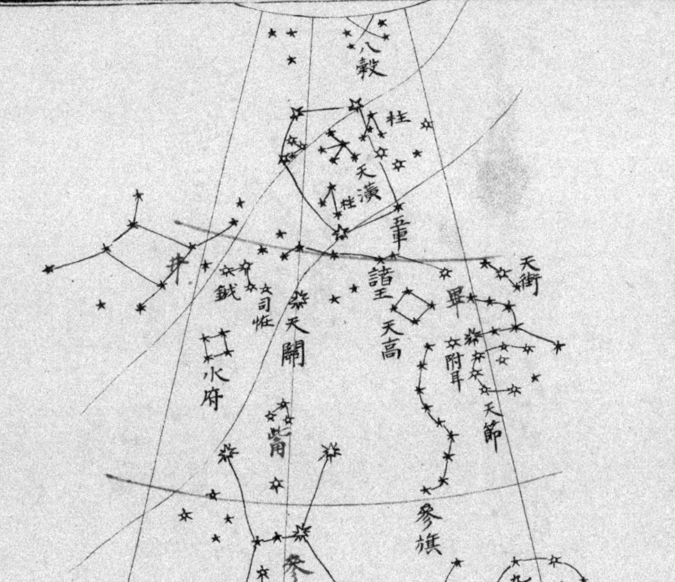
八穀
柱
天潢
柱
五車
諸王
天街
畢
鉞
司怪
天關
天高
附耳
水府
觜
天節
參旗
參
九州殊域
伐
玉井
軍井
廁
九斿
屏星
天園
屎
孫
子
丈人
畢宿十六度三十四分
觜參二宿共十一度四十八分

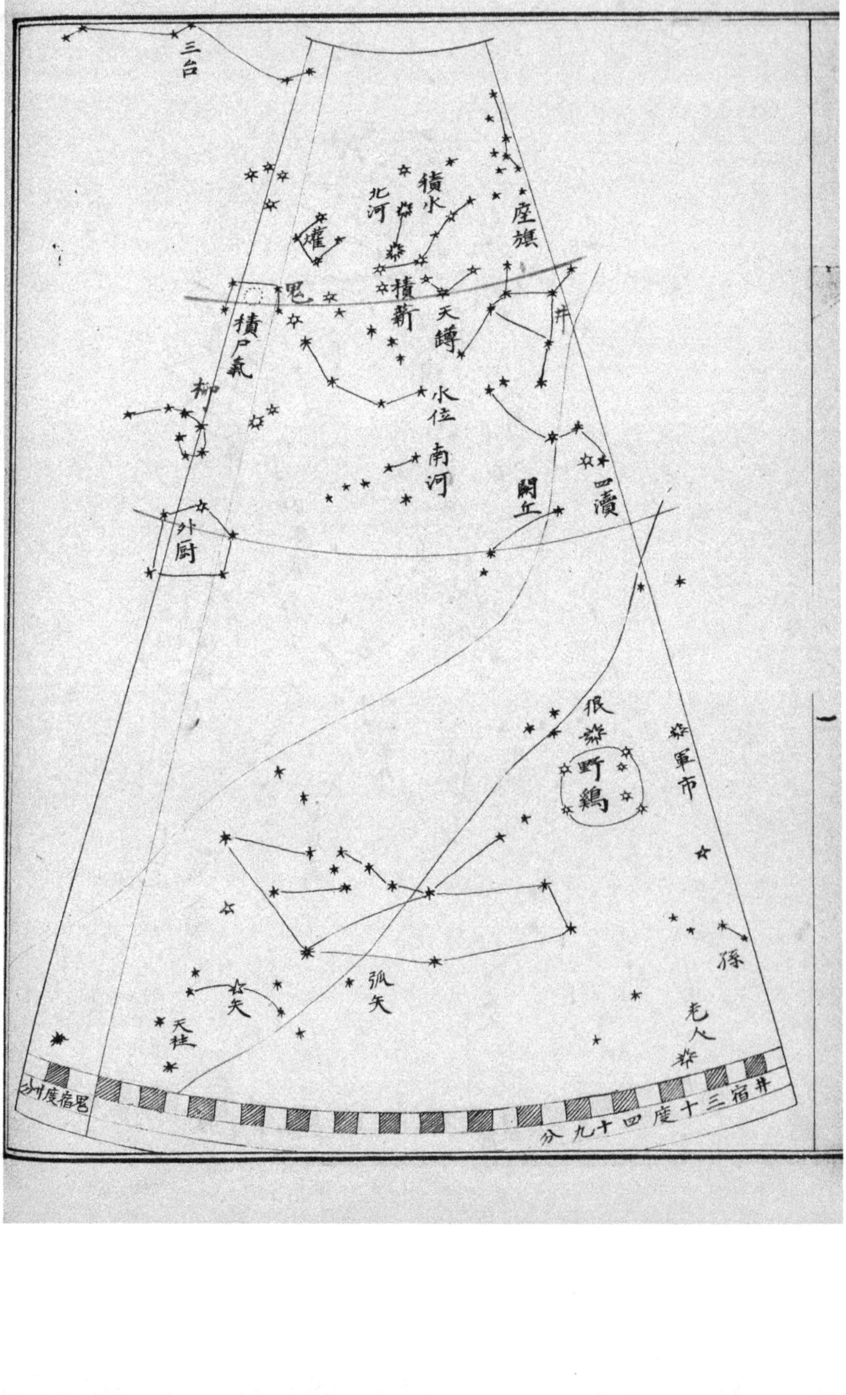
三台
積水
北河
座旗
爟
積薪
天罇
井
鬼
積尸氣
柳
水位
南河
闕丘
四瀆
外厨
狼
野鷄
軍市
弧矢
矢
天柱
孫
老人
井宿三十度四十九分

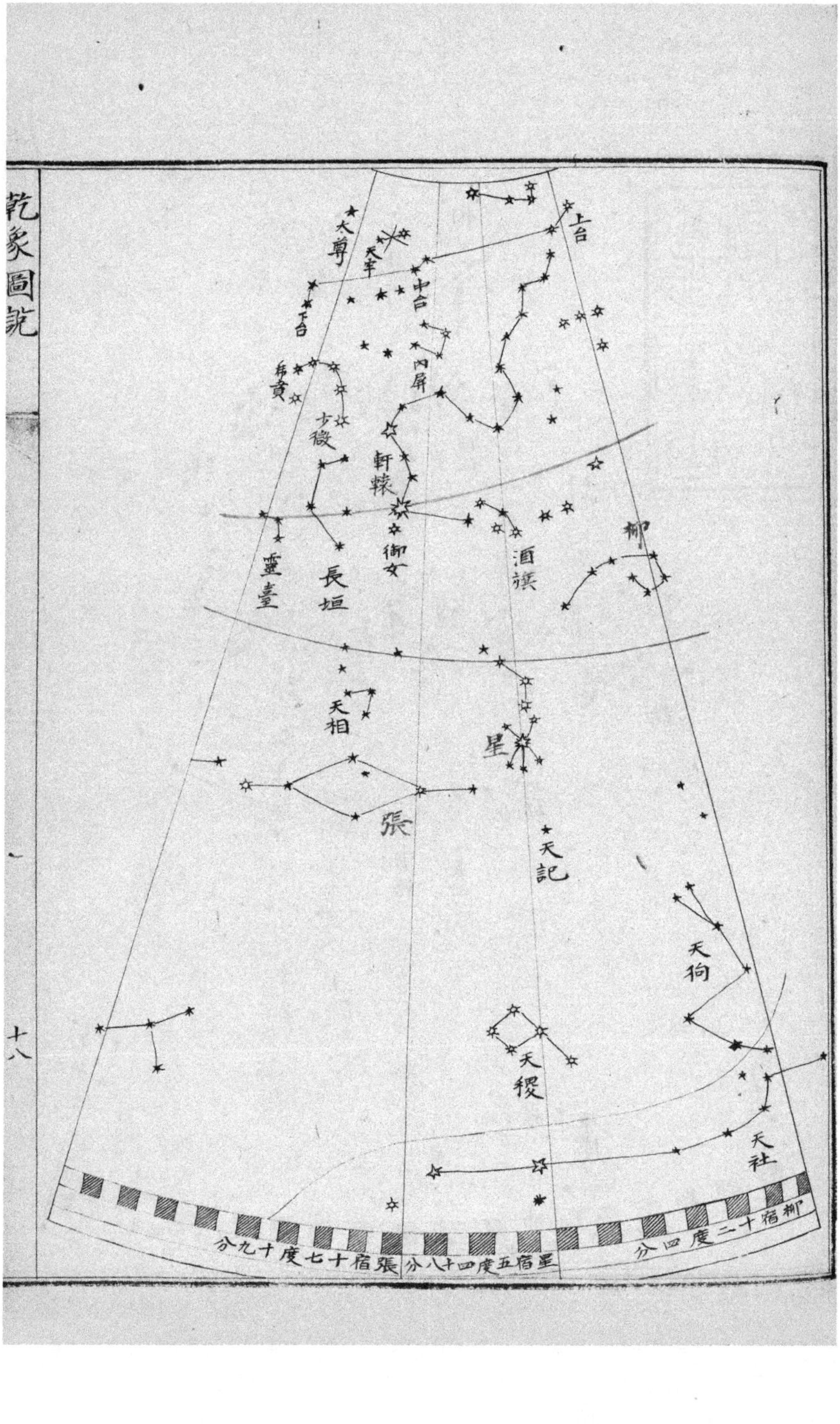
乾象圖説
十八
上台
太尊
天牢
中台
下台
内屏
少微
軒轅
御女
酒旗
柳
靈臺
長垣
天相
星
張
天記
天狗
天稷
天社
柳宿十二度四分
星宿五度四十八分
張宿十七度十九分

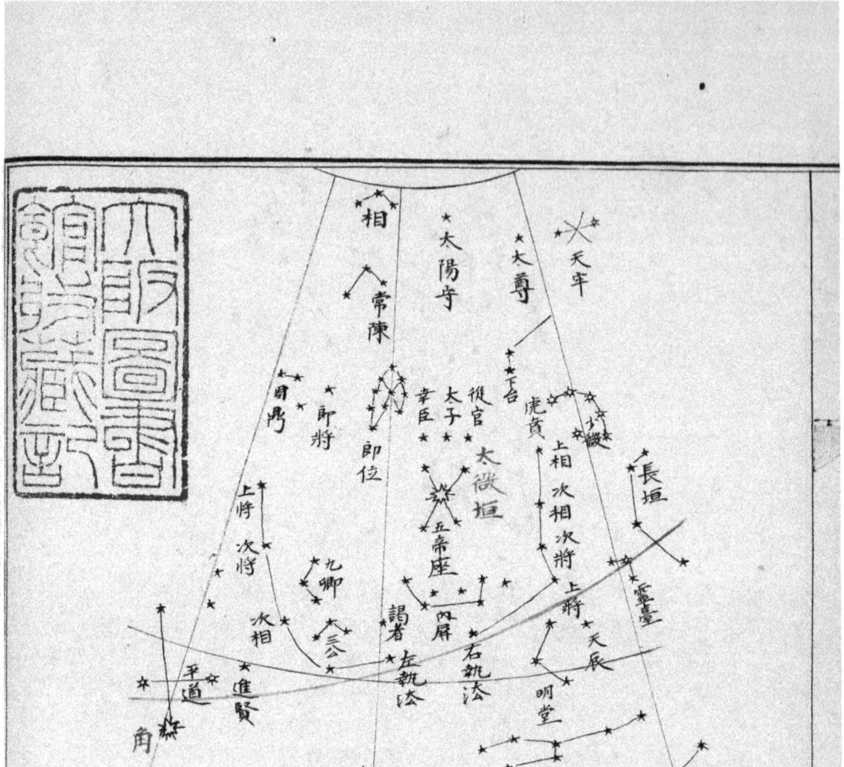
相
太陽守
太尊
天牢
常陳
下台
從官
太子
幸臣
虎賁
少微
郎將
郎位
太微垣
上相
次相
次將
上將
長垣
五帝座
九卿
次將
次相
謁者
內屏
三公
上將
天長
靈臺
左執法
右執法
平道
進賢
明堂
角
左轄
軫
翼
長沙
右轄
青丘子
東甌
馬腹
庫樓
馬尾
翼宿二十度二十八分
軫宿十五度三十分

乾象圖說　亨
甲漢
9

天問畧

泰西陽瑪諾條答

天有幾重及七政本位

問貴邦多習曆法敢問太陽太陰之說何居且天有幾重太陽太陰位置安屬曰敝國曆家詳論此理設十二重焉最高者即第十二重為天主上帝諸神聖處永靜不動廣大無比即天堂也其內第十一重為宗動天其第十第九動絕微僅可推算而甚微妙故先論九重未及十二也十二重天其形皆圓各安本所各層相包如裹葱頭日月五

星列宿在其體內如木節在板一定不移各因本天之動而動焉

問人居地上依其目力所及獨見一重自東而西一日一週耳設十二重何徵曰萬物或靜或動靜者獨有一靜是靜無動動者獨有一動是動無靜終古以來未有一息之內能動互現者也未有二動並出能此動東去彼動西行者也于其運動相反可知其體有間異矣今恒見日月五星列宿其運動各各相反便知所麗之天原非一重日月相反運動于朔望見之朔日月共躔一度望日月相遠半

周月每日自西而東行十三度有奇日每日約行一度五星所離日月列宿每日各異其相近相遠亦各時刻不同因知各有其本重所麗之天可徵五星之有五重天也列宿諸星相近相遠終古相同因知其所麗天終古恒同而可證其有第八重天也夫日月諸星本動之天皆自西而東也天左旋日月五星右行貴國先儒亦已晰之矣今舉目而視之日生于東沒于西月與諸星隨之以旋其自東而西者又昭昭然狀必有一天焉為之主宰為之牽屬而日月諸星之天因之則九重天是也故自東而西者宗動

天也自西而東者日月諸星之天也自西而東者日月諸
星之本動也自東而西者日月諸星之本動也自東而西
者日月諸星之帶動也明乎二動得天體也第九第十重
天其說甚長宜有專書備論
問自東而西自西而東二動既相反矣今宗動天自東而
西日月諸星之天自西而東何不為相反運動哉曰所謂
相反運動是一物自發二動非有自外轉動如一人在船
中船順風自東而西人逆行自西而東則自西而東則人
之動也自東而西人之因船帶動也雖有二動非相反動

又如車輪上有蟻行自南而北其輪之轉自北而南實見其蟻行有二動而非相反何也一從自動一從外帶故也

日月諸星之動何不其然

問今觀有異運動從星而出星行于天如鳥于空中如魚于水内矣天何所皆九重焉分曰魚鳥一時獨有一動諸星之動則非一也葢星行一時之際自西而東亦自東而西焉所謂相反運動也時有九重天以幹之故非一物自發二動耳且天體甚堅非水可比胡能穿之兩天之道連不容一物又焉分哉

問既有十二重天敢問太陽何位曰自下往上在第四位七政之中也日得其中為其本所光及餘政暄及下地故也為其本所者七政之中日最貴尊貴尊之物得其中位一定之勢也光及餘政者星月無光恒借日之光以為光試觀月之于日合則魄遠則弦對則望隨其近遠以為明闇焉五星列宿亦徙如是葢日居其中適得上下照暎也暄及下地者日光在中下濟萬物氣以暄之乃得調和若居最上則温煖不及諸物難以滋生若居最下則爆熱太甚諸物受其矆損故日得中正中和之理萬物之宜也諸

天本位可視左圖

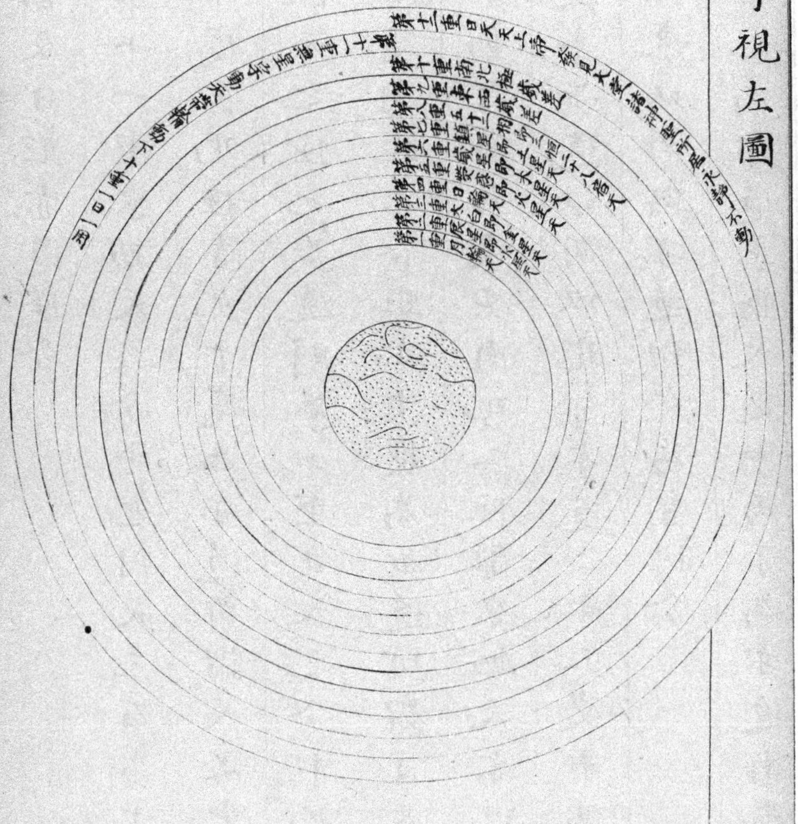
第十二重日天上帝發見天堂諸神聖所居永靜不動
第十一重宗動天無星辰每日帶下十重天左旋一周
第十重南北歲差
第九重東西歲差
第八重五十二相所三垣二十八宿天
第七重鎮星所居土星天
第六重歲星所居木星天
第五重熒惑所居火星天
第四重日輪天
第三重太白所居金星天
第二重辰星所居水星天
第一重月輪天

日天本動及日距赤道度分

赤道則第十一重宗動天之分中也周天三百六十度去南極九十度去北極亦九十度為赤道所謂天之中而其南北二極天之極也黃道則第四重日天之分中也周天三百六十度南北亦各距九十度為黃道所謂日天之中也日天本動自西而東其南北二極離宗動天赤道之極二十三度半黃道以南以北離赤道二十三度半為冬夏至黃道以東以西與赤道相交為春秋分

如左圖甲乙為赤道宗動天之中丙丁為赤道南北二極

己戊為黃道日天之中庚辛為黃道南北二極日天庚辛

二極離宗動天丙丁二極各二十三度半日天己戊黃道

離宗動天甲乙赤道二十三度半而冬夏至黃道赤道相

交于壬癸而為春秋分

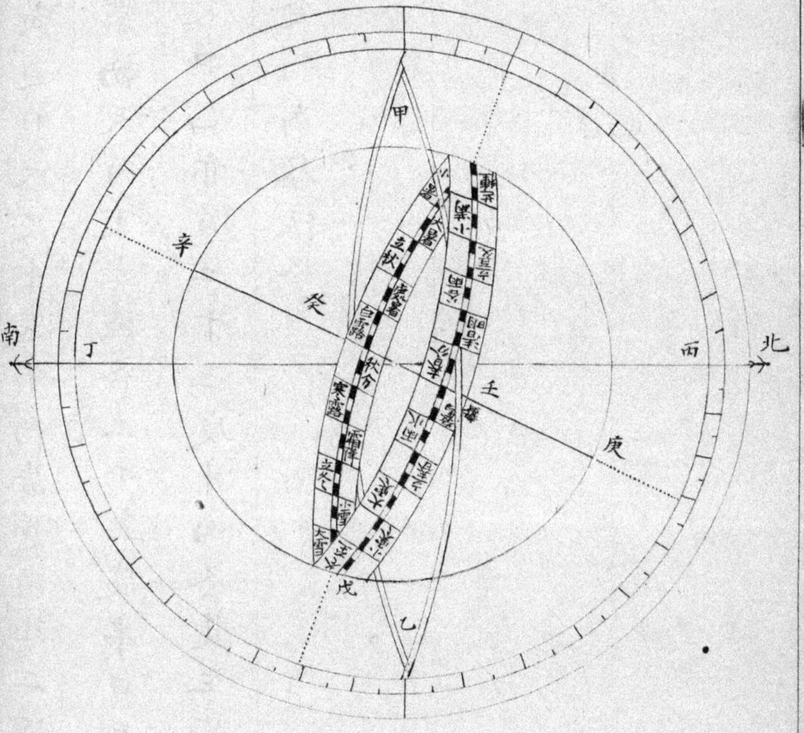

南
北
甲
乙
丙
丁
戊
庚
辛
壬
癸
立秋
處暑
白露
秋分
寒露
霜降
立冬
小雪
大雪
春分
清明
小暑
小滿

宗動天自東而西一日一周因而帶動其下十重諸天亦自東而西一日一周日一日約行一度一歲一周故自戊冬至至壬春分為九十度九十日自壬春分至己夏至自己夏至至癸秋分自癸秋分至戊冬至亦然畧論三百六十五日有奇一周天也宗動天自東而西一日一周即玖周日之間日之自西而東自行一度人只見其自東而西左旋而已初不見其右行者何也以其外動之自東而西者甚疾内動之自西而東者甚遲故也然而因其近遠天頂可以證之春分以後日遇赤道北而上秋分以後日遇

赤道南而下其上其下非日有偏行緣無宗動天不同極耳試看前圖庚辛為日天之極若日輪在戊冬至以至壬春分漸上以至巳夏至亦上遇巳夏至至癸秋分即下至戊冬至亦下上下由于本天之極原離赤道之極二十三度半故日輪居本天之中亦離赤道南北二十三度半而春秋分必相交乃知氣不參差無以成化時不寒暑無以合序物不錯雜無以生文倘日天二極與宗動天同則日動恒在赤道下絕無距度安得有東西運行之異以行變化而稱貞觀貞明之體哉日輪正居日天之中日天動而

日輪亦動日天運行之一周如于宗動天畫一道為所謂黃道也終古如是故日輪恒躔黃道一道不出入于南北界非如月五星之出入于十三度內也其上下四時各有定度不稍前後也黃道周天三百六十度分為四分每分九十度為四象限又一象限分六分每分十五度為一節氣共二十四節氣

如左圖自冬至至春分則周天象限也分得九十度每節氣十五度則六節氣也自春分至夏至自夏至至秋分自秋分至冬至亦然日輪躔冬至初度至九十度在赤道外

而最遠于天頂故自立冬至立春皆寒而冬至在其九十度之中故其寒尤甚自立春至立夏因日漸近赤道而稍近于天頂故其時暖于冬至凉于夏至正交赤道為春分也自立夏至立秋因日在赤道上而夏至則最近于天頂故其時甚熱自立秋至立冬日漸下而離天頂其時稍凉于夏至甚暖于春分亦交赤道所謂秋分也夫春秋分皆躔二道之交其離天頂同則其成寒暑宜亦同緣春日陰氣塞滿大地日光雖照難成温熱秋日陽氣焦灼無所不暴日輪雖下難成寒氣故春秋二季日離天頂並同而寒

暑不同也

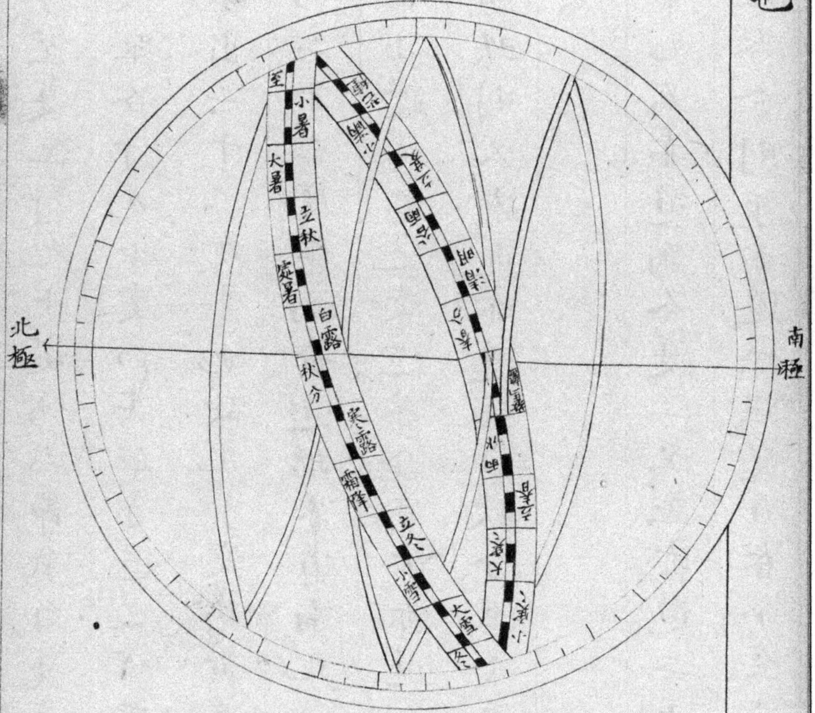

日自春分至夏至行九十度爲六節氣自夏至至秋分亦然四象限雖各行九十度而其距赤道之緯度則非九十度游移不出二十三度半也故九十度爲黄道自東而西之度數而二十三度半爲黄道距赤道南北之度數也蓋春秋分日日躔二道之交遇春分日離赤道向夏至而漸遠赤道遇秋則又漸近赤道矣自秋分至冬至自冬至至春分亦然

如左圖甲乙爲赤道爲冬夏二至距赤道二十三度半假如日輪在春分則于赤道無距度自春分至清明則日行

十五度而其距度非十五度乃六度十九分也自立夏至小滿𠁅十五日之閒其遠非六度而為四度也自芒種至夏至亦非四度而為一度弱也故近交差多近至差少而其差非同也欲知每節氣及每日日躔黄道距赤道幾何度分依圖可得焉假如清明初日日距赤道度分上是清明初度下是白露初度兩界相對次用一線或界尺隱取兩界[illegible]線視所當丙丁線度分得六度因知清明白露初日日距赤道六度也又清明五日處暑十日其離甲乙赤道亦同故撿取清明五度處暑十度為兩界次依沿視

于丙丁得七度强即其距度也餘做此

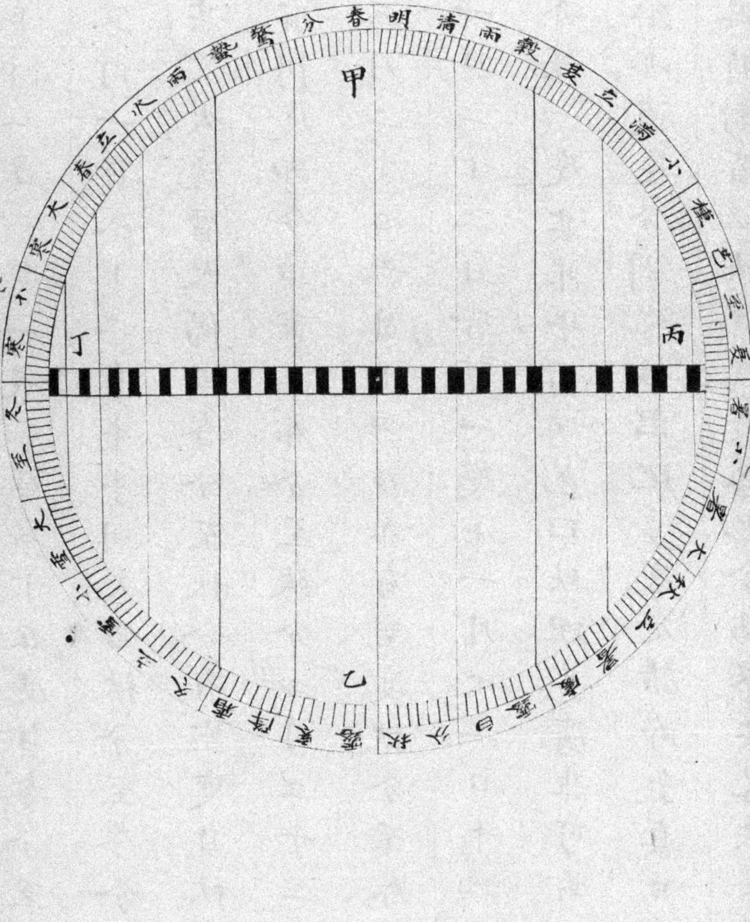
甲
乙
丙
丁
清明
春分
驚蟄
雨水
立春
大寒
小寒
冬至
大雪
小雪
立冬
霜降
寒露
秋分
白露
處暑
立秋
大暑
小暑
夏至
芒種
小滿
立夏
穀雨

問太陽平行一日一度一歲三百六十五度自春分至秋分半歲宜行一百八十二度半半周天自秋分至春分亦然今不甚然大統曆太陽自春分至秋分有空度自秋分至春分有陽度即今甲寅年春分至秋分四月二十二日空一度五月二十日六月十四日亦有空度秋分至春分十月十一日二十二日皆闕一度十一月十二日十二月十五日亦闕一度甚非平行何也曰此理甚廣非可咠罄凡求日距赤道度分測北極出地多寡定諸節氣真日算二食之真時刻皆以此理為最急也今姑舉其畧依上論

七政各有本天所麗各有異動然其本天之中心不與地之中心同一心也故其行轉于地體之面一周自非可謂平行也宗動天之黃道心與地球心一也則其行于地面一周恒為平行矣則七政之天雖不平行轉于地體之面然于其本天之中心平行轉也

如左圖甲為宗動天之黃道乙為太陽之天丙為太陽天之中心丁為地及宗動天之中心則視宗動天與地球同心其上半天于其下半天實為平分故其行轉于地面上亦平行也日天中心乃與地中心不同一處其上半天與

其下半天亦然平分故其行轉于地面必非平行蓋日行從戊過乙至已在地球上行其半周分在太陽本天則已行大半周矣然以上之黃道亦然故自春分至秋分太陽之天大分在上自秋分至春分其在下之分不及半也自春分至秋分行十二節氣半周天而多八度自秋分至春分以黃道論亦行十二節氣而于本天則其行不及半周也因知日行半黃道自春分至秋分必遲而自秋分至春分必速然非日天不平行以與宗動天黃道非同心故也

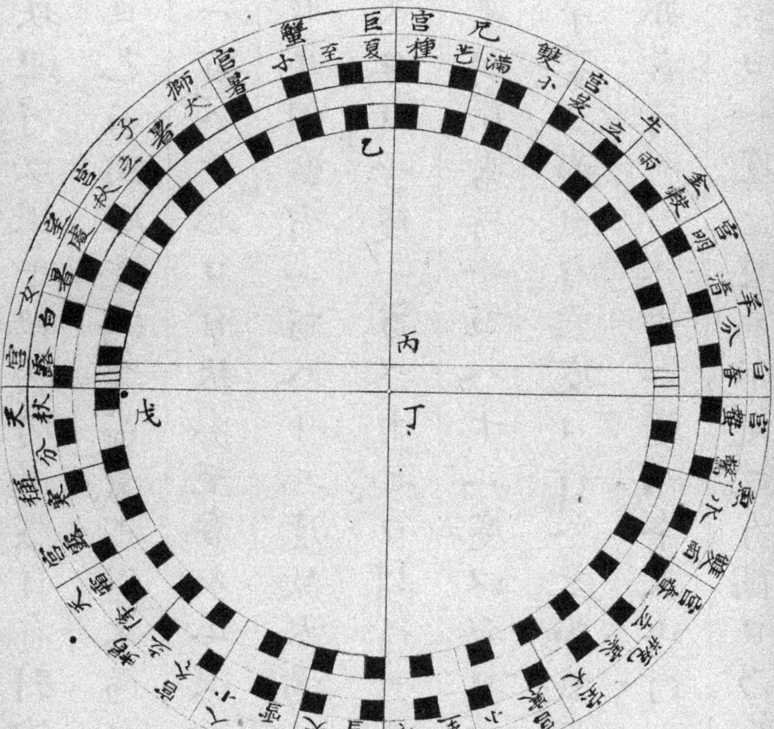
巨蟹宮
獅子宮
室女宮
天秤宮
天蠍宮
人馬宮
磨羯宮
寶瓶宮
雙魚宮
白羊宮
金牛宮
雙兒宮
夏至
小暑
大暑
立秋
處暑
白露
秋分
寒露
霜降
立冬
小雪
大雪
冬至
小寒
大寒
立春
雨水
驚蟄
春分
清明
穀雨
立夏
小滿
芒種
乙
丙
丁
戊

問曰天地理何以徵乎曰其所以然自有别論今獨徵定節氣之日也西國曆家測念節氣測得太陽自春分至秋分必須一百八十七日自秋分至春分止須一百七十八日大統曆半周共有一百八十二度故太陽行夏至節氣以其本天每日一度一百八十七日則行一百八十七度而黄道半周原當行一百八十二度以每日一度算之為有餘故于夏至節氣有空度日行冬至節氣黄道自秋分至春分亦當行一百八十二度而本天止行一百七十八日乃依無日一度之算而不足故有隔日乃知春分至秋

分黃道一百八十二度本天行一百八十七日日多度寡必須空日可以合之自秋分至春分黃道一百八十二度本天一百七十八日度多日寡必須隔日可以合之因此冬夏節氣于周天度數亦不平分蓋節氣太陽行黃道之十五度也日行夏節氣其所行十五日而于黃道非行十五度故不可以十五日定其一節也冬節氣亦然欲得其眞確須上法而定其限焉故于夏有以十六日日行黃道之十五度而一節氣足冬有以十四日日行黃道之十五度而一節氣足

問大統曆自春分至秋分恒算得一百八十二日非一百八十七日也如甲寅年春分日為二月十四日秋分日為八月十八日乃扣至一百八十二日定者自秋分至春分亦然其皆為平分何也曰定節氣法有二其一以太陽所行于本天度分其一以所行黃道度分大統曆定節氣非依黃道度分乃以日行本天度分定之者論黃道度則所謂春秋分必在日躔二道之交今大統曆恒前三日而得春分後三日而得秋分日輪于本天已行至一百八十二日然實未躔二道之交故諸節氣俱因此有前後西洋曆

家則依太陽所行黄道度分而定諸節氣矣然法以得真確本日甚使蓋測騐以得日輪高下為急而日輪高下由于其所躔黄道度分也

日蝕

問日蝕所以曰日蝕非日失其光乃月掩其光也月之天在日天之下朔時月輪正遇日輪之下南北同經東西同緯故掩其光若有失之耳

如左圖甲為日乙為月丙為人屋地面月輪隔在其中使日光不能照地面而人目不能見日輪也因知日食非各

處共有之或一處見食別處見光或一處全食別處半食皆日隨地異也聞貴國先時一日日食司天言當幾分草澤言當幾分後卒如草澤言說者以為算法踈畧使然實不爾也

如左次圖丙地面乙月輪甲日輪居下者正見月于日故見全食居戊者斜見月于日故見半日食居己者不見月于日故全不見食如欲得日食時刻最準先須得七政經緯度及正斜視法不然即交食分數測驗躔度悉不可算悉不可定故吾國曆家窮究此理以為曆準別有備論今

特畧言食理也試觀居房內者房中有燭以照四方若于東方有掩光者必坐東者不見其光而坐南北西方者得光也各方如是如減其光則居諸方內者四方見燭無光矣與食同理也若月食則所食缺全分秒萬人萬目共作是觀別無同異與日不同

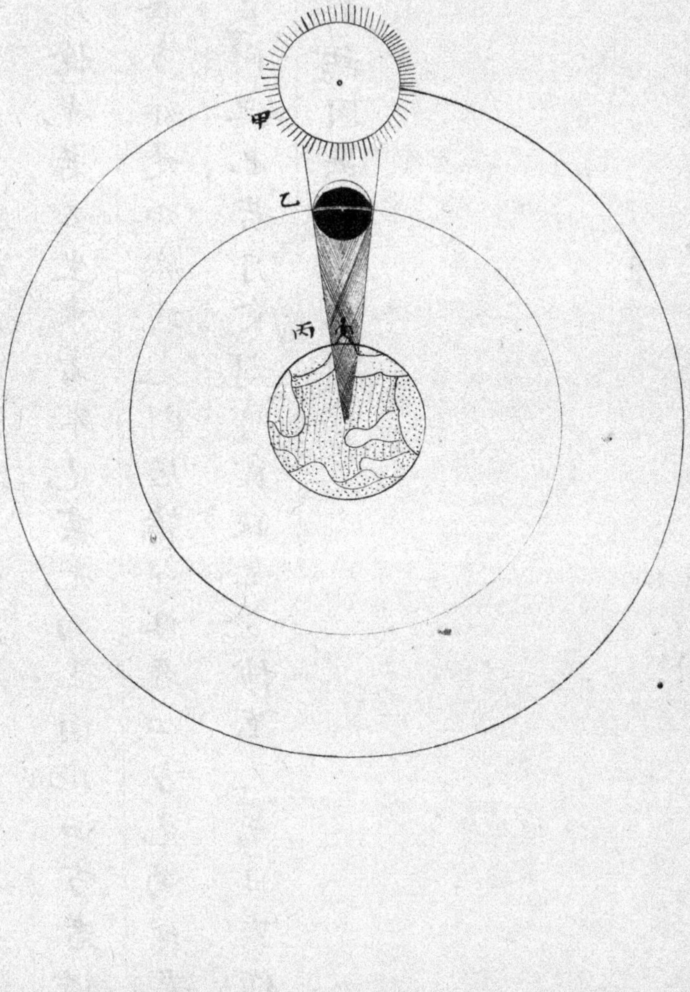
甲
乙
丙

問日蝕由于月掩其光乃每朔時日月同度又正遇其下

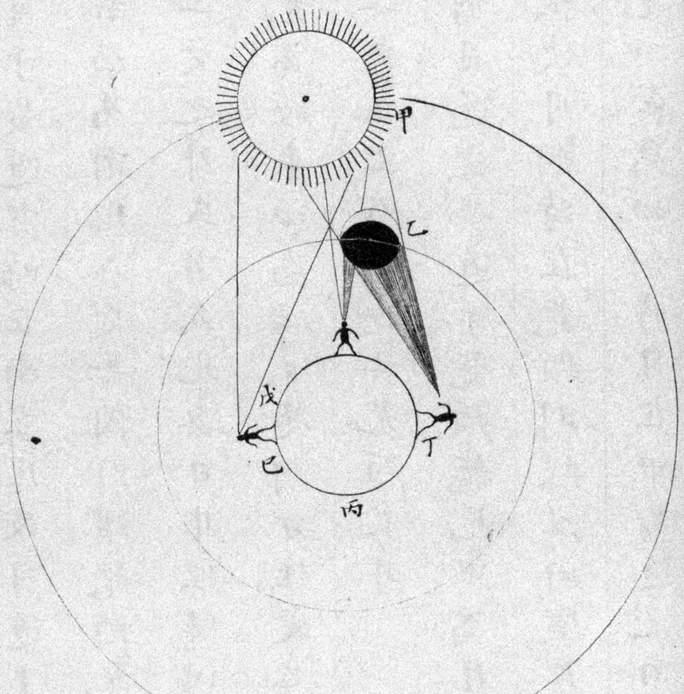

宜皆得食今不盡然何也曰日躔惟一黃道終古無出其外也月于黃道有時在南在北故月道半出黃道北半出黃道南而為南北二交吾國所謂龍頭龍尾是也朔時若月在二交之外或南或北與日非經緯同度不能揜日光也南北為經東西為緯凡是朔日經度必同如更同緯度適在二交之上乃能揜其光而食耳

如左圖月道交黃道于龍頭龍尾甲為月道在黃道南丙在北試使月朔時在龍頭則經緯同度月正遇日輪之下掩其光而食焉如朔時月在甲黃道之南日乃在乙黃道

之上而緯不同度則日在北月在南矣故不食也

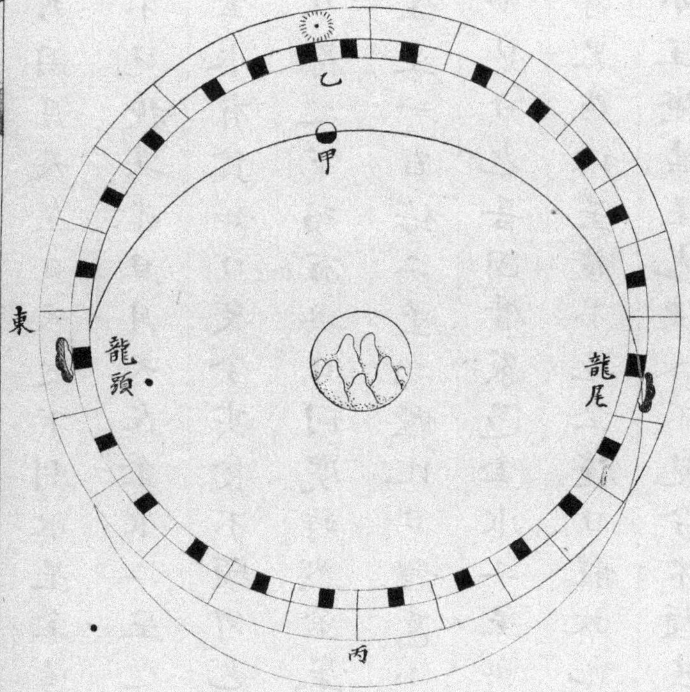

問日食若因月天在日天之下則水星金星天亦在日天
之下而不見掩其光且月天在金水二星之下月亦宜掩
其光而金水有食如日矣今其食不顯何也曰水星金星
雖正遇日輪之下而有與日同度時然金星大於水星而
日大於金星一百倍二星之體比日體甚小豈能掩其光
而使人不見日也吾國曆家遇金水二星與日同度恒見
日輪中有黑點以星體不能全掩日體故也月輪正遇二
星之下亦宜掩其星光使人不見今不顯其食如日者非
月不能掩之乃二星之光甚微其體甚小故不明顯也

問天地渾儀說曰地球大于金星三十六倍又二十七分之一大于月輪三十八倍又三分之一是金星大于月輪也夫月球能掩日光則金星更大亦何不掩日光乎曰凡物以形相掩非惟論其大小又當計其遠近蓋人目視物之時自目至物之體射兩直線為直角形故愈近于目其物雖小而徑愈大愈遠于目其物雖大而徑愈小

如左圖甲為人目庚為物體甲乙甲巳為人目所射兩直線則徑愈近愈小愈遠愈大故戊大于丁丙丁大于丙也試以人手隔目手愈近于目則愈掩物體矣是故金星雖

大于月乃在月天之上去人目甚遠故不能掩日光也月雖小于金星乃在金星天之下去人目最近故能掩日光也然其理也

問日大于月固矣日輪較地球不知其大有幾曰吾國曆

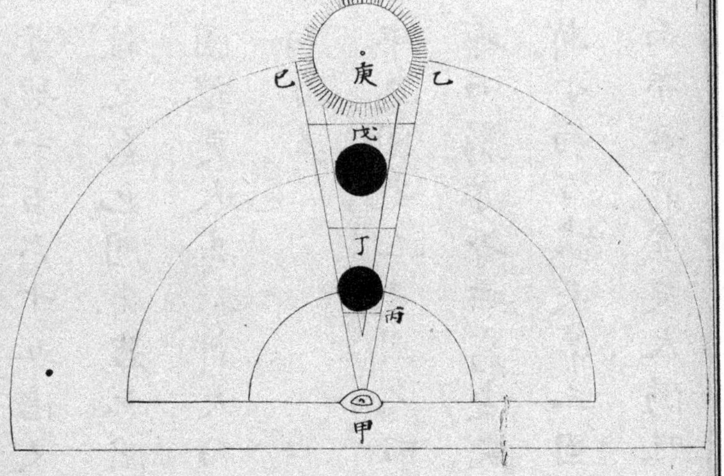

家著明其理有論甚廣測七政高下及大小之度分有器甚準日大于地一百六十五倍又八分之三欲徵之宜知圓光照圓體之影也圓光若照圓體同大其影廣恒等而無窮若照圓體更大其影漸大而亦無窮若照圓體更小其形漸小而有盡

試觀左圖甲為圓光乙為圓體丙為體影第一圖甲圓與乙圓體相等而影亦等無窮盡矣第二圖甲圓光大于乙圓體丙影漸小而有盡矣第三圖甲圓光小于乙圓體丙影漸寬大而亦無窮盡矣太陽照地之時地影非恒等亦

非漸大譬之物影其為漸小而有盡如第二圖也則以日輪圓光大于地形也地之影漸銳而小至有盡焉甚明也凡星月無光借日之光太陽照及其體則光生焉不然則否倘日與地等地或更大焉則其影為無窮之影宜射蔭直遇諸星之天必見諸星有食者矣今惟地體甚小銳影有盡不到諸星之天故日光無碍照及木火土以及列宿諸天而諸星恒明光無朦也其地影之盡可遇第一第二重天至第四重天而不及第四重天所以月因地影得食而諸星不食也地球一周三百六十度每度二百五十里

日天一周亦三百六十度其每一度有數萬餘里焉吾國
曆家有器量得日天之度每半度為日一全徑因知其圓
形亦得數萬餘里而非地形可比譬如山高二十餘里上
有人焉居下者視之如小鳥也日天之高自地面至太陽
中心相隔一千六百餘萬里今視日輪如小車輪猶之二
十里高山視人如鳥矣

問太陽早晚出入時近于地平見大午時近于天頂見步

何也曰地球懸于空際居中無著其四際離天諸方同一

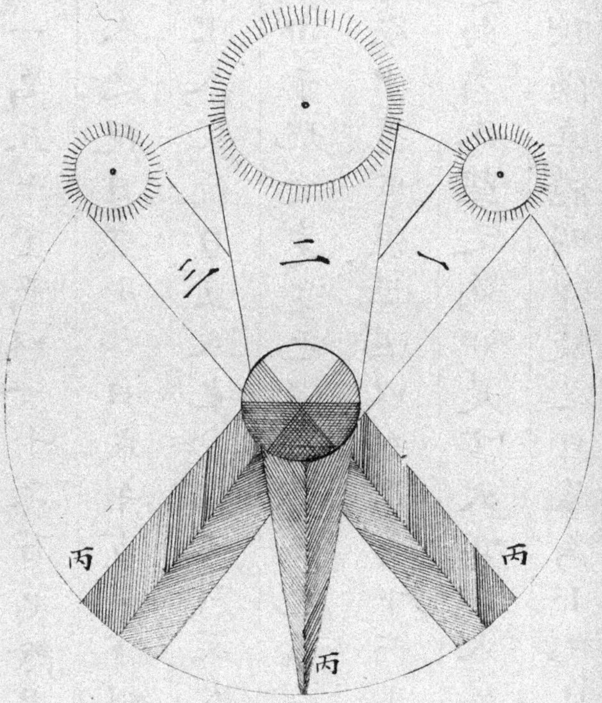

無近遠也以理論之其在東西出入方也太陽離地凡一千六百萬餘里矣而人立地面或自東視西或自西視東半徑幾一萬五千里焉以一千六百萬餘里又加以一萬五千里人之視日宜小也日在午方從下視上止一千六百萬餘里人之視日宜大也今宜小而反大宜大而反小者此非由于地之遠近也濕氣使然也蓋夜中水氣恒上騰氣行空中悉成濕性濕以太陽自下而上映帶而來晃漾焉蓬勃焉人望之為如是其大耳若太陽當空浮翳盡掃無所映隔真體明淨較之旦暮為小凡月與諸星見于

地平必有濕氣障隔爾時所見亦必大于午時試觀水中所見或石或木必大于水外者皆濕性之勢也

問人在地面視東視西者半徑各得一萬五千里豈以人之所立恰在地中乎曰地是圓體人之所立無論遠近中邊從其所立分之各得一半

晝夜時刻隨北極出地各有長短

問晝夜長短不一時刻亦異何也曰晝夜長短由于太陽及南北極出入地平也北極出地即夏至晝長夜短冬至晝短夜長南極出地反是其時勢異也為此夏至為彼冬

至故晝短夜長爲然冬至爲彼夏至故晝長夜短南北二
極與地平則其地晝夜恒平故晝夜長短由于太陽及極
出入地也南北爲緯度東西爲經度各一周三百六十度
人在地面凡居經度一帶之内者其晝夜長短恒同其日
出入及晝夜時刻則異蓋經度之自東而西者人之所居
或東或西雖各不同而緯度之三十度者皆爲三十度四
十度者皆爲四十度也然同緯度者也若緯度之異者自
赤道以至極下其晝夜長短各異矣
如左圖地爲圜體懸于空際上下四旁皆有人居四方之

人各以所居子午線為午時太陽在東方甲居東方者為午時日輪在其天頂故也乙居西方者即為卯時日輪至天頂須三時故也丙亦居西方者即為子時日輪以至天頂須六時故也諸地相去自東而西莫不皆然地球自南而北三百六十度一周每一度二百五十里日輪每刻行天度三度四十五分如兩地相去九百三十七里半則相隔為一刻相去七千五百里而相隔為一時因知居東方者若得午時自此遂漸往西即為巳為辰為卯為寅為丑為子天下自東而西時刻各異各以日輪到本處子午

綫為午正初刻晝夜長短恒同者葢以北極出地多寡定
為時刻多少所以自東而西一帶但經度相同地方其離
北極皆同則晝夜長短亦同

南北緯度自赤道至極下晝夜時刻隨地各有長短蓋居

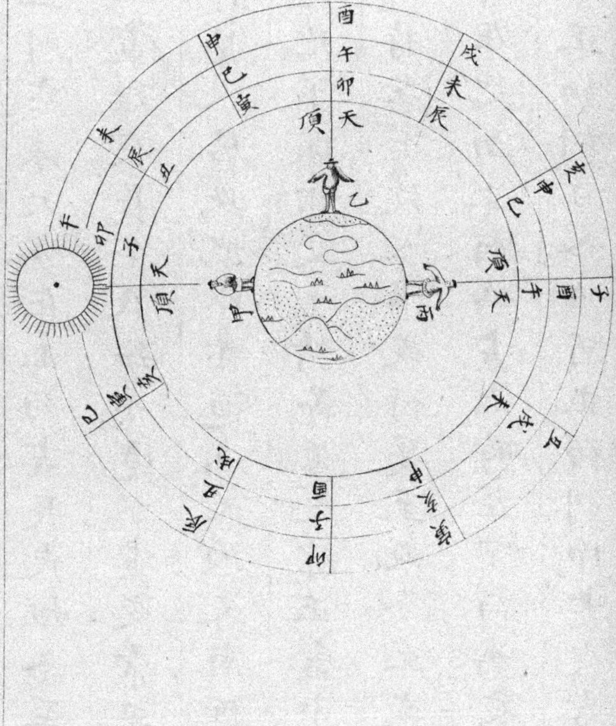

赤道下者以赤道為天頂而南北二極正與地面相平地

平之交于諸節氣線皆當正中故其晝夜長短恒平也北極出地則地平之交節氣非其正中矣故所分上下亦非平分夏至則其線大分在上而晝長夜短冬至則其線小分在上而晝短夜長今欲知赤道下晝夜常平

如左圖即見人居此地以赤道為天頂又南極北極不出入地次見地平線相交于諸節氣之線正當中而六時在地平上六時在下故太陽或行夏至或冬至或春秋分線上必六時在地面上而為晝六時在下而為夜其諸節氣日出必卯正初刻日入必酉正初刻即晝夜常平可知也

但其朦朧影稍異冬夏二至略長于春秋分之時狀有別論今不詳之自赤道北行二百五十里見北極出地一度赤道離天頂南亦一度若行二千五百里即北極出地南極入地赤道離天頂南俱差十度自赤道下至北極下每行二百五十里皆差一度其赤道線偏在天頂南即諸節線亦偏于南不與地平線相交于正中以為平分故晝夜時刻各有長短焉晝夜長短皆從北極出地而生今以北極出地四十度作法餘可推焉

如次圖北極出地南極入地四十度赤道在天頂南亦四

十度地平線交于諸節氣線非其正中其交夏至線也于寅正二刻四分故晝長五十九刻七分每日九十六刻其餘三十六刻八分為夜甚短因其線大半在地平上故自春分經夏至至秋分皆為晝長而夜短地平線交冬至在辰初一刻十一分故夜長五十九刻七分其餘三十六刻八分為晝甚短因其線大半在地平下故自秋分歷冬至至春分皆為夜長而晝短可知晝夜長短由于南北二極出入地也

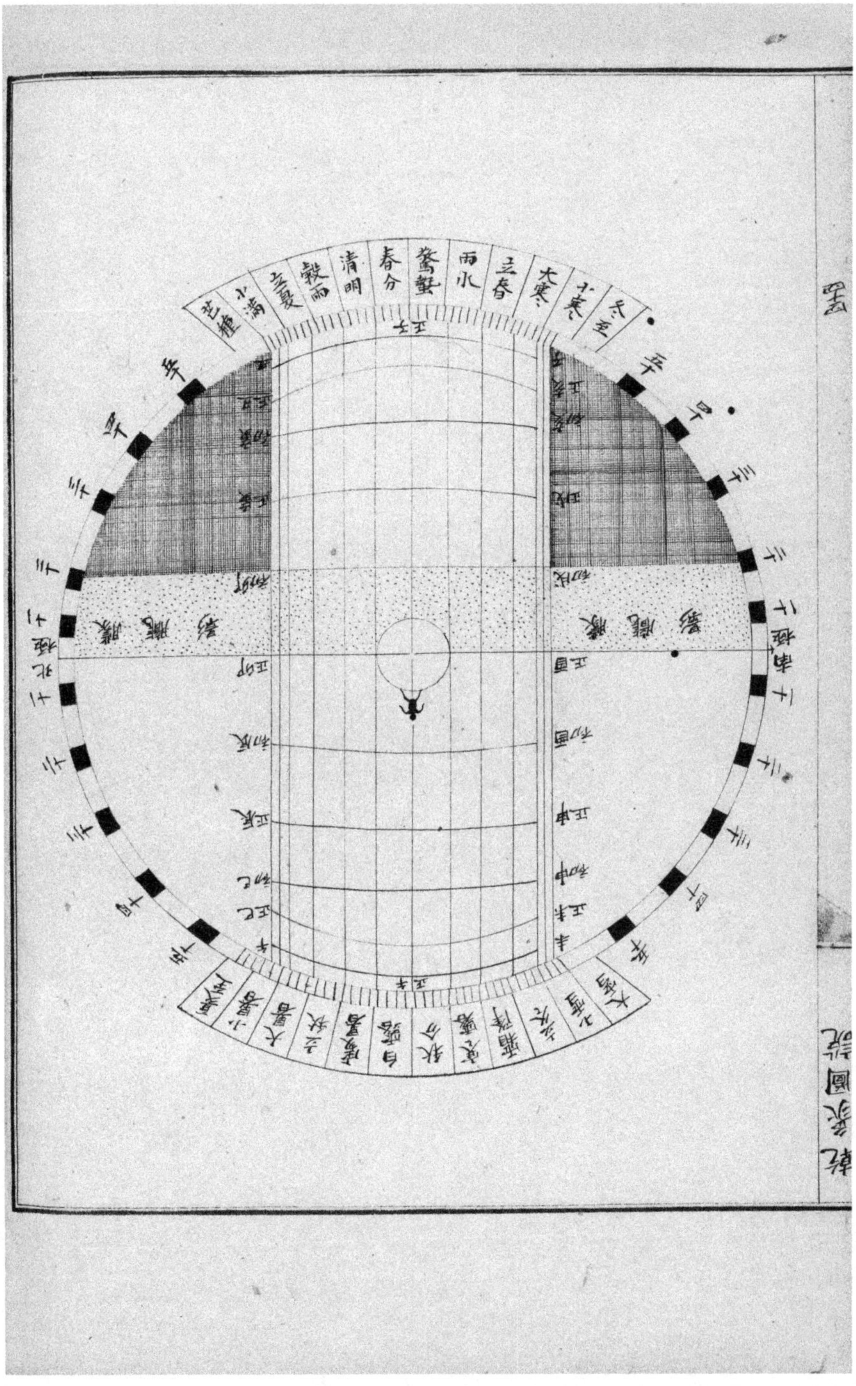
冬至
小寒
大寒
立春
雨水
驚蟄
春分
清明
穀雨
立夏
小滿
芒種

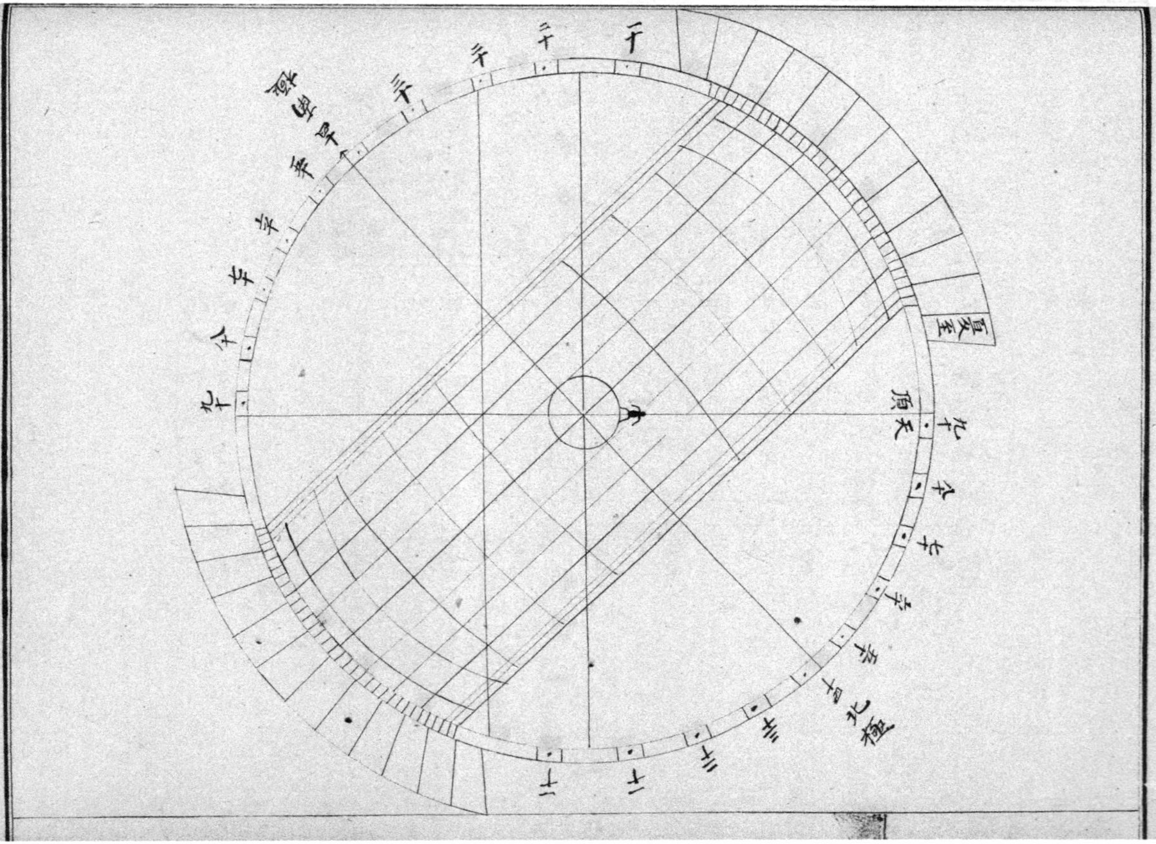

九十
八十
七十
六十
五十
四十
三十
二十
一十
天頂
九十
八十
七十
六十
五十
四十
北極
三十
二十
一十
夏至

如前圖欲知順天府每節氣晝夜刻各幾何則視本日節氣在地平線上時刻即晝在下時刻即夜也假如于夏至線視地平線交于寅正二刻以上得二十九刻十一分是從日出至午正初刻數加一倍即從午正初刻至日入得五十九刻七分為晝刻分所餘刻分即夜刻分也諸節氣亦然又欲知日出入時刻即視地平線于本節氣相交其時刻即得欲知隨節氣朦朧影刻各幾何亦視本節氣自朦朧線以上至地平線皆黃昏昧爽刻分也凡晝夜長短時刻由于南北極出入地與所居緯度之不同也天頂近

于赤道則北極出地度數少即晝夜長短亦少天頂遠于赤道則北極出地度分多即晝夜長短亦多故應天府北極出地三十二度半順天府四十度强即多七度半其晝夜長短亦自不同欲知所差幾何試觀北極出地四十度强圖地平線交夏至線于寅正二刻四分故順天府夏至晝長五十九刻七分觀北極出地三十二度半圖地平線交夏至線于寅正三刻十二分故應天府夏至晝長五十六刻六分計差三刻其餘節氣以法對之亦然又欲知日出入及曚曨影時刻各異如上法可求

乾象圖說

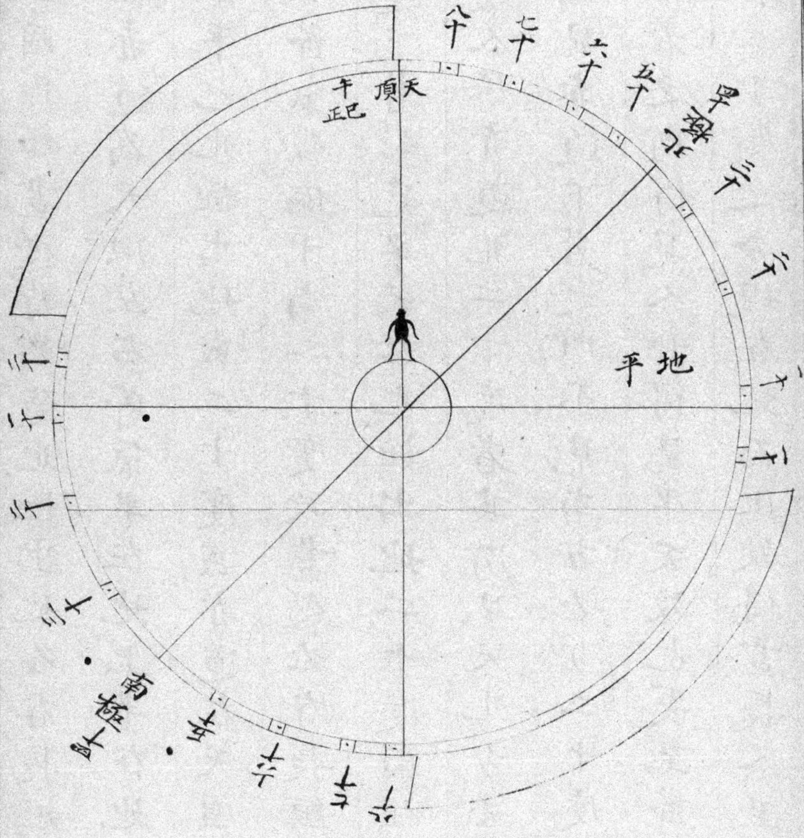

因上三圖即知晝夜時刻隨北極出地各有長短北極不出地因赤道為天頂左右節氣半在地上半在地下故晝夜必恒平也北極出地或二十度其赤道在天頂南二十度左右節氣皆偏于南二十度故晝夜必有長短也蓋人居赤道下者恒見半天若北極出地二十度南極必入地二十度人居赤道北二十度者其所見天北方必多二十度而能見赤道下者之所不見南方必少二十度而不見赤道下者之所得見人恒得見半天故也夏至節氣在赤道北其二十度之分現在地而上故得晝長冬至在赤道

南其二十度之分隱在地面下故得晝知其北極出地三十四十五十度者其理並同獨至出地六十七度半則不同也試觀渾儀若北極出地十度夏至晝長二刻若出二十度長五刻出三十度長八刻出四十度長十二刻出五十度長十八刻出六十度長二十六刻出六十七度長四十八刻其長四十八刻者夏至線不交地平而全見在地平上冬至全在地平下故夏至日太陽行地面上不入地平晝長九十六刻無夜冬至日太陽行地面下不出地平夜長九十六刻無晝北極出地七十度五晝節氣線小滿

芒種夏至小暑大暑皆在地平上五冬節氣線小雪大雪冬至小寒大寒皆在地平下其北極出地七十度者從小滿曆夏至夏至歷大暑凡六十日太陽斜行地上不入地下即六十日全為晝無夜小雪以後歷冬至冬至歷大寒凡六十日太陽斜行地下不出地上即六十日全為夜無晝若北極出地八十度則夏十節氣皆在地平上冬在下晝夜長短全為百二十餘日若北極出地九十度則坎地以北極為天頂以赤道為地平赤道北諸節氣全在地平上赤道南諸節氣全在地平下而半年為晝半年為夜矣

試觀左圖北極在天頂赤道為地平從春分歷夏至迄秋分諸節氣在地平上從秋分歷冬至迄春分諸節氣在地平下即見玦地日躔赤道春分以後出地日輪漸高至夏至二十三度半以後漸下至秋分故半年恒周行于地平之上而全為一晝秋分以後入地日輪漸下至冬至二十三度半以後漸高至春分故半年恒周行于地平之下而全為一夜日出入地平十八度内皆為朦朧影時刻故玦地春分以前月半為昧爽秋分以後月半為黃昏也

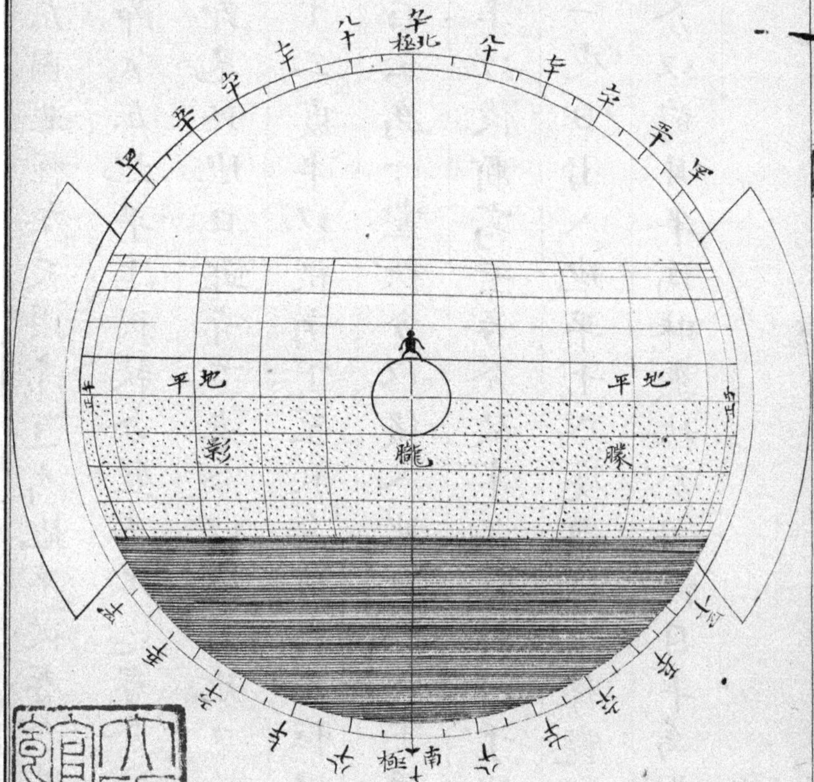
北極
地平
地平
朦
朧
影
南極

乾象圖説
利
甲漢
9

問一年半為晝半為夜何以証之曰吾西國人親所經歷其愈近北極者其至日晝愈長夜愈短其至日有全十二時為晝有全三十日為晝全六十日為晝全六月為晝歷歷身涉不可疑也依渾天儀論之其理不得不然也試于中國亦可見焉中國本境自南十八度起至北四十二度止從最南北行每二百五十里必更一度漸北漸移至夏日晝長夜短而京師北土之夏至日長于廣東南土之夏至廣州北極出二十三度半夏至日五十三刻十一分為晝餘四十二刻四分為夜人以江西較之南昌府北極出

地二十九度夏至日五十五刻七分為晝餘四十刻八分
為夜視廣東晝夜長短差二刻南京北極出地三十二度
半夏至日五十六刻六分為晝餘三十九刻九分為夜視
廣東晝夜長短差三刻視江南差一刻山東濟南府北極
出地三十七度晝長五十八刻四分餘為夜即晝長于廣
東五刻于江西三刻于南京二刻京師北極出地四十度
其晝夜長短所差愈多從此可推自十八度以至四十二
度各處不同又推知自四十二度至九十度晝夜漸長漸
短以至半年為晝半年為夜足徵矣晝夜長短日出入時

刻朦朧影刻分皆以北極出地多寡及所交節氣之日為準宜隨地隨氣立算不可執一處以槩他方也故為列圖如左圖中最上横書一行為諸節氣本日從冬至至夏至次第一直行為各省所宜用本圖及其地北極出地多寡次得日出一行此行横書作二行一為日出刻數一為日出分數次日入一行及晝夜長短朦朧影其行各横書作二行一為刻數一為分數假如欲知順天府立冬或立春日日出入時刻晝夜長短朦朧影刻分則視左各圖而例得第一圖為其本圖次檢取圖中立冬本行及右日出行

相對得卯正三刻十三分其餘相對如是而得日入申正
四刻二分晝長短四十刻四分夜長短五十五刻十一分
朦朧影六刻七分其餘節氣亦然餘圖視汯亦然依西曆
每日九十六刻每時八刻算

北京及鄰近地方晝夜長短日出日入矇朧影刻分

主北極出地四十度	日出		日入		晝長短		夜長短		矇朧影	
	刻	分	刻	分	刻	分	刻	分	刻	分
冬至	辰初一	十一	申正二	四	三十六	八	五十九	七	六	十三
小寒大雪	辰初一	七	申正二	八	三十七	一	五十八	十四	六	十二
大寒小雪	卯正四	十二	申正三	三	三十八	六	五十七	九	六	十
立春立冬	卯正三	十三	申正四	二	四十	四	五十五	十一	六	七
雨水霜降	卯正二	八	酉初二	七	四十二	十四	五十三	一	六	六
驚蟄寒露	卯正一	五	酉初二	十	四十五	五	五十	十	六	四
春分秋分	卯初四		酉初四		四十八		四十八		六	五
清明白露	卯初二	十	酉正二	五	五十	十	四十五	五	六	十
穀雨處暑	卯初一	六	酉正二	九	五十三	三	四十二	十一	六	十四
立夏立秋	寅正四	二	酉正三	十二	五十五	十一	四十	四	七	五
小滿大暑	寅正二	三	酉正四	十二	五十七	九	三十八	六	八	
芒種小暑	寅正二	八	戌初一	七	五十八	十四	三十七	一	八	十一
夏至	寅正二	四	戌初一	十一	五十九	七	三十六	八	八	十二

乾象圖說 五十

南京

主北極出地三十二度半	日出 刻分	日入 刻分	晝長短 刻分	夜長短 刻分	朦朧影 刻分
冬至	卯正四 三	申正三 十二	三十九 九	五十六 六	六 七
小寒大雪	卯正四	申正四	四十	五十六	六 五
大寒小雪	卯正三 八	申正四 七	四十 十四	五十五 一	五 十四
立春立冬	卯正二 十二	酉初一 二	四十二 四	五十三 十一	五 十四
雨水霜降	卯正二	酉初二	四十四	五十二	五 十三
驚蟄寒露	卯正一	酉初三	四十六	五十	五 十一
春分秋分	卯初四	酉初四	四十八	四十八	五 十一
清明白露	卯初三	酉正一	五十	四十六	五 十三
穀雨處暑	卯初二	酉正二	五十二	四十四	六 二
立夏立秋	申初一 二	酉正二 十八	五十三 十一	四十二 四	六 五
小滿大暑	寅初四 七	酉正三 八	五十五 一	四十 十四	六 九
芒種小暑	寅正四	酉正四	五十六	四十	六 十二
夏至	寅正三 十二	酉正四 三	五十六 六	三十九 九	六 十三

山東 主北極出地三十七度	日出 刻	分	日入 刻	分	晝長短 刻	分	夜長短 刻	分	朦朧影 刻	分
冬至	辰初一	三	申正二	十三	三十七	十一	五十八	四	六	十
小寒 大雪	卯正四	十三	申正三	二	三十八	四	五十七	十一	六	八
大寒 小雪	卯正四	四	申正三	十一	三十九	七	五十六	八	六	六
立春 立冬	卯正三	六	申正四	九	四十一	三	五十四	十二	六	三
雨水 霜降	卯正二	五	酉初一	十	四十三	五	五十二	十	六	二
驚蟄 寒露	卯正一	三	酉初二	十二	四十五	九	五十	六	六	一
春分 秋分	卯初四		酉初四		四十八		四十八		六	一
清明 白露	卯初一	十三	酉正一	三	五十		四十五	九	六	七
穀雨 處暑	卯初一	十	酉正二	九	五十二	十	四十三	五	六	十一
立夏 立秋	寅正四	九	酉正三	六	五十四	十二	四十一	三	六	十三
小滿 大暑	寅正三	十一	酉正四	四	五十六	八	三十九	七	七	五
芒種 小暑	寅正三	二	酉正一	十三	五十七		三十八	四	七	八
夏至	寅正二	十三	戌初	二	三十八		三十七	十一	七	七

山西

去北極出地三十八度

	日出 刻 分	日入 刻 分	晝長短 刻 分	夜長短 刻 分	朦朧影 刻 分
冬至	辰初一 四	申正二 十一	三十七 九	五十八 六	六 十三
小寒大雪	初一 一	正二 十四	三十七 十三	五十八 二	六 十一
大寒小雪	卯正四 七	申正三 八	三十九 一	五十六 十四	六 七
立春立冬	正三 八	正四 七	四十 十四	五十五 一	六 四
雨水霜降	卯正二 七	酉初一 八	四十三 一	五十二 十四	六 一
驚蟄寒露	正一 四	初二 十一	四十五 七	五十 八	六 一
春分秋分	卯初四	酉初四	四十八	四十八	六
清明白露	卯初一 十一	酉正一 四	五十 八	四十五 七	六 四
穀雨處暑	初 八	正二 七	五十二 十四	四十三 一	六 九
立夏立秋	寅正四 七	酉正三 八	五十五 一	四十 十四	六 十二
小滿大暑	正三 八	正四 七	五十六 十四	三十九 一	七 七
芒種小暑	寅正二 十四	戌初一 一	五十八 二	三十七 十三	七 十一
夏至	正二 十一	初一 四	五十八 六	三十七 九	七 十二

陝西

主北極出地三十六度

	日出 刻分	日入 刻分	晝長短 刻分	夜長短 刻分	朦朧影 刻分
	卯 正四十四 正四十一	申 正三一 正三四	三十八二 三十八八	五十七十三 五十七七	六八 六六
	卯 正四二 正三四	申 正三十三 正四十一	三十九十一 四十一七	五十六四 五十四八	六四 六一
	卯 正二四 正一二	酉 初一十一 初二十三	四十三七 四十五十一	五十二八 五十四	六 六
春分秋分	卯初四	酉初四	四十八	四十八	六
	卯 初二十三 初一十一	酉 正一二 正二四	五十四 五十二八	四十五十一 四十三七	六四 六七
	寅 正四十二 正三十三	酉 正三四 正四二	五十四八 五十六四	四十一七 三十九十一	六十一 七一
	寅 正三四 正三一	酉 正四十一 正四十四	五十七七 五十七十三	三十八八 三十八二	七七 七八

河南

主北極出地三十五度

	卯 正四十一 正四八	申 正三四 正三七	三十八八 三十八十四	五十七七 五十七一	六七 六七
	卯 正四 正三三	申 正四 正四十二	四十 四十一九	五十六 五十四六	六三 六
	卯 正二二 正一一	酉 初一十三 初二十四	四十三十一 四十五十三	五十二四 五十二	五十四 五十三
春分秋分	卯初四	酉初四	四十八	四十八	五
	卯 初二十四 初一十三	酉 正一一 正二二	五十二 五十二四	四十五十三 四十三十一	六十二 六六
	寅 正四十一 正四	酉 正三一 正四	五十四六 五十六	四十一九 四十	六十 六十四
	寅 正三七 正三四	酉 正四八 正四十一	五十七一 五十七七	三十八十四 三十八八	七五 七六

浙江

主北極出地

三十度

	卯正三十三	申正四二	四十四	五十五十一	六一
	正三十	正四五	四十十	五十五五	六
	卯正三四	申正四十一	四十一七	五十四八	五十三
	正二九	酉初一六	四十二十二	五十三三	五十二
	卯正一十二	酉初二三	四十四六	五十一九	五八
	正四十四	初三一	四十六二	四十九十三	五六
春分秋分	卯初四	酉初四	四十八	四十八	五七
	卯初三一	酉初四十四	四十九十三	四十六二	五八
	初二三	正一十二	五十一九	四十四六	六
	卯初一六	酉正二九	五十三三	四十二十二	六三
	寅正四十一	正三四	五十四八	四十一七	六六
	寅正四五	酉正三十	五十五五	四十十	六七
	正四二	正三十三	五十五十一	四十四	六九

乾象圖說

五十四

江西

主北極出地

二十九度

	卯正三十一	申正四四	四十八	五十五七	六二
	正三八	正四七	四十十四	五十五一	六一
	卯正三一	申正四十三	四十一十一	五十四四	五十三
	正三七	酉初一八	四十三一	五十二十四	五十
	卯正一十一	酉初二四	四十四八	五十一七	五九
	初四十三	初三二	四十六四	五十九十一	五八
春分秋分	卯初四	酉初四	四十八	四十八	五十
	卯初四十三	酉初四十三	四十九十一	四十六四	五十
	正一十一	正一十一	五十一七	四十四八	六
	卯正二七	酉正二六	五十二十四	四十三一	六三
	寅正三二	正三二	五十四四	四十一十一	六六
	寅正三八	酉正三八	五十五一	四十十四	六七
	正三十一	正三十一	五十五七	四十八	六九

湖廣

主北極出地三十九度

卯正四一 正三十三	申正三十四 正四二	三十九十三 四十四	五十六二 五十五十一	六三 六三
卯正三六 正二十一	申正四九 酉初一四	四十一三 四十二八	五十四十二 五十三七	五十四 五十二
卯正一十四 初四十四	酉初二一 初三一	四十四二 四十六二	五十一十三 四十九十三	五十 五十
春分秋分 卯初四	酉初四	四十八	四十八	五九
卯初三一 初二一	酉初四十四 正一十四	四十九十三 五十一十三	四十六二 四十四二	五十二 五一
卯初一・四 寅正四九	酉正二十一 正三六	五十三七 五十四十二	四十二八 四十一三	六五 六八
寅正四二 正三十四	酉正三十三 正四一	五十五十二 五十六二	四十四 三十九十三	六十一 六十一

乾象圖說 五十五

四川

主北極出地二十九度半

	卯正三十一 卯正三八	申正四四 申正四七	四十八 四十十四	五十五七 五十五一	六二 六一
	卯正三二 卯正三七	申正四十三 酉初一八	四十一十一 四十三一	五十四十四 五十二十四	五十三 五十
	卯正一十一 卯初四十三	酉初二四 酉初三二	四十四八 四十六四	五十一七 五十九十一	五九 五八
春分秋分	卯初四	酉初四	四十八	四十八	五十
	卯初三二 卯初二四	酉初四十三 酉正一十一	四十九十一 五十一七	四十六四 四十四八	五十一 六
	卯初一八 寅正四十三	酉正二七 酉正三二	五十二十四 五十四四	四十三一 四十一十一	六三 六六
	寅正四七 寅正四四	酉正三八 酉正三十	五十五一 五十五七	四十十四 四十八	六七 六九

福建

圭北極出地三十六度							
				春分秋分			
	卯 正三四 正三二	卯 正三十一 正二三	卯 正一八 初四十三	卯初四	卯 初三三 初二七	卯 初一十二 初一四	寅 正四十三 正四十一
	申 正四十一 正四十三	酉 初一四 初一十二	酉 初二七 初三三	酉初四	酉 初四十二 正一八	酉 正二三 正二十一	酉 正三二 正三四
	四十一七 四十一十一	四十二八 四十三九	四十四十四 四十六六	四十八	四十九九 五十一一	五十二六 五十三七	五十四四 五十四八
	五十四八 五十四四	五十三七 五十二六	五十一一 四十九九	四十八	四十六六 四十四十四	四十三九 四十二八	四十一十七 四十一七
	五十四 五十二	五九 五七	五七 五六	五五	五六 五十	五十四 六三	六五 六六

廣東

圭北極出地

二十三度半

	卯正三十三 正三十一	酉初一二 初一四	四十二四 四十二八	五十三十一 五十三七	五十一 五十
	卯正三六 正一十四	酉初一九 初一一	四十三三 四十四二	五十二十二 五十一十三	五八 五六
	卯正一五 初四十	酉初二十 初三五	四十五五 四十六十	五十十 四十九五	五六 五九
春分秋分	卯初四	酉初四	四十八	四十八	五三
	卯初三五 初二十	酉初四十 正一五	四十九五 四十十	四十六十 四十五五	五五 五八
	卯初二一 初一九	酉正一十四 正一六	五十一十三 五十二十二	四十四二 四十三三	五十一 五十一
	卯初一四 初一二	酉正二十二 正二十三	五十三七 五十三十一	四十二八 四十二四	六 六

廣西 主北極出地 二十五度

卯正三二	申正四十三	四十一十一	五十四四	五十三
正三	酉初	四十二	五十四	五十
卯正三九	酉初一六	四十二十二	五十三三	五八
正二二	初一十三	四十三十一	五十二四	五六
卯正一七	酉初二八	四十五一	五十十四	五五
初四十一	初三四	四十六八	四十九七	五七
春分秋分 卯初四	酉初四	四十八	四十八	五五
卯初三四	酉初四十一	四十九七	四十六八	五五
初二八	正一七	五十十四	四十五一	五九
卯初一十三	酉正二二	五十二四	四十三十一	五十二
初二六	正二九	五十三三	四十二十三	六二
卯初	酉正三	五十四	四十二十一	六二
寅正四十三	正三二	五十四四	四十一十一	六二

雲南

主北極出地

二十四度

	卯正三	酉初	四十二	五十四	五十
	卯正二十二	酉初一三	四十二六	五十三九	五十一
	卯正二七	酉初一八	四十三一	五十二十四	五九
	卯正一十四	酉初二一	四十四二	五十一十三	五五
	卯正一四	酉初二十一	四十五七	五十八	五四
	卯初四九	酉初三六	四十六十二	四十九三	五四
春分秋分	卯初四	酉初四	四十八	四十八	五一
	卯初三四	酉初四十一	四十九七	四十六八	五四
	卯初二九	酉正一六	五十十二	四十五三	五五
	卯初二	酉正一	五十二	四十四	五九
	卯初一七	酉正二八	五十三一	四十二十四	五十
	卯初一二	酉正二十三	五十三十一	四十二四	六
	卯初	酉正三	五十三十三	四十二二	六

貴州								
主北極出地								
二十四度半								
	卯 正三 正二十三	酉 初 初一二		四十二 四十二四		五十四 五十三十一		五十三 五十
	卯 正三八 正二	酉 初一七 初二		四十二十四 四十四		五十三一 五十二		五八 五六
	卯 正一十三 初四七	酉 初二九 初三四		四十五三 四十六八		五十十二 四十九七		五五 五七
春分秋分	卯初四	酉初四		四十八		四十八		五五
	卯 初三四 初二九	酉 初四七 正一十二		四十九七 五十十二		四十六八 四十五三		五五 五九
	卯 初一 初四	酉 正二 正三八		五十二 五十三一		四十四 四十二十四		五十三 六二
	卯 初一二 初	酉 正二十三 正三		五十三十一 五十四		四十二四 四十二		六二 六二

乾象圖說　五十八

月天為第一重天及月本動　問太陰在何重天曰第一重天最近于地若是也吾徵之日食由于月掩其光且恒見月體能掩水金二星則月天必居其下矣依表影之理亦可徵也立表取影光體遠于地面得影短光體近于地面得影長今西國曆家以表景側驗日月高下日輪高于地平五十度月輪亦高于地平五十度然而所得日光表景則短月光表景則長也

如左圖甲乙為地平丙為表視日輪高于地平五十度月輪亦高五十度即日光從表端至丁月光從表端至戊戊景長于丁景明也是知月天必在其下而近地面也

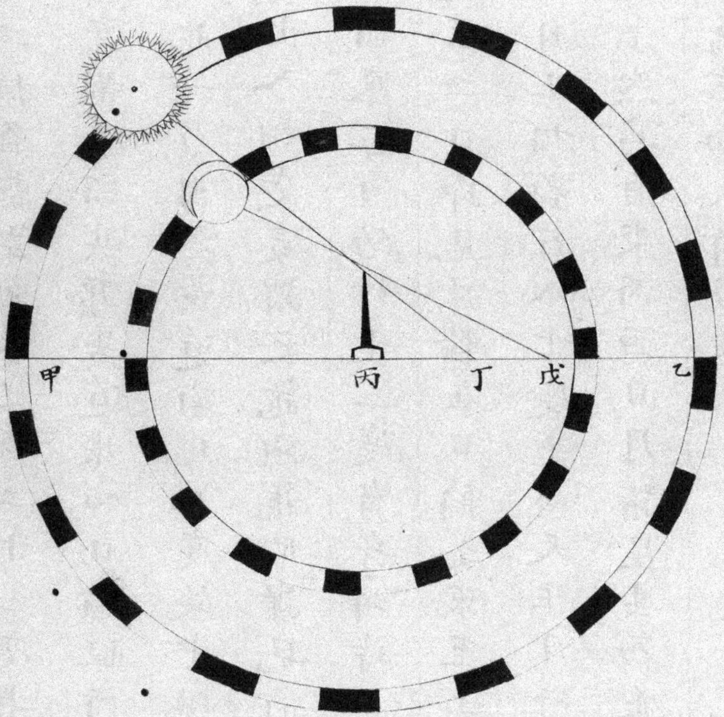
甲
丙
丁
戊
乙

月天南北二極各離宗動天之極二十三度半與日天同故月行亦交黃道而其躔黃道非如日輪恒行黃道一路月輪之路非一乃出入黃道南北五度故中國曆家曰月有九道其出入相交處謂之龍頭龍尾詳見前日食圖月本動自西而東每日約行十三度有奇朔時日月同度至第三日及第四日即見月輪在日輪之東至上弦離太陽九十度望日正相對百八十度半周天非月行最疾何能離日如是乎然其自東而西日月諸星其動並同無有疾遲以其皆為宗動天所帶故也

問曰 何故日月體及諸星之體與本天之體
透光如玻瓈而月與星之體堅凝不能透光耳故日光全
照月天天體直透不能發光月星堅凝不透故曜日光而
發照焉徵之朔日及上下弦可知也月體無光恒借太陽
之光故日光照及其體則明不及其體則暗如使月本有
光則于日輪遠于日其光恒一絕無消長矣今朔則月全
無光上弦漸長下弦漸消必借于日明也日天在上月天
在下日光在月恒照半體朔日日月同度月正居日之下
日光獨照其向上之半不照其向下之半人居地上獨能

見無光之下半而不見其有光之上半故朔之日視月全
無光也過朔日則月東行而漸離于日日輪在西月亦受
光于西愈近于日日光愈哭其上面愈遠于日日光愈照
其下面以離太陽有遠近故其光無時不消長也
如左圖甲為日輪在上乙為月輪在下丙為地上目力所
及以視月光見月輪在乙正居日下日光全哭向上半體
而向下半體日所不及者絶無光焉故朔日則月全無光
月在丁雖日光皆哭其半然大半居天內目及見其小分
也月在戊在己亦然月在庚乃正相對于日輪日光全照

其向下之半目力得見而其向上者無光人目俱所不及焉故望日月光滿全也過望後目力漸不能及月光漸消以至無光焉

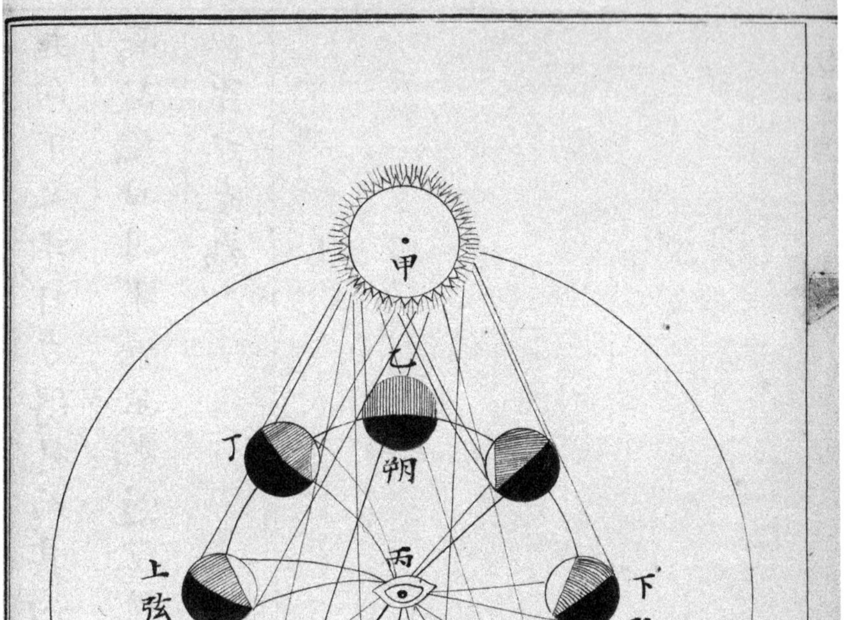
甲
乙
朔
丁
丙
上
弦
戊
下
弦
庚
己
望

問月借日光光有消長乃諸星之光恒見滿圓而無消長何也曰諸星與月其借日光不同也月天在日天之下月受其光近遠一異消長不同諸星之天居日天之上日光照星恒照其下面雖或近或遠于日而其下面恒有光故居地上者視星恒有光也

如左圖甲為日輪乙為諸星之天居日天之上丁為地形丙為地影即見日光恒照諸星下面而居地上者恒見其下面有光且月食由于地影之鋭有盡不及諸星之天故諸星之光不朦也

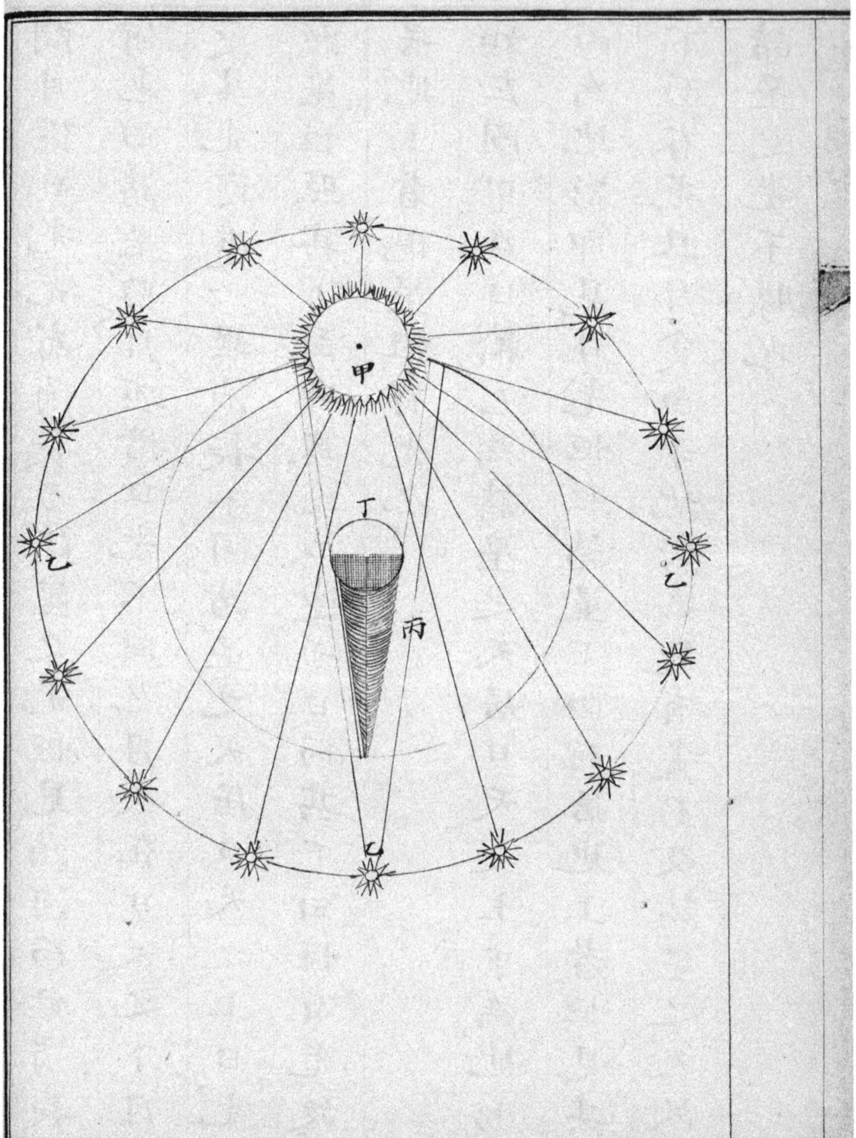
甲
丁
丙
乙
乙
乙

月食

問望日月與日正對則月光當滿圓矣然而或全無光或一分有光一分無光其故何也曰地球懸于十二重天之中央如鷄卵黄在青之中央故日由西照地地必有影在東照東必有影射西夫日輪恒在黄道上若遇望日而月輪亦在黄道上與日正對望則地毬障隔日月之間月輪必入影之内太陽不能有照之故光失而食矣漸出地影之外太陽能照之乃漸徙得原光也若渾然相對全失光若一分對一分不對對者失光不對者否矣因知月輪失

光而食悉由于地景也

如左圖甲為日輪乙為地球丙為地景丁為月輪即見日月正對故月輪全居地景之內而居地上者視月無光月無光則食也

問日輪值望必與月正相對相對月必過地景過必當每

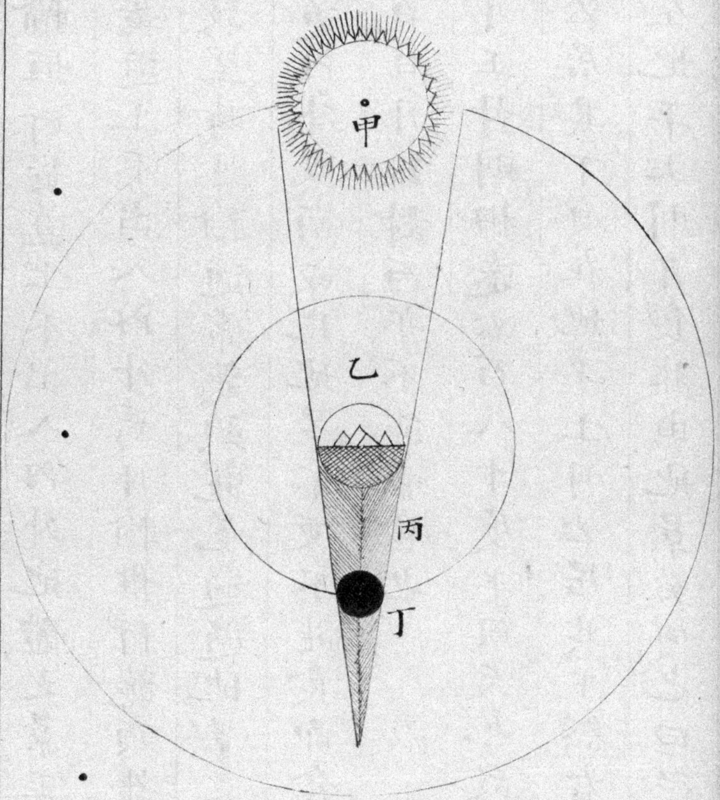

望則食矣今月之遇食不過什一焉地景之說毋乃碍乎

曰日輪恒行黃道上不出入內外地體之景正對于日亦恒在黃道上不出入內外焉月輪惟行龍頭龍尾之上行黃道故望時月輪適常龍頭龍尾適過地景之內則食若出黃道內外或南或北地景不便不能食即食分秒不同玆望日日月難對而亦不能常食也

問日月正對則相遠必百八十度半周天也故月在地平上日必居其下日在地平上月必居其下然有月食而日月皆在地平上則月食非由地景矣何也曰從古至今凡

月食皆以望日為限其相遠必半周天不然不食也月食時日月俱在地平上者或日在西以將入月在東以始出或月入而日出也天月將出而日將入其視月在地平者非月全出也海水或濕氣所影暎也蓋地半傍近恒有濕氣清微如煙或空中對月輪偶有輕薄白雲或值當海水皆能令月影暎于其內而目力所成宛一月焉北視淡之理也固有別論今試于空盤若盤底內置一錢人漸遠于盤或八步或十餘步盤內之錢已不見矣令斟水滿盤即仍八步或十餘步而錢忽見之何也所視非錢體也錢影

也然則地平之見月非月體也月影也

問月食時刻不同或所食時長或時短何也曰月食長短由于地體之影及月輪之行也月天之內别有小輪以帶月為帶月輪𪧐小輪之動與月天之本動非一同也乃月天行自西而東小輪其上半周行自東而西其下半周行自西而東故月輪近遠于地心恒異也月輪若居小輪之下必近于地若居小輪之上必遠于地也地影漸鋭而有盡其愈近于地愈寬愈至于鋭愈狭若月行小輪之下所經影界寬故食久若行小輪之上所經影界狭故食暫也

小輪之說及其上半周何得行自東而西其下半周自西而東別有正論

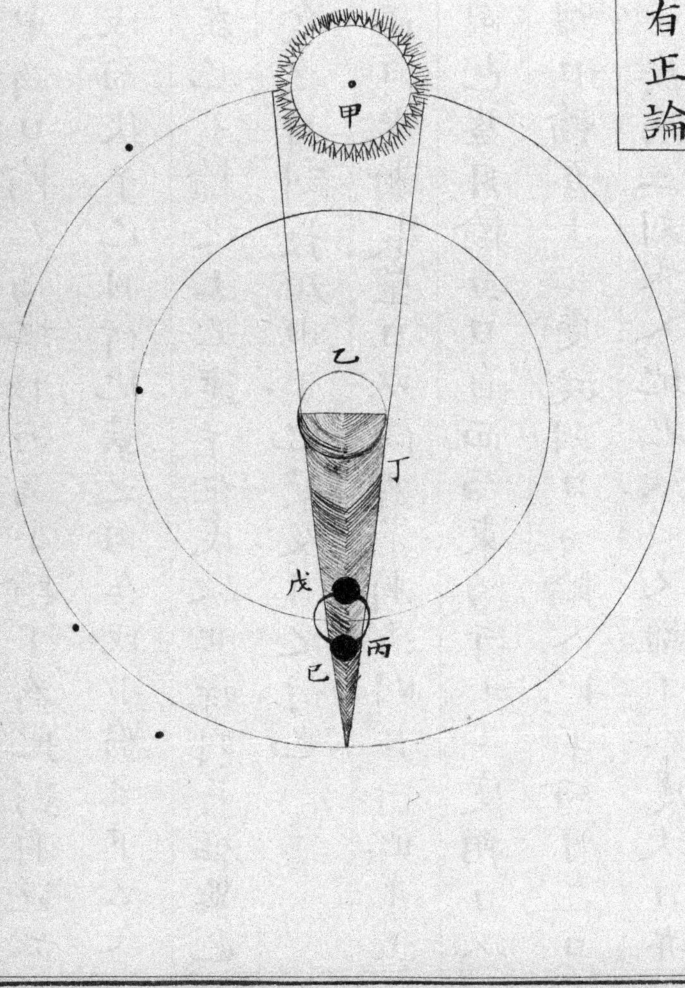

如右圖甲為日輪乙為地形丙為小輪丁為地影漸銳故影寬于戊而徙于巳月行地景之内在戊小輪之下必久于在巳在巳小輪之上必速于在戊故其時刻長短異也

因知二食之時刻長短由于地景及月之行也

朔日既過月光漸長望日以後其光漸消則月行地平上其光非同也蓋月輪每日自西而東約行十三度朔日以後每日離日輪亦十三度故朔日日輪入地平而月在日東亦十三度為三刻末入地也次日又離十三度次日亦然以至於望月與日正相對故日入地下而月出地上也

望日以後月漸近于日以至合璧焉因知居地面者其有月光朔日以後每日多三刻望日以後每日少三刻欲知每日多寡試觀左圖第一上圈日月自初一日至第三十日也第二中圈月在地上每日有光幾刻也第三内圈一刻之分假如初六日欲知日入以後月光照地幾何刻分視上圈第六日即得第二圈六日正下十九刻與三

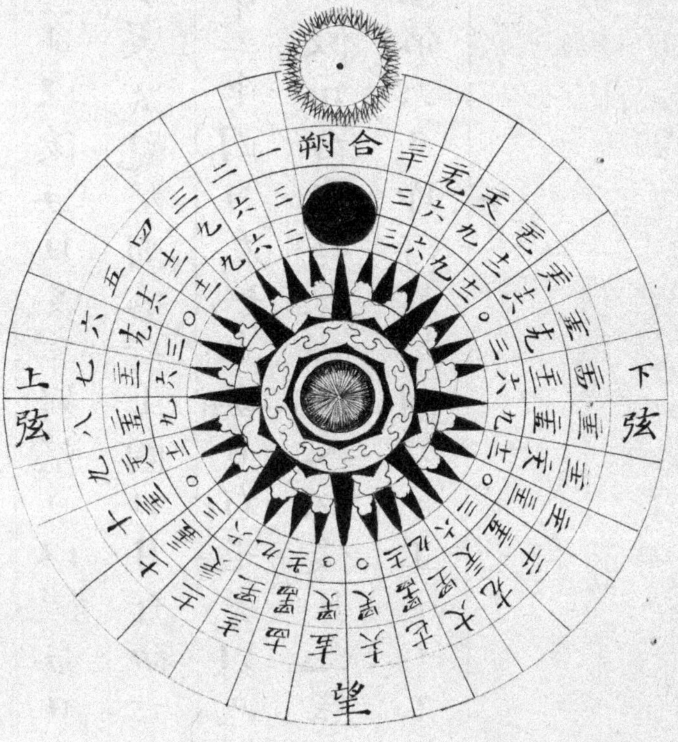
合朔
上弦
下弦
望

問既朔日以後月光漸長又每日離日輪十三度則第二日日入地平月在日東十三度遠則月高于地平亦十三度遠自第二日以後宜無不見月光者乃今之見光或在朔後二日或在三日或在四日其不同何也曰其故由于地平及黄道也人居地面而以見月光者必月輪在地平上高十二度方可得見不然則否蓋月之度數有離日輪之度有離地平之度月光之見否由於離地平之高低不由於離日輪之遠近也故黄道交於地平不同有斜相交有正相交朔時日月同度若其同度在於斜交之宫則居

地面者遲見月光也若在於正交之宮則速見其光也

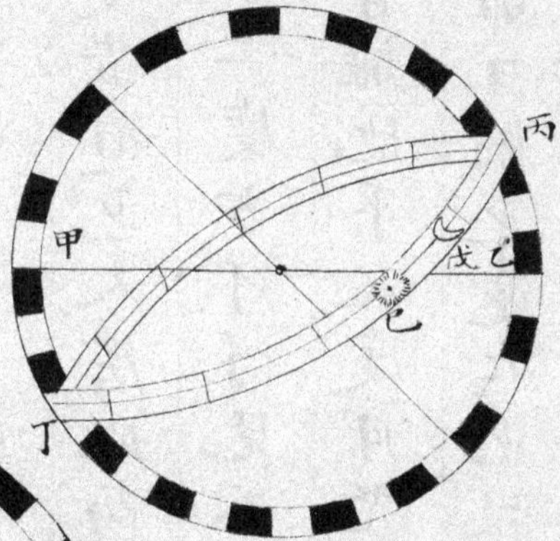

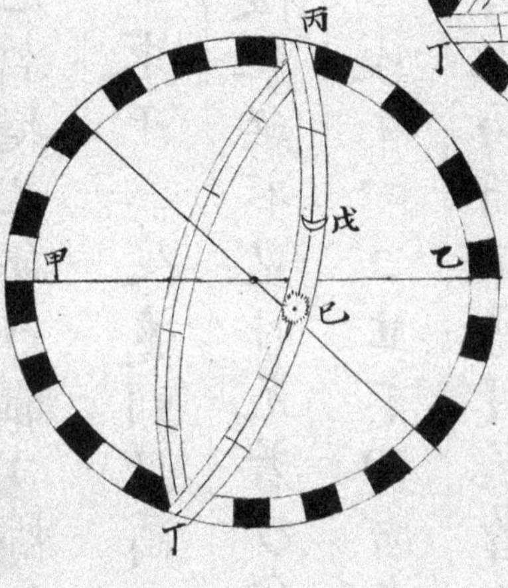

視前二圖甲乙為地平丙丁為黄道戊為月輪在地平上己為日輪將入地平第一圖乃甲乙地平斜相交於丙丁黄道戊月輪離己日輪十三度或十五度乃其高于地平非十二度故合朔之次日其月離日輪十三餘度因未至地平十二度高故居地面者第二日不能見其光或在第三第四之月間也第二圖甲乙地平乃正相交于黄道戊月輪之離日輪及地平並同也故均為行十三度而其第二日已高於地平十二度故得即見月光也又月因有逆順行亦有離太陽遲速逆行時必遲離太陽順行時

必速離太陽然其故也

凡右諸論大約據人目力所及測而已第人目力劣短曷能窮天上微妙理之萬一耶近然西洋精于曆法一名士務測日月星辰奧理而哀其目力尫羸造一巧器助之持然器觀六十里一尺大之物明視之無異在目前也持以觀月千倍大於常觀金星大似月其光亦或消或長無異月輪也觀土星圓如雞卵兩側有兩小星其或與本星聯體否不可明測也觀木星其四圍恒有四小星周行甚疾或然東而彼西或然西而彼東或俱東俱西但其行動與

二十八宿甚異以星必居七政之内別一星也觀列宿之天則其中小星更多稠蜜故其體光顯相連若白練然即今所謂天河者待器至中國而後詳其妙用也

乾象圖說　貞
甲漢
9

十二調二十八聲六十調旋相為宮圖半律用方圈

黃鐘 正 宮

林鐘 正 徵宮

太簇 正半 商徵宮

南呂 正 羽商徵宮

姑洗 正半 角羽商徵宮

應鐘 正 變宮 角羽商徵宮

蕤賓 正半 變徵 變宮 角羽商徵宮

大呂 正半 變徵 變宮 角羽商徵宮

夷則	正半	變徵	變宮	角	羽	商	徵	宮
夾鍾	正半	變徵	變宮	角	羽	商	徵	宮
無射	正半	變徵	變宮	角	羽	商	徵	宮
仲呂	正半	變徵	變宮	角	羽	商	徵	宮
變黃	半	變徵	變宮	角	羽	商	徵	
變林	全半	變徵	變宮	角	羽	商		
變大	半	變徵	變宮	角	羽			
變南	全半	變徵	變宮	角				
變姑	半	變徵	變宮					

變應 全　　變徵

三分損一算法

逢一降作六逢二變一三逢三變作二逢四變二六逢五變三三逢六變作四逢七變四六逢八變五三逢九變作六

三分益一算法

逢一變一三逢二變二六逢三變作四逢四變五三逢五變六六逢六變作八逢七進一〇三逢八進一一六逢九進一三

三分取一算㳒

逢一降作三逢二降作六逢三變作四逢四變作一三逢
五變六逢六變作二逢七變二三逢八變二六逢九變作
三

用九算㳒數不及九者不必録

一八進作一　二八進一一　三八進一二
四八進一三　五八進一四　六八進一五
七八進一六　八八進一七　二七進作一
三七進一一　四七進一二　五七進一三

六七進一四　七七進一五　三六進作一

四六進一一　五六進一二　六六進一三

四五進作一　五五進一一　六五進一二

用半算法

逢一降四·四四四四　逢二變作一　逢三作一四四四

四四　逢四變作二　逢五變二四四四四　逢六變

作三　逢七變三四四四四　逢八變作四　逢九變

四四四四四

度生十二正律八變律長短之法

黄鐘　全度或命一尺或命九寸或命八十一分或命十七萬七千一百四十七皆同

林鐘　黄鐘全度損三之一　陽律先損後益

太簇　林鐘全度益三之一

南吕　太簇全度損三之一

姑洗　南吕全度益三之一

應鐘　姑洗全度損三之一

蕤賓　應鐘全度益三之一

大吕　蕤賓全度益三之一　陰律先益後損

夷則　大吕全度損三之一

夾鍾　夷則全度益三之一

無射　夾鍾全度損三之一

仲吕　無射全度益三之一

變黄　仲吕全度益三之一

變律先益後損

變林　變黄全度損三之一

變太　變林全度益三之一

變南　變太全度損三之一

變姑　變南全度益三之一

變應　變姑全度損三之一

十二正律半律六變全律半律圖 方圈者不用

	正律	正半律	變律	變半律
黄鐘	九寸	四寸四分有奇	八寸七分八釐一毫六絲二忽	四寸三分八釐五毫三絲一忽
大呂	八寸三分七釐六毛	四寸八分八釐三毛	無	無
太簇	八寸	四寸	七寸八分二釐四絲四忽四微	三寸八分四釐五毛六絲一忽六初
夾鐘	七寸四分三釐七毛三絲	三寸六分六釐三毛六絲	無	無
姑洗	七寸一分	三寸五分	七寸一釐二毛二絲二初三秒	三寸四分五釐一毛一絲一初一秒
仲呂	六寸五分八釐三毛四絲六忽	三寸二分八釐六毛二絲二忽	無	無
蕤賓	六寸二分八釐	三寸一分四釐	無	無

林鐘	六寸	三寸	五寸八分三厘四毛一絲一忽三秒	二寸八分五厘六毛五絲六初
夷則	五寸五分五厘一毛	二寸七分二厘五毛	無	無
南呂	五寸三分	二寸六分	五寸三分三厘一毛六絲一初六秒	二寸五分六厘六絲四忽五十五秒
無射	四寸八分八厘四毛八絲	二寸四分四厘二毛四絲	無	無
應鐘	四寸六分六厘	二寸三分三釐	四寸六分七毛四絲三忽一初四秒餘	二寸三分三毫六絲六忽六秒強

二十八律長短次第十二均六十調旋宮圖

寸分釐毫絲忽初杪

黃鐘	正	九	宮
大呂	正	八三七六	宮

太簇 正八	商		宮								
夾鐘 正七四三七三		商		宮							
姑洗 正七一	角		商		宮						
仲呂 正六五八三四六		角		商		宮					
蕤賓 正六˙二八	變徵		角		商		宮				
林鐘 正六	徵					商		宮			
林鐘 全變 五八二四一一三		變徵		角							
夷則 正五五五一		徵	變徵				商		宮		
南呂 正五三	羽		徵					商		宮	

		一	二	三	四	五	六	七	八	九	十	十一	十二
南呂 全變	五二三一六〇一六				徵變		角						
無射 正	四八八四八		羽		徵	徵變		角		商		宮	
應鐘 正	四六六	宮變		羽		徵			角		商		宮
應鐘 全變	四六〇七四三一四有奇						徵變						
黃鐘 半變	四三八五三一		宮變					徵變		角		商	
大呂 半正	四一八三			宮變		羽		徵	徵變		角		商
太簇 半正	四								徵				
太簇 半變	三八四五六六八				宮變		羽			徵變		角	
夾鐘 半正	三六三六六					宮變		羽		徵	徵變		角

乾象圖說　七十八

姑洗半正	三五			羽		徵		
姑洗半變	三四五一一〇一一	變宫					變徵	
仲呂半正	三二八六二二		變宫		羽		徵	變徵
蕤賓半正	三一四			變宫		羽		徵
林鐘半變	二八五六五〇六				變宫		羽	
夷則半正	二七二五					變宫		羽
南呂半變	二五六〇七四五三						變宫	
無射半正	二四四二四							變宫
圍徑法								

徑一
圍三一四一五九二六五三五八九七九三二三八三八
弱　圍三一四一五九二六五三五八九七九三二三八
三七強　已上圍徑法　以六邊形圍三徑一法則求得
六邊之一其數為函六邊圍之半徑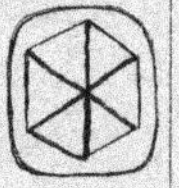以半徑數為十
萬皆半徑數五萬與弦外矢為三角形以勾股之弦得弦
外矢數以弦外矢數減半徑數餘為弦內矢以弦內矢數
皆半半徑數為勾股徑第一次弦數則化六邊形即次弦
數為十二邊形之一也由此再求

空圜九分得徑二分八釐六毫四絲九忽二初三秒有奇

借用十釐為分算　空圜九分得徑二分七釐七毫八絲五忽三初一秒七芒為空圜實徑用九算合律法

設半徑為十萬以十萬為六邊形之一成六角形自六角加一倍為十二角遞加十七次得七十八萬六千四百三十二角以勾股求弦法得每角之弦積弦成圜比全徑得徑與圜之較

求外徑法

分釐毫絲忽初秒

以前空圖二八六四九二三自乘之得

八二〇七七八三七九五九二九

百十萬千百十分釐毫絲忽初秒

以前一為勾一為股弦之

一六四六五五六七五九一八五八

千百十萬千百十分釐毫絲忽初秒

以前數為弦實開方求弦

一初商得四　二倍四加八籌次商得四為四四　三倍

四四加八八籌得八為四四八　四倍四四八加八九六

籌得九為四四八九　五倍四四八九加八九七八籌得

五為四四八九五　六倍四四八九五〇加八九七九〇

籌得五為四四八九五五　七倍四四八九五五加八九

七九一籌得一為四四八九五五一得外徑為四分四釐

八毫九絲五忽五初一秒　借用十釐為分算

以律尺九釐為分算之得四一五一六〇六〇合算

八釐毫絲忽微秒

以外徑四四八九五五一列籌

以徑求圍三一四一五九二乘之得

一四一〇四三三七五〇五一九二

寸分釐毫絲忽初秒　　　　餘棄不用

已上借十釐為分算法

以律尺用九法算之得

一二七〇四〇二四三

寸分釐毫絲忽初秒

十二均者一均七聲五正音二變音以宫為首有十二宫

也律管全數雖有二十八作樂正用一均　一均七聲

如琴有七弦均有變宫變徵猶琴有少宫少商

一十八聲者正全律十二管正半律八管變全律三管變半律五管共二十八聲也

六十調者雖有七聲內二變聲仍屬宮徵不別為調正有五音每一均有五調十二均應有六十調其實正十二調但以此製曲用其音起正押韻故有六十調之名

調者製曲取音於一均之內取一音為起正押韻之用若歌詩唱曲咏調莫不有韵在一東韵內即用翁烘工空○之類是也

雜說

上生下生以宫商角徵羽次叙而言
五音所屬君臣民事物之義由旋宫觀之羽聲之卑者受
役于聲之尊者故其役以漸而累
山西長子縣羊頭山黍縱累八十一粒横累一百粒為黄
鐘之長五音尊卑之序為宫商角徵羽相生之序為徵宫
商羽角
六律用變律六吕用半律坎律吕新書淤也禮樂數疏皆
用半律其所差甚微皆可成樂然當求其歸一
聞馳鈴知其將墮馬云是商聲太急解

隔八相生原法連根順數則缺隔一之位應是隔七相生

諸律七聲為一内亦用七之義

古制世子初生令太史吹律以識其所應以防意外

吹律聽軍聲中宫不戰而剋商角戰而勝徵戰不勝羽弱

而敗

律呂籌算

律呂籌式

吳門朱睢莖菴父述

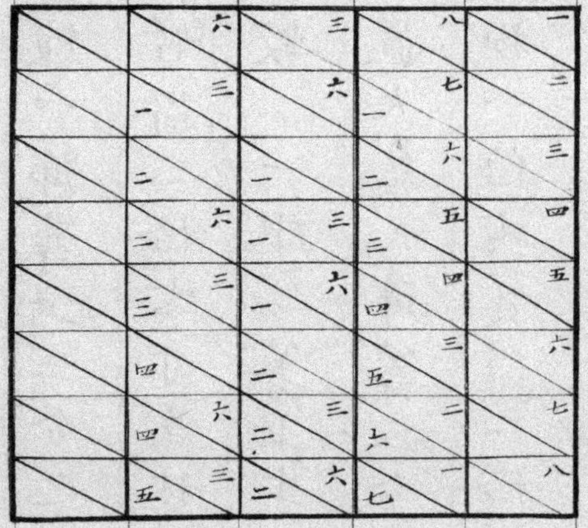

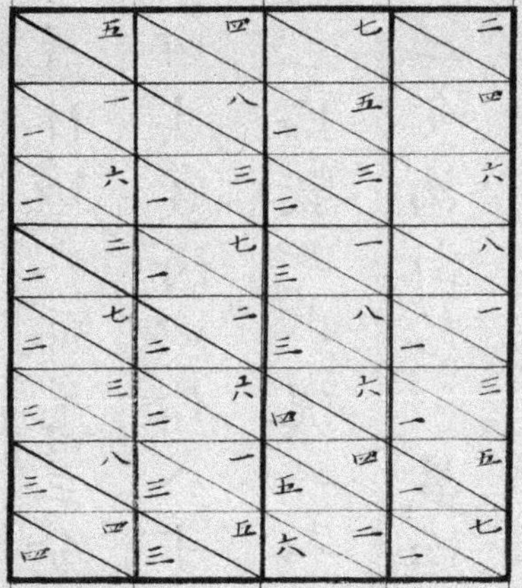

律呂籌之用

置黃鐘一號籌即九三分之得三格數三視三籌下生損一倍其實得六格六寸為林鐘　置林鐘六號籌三分之得三格數二視二籌上生益一四其實得四格八寸為太簇　置太簇八號籌三分之得三格數二六視二六籌六下生損一倍其實得二格五寸三分為南呂　置南呂五三籌三分之得三格數一七視一七籌上生益一四其實得四格七寸一分為姑洗　置姑洗七一籌三分之得三格數二三三視二三三籌下生損一倍其實得二格四寸

六分六釐為應鐘　置應鐘四六　六籌三分之得三格數一五二視一五二籌上生益一四其實得四格六寸八釐為蕤賓

已上黄鐘均七調籌算例

置應鐘均四六六籌三分之得三格數一五二視一五二籌下生損一倍其實得二格三寸一分四釐為蕤賓　置蕤賓三一四籌三分之得三格數一〇四三視一〇四三籌上生益一四其實四格四寸一分八釐三毫為大呂　置大呂四一八三籌三分之得二格數八三七六視八三七六籌上生益一四其實得四格三寸六分六釐三毫六

絲爲夾鍾　置夾鍾三六六三六籌三分之得三格數一二三一二視一二二一二籌下生損一倍其實得二格二寸四分釐二毫四絲爲無射　置無射二四四二四籌三分之得三格數七四三七三視七四三七三籌上生益一四其實得四格三寸二分八釐六毫二絲二忽爲中呂已上

應鐘均七
衲籌算例

又術

置大呂八三七六籌下生六格五五五一爲夷則上生八格七四三七三爲夾鍾　又置夾鍾七四三七三籌下生

六格四八八四八為無射上生八格六五八三四六為中呂又置中呂六五八三四六籌下生六格四三八五三一為黃鐘上生五八二四一一三為林鐘已上大呂均俱算捷法

右捷法益以一均九分其宮太三以成徵太一以成商又九分其商太三以成羽太一以成角又九分其角太三以成變徵太一以成變宮而三分損益之數其理已備

古傳黃鐘律管空圍九分徑三分未知其從圍得徑乎從徑得圍乎後賢遂言一而圍三無論徑一圍三有餘圍一徑一不足前人以明之矣自漢劉徽以五十為因一百五

十七為除還原少一徵有奇宋祖冲之密術以七用二十
二還原亦少一徵有奇明邢雲路算曆有二術一曰大乙
三十奇率以三一二一三二〇二四為率二曰徑圍相取
三一二六為率總至徵下位以下俱不盡西人徑圍術三
一四一五九二總至徵則不及原又西人言曰徑圍術雖
至二十位仍差一位同乎不差也夫既曰差又曰同乎不
差矛盾之言矣愚攄思徵算名曰太極徑圍術　法三一
五二〇五
律呂從圖九分求徑　置圖九分于盤隔釐毫絲忽徵五。

位

于微上虛加一十微以九分○○○○一為實以法除之
得徑二分八釐五毫五絲二忽八微七纖除云徑外原餘
二微六一一六五仍以法還原得九分外餘七微三八八
三五合兩餘總得一十微不損徑不益圖太極本無極也
律呂從徑三分求圍　置徑三分于盤隔四位于微上加
一十微以三分○○○○一十微為實以法求之得九分
四五六一八一二五○五以三歸籌除太公九四五六一五
為圖數餘三微一五二○五乃一十微之乘出者所以徑
一圍三有餘圍三徑一不足也

由今臆古從徑則圜背從圜則徑背嶰谷之管何從乎尺寸又何所遵乎又臆言之高高之告周公曰數之法出於圓方圓出於方方出於矩矩出於九九八十一則當從其圜九而徑之三不問可也葢每寸圜九長九得八十一分黃鐘長九寸全八十一之數又一管之數千二百黍重十二銖兩其十二得二十四銖故曰兩十六兩為斤重三百八十四銖配六十四卦三百八十四爻為斤又三十斤得萬有一千五百二十為鈞四鈞為石律度量衡皆從此出四方之政行焉故曰黃鐘萬事根本也　乾象圖説終

真如齋備書

真如齋備書

一至三

廿三ノ三　共十本

真如齋備書

甲

題備書

明治九年文部省交付

余嘗抵掌遼事擬論六字曰守曰練曰屯曰戰曰機曰本謂必守而後能練且屯屯且戰必戰而兵局結也然機在

籥動聯絡使人心壯往而本
在和中朝安百姓斯論也余
言之人人能言之而卒不能
用之故余不敢以示人今者
遼左兵集未厚餽運竭而筱

夷牧並邊將士嬰城堅壘之
不暇則急着無如此六字吾
友王堇父示我備書適符余
所擬則古來成事成法羅列
具矣堇父一書生溥游

京師搜覽方輿户口山川險阨之數著書數千卷上之朝又抗疏言兵餉事而日䰟䰟然講求守禦之策以佐度邊者之一籌量父者心哉夫豈

無駟馬高蓋蚤夜計滅此乃
獨箸借一書生也長平坑兵
何關魯連先生事天下奇男
子寧必乘機遘會熱心不能
作冷覷藿食聊可當

廟謨類如此矣菫父又爲我言
所輯備書約百餘卷之資未
及盡梓茲僅六面余益喜能
不負我意菫父其棘戚之余
當以所擬六論爲菫父作註

䟽也

萬曆庚申春季望日

國子先生侗初張鼐題

國子先生國子監祭酒

萬曆庚申春莫穀日

識也

刻備書守字函引

余爲司馬郎而建夷之難作名城繼陷易若拉朽先是

廷議王剿余獨於守之說三致意焉因取余友張景和氏所輯乘城要法上之

大司馬黄公又搜呂叔簡司寇所輯活

命書擬合刻之傳布中外未果廼山陰
王董父氏輯備書守字函四卷曰訓曰
案曰法曰具守無遺策矣董父不肉食
余而出以相示且曰年來彙輯此書可
百卷許是函急先務也余惟宋范文正
欲修京城執政者引襄尾城郢沈尹戌

守在四夷之言以阻之本朝丘文莊以
爲泥陳言而昧時宜近者未備何以服
遠內者未修何以攘外文莊而通達治
體也今日之守非杞慮矣佐我
天子勉之有道沈尹戌之言猶信百爾君
子倘亦不恤緯而蠢蠢是憂也堇爻此

唉具在尚念禮失而求之野乎

萬曆甲申中秋吉日關中王弘誨書

真如齋備書目録

屯字函二　屯之案
卷之十一
屯字函三　屯之法
卷之十二
屯字函四　屯之具
卷之十三
戰字函一　戰之計
卷之十四
戰字函二　戰之案
卷之十五

夲字函二　本之案

未刻

陣字函八卷　運字函四卷

火字函八卷　水字函二卷

車字函四卷　舟字函二卷

算字函四卷　射字函四卷

乘字函二卷　開字函二卷

牧字函二卷　械字函二卷

令字函一卷　訓字函一卷

禁字函一卷　約字函一卷

行字函一卷
止字函一卷
伏字函一卷
攻字函一卷
疑字函一卷
商字函一卷
料字函一卷
示字函一卷
備字函一卷
據字函一卷
弭字函一卷
禦字函一卷
招字函一卷
襲字函一卷
激字函一卷
庶字函一卷
賞字函一卷
罰字函一卷
騎字函一卷
藝字函一卷

諜字函一卷　圜字函一卷
謗字函一卷　襆字函一卷
分合二字同函一卷
遲速二字同函一卷
覷察二字同函一卷
哨堞二字同函一卷
平定二字同函一卷
撫款二字同函一卷
說託二字同函一卷
援調二字同函一卷

貫串二字同函一卷
觀察二字同函一卷
運遞二字同函一卷
分合二字同函一卷
詩字函一卷　機字函一卷
謀字函一卷　圖字函一卷

真如齋備書較閱姓氏

福唐臺山葉老師向高

蒲坂象雲韓老師爌

汝南嵩毓李老師宗延

光山中山蔡老師毅中

雲間侗初張老師鼐

鄒平華東張老師延登

吳淞玄扈徐老師光啓

臨淄華平耿老師廷栢

潁川衷真李中丞精白

商丘洪崖余柱史珹
關中絕厰王憲副弘祖
閬中石齋黃太史道冑
當塗元甫曹憲副履吉
武昌碧山劉柱史之待
下■公原呂曹郎克孝
上海初陽孫曹郎元化
姚江蓼莪蔣中翰茂浙
溧陽献孺宋中翰献
中州天游沈中翰　譔

雲間神超姜中翰雲龍
太倉元之劉中翰天錫
吳興子儀潘文學　洙
同邑天行丁太史乾學
同邑爾光祁憲副承㸁
同邑穎君周文學士敏

姓氏終

備書守字函目

採據書目

十三經○二十一史○武經七書○武經總要併續○紀効新書併續○百家類纂○武庫益智編○文林綺繡○唐類函○文獻通考併續○諸子萃編○籌海圖編○昭代典則○張景和乘城要法○呂叔簡活人書○江南經略○藕州府守城輿論○吳中丞守城書○尹朔野保約○羅拱辰戰守訣○何太寧守城事宜○郭青螺城守分章○何承天備邊要畧○城守須知

備書守字函卷之一

師華亭倜初張爵閲　山陰王應遴雲來輯

友甥鄭熙庸　訂

守之訓

易曰。天險不可升也。地險山川丘陵也。王公設險以守其國

又曰。君子以思患而豫防之

又曰。繻有衣袽。終日戒

又曰。重門擊柝以待暴客

詩曰。豈不日戒

又曰采薇采薇薇亦作止曰歸曰歸歲亦暮止靡室靡家玁狁之故不遑啓居玁狁之故

又曰王命南仲往城于方出車彭彭旂旐央央天子命我城彼朔方赫赫南仲玁狁于襄

書曰惟事事乃其有備有備無患

又曰有爲有守

又曰儆戒無虞

又曰思其艱圖其易民乃寧

又曰保邦于未危

又曰愼固封守

禮曰大道既隱天下爲家城郭溝池以爲固
月令仲秋築城孟冬環城郭
周禮曰掌固掌脩城郭溝池樹渠之固頒其士庶子
及其衆庶之守設其飾器分其財用均其稍食任
其萬民用其財器凡守者受法焉以通守政有移
甲與其役財用惟是得通與國有司帥之以贊其
不足者晝三巡之夜亦如之夜三鼜以號戒若造
都邑則治其固與其守法凡國都之竟有溝樹之
固郊亦如之民皆有職焉若有山川則因之
又曰司險掌九州之圖以周知其山林川澤之阻而

達其道路設國之五溝五涂而樹之林以爲阻固
皆有守禁而達其道路國有故則藩塞阻路而止
行者以其屬守之惟有節者達之
傳曰雖有金城湯池不可以爲固
臧文仲曰國無小不可易也無備雖衆不可恃也
脊具守備臧宣叔曰知難有備乃可以逞
鄭火子產授兵登陴曰吾聞之小國忘守則危況有
災乎國之不可小有備故也
梁伯好土功亟城而不處民罷而不堪則曰某寇將
至乃溝公宮

管子曰四守者得則治易則亂故不可不明設而守
國
桓公曰地高則溝之下則隄之命之曰金城歲脩增
而毋已時脩增而毋已福及子孫人君之葆守也
子犯曰表裏山河必無害也
秦使孟明等襲鄭鄭商人弦高將市周遇之以牛十
二犒師且使遽告於鄭而得備孟明曰鄭有備矣
不可冀也攻之不克圍之不繼吾其還也
欒書論楚曰楚自克庸以來其君無日不討國人而
訓之于民生之不易禍至之無日戒懼之不可以

息在軍無日不討軍實而申儆之于勝之不可保
渠丘公恃陋不備申公巫臣曰夫狡焉思啓封疆以
利社稷者何國蔑有唯然故多大國矣唯或思或
縱也勇夫重閉況國乎
左丘明曰恃陋而不備罪之大者也備豫不虞善之
大者也
楚子欲刖韓起刑叔向以辱晉薳啓疆曰可苟有其
備何故不可恥匹夫不可以無備況恥國乎是以
聖王務行禮不求恥人
沈尹戌曰古者天子守在四夷天子卑守在諸侯諸

侯守在四隣諸侯卑守在四境
楚囊瓦城郢沈尹戌曰苟不能衛城無益也
屈完對齊侯曰君若以德綏諸侯誰敢不服君若以
力楚國方城以爲城漢水以爲池雖衆無所用之
司馬侯曰恃險與馬不可以爲固也從古以然是以
先王務脩德音以亨神人不聞其務險與馬也
穀梁曰城以保民爲之也民衆城小則益城益城無
極凡城之志皆譏也謂夫保民以德不以城如民
衆輙益城是無限極也
穀梁曰兵事以嚴終

孟子曰築斯城也鑿斯池也與民守之效死而勿去

又曰天時不如地利地利不如人和

又曰域民不以封疆之界固國不以山谿之險

又曰得道者多助

史曰秦築長城延袤萬里以拒胡

又曰始皇踐華爲城因河爲池據億丈之高臨不測

之險良將勁弩守要害之處

又曰創業易守成難

孫子曰知不可以與戰者勝

又曰以虞待不虞者勝

又曰善戰者先爲不可勝以待敵之可勝

又曰不可勝者守也

又曰守則不足

又曰善守者藏於九地之下

又曰自保而全勝

又曰守而必固者守其所不攻也

又曰善守者敵不知其所攻

又曰我不欲戰雖畫地而守之敵不得與我戰者乖其所之也

又曰以近待遠以佚待勞以飽待飢

又曰用兵之法無恃其不來恃吾有以待之無恃其不攻恃吾有所不可攻也

又曰戰道不勝主曰必戰無戰可也

又曰始如處女敵人開戶

魏武侯顧吳起曰美哉山河之固此魏國之寶也起對曰在德不在險

又曰要者所以保業守成

又曰凡制國治軍必教之以禮勵之以義使有耻也夫人有耻在大足以戰在小足以守矣

又曰守勝難

又曰簡募良材以備不虞
又曰民安其田宅親其有司則守已固矣
又曰安國家之道先戒爲寶
又曰備者出門如見敵
衛公曰以誘待來以靜待躁以重待輕以嚴待懈以治待亂以守待攻
又曰攻是守之機守是攻之策同歸乎勝而已矣
又曰守者不止完其壁堅其陣而已必也守吾氣以有待焉
又曰守吾氣者所謂知已者也

唐太宗解孫子曰守之法要在示敵以不足示敵以不足則敵必來攻此是敵不知其所攻者

又曰攻守一法得一者百戰百勝

尉繚子曰地所以養民也城所以守地也戰所以守城也故務耕者民不飢務守者地不危務戰者城不圍三者先王之本務也本務者兵最急

又曰先王專兵有五焉委積不多則事不行賞祿不厚則民不勸武士不選則衆不強備用不便則力不壯刑賞不中則衆不畏務此五者靜能守其所固動能成其所欲

又曰分險者無戰心

又曰凡守者進不郭圍退不亭障以禦戰非善者也豪傑英俊堅甲利兵勁弩強矢盡在郭中乃攻窖廩毀折而入保令客氣十百倍而主之氣不半焉敵攻者傷之甚也然而世將弗能知夫守者不失其險者也守法城一丈十人守之工食不與焉出者不守守者不出一而當十十而當百百而當千千而當萬故爲城郭者非特費於民聚土壤也誠爲守也千丈之城則萬人之守池深而廣城堅而厚士民備薪食給弩堅矢強矛戟稱之此守法也

攻者不下十餘萬之衆其有必救之軍者必有必守之城無必救之軍者則無必守之城若彼城堅而救誠則愚夫蠢婦無不蔽城畫資血城者期年之城守餘於攻者救餘於守者若彼城堅而救不誠則愚夫蠢婦無不守陴而泣下此人之常情也遂發其窖廩救撫則亦不能止矣必鼓其豪傑英俊堅甲利兵勁弩強矢并於前幺麼毀瘠者并於後十萬之兵頓於城下救必開之守必出之出據要塞但救其後無絕其糧道中外相應此救而示之不誠示之不誠則倒敵而待之者也後其壯前

其老彼敵無前守不得止矣此守權之謂也
又曰守在於外飾
又曰千乘救守救守不外索助
文王問太公曰守土奈何太公曰無疏其親無怠其
衆撫其左右御其四旁無借人國柄借人國柄則
失其權
又曰戰攻守禦之具盡在於人事
子墨子曰我城池脩守器具樵粟足上下相親又得
四鄰諸侯之救此所以持也且守者雖善則若不
可以守也若君用此守者又必能乎守者不能而

君用之則猶若不可以守也然則守者必善而君尊用之然後可以守也

又曰凡守圍城之法厚以高壕池深以廣樓撕揗守備善利薪食足以支三月以上人衆以選吏卒和大臣有功勞於上者多主信以義萬民樂之無窮不然父母墳墓焉不然山林草澤之饒足利不然地形之難攻而易守也不然則有深怨於敵而有大功於上不然則賞明可信而罰嚴足畏也

又曰凡守城之法石有積樵薪有積菅茅有積萑葦有積木有積炭有積沙有積松栢有積蓬艾有積

麻脂有積金鐵有積粟米有積井竈有處重質有居五兵各有旗節各有辨法令各有貞輕重分數各有請主慎道路者有經亭尉各爲幟

神農之教曰有石城十仞湯池百步帶甲百萬而亡粟弗能守也

淮南子曰夫憂所以昌也而喜所以亡也勝非其難也持之其難也棷人紇勁杓國門之關而不以力聞墨子爲守攻公輸般服而不以兵顯

又曰人皆務於救患之備而莫能知使患無生夫使患無生易於救患而莫能加務焉

又曰一人守隘千夫莫向
又曰聖人常從事於無形之外而不留思慮於成事之内是故患禍弗能傷也
又曰天下無道守在四夷天下有道守在海外
又曰欲剛者必以柔守之欲彊者必以弱守之
文子曰聰明廣智守以愚多聞博辯守以儉武力剛毅守以畏富貴廣大守以狹德施天下守以讓此五者之守先王所以守天下也
又曰備預不虞古之善政也
韓詩外傳曰土地廣大而守之以儉者安人衆兵強

而守之以異者勝

張衡東京賦曰天下有道守在海外守位以仁不恃

隘害苟民志之不諒何云巖隘與襟帶秦負阻於

二關卒開項而受沛

西京賦曰巖險周固襟帶易守得之者久

漢書曰秦地得百二齊得十二

後漢書云王尋王邑攻昆陽積弩亂發矢下如雨城

下負戶而汲

劉歆曰漢武帝東南一尉西北一候

趙充國曰校聯不絕用木相貫穿自固

類書曰愼其四境結其四援人狎其里三務成功既無内憂又無外懼

婁敬曰金城千里天府之國

班固西都賦曰建金城之萬雉呀周池而成淵

孫權曰君子武備不可無之

潘岳馬汧督誄序曰羌乃闕地而攻子命穴浚塹壺鐂瓶甀以偵之將穿城響作因焚櫝火薰潛氐殲焉

朱勃表曰氐羌叛亂唯狄道能固守然民餓敦弩煮履援救倒懸之急存幾亡之城

陸機辨亡云東負滄海西阻險塞長江制其區宇峻
山帶其封域國家之利未有弘於茲者矣
洛陽記曰洛陽城周公所制城上百步有一樓櫓外
有溝渠
蘇軾曰聖人必於其全盛之時而塞其所由亡之門
又曰守之以專
張載劍閣銘曰巖巖梁山積石峩峩遠屬荆衡近綴
岷嶓南通邛僰北達褒斜狹過彭碣高踰嵩華惟
蜀之門作固作鎮是曰劍閣壁立千仞
又曰窮地之險極路之峻世濁則逆道清斯順一人

荷戈萬夫趦趄形勝之地匪親勿居

何承天備邊要畧曰一曰移遠就近以實内地二曰浚復城隍以增阻防三曰纂偶車牛以餝戎械四曰計丁課役勿使有闕

陳規曰攻城者有生有死而善守者有生無死若謂城小而堅可守也凡城愈大則守愈易須分數段作限隔則易守若已守先策定險設伏使賊欲登城縱令登城已登即死賊欲入城引之入城入城即死矣

又曰我師爲敵所圍可以力守者三外有援兵一可

守也人馬勁勇芻粟豐備二可守也池城完固民人富庶三可守也可以决戰者三外無援兵一可戰也人勁馬壯兵甲堅利儲蓄不備二可戰也城池不完士民窮匱三可戰也守可以必守戰可以即戰

又曰何謂即戰許洞曰盡我力焉援兵不到即俟敵懈出奇以戰如光武昆陽水上鼓譟而出如田单即墨火牛之類是也何謂必守許洞曰旣圍即戰謀未備也圍久則固焉被圍之師不可出者三敵無故開圍一角者有伏也退圍數里者謀也示以

弱者誘也可以急備者二敵攻其西謹備其東敵示以閒暇者此必緩我而欲乘懈陰將衝突也夫被圍者當先安其內而後及其外可也．

又曰善守者非獨爲城高池深卒强糧足而已必在乎智慮周密計謀百變或彼不來攻而我守或彼不挑戰而我擊或多方以謀彼師或屢出以疲彼衆或彼來鬬而我不出或彼欲去而懼我襲若此者皆古人所以坐而役敵國之道也

又曰凡守城之道有五敗一曰壯夫寡小弱衆二曰城大而人少三曰糧寡而人衆四曰蓄貨積於外

五曰豪強不用命加之外水尙而城內低土脉踈
而池湟淺守具未足薪水不供雖有高城宜棄勿
守亦有五全一曰城隍脩二曰器械具三曰人少
而粟多四曰上下相親五曰刑嚴賞重加之得大
山之下廣川之上高不近旱而水用足下不近水
而溝防省因天財就地利土堅水流險阻可恃兼
此形勢守則有餘

又曰凡守禦之術宜藏之於身行之於敵而用不可以先
傳然有傳之於衆而達之於遠有利而無害有得
而無失又不可以不先傳也

又曰國之利器不可以示人機事不密則害成然用
兵之道以正合以奇勝善出奇者無窮如天地不
竭如江河千變萬化孰能窮之·
江南經畧曰城一也有關係一方之利害者守令事
也有關係數千里數百里之利害者將帥事也須
提重兵以鎮之合群帥以援之其城無恙敵不敢
越此而他攻是守一城而庇百城者也從來城守
之攻破者什一襲破者什九
又曰善守者守於城外不善守者守於城內如人在
甕外則能運甕故塡門據堞備械懸燈是守於內

雖守之不可廢而力議者堅壁清野設伏備應使敵入吾地進之不得攻退之無所恃饑則困之逸則疲之去則襲之陣則衝之開門延敵使敵怖疑而不敢犯是守之上者也

韜英子曰守城有四可出擊凡敵來攻城已近郊而不即攻者其衆未集也其計未定也可出擊一雖攻城而士卒不用命者其賞罰未當也其上下不和也可出擊二用命被傷而將督不止者不愛其士卒而必力屈也可出擊三攻城日久而忽疾攻不休者必糧盡力竭而欲解去也可出擊四

又曰善守者必守其所易守者而不守其所不易守者所謂易守者城小則易守據山則易守近與國則易守深溝高壘則易守

又曰守者與戰者更相爲備守者出戰則戰者可因守以養其鋭戰者入息則守者可乘鋭以宣其力使守者不戰則戰者必力困戰者不守則守者無鋭氣尉子曰出者不守守者不出恐力不專也吾不敢信也

又曰凡立營而守者地勢欲其高所以禦水旱也壁壘欲其堅所以爲持久也林木欲其遠所以防火

備書守字函卷之二

山陰王應遴堇父輯

師華亭侗初張鼒閱　友人周士敏頡君校

甥鄭熙庸訂

守之案

墨子爲宋大夫善守禦。公輸般爲雲梯之械。將攻宋。墨子見之。乃解帶爲城。以械爲堞。公輸般九設攻城之械。墨子九拒之。公輸般攻械盡。墨子守有餘。公輸屈曰。吾知所以拒我者。以見此攻城者宜乎古人以爲策之下也

魏吳起爲將。卧不設席。行不騎乘。與士卒最下者同

勞苦卒有病疽爲吮之文侯以起爲將能得士使守西河秦兵不敢東向韓趙賓從

李牧爲趙居鴈門備匈奴以便宜置吏市租輸入幕府爲士卒費日擊牛饗士習騎射謹烽火多間諜爲約曰匈奴入寇急收保有敢捕虜者斬如是數歲匈奴以爲怯邊吏將士得賞賜無所用皆願一戰于是選車騎集士卒悉勤習戰大縱畜牧人民滿野匈奴小入佯北以千人委之單于大率衆來牧多爲奇陳張左右擊之大破匈奴殺十餘萬騎十餘年匈奴不敢近趙邊稱爲北邊良將

即墨被圍田單知樂毅與燕新王隙乃縱反間使騎
刼代毅單令城中人每食必祭先祖飛鳥翔舞而
下因揚言神來下教僞師一卒每出約束必稱神
師又宣言恐燕人劓所得齊卒置前行燕如其言
城中皆怒堅守惟恐見得又言懼燕人城外發塚
墓燕又如其言齊人望見皆涕泣欲出戰單知可
用乃身操版揷與士卒分勞編妻妾行伍之中盡
散飲食餉士使老弱子女乘城約降日願無掠吾
族妻妾燕軍由此懈單收牛千餘爲絳繒衣畫以
五綵龍文束兵刃于其角而灌脂束葦于尾鑿城

數穴夜縱牛爇其端壯士五千隨之牛尾熱怒犇
燕軍所觸盡死傷殺騎刼復齊七十餘城
周亞夫因匈奴入犯受文帝命備軍細栁及上勞軍
吏士被甲鋭兵彀弓持滿先驅不得入天子至又
不得入上乃使使持節召將軍亞夫令開壁門且
云將軍約軍中不得馳驅天子乃按轡徐行至營
亞夫以軍禮見長揖不拜天子改容視軍歎曰此
眞將軍也可得而犯耶月餘匈奴遂塞
漢先零與羌叛趙充國請行曰無踰老臣上問度羌
虜何如曰兵難遥度候至金城圖上方略至金城

常以遠斥堠爲務行必爲戰備止必爲營壘戒軍勿貪小利虜以殄滅爲期日饗士卒虜數挑戰不出又下令罕开有能捕斬有罪賜錢有差時詔充國攻罕开充國以爲先誅先零罕开不煩兵自下不奉詔罕开果下又詔進兵先零充國度其勢必壞欲罷騎屯田以待其斃條便宜十二事璽書三詰之不動後先零果殺楊玉降

廉范守雲中匈奴入塞范兵不敵會日暮令衆各交縛兩炬三頭爇火營中星列虜望火多謂漢兵救至待旦將退范令軍中蓐食晨往赴之斬首數百

虜不敢復向雲中
楊璇守零陵時貴陽賊攻郡縣賊衆而璇寡乃特制馬車數十乘以排囊盛石灰於車上布索繫馬尾又爲兵車載弓弩令馬車居前順風鼓灰賊不得視因以火燒布索馬驚奔突賊陣後車弓弩鉦鼓繼之群盜駭散乃追戮之
後漢諸葛亮悉大衆十萬由斜谷出至五丈原魏將司馬懿帥師拒之與亮對于渭南懿固壘不戰亮分兵屯田爲久駐計屢使交書及遺巾幗以怒懿懿亦屢表請戰魏使衛尉辛毗仗節至懿謬使諸

軍就營隅。大呼萬歲。亮使問之。答以吳使請降。亮已識其詭。懿與亮相持百餘日。亮卒于軍中。及軍退。懿乃按營壘。見八陣圖。嘆曰。天下奇才也

諸葛亮圍陳倉。起雲梯衝車臨城。郝昭以火箭逆射其梯。人皆燒死。昭又以繩連石磨。壓其衝車。衝車折。漢兵乃退。後又屯陽平。遣魏延等并力東下。留萬人守城。懿率衆二十萬拒亮。亮聞懿垂至。欲赴延。軍又遠。乃意氣自若。令軍中偃旗息鼓。大開城門。掃地却洒。懿嘗謂亮持重。而猥見勢弱。疑有伏。引軍趨北山。亮撫手笑曰。懿必謂吾怯。將有強伏。

循山走矣。候還白。如亮言。懿後知以爲恨
皇甫嵩討潁川黄巾。進保長社。賊將波才。引大衆圍
城。嵩兵少。軍中皆恐。會夕大風。嵩乃約勅軍士。皆
束炬乘城。使鋭士間出圍外。縱火大呼。城上舉燎
應之。賊驚散。遂大破之
竺夔守東陽城。魏叔孫建爲衝車攻之。夔遣人從地
道中出。以大絙挽之。令折。救兵至。引還
魏主自將攻盱眙。臧質拒之。魏人以鈎車鈎城樓。城
内繫以驅絙。數百人唱呼引之。車不能退。既夜。縋
桶懸卒出截其鈎。獲[illegible]之

晉李嗣昭守潞州汴將李思安將兵十萬攻之乃築夾城深溝高壘內外重複飛走路絶嗣昭撫揗士衆登城拒守張樂饗士流矢中足密拔酣飲以安士心梁祖持書誘之嗣昭焚書斬使以固守會晉王率周德威等來攻梁兵梁兵大潰嗣昭方開門

吐谷渾與党項寇邊時柴紹討之虜據高射紹軍矢下如雨士衆失色紹安坐遣人彈胡琵琶使二女子對舞虜異之休射縱觀紹伺其懈以精騎從後掩擊虜大潰

唐馬燧鎮太原以晉陽王業所起度都城東西平易

受敵時遏數有警乃引晋水注城東瀦爲池寇至計省守陴者萬人又夾汾水環城多爲池沼植栁固堤燧悉召諸將吏牧馬厮役得數千人令騎卒敎之數月咸爲精騎造甲者必令長短三等稱其衣以便追趨

唐朱泚亂德宗幸奉天賊造雲橋高廣數丈容壯士五百以巨輪爲脚推之使前施濕氊生牛革懸水囊爲障直指城東北隅兩旁構木爲廬冐以牛皮廻環相屬負土運薪以填壕塹矢石不能傷城中洶懼帝召渾瑊賈空名誥身募突將敢死之士賜

珹御筆一管量其功伐即著其名授之。不足筆書其身因命以位。珹於雲橋來路先鑿地道下深丈餘。上積馬糞深五六尺次二日即令爇火次二日復下柴薪夜燒火。平明火熖高于城壘時北風急。賊隨風推橋薄城下。以三千餘人相繼而登城上士卒皆大寒餒。又少甲冑。珹但感激戒勵之公卿以下。仰首祝天賊至地道所。橋脚偏陷不能前。火從地中出城上人擲葦炬散松脂沃以膏油須臾雲橋燼灰賊焚死者數千城中歡譟振地賊圍解去。

吴少誠攻許州上官涗知節度欲棄城走判官劉昌裔止之曰留後既受詔宜以死守城况城中士馬足以破賊但堅壁不戰不過五七日賊勢必衰我以全制之涗然之賊旦夕攻急堞壞不得脩昌裔令造戰棚木柵代之募得突將千人鑿城分出大破之因立戰棚木柵于城上得不陷

賊將尹子奇攻唐睢陽作雲梯置精卒二百餘於其上推之臨城欲令騰入張廵預於城外潛鑿三穴候梯將至一穴中出大木末置鐵鉤鉤之使不得退一穴中出一木末挂之使不得進一穴中出一

木末置鐵籠盛火焚之賊又以鉤車鉤城上柵閣巡以大木置連鏁大鐶拔其鉤而截之賊又造木驢攻城巡鎔金汁灌之

張巡守雍丘令狐潮引兵圍之城中矢盡巡縛草爲人千餘被黑衣夜縋城下潮兵爭射之久乃知藁人得矢數千萬後復夜縋人賊笑不設備乃以死士五百斫潮營軍大亂

李克用入魏慱覘城上有旗幟往來晉王曰劉鄩一步一計更令審探果縛芻爲人縛旗於上以驢負之循城而行鄩軍已遁二日

南詔攻唐成都。蠻合梯衝四面攻之。盧耽等於城上以鉤繯。挽之使近投火沃油焚之。楊慶復帥突將殺蠻二千餘人。焚其攻具。蠻乃退

黃巢陷長安。趙犨刺陳州。對諸將曰。以吾計巢。不爲長安市人所誅。必驅其衆東走。吾州適當其衝矣。乃治城池爲守備。近民皆遷之入城。選子弟。配兵甲。以弟昶珝爲將。巢果敗東走。先遣孟楷攘城。昶擊執之。巢至聞楷執。大怒。旣而秦宗權以蔡州附巢乃悉衆圍犨。置舂磨。糜人肉爲食。陳人恐。犨曰。君家三世陳將。必能保此。丈夫建功立業。當在此

時陳人皆踴躍樂木柵城為八仙營置百官聚糧餉
衆號二十萬陳人舊有巨弩數百廢壞後生者罕
識其器翊創意理之弩矢激五百步人馬皆倒巢
不敢近圍凡三十旬而巢食將盡乃乞兵于梁梁
太祖同李克用會擊敗巢將黃鄴于西華西華有
積粟巢恃以為餉鄴又敗巢乃解去
淮南兵圍蘄州推洞屋攻城其形如屋隱兵士于中
推之使前揭去洞屋人露出吳越將臨海孫琰置
輪干竿首垂絙投錐以揭之攻者盡露礮至則張
網以拒之吳越王鏐遣將錢鏢等將兵救之蘄水

通城中淮南張網綴鈴懸水中魚鼈過皆知之吳越都虞侯司馬福欲潛行入城故以竿觸網敵聞鈴聲舉網福因得過凡居水中三日乃得達城由是城中號令與援兵相應敵以爲神

唐貞元中楊朝晟奏城方渠合道水波以遏吐蕃要路詔問須兵幾何曰臣部兵可集事非復前城五原用師七萬也蓋塩州之役虜先知之今薄戎而城虜料王師難輕入則發兵十日至塞末三旬城畢積芻聚糧留卒守之寇至不可拔若大發兵閱月乃至虜來必戰戰則不暇城矣已事畢吐蕃悉

衆至度不能害乃引去

張仁愿爲朔方軍總管先是朔方軍與突厥界于河

北有拂雲祠突厥入寇必謁祠求福料兵渡河時

默啜悉衆西擊娑葛仁愿請乘虛取漠南地于

河北築三受降城首尾相應絶虜南寇路唐休璟

難之仁愿固請而城三城以拂雲祠爲中城東西

南北相距各四百餘里皆據津濟大磧遥相應接

拓地至于牛頭朝那山北置烽堠一千八百所由

是朔方無復寇掠初建三城不置壅門及格曲戰

敵之具或問之仁愿曰兵在攻取不宜退守寇至

當併力出戰何用守備生其退恧之心。其後常元楷爲朔方軍總管。始築壅門以備寇。議者以此重仁愿。而輕元楷焉

劉昌爲涇原營田使。躬率衆力耕。受詔城平涼。以扼彈箏峽口。昌旬餘而畢。又於平凉西。别築胡谷堡。分兵援戍。遏其要衝。築神威軍于青海。吐蕃屏跡焉。

范希朝爲振武節度使。有党項室韋交居川阜爲盜。號曰刮城門。居人恐懼。希朝于要害處。置堡柵。斥堠嚴密。人獲安。

五代梁軍敗于上黨。晉人進迫澤州。留守張全義遣牛存節救之。時晉人新勝。鋒甚盛。存節引衆夜至澤州。晉軍尋至。乃分布守禦。晉兵四面攻鬭。開地道以入城。存節亦設隧道。逆戰于城中。晉軍不能進。又以弩射之。晉軍死傷甚衆。焚營而退

李繼隆在西陲。會客部隳夏州城。繼隆曰。朔方古鎮。賊窺覦久矣。存之可藉以破賊。請於銀夏州界。增置保戍。以振其衡。且爲內屬番部之障蔽。而斷賊之糧運

种世衡爲鄜州從事。夏戎犯延安。世衡以延安東北

有故寬州。請因廢壘興之。以禦寇左。致河東之粟。右固延安之勢。北圖延銀夏之舊。衆議處險無泉不可守。乃鑿地百五十尺。始至石。下令屑石一畚償百錢。工兢致其力。遂得泉。城名清澗。初知城事。教吏民習射。以銀爲的。中者與之。雖僧道婦人。或争徭役等輩。無一人不習射。胡酋蘇慕恩部落最強。世衡嘗夜與飲。出侍姬佐酒。既而起入內。潛於壁隙窺之。慕恩竊與侍姬戲。世衡遽出掩之。慕恩慚愧請罪。世衡笑曰。君欲之耶。即以遺之。由是得其死力。諸部有貳者。使討之無不克。青澗東北有

虜寨數爲患每使屬羌擊輒破之未嘗勞士卒故
功多而費寡建營田二千頃歲取其利募商賈使
通其貨或先貸之本逮其流轉歲餘其息十倍乃
建白城中芻錢糧幣軍需城守之具一請自給
王韶守熙河引兵城神平堡破蒙羅角抹耳水巴等
族初羌保險諸將謀置陣平地韶曰賊入險地當
思險爲吾有乃徑趣抹邦山壓敵軍而陣令曰敢
言退者斬賊乘高下鬬小却韶躬擐甲胄逆擊之
羌大潰焚其廬會瞎征度洮爲援餘党復集部戒
別將由竹牛嶺路張軍聲而潛師越武勝遇瞎藥

等與戰破之遂城武勝

董摶霄建議曰淮南爲江南襟喉要衝之地也救淮爲上策須於黄河一帶南自沭陽北抵沂莒贛榆諸處布連珠營每三十里設總寨中又設小寨使斥堠烽燧相望進遇賊并力奮擊退則屯種而食焉此善戰者常爲不可勝以待敵之可勝也

金人攻景陽門李綱簡衛班善射者以隨金人渡濠以雲梯次城班直乘城射之皆應弦倒近者以火砲擲木擊之遠者神臂弓射之又遠者以床子弩坐砲拒之又募壯士縋城而下燒雲梯金人遁

王善河南巨寇也擁衆七十萬車萬乘攻汴京諸將請先斷河梁嚴兵自固宗澤曰去年金騎直來正坐斷河梁耳乃命將劉衍趨滑劉達趨鄭以分兵勢戒諸將亟力保護河梁以俟大兵之集賊衆聞之夜斷河梁遁去

劉琦當金人歸三京充山東副留守錡自臨安至渦口方食暴風拔帳錡曰此賊兆也即下令兼程而進未至順昌三百里金人果敗盟來侵錡與將佐舍舟陸行趨先城中諸將以不敵金兵請順流還江南錡下令言去者斬鑿舟沉之示無去意置家

寺中積薪于門戒守者曰脫有不利即焚其家勿辱賊手也於是軍中皆奮時城守一無可恃錡理輪清野六日粗畢而遊騎已涉潁河至城下金人圍順昌錡豫設伏城下擒千户阿黑等二人詰之得韓將軍營所錡夜遣千人擊之連戰虜頗衆既而三路合金兵三萬薄城錡令開門金人疑不敢近順昌受圍已四日金兵益盛錡遣驍將閻充募壯士五百人夜斫其營是夕電光四起見辮髮輒殲之金兵退十五里錡復募百人命折竹爲嘂如兒戲者人持一以爲號直犯金營電所燭即皆奮

擊電止則匿敵衆大亂百人聞吹器聲即聚金人
益不能測終夜自戰積屍盈野退軍老婆灣兀朮
自汴七日至順昌錡乃遣曹成爲間以誑敵曰劉
錡太平邊塞子喜聲伎朝廷以兩國講好使守東
京圖逸樂耳兀朮喜曰此城易破耳乃械曹成等
歸以文書一卷繫于械錡懼軍心惑立焚之又遣
耿訓以書約戰且曰太尉非但請與太子戰且謂
太子必不敢濟河願獻五浮橋濟而太戰兀朮曰
諾遲明錡果爲五浮橋於潁水上敵由之以濟錡
遣人毒潁上流敵人馬飲之輒病諸酋各居一部

衆請先擊韓將軍錡曰擊韓雖退兀术精兵尚不可當法當先擊兀术兀术一動餘無能爲矣方晨氣清涼按兵不動逮未申間敵力疲氣索忽遣數百人出西門接戰俄以數千出南門戒令勿喊但以鋭斧犯之敵大敗死者萬數兀术平日恃以致勝者號鐵浮圖拐子馬至是亦爲錡兵殺敗遽以拒馬木障之少休出羙餉士如平時敵甲不敢近食巳撤拒馬木深入斫敵又大破之血肉枕籍積甲如山兀术兵什損七八乃擁衆還汴是役也錡兵不滿二萬出戰僅五千人金兵數十萬營北西

亘十五里。每暮鼓聲震山谷。然營中讙譁。終夜有聲。金遣人近城竊聽。城中肅然。無鷄犬聲。兀术帳前甲兵環列。持燭照夜。其衆分番假寐。馬上錡以逸待勞。輒勝。議者謂此舉可乘勝復汴京。

劉子羽守三泉。從兵不滿三百。與士卒取草茅木甲食之。又築壁壘於潭毒山。十六日而成。金人已至。距營十數里。子羽據胡床。坐于壘口。曰。子羽今日死于此。敵尋亦引去。金撒離喝遣人持書旗招子羽。子羽盡斬之。縱一還。曰。爲我語賊。欲來即來。我有死爾。何可招也。先是。子羽預徙梁洋公私之積至是金深入。餽餉不繼。又腹背為子羽吳珍所攻。死傷十五六。亟遁去。子羽掩擊。墮溪澗死者不可勝數。餘悉降。

孟宗政權棗陽軍。初視事。一愛僕犯新令。立斬之。軍民股慄。金人戰輒敗。忿甚。周城開壕。四面控兵列壕外。飛鋒鏑。以綢鈴自驚。鈴響則犬吠。宗政厚募壯士。乘間突鬬。金人不能支。盛兵薄城。宗政隨方力拒。金人不能克。金師完顏訛可擁步卒傅城下。宗政囊糠盛沙以覆樓棚。列甕潴水以隄火。募砲手擊之。一砲輒殺數人。金人選精騎二千。號摯子

手。擁雲梯天橋先登。又募鑿銀礦石上晝夜陷城
運茅葦直抵圜樓下。欲焚樓。宗政先燬樓。掘深坑
防地道。刜戰棚防城隕。穿穽纔透。即施毒烟烈火。
鼓韝以㶣之。金人被濕氈拆路以刳土城傾樓陷。
宗政益薪架火山以絕其路。列勇士以長鎗勁弩
備其衝。距樓陷所數丈。築偃月城袤百餘丈翼傳
正城。深坑倍仞。金人摘強兵。披厚鎧氈衫鐵面而
前。又濕氈濡葦蒙火山。覆以兵雪。擁雲梯徑抵西
北圜樓登城。城中軍以長戈舂其喉殺之。敢勇軍
自下夾攻。金兵。兵墮死燒焰。自斫至是。死傷接

梯橋盡燬金人俄乘順風渡濠飛脂革燒戰棚宗
政激將士血戰金兵死者千餘金人愈忿砲愈急
會王大任月重圍入城内外合勢士氣大振賈勇
入金營自晡至三更金人横屍遍野奪其銅印十
有六訛可棄帳走宗政仍于西北壕外瀦水爲濘
以陷騎宗政威震境外金人呼爲孟爺爺
魏勝紹興末金人將南侵聚芻糧造器械籍諸路民
爲兵勝喜曰此一時也聚義士三百北渡淮取連
水軍宣布朝廷德意連民從之遂取海州郡渤海
高文富遣兵來戰勝追至城下衆傳水陸悉有兵

城中恐文富閉門禦之勝令城下多張旗幟舉烟
火爲疑兵又遣人諭諸城門以金人背盟本朝寛
大愛民之意城上聞之即開門勝遣勇鋭者登城
樓餘從門入文富與其子安仁率牙兵拒守勝擒
殺之民皆安堵勝權知州金人多伏兵勝兵遇伏
皆赴砦金人襲之勝单騎殿以大木奮擊金人以
五百騎圍之勝馳突四擊無敢當者金人又急攻
絶其水砦中食乾糒殺牛馬飲血勝默禱而雨作
金人攻益急周山爲營勝度其必復攻海州因間
趨城中金人果觧蒼山圍自新橋抵城下分兵四

攻勝登城禦矢石如雨者七日金兵遁去金人以
兵十萬攻海州勝率衆斬首無數遣至新橋金人
復發兵二十萬攻海州先遣一軍斷勝軍餉道勝
擇勇悍士三千餘拒于石閘堰金軍不能進夜還
留千人備險隘金兵十萬來奪勝軍勝率衆鏖戰
殺數千人餘遁去未幾金兵盛集勝力拒之自旦
至暮金兵不能奪勝每陣自爲殿金兵圍城數重
勝與郭蔚分兵備禦偃旗息鼓金人驚疑不敢攻
已而植雲梯置砲石四面合圍負土填壕勝俟其
近城鳴鼓張旗矢石盡發繼以火牛金潰金乃罷

攻。勝俟其不備掩擊之或獨出擊之。又間夜劫其
營焚其攻具。金人急攻。勝出軍城北。與戰斬首無
筭。以功轉山東路忠義軍都統制知海州而州城
西南枕孤山敵至登山俯瞰。城中虛實受敵最劇
勝築重城。環山於內寇不能害
吳玠守蜀。兀朮率十萬騎入侵。自鐵山鑿崖開道。循
嶺而下。玠以萬人當其衝弟璘率輕兵與玠共擊
走之。又以雲梯攻壘壁。玠使撞竿碎其梯。以長矛
刺之璘拔刀誓以死戰。金分軍爲二。兀朮陣於東
韓常陣於西璘左縈右繞。急屯第二隘。金生兵踵

至。披重鎧鐵鈎相連。魚貫而入。璘以身駐隊。金人用火攻樓。以酒缶撲滅之。玠急遣田晟率兵左右擊。率銳士入金營奮擊。射韓常中左目。金人宵遁

蔡挺治平初知北地。夏人寇大順。挺盡斂邊戶入堡。戒諸砦無出戰。命將先布鐵蒺藜城傍水中。賊渡水。馬多顛躓。驚言有神。且夜斫其營。夏人潰去

杜杲守安豐。元兵圍之。以火砲焚樓櫓。杲隨陷隨補。元兵壕爲壩。杲募壯士奪壩死戰。元兵引去。後圍廬。于壕外築土城六十里。穿兩濠。築壩高于城。樓杲以油灌草。即壩上燒之。皆爲煨燼。又于串樓內

立鴈翅七層俄砲中壩上衆驚杲乘勝出戰元兵敗走又練舟師扼淮河遣其子庶伏精兵于要路元兵不能進遂北歸

余玠爲兵部時築招賢館播州冉氏兄弟璡璞有文武才詣府上謁玠賓館之奉甚厚居數月兄弟終月不言惟對踞以堊畫地爲山川城地之形旬日請見屏人曰某兄弟辱明公禮遇有以少補非敢同衆人也爲今日西蜀計其在徙合州城乎玠不覺躍起執其手曰此玠志也但未得其所耳對曰蜀口地形之勢莫若鉤魚山請徙諸此若任得其

人。積粟以守之。賢于十萬師遠矣。玠大喜。築十餘城。皆因山爲壘。碁布星屯。列兵聚糧。爲必守之計。於是如臂使指。勢氣聯絡。

曹友聞守同慶。北兵抵至。友聞部分諸將。各守一門。偃旗伏鼓。戒士卒候賊近。鳴鼓張旗。矢石並發。又命王漢臣等。間道出戰。自提重兵尾敵後。大戰有功。

王稟守太原。粘罕攻城之具。曰砲石洞子。鵝車偏橋雲梯火梯。凡數千。每攻城先列諸石砲三千座。凡舉一砲。聽鼓聲齊發。砲石入城者大至于斗。樓櫓中砲無不壞者。賴總管王稟先設虛柵。下又置糠布袋在樓櫓上。雖爲所壞。即時復成。粘罕填壕之法。先用洞子。下置車轉輪。上安居木。狀如虛屋形。以生牛皮幔上。又以鐵葉裹之。人在其內。推而行之。節次相續。凡五十餘輛。人運土木柴薪於中。粘罕填壕。先用大板薪。次以薦覆。然後置土在上。增覆如初。王稟每見填。即先穿壁爲竅。致火鞴在內。候其薪多。即便放燈於水中。其燈下尋木。能燃濕薪。火即漸盛。令人鼓鞲。其焰亘天。[illegible]能不令填壕。其鵝車一如鵝形。下亦用車輪。冠之以皮鐵。使數人百十推行。欲上城樓。王稟於城中亦設跳樓。亦如鵝形。使人在內迎敵。亦先以索繫巨石。置彼鵝車上。又令人在下。以搭鉤及繩拽之。其車前倒。又不能進。其雲梯悉用車輪。火梯其高一如城樓。悉如王稟隨機應變。終不能攻。又嘗內起重城。處外壁之壞。

靖康丙午冬。金人再犯京師。統制姚友仲禦之。賊攻拐子城。拐子城乃捍禦水門者。水門不可遽犯。故急攻拐子城。友仲于拐子城上。爲造兩圓門。去馬面三十步許。用磚砌城。中開下藏門。干戈板閘下。

如城門法四面皆置女墻迎敵皆自轅門若賊兵厚重則入轅門放下千戈板又是拐子城也磚城下濶五尺高一丈五尺其守拐子法務要令人少肅靜可以應敵人少可以迎衆每門兩人守牢定板外鑰匙須敵樓上與虛棚凡三層是受敵處每間不得過十五人弓弩鎗斧手相間分作三番晝夜輪轉更其勞逸賊於河內疊橋友仲選神臂弓強弩手下臨分布牀子弩九牛弩多置大小砲座又於攻打處絞縛致勝棚賊橋竟不能寸進其賊人疊橋法先用牌浮水面次用一重柴一重蒂一

重土擔渡如礮矢石火皆不能入其攻城之具又有火梯雲梯編橋鵝車洞子兵法爲木驢也撞竿兜竿之類火梯雲橋編橋皆與城櫓齊高亦有高于城者皆可以燒樓櫓雲梯編橋可以倚城而上下皆用車軸推行此三物惟撞竿可以禦之撞竿用大木長數丈又用橫木數十條中穿而下留手把可以致力頭以鐵裹或以大鐵鎗或安以托叉鈎頭每一樓子上常置撞竿一二條俟賊火梯雲梯編橋至城下則徐應之既撞定梯橋則衆手用鐵鈎鈎定進不得前退不得後則火自焚橋亦壞人亦墜

矣。倘撞竿不中。則使狼牙鎗手砲架槍手禦之。亦不能上。惟要當鋒得人。洞子可以治道。可以攻城其狀如合掌。上銳下濶。人往來其中。即欠續之。有長數丈者。上用牛皮生鐵褁定。內用濕氈。中用太麋矢石火。皆不能入。用以治道安砲。并推梯橋取土透城。禦之須用鐵蒺藜懸下。敦之。其法以熟鐵濶徑寸。長一尺二寸。四條縱橫布。如蒺藜形。鎔生鐵灌其中央。重五十斤。上安其鼻。連鎖擲下。敦訖。以轆轤絞之。若洞子上有牛皮并泥塼着。即舉速放下火炬油燒之。若穿地道來。先于地道上。直下。

穿井以待之。積薪草安井中，以火薰之。或用火砲
納其中。則敵自焦爛。或用游火。用鐵筐盛火以脂
臘毒藥懸墜下。燒薰穴中攻城人。或用燕尾炬縛
草分爲兩歧。如燕尾狀。以油蠟灌之。從城墜下。騎
洞子燒之。皆禦洞子法也。撞竿至則作屋。桑木爲
之。桶索相連。撞竿須連以環。串竿頭于兩旁。令壯
士牽之。鈎竿至則用䅽䅿乘其鈎。亦令壯士牽之。
乘勢猛放。則竿與人俱倒。惟砲架最難禦。砲架四
旁並用濕榆小椽密簇定。又用生皮并鐵葉裹定。
鴟鴞鵂火不能入。其砲有七稍。五稍。三稍。兩稍。獨

浙江文化研究工程成果文庫

浙江文獻集成

浙江文叢

王應遴集

〔第二册〕

〔明〕王應遴 著

林傑祥 編

浙江古籍出版社

冊三/三　共十本

真如齋備書

乙

備書守字函卷之三

山陰王應遴董父輯

師華亭俑礽張鷟閱　友人周士皦頡君校

守之法

責人任事第一

守城非臨時守之也，必于未事之先，搜才賢，募智勇，核忠勤，及夫奇技占候之士，靡不羅致麾下，隨材任用，又當周謀諮度，虛心獨斷，使賢才者不失其賢，才心計者不失其心計，膂力者不失其膂力，群策群力，無不畢舉，於是守法具備，而賊無可攻之隙。且下至遊棍俠徒雞鳴狗盜及罪犯疲民之輩。
亦必收之使彼各思得當以顯其才效其力。此用
人爲守城第一義也

有事之際。最貴和衷。攘難之期。尤要實念。一切在城
文武職官。俱當忘爾我化町畦。一應事機必同心
商確。不得營私任氣。矛盾異同。又勿得以狗情故
而妄示優容。勿以勢要地而姑承結納。必或如殿
上虎或如一家事。乃可堅守力禦。否則畧着私念。
畧襲虚文。兵事難容一誤。縱不爲國家計民人慮
而吾之身家名節關係亦何如耶

太平無事猶曰無所見其短長至國家多難之秋豈彼循資格賣名聲可以虛駕人上者如有自度不勝其任即當告退閒散而實知謀幹之賢又不妨公舉自代即身在格外果有確見宏抱亦不得拘躁進之病而袖手爲鎛則國事可理封疆可靖不則巳不能爲而又不讓人爲之至于事去情見上負國而下負身則追悔亦何及矣

明法一志第二

守者不足攻者有餘非信賞必罰人心整肅何以禦敵故必須預頒條令凡有微功薄罪者立時舉行

毋論貴賤親怨從公一體處之蓋必守若雷將軍

乃能戰若鄧司隸耳

強寇臨境人情搖惑非稟令畫一何以遵守故自大

將出號以後偏裨以下俱不得各異指揮即如愚

耳遇目稱鬼稱神或使陷水火或令變旗幟賚屬

不得驚天子不得問然後守若伏蠖戰若發雷

月餉賞格有專主者必擇廉謹而司馬更令心計員

役時爲稽訪如有剋削厥從上刑本軍亦許自首

但有捏情罔上者一體治之

勢在危迫上下同命主將必與士卒同甘苦均勞逸

問病撫傷。即至食。犒勞。勸飲。聾汁。民無離心

嚴候分禦第三

尋常境外必築有高墩。瞭哨。聞警必愈爲嚴謹。其墩或隔三里。或隔四五里。每墩以五人居之。紅旗五竿。火器。木石。鈎刀。鎗弩。備其上。多積狼糞火種。凡賊來放烟。晝黑夜紅。連結不散。如見賊結隊將犯者。放一銃。起紅旗一竿。賊遠墩十里。連放二銃。起紅旗二竿。賊遠墩五里。連放三銃。起紅旗三竿。賊近墩。放四銃。起紅旗四竿。一面持紅旗一竿。飛馬傳報。進境者。急放銃不計其數。或定爲口訣。賊來

其路起砲幾。紅旗幾或舉旗何色。夜則易燈籠流星亦照數各爲信驗。賊若攻擊則發矢石火砲鎗鈎等器禦之。其芻米等物皆限以一月。如哨瞭人有違玩失誤者。以軍法從事

境內各路皆置探報竹節輪換。一到即行。賊入境內。城外四面皆有伏路。每面十人。定隔路程。如城大地濶則增用數人。各給三眼銃一口。流星火爆十五枝。臨末響在半天。可使遠聞。如賊來一面則一面人輪流放銃爆。每一銃。流星三枝。但不許不知者混放。蓋可使知賊出于何路。即於何路應禦。或

日間更擡動紅旗亦各有信驗可以防備其伏路人仍逐日輪流以節勞逸再外設偵探能近賊營入賊隊打聽得的實消息者優以重賞如預知賊人如何攻器我便可預爲守具如何詭謀我便可將計做事此尤喫緊一着也

守者非特守於城也必搜境内山川形勝何處可扼全而令重兵屯守何處可分據而令偏師犄角何處可埋伏兵而挫其先鋒何處可掩游兵而絕其糧道又聯絡聲勢各爲應援如率然在山則遏之於遠勝於守之於近矣

守城者禦於境外固爲上策仍恐守力不及則當預於城外週廻四面各扎營寨掘爲濠塹置陷馬坑堆攔馬石列拒馬鎗摔連梲弩置套馬索立火器臺埋遍地雷木柵鹿角柞行馬鉄蒺藜火屏火櫃火牌火車威遠砲連珠砲𪔂布圍竹營車釘牌之類都要預先製造禦於城外賊來犯之守器不可遷闗攻器尤能堵截且前出後應左突右掩我有所依彼無所乘此守之城内不若守之城外者之爲得也

外守雖嚴而堅壁清野亦當預計如聞賊將至下令

城外十里內。悉伐木斷橋焚棄宿草。撤屋堙井。有水泉皆投毒藥。民間木石磚瓦。及芟芻糇糧器械牲畜之類。盡令徙入城內。倘徙不逮。宜埋之。或焚之。總之不宜資盜也

預備周防第四

城守無虞。必合各物全備。如糧糗布帛。芻荳柴草。蘆葦茅荻。石灰沙土。鈇炭松樺蒿艾。膏油。麻䕸荊棘。筐籮釜鑊盆甕桶缶。水石磚竹。鍬钁鏡斧。錐鑿梯索皮角。硝磺毒藥。紙綿硃碌膠漆。木頭板仗。舊鞾底牛馬牲畜之類。靡不畢具。庶使臨時之供應不

窮。亦使久守而取用不竭

一百工技藝。守城必需。如竹木匠。鐵石匠。火藥匠。弓箭弩甲匠。坭土窰匠。及畫工醫人巫師等。俱要預先料集。分別倫類。以備聽用

諸守器其已具者。必檢驗一番。何者可因舊。何者當修葺。如未具。何者當特造。何者當預備。至如秘器奇械。必令知法者。另幽僻公所密先製造。但要任之得人。無不精妙備具

賊若有警。必預巡視。城有圮毁者葺之。壕有塡塞者濬之。仍以所掘之土。增築攔馬牆。牆離城脚丈餘。

不得過濶恐城上器械不得及遠且碍傷牆内人
築高五六尺内多留空穴以便窺伺容放銃弩鎗
箭又須五六十步置佛郎機一位以抵攻勢之盛
賊若渡濠牆内與城上一齊蕉發賊必不得逕衝
城下如賊或衝入牆内則牆逼城堵即有勇技不
能施設而吾城上矢石火器長械交下而牆内人
又與搏戰必無遺類但伏牆内人不得先示形色
使敵不知則我有人而或爲無人無人而或爲有
人則敵近之不敢攻之無隙是虛虛實實之妙也
凡民居官舍及委積樓棚門扇門棧但附近城者俱

以甎覆泥塗其稻草蘆葦皆徙空遠區處以防賊火藥飛入焚燒仍宜多濬井泉一以備人衆可飲一以具火攻猝救又棚樓敵臺之下皆當各貯大水缸數口而伍垜亦共貯一缸如為飛火所燃隨燃隨撲庶不至取救遠水而成燎原之勢

城上各垜下宜多積磚石石之重五六十斤者每垜亦預積數塊於樓棚門雉處尤加多積如檑木檑石弩箭砲架各火器銃斧長刀鈎鎗叉竿布幔防牌行爐毒藥之類俱多多積備應用佛郎機每五十垜置一位如門臺處更多一位以孔道敵衆非

巨器不足以禦也

賊人迫境。鄉民閧集城下。此時盡放入城。則恐混雜奸細。欲遏之城外。又恐殘害生靈。如止開一二門。更恐人衆難詰。須大開各門。各擇勇敢之將。帶領識事人役精兵一哨。立一木柵於吊橋之外。攔住鄉民。又倘賊急人衆。宜令暫躲攔馬墻。陸續放進庶免奸細混入。而我之逃難居民。既得生全。更不推擠矣

城無敵樓。不能眺遠顧下。何以防守。必要貼城築出敵樓。每座相去或五六百步。或七八百步。各隨城

勢曲直轉折以便遠近眺望如力不能築樓宜用木架櫓起望臺出城數尺三面用皮竹或厚板包釘蔽以水濕絮被以防火箭多留空眼以便瞰伺此亦通權之法也

一雉必設一舖以爲守城樓止且得觀望防禦又或於二雉之中二十五垜再設一舖如城面窄則於城内貼築丈許建之否則作爲騎城舖以便行走或砌磚洞門或以木板閣過比之貼城築造其費爲省而五垜之内又令共蓋小舖以避雨雪

城面上必作女頭中間立狗腳木一條每女頭中鑿

搭篚籬竹笆可以隔遮箭弩此守城舊制也但不
能拒砲石不若改作平頭墻可避砲石亦可搭篚
籬竹笆不必再用狗脚木只於近下留品字眼較
之女頭更便
城有包山者峻處城垣宜增高厚或專意設立敵臺
以便瞭望運發矢石使賊不敢近而吾之處實不
可知若倚山爲城勢若仰盂賊可憑高而視則當
盡驅老弱爲兵多用旗幟器械虛張聲勢庶賊不
敢易視我耳
城有近水者須預釘品字樁木千百根於水中高出

水面尺許，以防樓船衝突之患。

凡守城，有恐賊攻破城門，預將土石嚴砌各門，止開一二門出入，此是自塞生路。故善守者不獨大開諸門，更當於兩門之間更開三兩門，使周圍門有數十座，棄於城内運土木出入塡壕，作路使戰兵出入無礙。如城上觀望敵人，或瞭哨得乘便處，即可遣兵擊殺，或夜出兵擣賊，使其不能休息，且使處處受敵，備多力弱，彼自不能久攻。然所以敢自啓閉城門、出塡壕者，必其將有智勇，而城中又設備已備，賊入必死，而我出必勝耳。如其不能，則於

各城下鑿爲暗門以通遊軍戰隊并城外守墻之夫出入如又不能遽辦則每敵臺左右置小吊車四五架以便兵夫上下及逃難男婦得入

分軍約援第五

分城中軍馬各有部數必量其多寡城外營若干屯臨處若干攔馬墻若干守城垛若干各門臺若干各巡視若干各游兵若干救火兵若干中軍兵若干其餘多剩皆統于中軍以聽調用

城中高處設立中軍旗號用十二丈黄布大旗一面圍杆長五丈預備黄紙雙燈一盞單燈分青紅白

黑紙各一盞以黑紙難明則代以緑又備青紅白黑小旗各一面大流星爆百枚巨鐘一口碗口砲四口用止三口多一口者以備不響也手銃亦四口撥好軍十名吹手八名專管火種日夜四瞭城外伏路號火銃砲如有警則放砲三口日間摇動黃旗如東方警則加青小旗東南隅則加半青紅小旗連擂鐘催兵放砲止之夜間放砲三口又起雙燈如東方警則加青单燈東南隅半截青紅燈連擂鐘催兵放砲落燈止之游兵戰隊各認方色策應而諸原派守城者不得擅離信地以防聲東

擊西也如二方三方四方交發亦各認本色策應
而東方則坐援南方南方則坐援西方西方則坐
援北方北方則坐援東方如南方有警例當東方
援而北方無事西方又當援南方矣各方以類推
而在四方城樓亦各豎本方旗號以六丈布爲率
上畫朱雀等本方之象其四隅則畫天地風雲而
游兵將領雉城長各認執本方色旗其旗大小以
官爲差如本方有警晝則搖動本方旗夜則又起
本方色單燈擊鼓催兵夜或再加流星無事則鑼
聲止之本城雉有警則搖動本城雉旗而城雉長

之旗。又當上綴天地玄黃各字號。而伍長之旗。又綴天字幾號。其餘倣此。依次而序。

營有結之城外者。亦當照依四方旗色。掌號流星。而在城上本方代爲傳號接應。則日加一小旗。夜加一小单燈。無事之時。不許亂舉響器旗號。城中並禁高竿之物幷樂器小爆櫱。不許作。其在中軍早上開門手銃三聲。吹打樂器。則城上守垜換班。至晚手銃三聲。吹打樂器。則守垜輪更。每轉更則吹長聲喇叭三聲。垜夫遞換。再有中軍或欲出奇用詭。而[illegible]本方擺旗擊鼓。中軍無號。各游兵不得輙應。

此定令也

分垜定方第六

守城着垜之法必先計週圍城若干。則守軍若干。軍不足則以民僉之。將不足則以士吏與鄉紳參之因是集本城内軍民録其精壯差其老弱隨所緩急而輕重用之令其就附近城垜認定防守不得至臨事張皇而民無定志也

守垜夫必計其多寡派作二班或三班每一垜用灰粉白内書垜夫姓名各認定防守更番迭換以休養息力如頭班一晝一夜次日即換二班再次即

換三班。各置簿有定限。彼此不得推諉。又五垛立一能幹者爲伍長。二十五垛有城長。百垛兩雉長。長各執長旗。伍長塡伍垛夫姓名在內。城長書伍垛長姓名。雉長書二城長姓名。各有統領。各有分責。庶可齊一。亦可查核

賊在百里外。不必一齊上城。早疲其力。但令總領看守之。如賊近五十里。聽中軍號砲傳宣。一名不到示有軍法

垛夫上城。各備應禦器械。幷各軍隨身所用 衣雨具

如賊攻城。次第抵禦。庶無倉卒難支之患

垜夫每夜一人輪守一更每垜各置一石大二三尺高稱之每更夫執小旗登石擊柝站立既高則可以俯瞰五垜城下有無奸細其餘四人穩臥倘遇有警喚醒同伍四人則各雖一夜之守實止一更之勞也轉更輪換聽中軍喇叭各門應之並時轉換應換之人共伍置一木牌註定某人某更不得推諉失悞

垜夫每五垜共懸一燈或燭𤇺難繼則改用松柈燃火必用鐵毬盛之須用竿六七尺長繩繫挑出城外下離地七八尺庶有無奸細可以洞見如用燈

則當上以瓦蓋下繫鐵石以防風擺

垜夫該直者晝夜俱要注定眼力不得滅燈火又戒出頭外望以防飛矢銃弹所傷夜間所轄之人亦不得脫衣如聞中軍砲響懸起雙燈則同伍者一齊向外持械站立力拒候中軍落燈止號方許就臕該直者照舊執更

上城處豎立柵門撥兵看守不許垜夫私下及閒雜人潛上一防攪亂軍伍一防細作外招止放飯換班開出至晚中軍放砲則封鎖不開如警急則茶飯挐送城上止於換班放出

城上每段立一典掌置小旗數面凡遇有需索物件書名貼旗上舉示城下城下各段亦有主者預檢備用雜物各爲部分謹伺舉旗即應送上城勿令緩急缺乏又設雜役軍人量爲多寡專司負挈所需物件

恐賊夜攻須多備油燭竹纜草把應用又恐急戰難候炊飯須備團飯飯中置糖可生津液游兵至即給食之

城上白日屏去鈴柝止豎旗號不許一人喧嚷使敵不知城內虛實且城上不譁城外有警亦可傳報

以便策應。即如巡城守垜，與賊攻打，甚至被傷，亦不得大言震喊，高叫驚走

凡賊來攻，毋得恐懼，須要静待，靠視垜眼打射，務於奇中。如虜賊一二，餘賊自退，更不知我伎倆虚實。毋得亂發，以窮火藥弩箭。若四面利器攻圍，則併力合拒。是又不可拘泥也

巡邏防踈第七

各垜兵夫勤惰不一，須各門置巡夫二三十名，執小旗上綴巡邏二字。輪流時常川繹，見有懈玩瞌睡及燈滅者，則撤其守旗，禀究。但令喚醒執更，不得

明打賣法

每臺設巡官二員。各門又有分巡。一城又有總巡。其臺官二員各置更牌。更箭。照更輪巡。如甲臺巡官以一更箭交付乙臺上驗收。乙臺巡官。隨付一更牌與甲臺官爲驗。餘更倣此。次早驗牌交納分巡總巡。驗完給發。不得私相授受。其巡官先巡。巡夫後巡垜夫。如有失鈴柝。聽熟違玩者。亦不許唱打。及賣縱。但撤旗次早究罪。本巡本垜。仍令執役毋悞

垜夫守城不得隨意上下。除城雉伍長巡官之外。别

令虞候領隊作雌雄契偶一巡城所至與守隊勘同乃過否則除本垛夫禀究外該城雉伍長與巡官不行禁戢舉發罪有連坐若賊勢外振士心内貳則或轉左隊以爲右易前軍以置後或一日數易或數日不易又間使人持僞契巡行以試之庶無偷惰之病

察奸禁亂第八

凡欲守城必預先編定保甲十家爲牌又各人給一腰牌開寫年貌籍貫凡有牌者出入城門一槩放行其行旅客商偶投避難盤得言不支離面不生

異亦令入城又或慮賊有拘執吾民家屬令其裏
應外合者必須仔細搜撿身上物件有疑拘住即
如放民採樵出軍回城亦爲查考
城中最慮潛伏須于各街巷口設置柵欄撥夫執械
嚴守晨昏啓閉即官府夜行亦須譏察以防奸細
城上四面各有巡官而在城中亦必設立專官巡邏
城中以稽他盜乘機竊發如守柵巡夜之夫違玩
者重究
城中失火專立救火軍一枝量城寬狹爲數分布聽
候中軍擊鼓三通即急趨救滅城中居民不許亂

走混救。其在守城垛夫。巡官將領之家。亦不許下城救應。而街巷之中。又當預令每家各貯一水缸備火

城外有使至。守門者檢實。徑導詣主將。內外軍民不得輙相見。如得飛書。持送本營。對衆封送主將。凡有曉星氣術數人。悉收隸官府。不得與他人竊語。及禁論說恠異以惑衆人。如城上城下有面生可異交相接語。或擲物件。做手勢號色。即將拘拿解主將究問。

設械禦變第九

守堞於換班散飯之際或風雨晦暝之夜賊常乘懈而攻須諭尤爲戒嚴若城無攔馬牆又或相持圍久恐夜時倦睏必共五堞城脚底下縋繫一犬犬吠則醒或再爲堞外蓋出浮棚環城接連上壓磚石石灰使賊加梯則軟不能乘觸棚則灰石亂墜而守堞者且自驚覺若再加嚴固則沿堞之上豎架柰何木浮排出外其木錯綜釘簽又或懸以虎拍刺使賊攀援不得觸即下擊傷人又不能取脫如州縣城低其費省而易辦尤宜速製

賊有列礮石炮遍尋石牌石羊石虎磨石鑿孔貯藥爲

砲擊傷守垜之人者。當令守垜者。近女頭牆坐。高則於女頭牆上過。低則打中女頭。若女頭牆稍加高厚。則全安堵矣。又須用木與蔴繩。編造方高一丈洞子。以備砲石衆多。如賊攻壞女頭。即於兩邊連進洞子。以代女頭。若此則砲石縱大至多。亦無損壞

如賊燒了城樓。圮毀城牆。急作前樣洞子遮蔽。但使再加高大。兩邊多置火砲矢石。以防賊急登城。城上分兵兩向。次于城內。從下斜築。向上至城面外垠向下陡峻。次于城內脚下。取土為深壕。三五丈

築月城圍之使賊乘對樓到城如不上城却回則
已若欲上城必自立不得到内壕裡無不死者
賊有勇悍之卒必使來突我城門我當偽爲不知開
門以待於道路設陷馬抗機橋於城墻曲巷内出
奇兵掩擊以逼陷之或約其過一二百人即下重
門挿板使其前進後截掩殺之
倪知賊勢重大攻械難過必作重城深濶裹壕不必
更作城門但隔舊城二三里開一孔闕出入使不
直對則賊即能塡外壕攻舊城必不能塡内壕攻
新城且欲入裹城又緣城垠二三里勢難直達兩

邊城上無物不可施此亡賊之死地也

賊有水攻之法或壅其上源或決其下流使我田禾枯槁人畜焦渴我必築爲堡寨以守其必要若旁爲瀦塞則出勍兵奪築爭決之倘置毒上流則我多穿井以資飲爨或兵勢寡弱不敢出城則賊壅水灌我我壅塞諸門察視城中陷穴之處悉加傳築則水自難入賊亦不得洩我城中之水倘水已入城則又不得不選勇士塹外水底窪處力決其渠或鋭攻或偷放此必爭之術也

猝守孤城器械難具則急取民間竹笆或荊棘搭女

牆多運磚石灰瓶賊有頂門一梯者以大石壓之在城下者以小磚石拋之附城者灰瓶眯之又收拾蘆柴火以燒之用連灶行爐煮糞澆之令其肉爛滾湯潑之令其皮脫鐮刀斬其手鋤鍬斷其頸銜鏈穿其胞挑叉貫其喉鍋蓋窗戶可以抵弓矢水被濕袋可以禦火砲持竹繫繩作飈石以擊遠賊取木簪鏍爲鐵標以鑿扁筏又以小杉木作抵篙以禦雲梯以大杉木懸鐵石爲吊操以拒攻車又斲木爲弩緝麻爲弦劈竹爲箭淬毒爲鏃以代弓矢此應急權變之術實太公所謂攻守之具

盡於人事也

守無城堡，亦在人之善守。蓋能守者，非徒守而已也。必以戰爲守，故賊之來也，以攻爲志。吾於四郊度其來處，札野營，修野戰，以待之。器械精，士氣勇，糧餉充，號令肅，賞罰明，任用當。或倚山爲險，或緣河爲限，或相其地勢以立堡臺，或因其衝衢以伏機弩。或作陷筒以絆其馬，或灌水田以濘其足，或因凍以築沙，或鋪錐以誘入，或舉火於深林茂草之間，或埋砲於要害必經之地，則賊進之不能，退亦抱恐，心志眩惑，手足無措，而又設爲遊軍伏騎，左

右擒擊晝夜出沒彼欲戰而我不與之戰我欲戰
而彼不得不與我戰我常以逸待勞以飽待飢以
土著之兵襲遠來之寇而又賊衝不動賊餌不貪
賊自不能仰視而我可晝地以守矣
城守器械皆已先具則量其輕重緩急而次第行之
如賊已向城乘城將士皆援立牌以自障賊將近
敵臺並度視遠近施放矢石火毬火鷂鞭箭賊在
城下則拋飛鈎賊若填濠則火藥鞭箭以射焚其
芻蒿木板轉城欲上則隨其處下擂木擂石以擊
之擭飛器以燒其攻器颺石灰糠麸以眯害其眼

目。擲火礶毒砲擊爛其身。樓棚踏室版内。雜短兵下刺登城者。若登者漸多。則禦以狼牙鉄拍。手漸攀城。則以連加棒擊之。剗手斧斷之。賊以衝車等進。則穿以鉄環木鐶。放猛火油。賊雲梯倚城。則引乂竿推撞車。賊木驢穴城。則用絞車鉄撞燕尾炬壞之。賊飛砲石。則張布幔水絮。賊爲地道來攻。則掘塹聽候其來方。穽井邀之。霹靂火毬烟毬等害之。賊附高穴城。則縋油火箱灼之。賊築土堙傍城欲上。則穿地道至堙下。引取其土。賊堙自壞。或城薄賊起堙相對。盛兵抵禦。賊以火攻城。則城上應救火之具有托叉火鉤火鐮栁洒子栁鑵鈇手猫唧筒禦之若攻具猛至則爲水袋水囊以投沃之一應棚樓器械雖預塗覆亦須舉麻搭潤護若賊爲火車燒城門則下濕沙滅之切勿以水加恐油焰愈熾賊若縱烟向城則列甕缶以醋齏水各實五分人覆面於上其烟不能犯鼻目

賊攻壞城門則以刀車代之如編濕木幔皮竹作洞屋來攻則以佛郎機碎之或伐大木盛作攻具凡爲守器所不能禦皆以巨銃擢毀遠器近器小器並發而更以壇器翻擊之

諸守械之所最利者，莫如火器。然使守城人能用，攻城人不能避，則攻者受屈矣。若使攻者能禦，守城人稍拙，雖有利器，亦不能施，火器且然，而況于他技乎。故用器者在乎人，通變者在乎智，必使敵萬變，我萬應，心運于器之先，技妙于神之輸，則反攻者爲守，而我守者反爲攻矣。

出戰決機第十

城内調度分布，皆已得法，號令嚴明，軍心齊一，則出奇用詐，以戰代守，以擊解圍。或乘賊初至，營陣未整，或因賊遠來，及其勞疲，或賊攻初息，而犯其怠。

或賊圍已久而闖其踈或冐雨雪或襲暮夜或伐鼓以驚營或飛災以擾衆忽鑿暗門則敵不及拒突縋死士則一以當百或佯挑羸士以驕之或盛發奇兵以懼之或約降而反戰或掩實而示虛或出左而擊右或搏後而突前或作抽兵法或爲疊陣營或遷拒馬以饗士或因方食而進兵我可往彼不可以來彼常來我常以自逸城堅糧足不難久守困其師勢孤援絶必將背城以借一乘賊餉之耗竭則伏砲弩于糧車以誘之瞰賊馬之饑渴則置香毒于芻水以餌之至若草人可以紿敵矢

縱盜可以竊帷幘，援風砂以合陣，則寡可勝衆。假水火以致師，則弱可爲强。或驅獸以决戰，或空營而破敵，變變幻幻，出出沒沒，此皆用兵救守之法也。

凡守各有時，亦各有機，有常亦有變。守在於先，攻在於後。旗幟必明，鋒刃必密，使賊知有備而不敢犯。敵兵既出，我兵後起，此必倍道密羃，掩旗息鼓，設計以待，或開其門，或逃其衆，候賊近迫，我一舉砲而衆力齊奮焉，矢石交集焉，或繞其前，或截其後，使賊驚愕而莫知所之，此爲守戰。賊將可擒，如賊發探兵而我兵三讓之或予以所利焉使入深地而後我計得行此爲誘攻誘攻之法持本以待之設穽以迫之毋作浪戰不幸而去兵失守地爲必要城爲必擄敵疾發而掩至焉我總老弱編婦女持旗幟而累過之使知不虛又爲餓馬之鈴羊蹄之鼓或發砲而僞練焉或束草而假卒焉必有遠應晝爲三旋旗夜持數頭爇厠於山灣映於林木或不得已而坐將壘口獨馬搦戰燃篝飲宴揮扇自若飛檄鄰郡以應之此皆飾守之計也

攻者巧守者嚴攻必設餌以誘焉守者必詳其計撤

圍毋喜疾攻毋驚歸師毋躡示怯毋進約和毋信。僞隙毋乘忽退毋憐久持毋數有進援毋出奔奔必死援必生

守者必先結援援欲其應必彼此合期内外夾攻勝。又欲我不應聽援者獨戰我休養士卒乘其疲而出戰勝又伺援者或不我應倘棄地聽攻直擣敵寨我惟謹守勿動俟其出而躡之勝

歸師勿遏固爲常法第歸不同或主將病亡國君有故内外携貳境有他兵久師疲敝糧援殫絶皆爲可追早令吾間偵知焉毋直進必旁擊善後尾設

預伏分合疑誘各有奇機如遇險阨之處必令探
者詳察地形有可以往難以返謹止勿進
若守者審處其變勢在必危乃爲出圍計區撥壯者
居前疲者繼後强者護外弱者處中必有武衛武
衛使賊器無施焉會於晦夜啣枚疾奔欲出于東
先開其西毋由正路必穴其城明告將士勇鬬則
生不勇則死忽然而突敵不及拒望火爲號吹器
知聚又令材騎伏弩殿其後賊不敢逼始可全生
若守者僞出出者欲復預埋巨砲各門陷機孔道正
將總老弱護伏而守惟選銳士奉偏將疾走敵逐

之不及廢然歸返其伍不齊其心不戒及城而機弈砲弩具發焉賊衆必殲于是守者出擊逸者還戮賊軍亂奔賊將可擄此爲孤汪危可復安如其不能效死勿去寧守吾經

籌書卷之三終

備書守字函卷之四　山陰王應遴堇父輯

師華亭倜礽張鵉閱　友人周士敏頴君校

守之具

候臺約高三四丈必占山坡高處直起不用階級上下皆用軟梯離墩數丈旁立一烽墩中虛以爇煙火臺上應備之物如床舖梆鈴鍋灶水米塩菜旗銃叭喇燈燭刀斧鉤槊鳥銃快鎗流星火爆等俱照人數備給其狼糞火種火藥磚石尤宜多備勿致臨時缺乏

候臺　　烽墩

砲臺築于孔道要津之處。如地當曠濶難守。尤當建築幾座。勝於屯駐強兵。其臺約高四五丈。爲三層樓。四面開窗。又多留小洞窗。內置格門。大小諸砲如遇賊來。必用小器。多用大器。各啓窗洞發火攻打。無不糜爛。但須度其近我方發。勿慌張預先空發。臺外掘壕。週廻築矮牆。過壕則用木吊橋。其下門內。即掘深坑。藏插刀鎗。上蓋木板。進則閉門撤板。令賊入即陷。其第二層中留一孔。石板掩之。第三層亦然。賊進。撤石向孔中擲下火砲。賊必不能上攻

砲臺

三三層蓋板

宄

蓋韗板

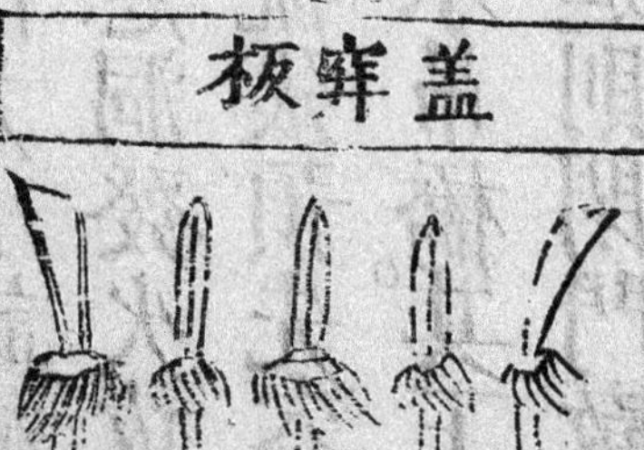

井田　上古非獨均田制祿而已蓋以平衍之地設立溝澮阡陌使車不得方軌騎不得馳騁是寓至險于大順中也故郤克欲使齊人盡東其畝以便戎車吳玠在蜀作地網以限金騎皆此意也

種氷　凡賊來遇嚴冬之時。可相度坡塘城岸高低處。令軍士灌水承寒結氷。使其滑溜。令賊不得趋。馬不得騁。又可灌水凍沁爲營塹。曹操嘗用之

攔馬石

二形。俱於邊疆空濶無城塹處布置。是不築而高。不鑿而深者此也

品字坑

馬筒　或以磚砌或以木箍桶或用無底瓦瓶或掘地成孔皆勾馬足伏埋隱地內筒底設揷鐵錐鐵刺以刺馬足且陷且刺不能前進其穽深一尺每隔尺許則設一筒如遇曠濶無城塹處必當布置以限賊騎長驅

結草　掘溝澗斷橋塞任大路賊必漫野而行。預先結合野草以絆馬足。使賊馬不得馳騁

斷木　度林木之處賊所必由。則伐斷其木。橫亘以塞道路。又須留根一半相連。使賊擡移不便

青穽　於麻麥草芥生處掘穽，下揷凶器，上閣竹竿，鋪以蘆蓆，即移一樣麻麥草芥鋪之

白穽　於泥沙白地處，摑穽照前鋪置，亦就彼處沙土遮蓋，使賊不疑，隨穽

獻曰　賊馬入境必乏水飲宜於陂池溪澗中設置錐刺使馬望水奔飲受傷

獻青　賊馬久不牧放望有青草必奔芻豢宜於草地中揷鎗刺使馬入陷

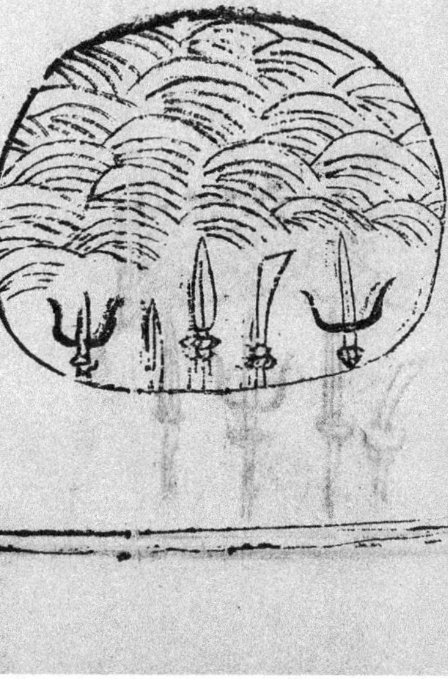

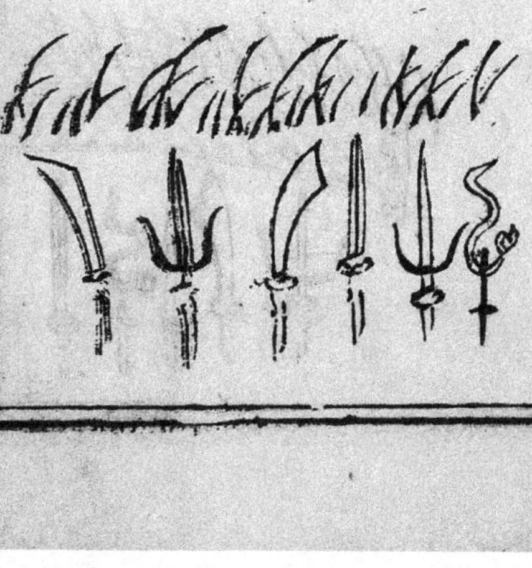

芻誘　賊馬久缺草芻故掘穽下設凶器上覆芻秣或置毒于內馬見而食即傷

餌誘　賊馬饞餓思食炒製香料菽荳鋪穽上馬聞奔食即蹢死地

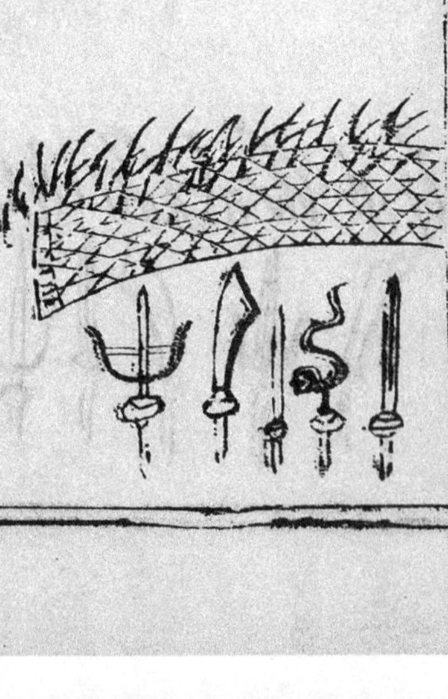

絆索　釘麻繩於地。以竹五竿撐繩腰。控低着地。扣以機結木。鉤馬足。觸機必撐繩。竹起豎地三尺。無不被絆

機結木鉤雖具三式。用隨取一

機結下作坑上鋪板馬至此踏下繩斷則竹豎絆索橫起攔馬足

用細繩釘樁扣着地馬至銜斷橫繩竹輙起

馬至此踏下板木鈎即起竹豎二三尺高繩可絆馬足

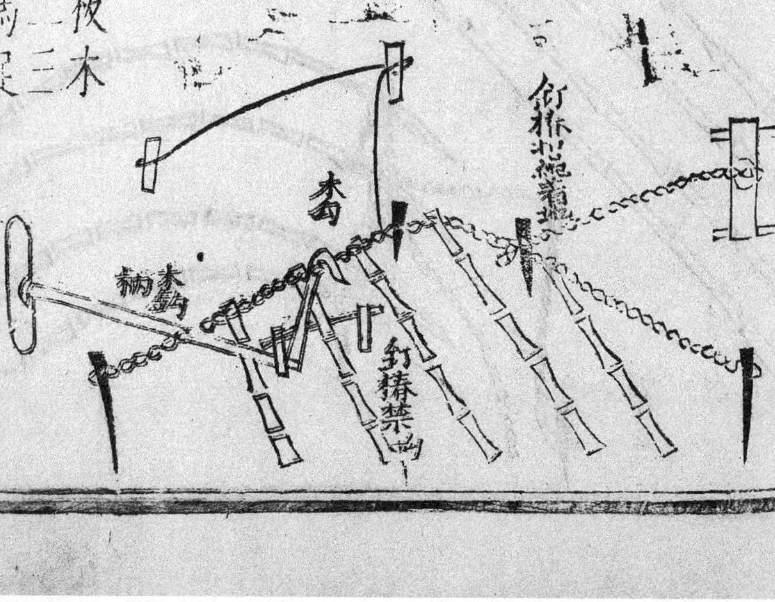

伏鎗　用火煉竹鎗斜埋成列於鎗頭到處掘坑將竹椿竹圈禁之。又以繩貫其圈。牵總機處。上以草掩。賊若入犯拽去竹圈。則鎗斜竪刺馬腹。但要不高不低。約凑馬跨埋竪為妙

埋形

竪形

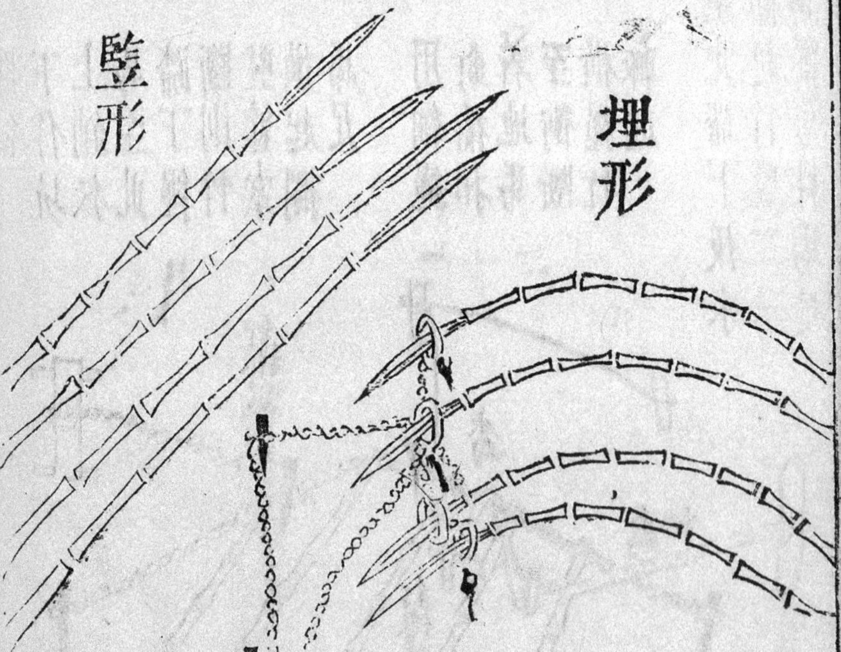

踢圈 以竹爲圈揷於馬道以索結繫竹圈以釘釘草薉覆或浮土埋之馬至套圈輙倒

又有用活結繩圈再加竹圈上馬至套圈總出竹圈而此活結繩圈一動輙縶馬足捜仔

馬掩　用竹削成筋大。其長數倍於筋。其錐頭鋭。用以簪地。其尾則用熱湯煮過。令捶碎。和麻皮以成索。索尾又安扣頭扣轉于竹片之上。仍將鎗桿拽索於竹片首。遇馬被套而走。則索尾之鎗自戳馬腹

懸簾　每垜口作
一木架足栽城上
轉軸匡檔在外際
貼兩垜上用氊毯
被褥覆搭以水濕
之繩拴架上可避
鈎挑矢石火砲外
用兩撑柱長尺許
撑之以便凭遠近
下視

懸户　以轉軸作一小門外畫虎頭又穿兩眼可遠窺用兩鐵管狀如環錐尖堞內更作拐頭壘入堞兩傍用則懸不用則摘之

懸鈴用鐵造砲仗內圓如鷄子長四五寸又造鐵褲約長尺六七寸將砲仗橫置褲末形如雉嘴項下開火門褲貫木柄約四五尺裝火藥石彈和黃膠泥鑲實如遇賊探出女墻用藥線二三尺在墻內點放擊之

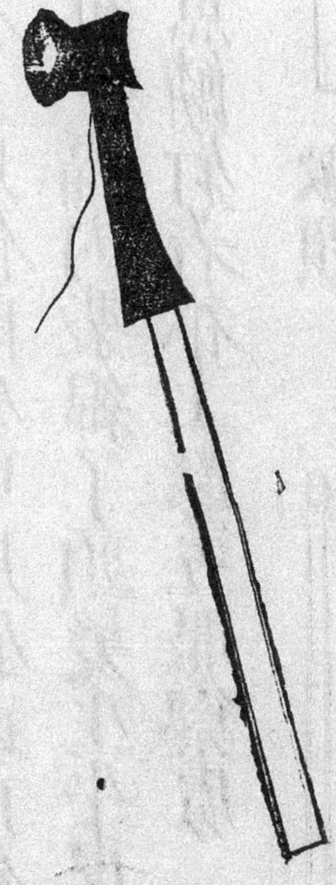

拒馬傘　六尺長堅木二根做如交床腿樣用粗鐵釘八枚釘在木上以便閣銃中用鏾頭頂住用以禦虜又做輭袱一幅内裝綿子頭髮生牛皮裁作四五寸片如魚鱗釘着袱上鑿五眼禦虜

傘輭袱

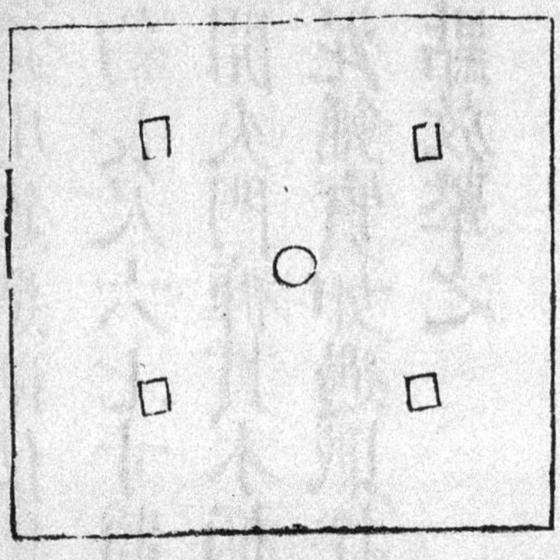

鏾頭

拒馬傘架

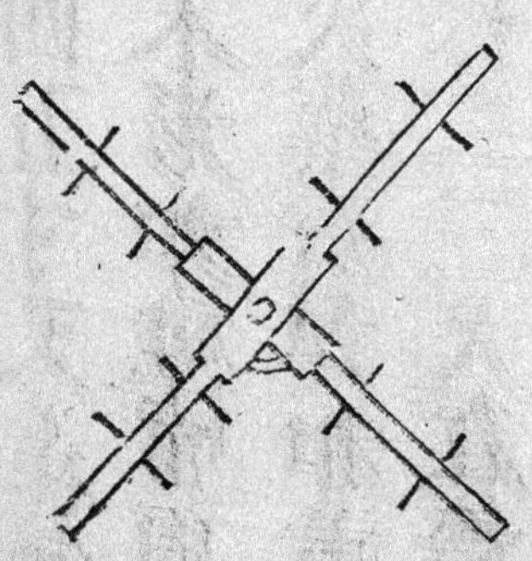

見箭　用竹弩一張
作架床埋地弩頭斜
向上以馬尾繫㧐攔
於當路以竹樁或樹
枝釘於隔路賊馬衝
馬尾線動機弦發箭
即射傷人馬然繫㧐
馬尾須退㧐後架床
轉出乃可拔㧐此伏
弩耕戈之一節也

馬尾繫机從
架後轉出橫
攔道上

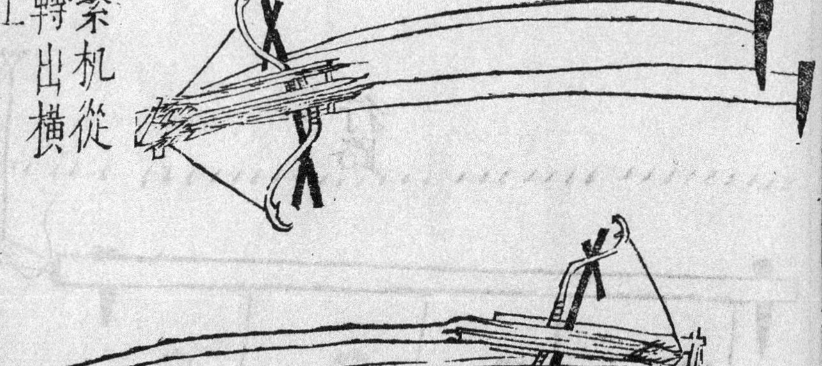

連弩　用木作床埋列九矢七矢五矢等弩于道傍草芮浮土間撑滿搭箭即以繩結其弦穿度弩前横竹通節引至排弩末銜兩樁道傍攔繩當路馬冲弦啓連弩迸發

絆馬繩每付用椿十二根用大麻繩共十四五丈每椿隔丈餘車外用

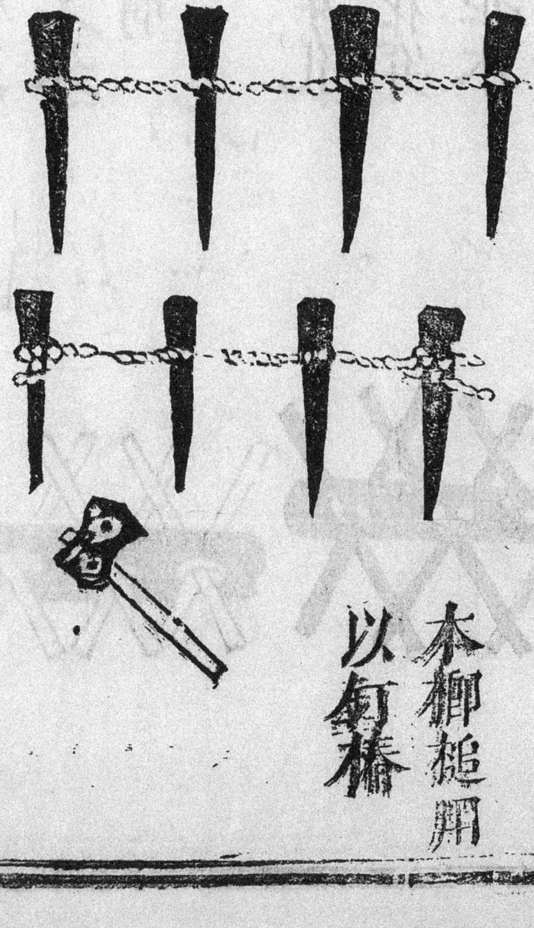

木榔搥用以釘椿

拒馬木　用大木一條鑿眼以小木叉架之不必太高

攔馬鹿角　用大木中穿孔各小木閒花穿孔架之比拒木稍高

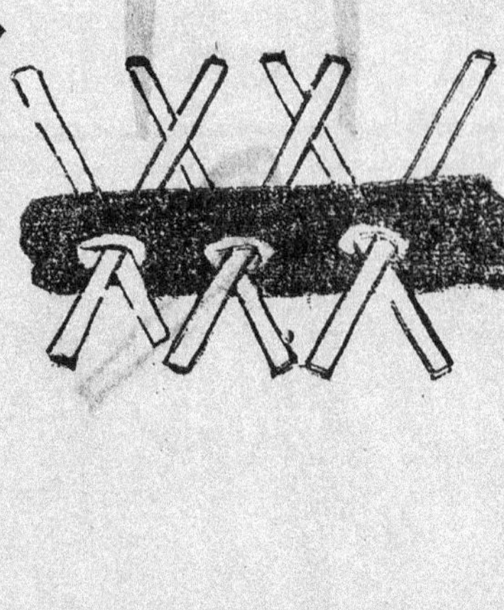

鐵鹿角

用木三條交叉撐架兩頭木尖貫鐵鎗可收可放

鐵蒺藜

用鐵打三角樣中留孔繩聯之撒地以絆馬足

剺䢁　用鉄打四方有鋒中有蒂

茅針　其形如針以鉄爲之

菱角　以鉄爲菱角

鵝項　形如鵝項上下鉄刺

皂角　以鉄爲皂角刺

以上皆須預先打造臨用以繩拴掀地節蒺藜類

限馬鎗牌

限馬刀牌

限馬釘牌

此牌並用木作腔張以生牛皮釘以猫竹條牌上釘鐵鎗或刀或釘駕之車上以蔽矢石止營則撒於營外以限馬足

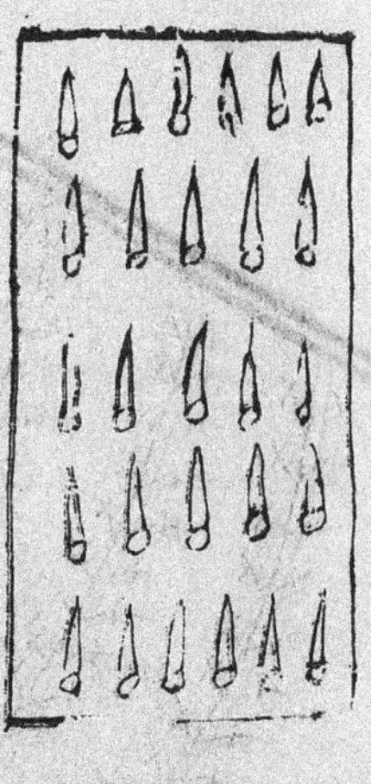

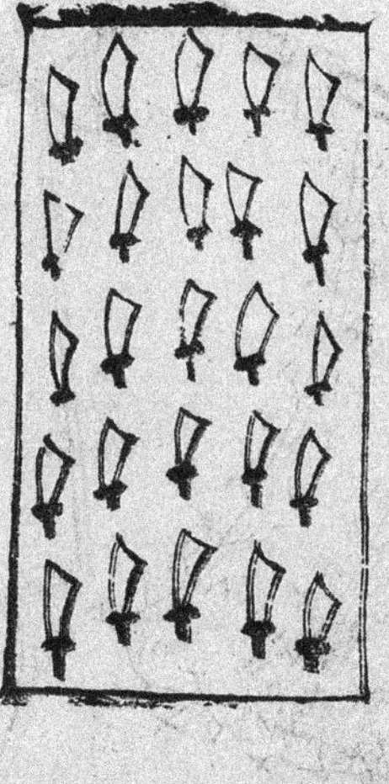

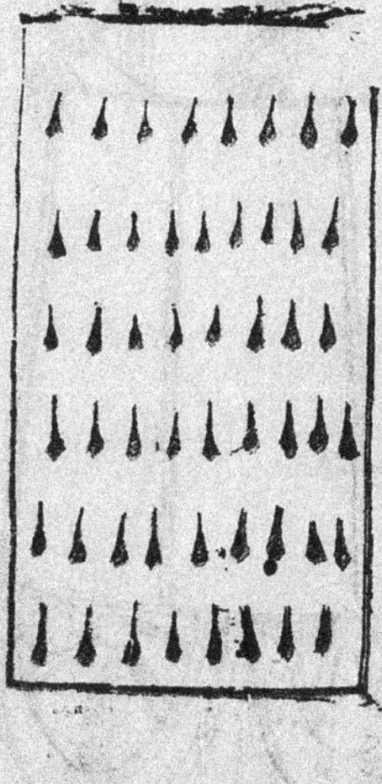

皮牌止可抵箭此

布幔 用粗布夾做掛車前即以旗鎗竿駕之以蔽砲石

舞鉤[illegible] 施於車上用綿布丈餘綴逆鬚鉤二三百遇敵用力舞動覆掠可拖倒數人

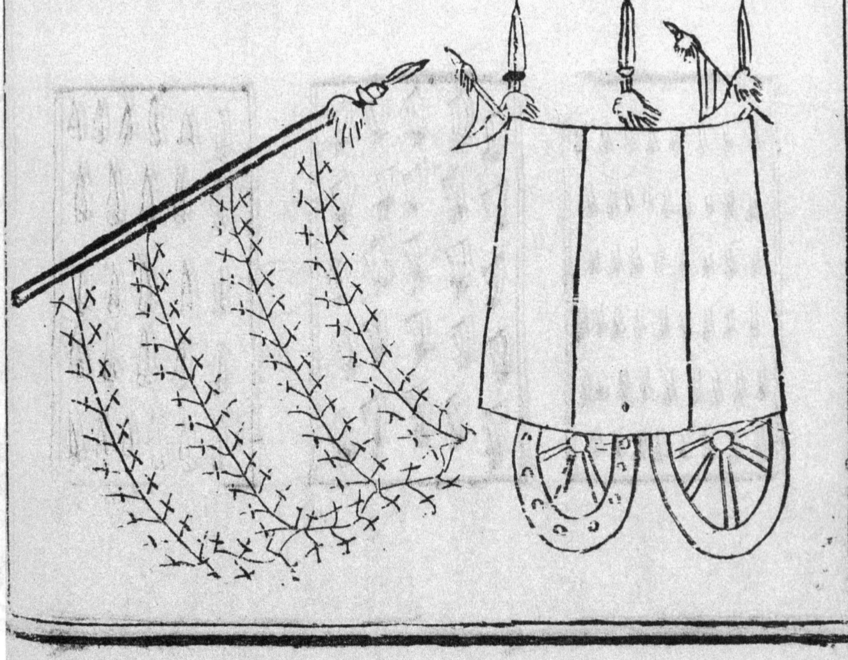

兩竿架浮籬式

用竹兩根挑出垛外上閣浮籬籬上又堆亂石恐賊攀附上城賊頭觸石即亂下垛裏軍夫即偶倦睡裏面墜石脫下外面又響亦能驚覺

懸燈　用松桴
作鉄絲毬盛以
以燃之如用燈
恐風雨蕩揺隱
滅則上蓋瓦片
下墜鉄錘然俱
須挑出城外六
七尺懸半城處

洞子

用木製長一丈濶三丈上下外直裏邪外窄裏稀外窄處以大麻繩橫編如竹笆樣如遇闕城樓處即遮蔽之

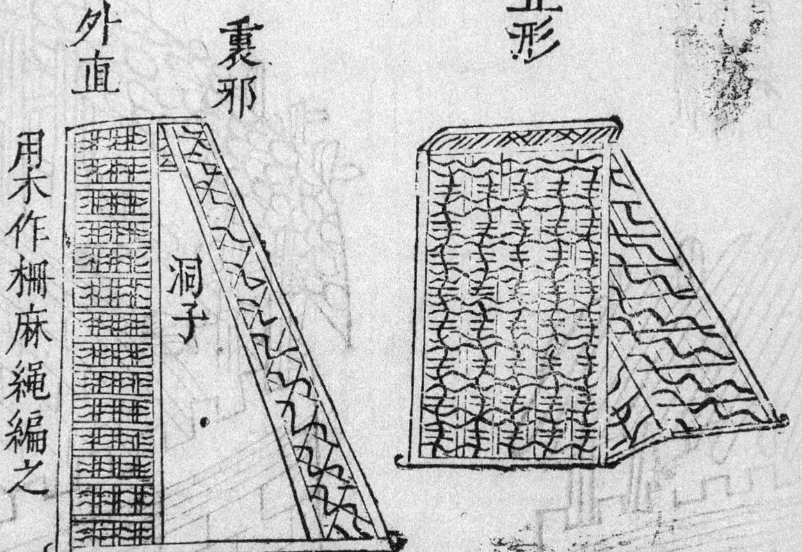

檑石

賊攻城衆多必作檑石架置滾石於上傾擊之

近垛用兩柱一橫木架托其橫架眼最活欲放則以繩扯兩柱脚便傾滾

檑木

亦禦攻城賊衆作檑木架置滾木於上溜擊之

架滾同前但彼用石上竪而此用木架上

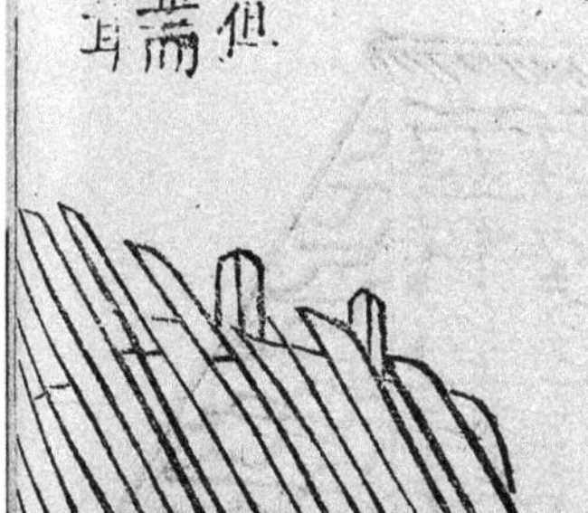

竹圍營

用木作架將蘆蓆軟蔽上排貓竹片釘包或駕車上或用步卒扛擡擺列外營又有以刀及摃槊出外者矢石不能破馬亦不能衝且可隱伏神器於圍後

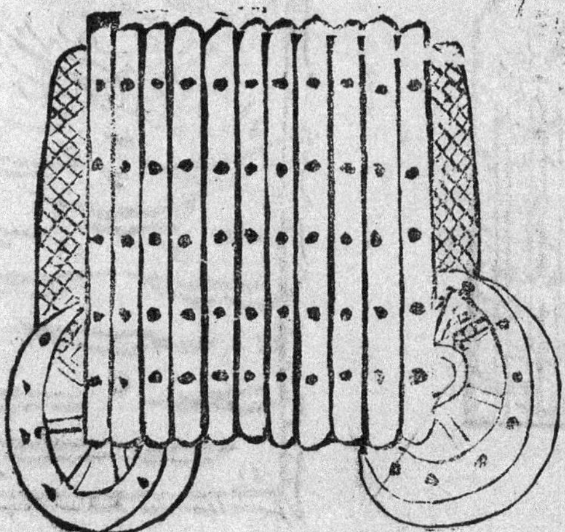

拒敵牌　用生牛皮爲障
周圍用猫竹鐵
釘畫以虎文可
避矢石但不可
掤緊蓋柔能制
剛也

立牌　作木架包猫竹
牛皮外畫虎文

重樓戰棚

作於甕城之內以抵賊攻大樓四闔上面皆用生牛皮濕氊布幔

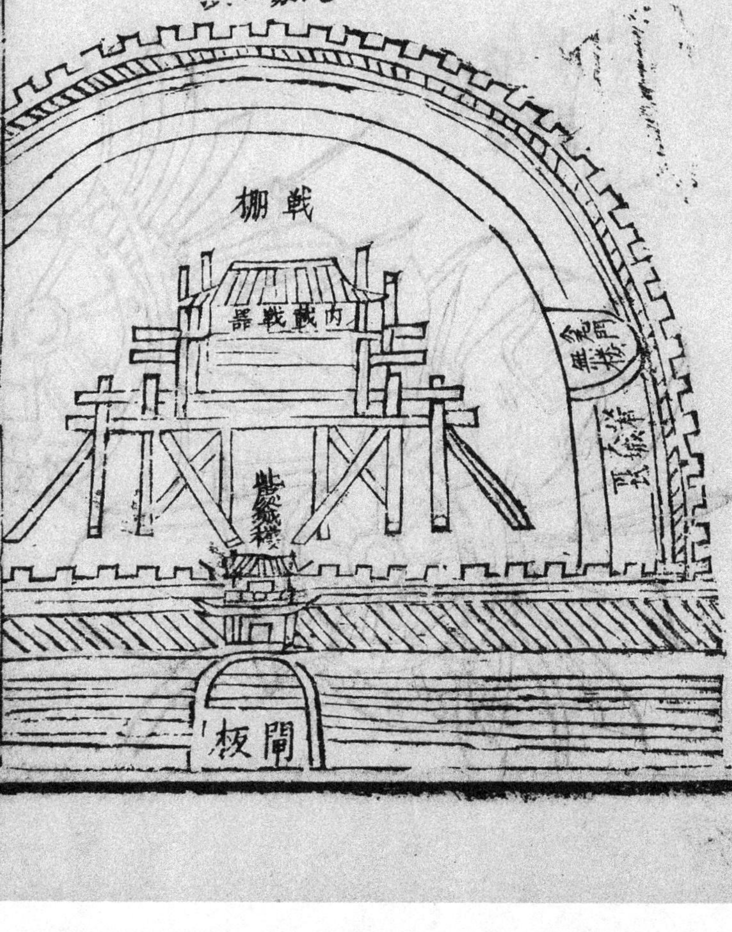

塞門刀車

如賊攻開城門，速推刀車抵住，上蘸毒藥，尤爲慄利。或車上又用車箱遮牌。

浮棚

城上用柱架閑浮板或浮
篱上積磚石内懸墜之賊
如攀觸浮板則磚石隋下
傷賊城内懸石亦墜驚知

奈河木

用竹刺錐木上用架
持出内用石墜之賊
如攀着刺木，即下傷
人不能上又不能脫
故名奈何木

縋城虎怕莿
用草繩束莿上
繫石塊或竹竿
木棍架簇垜牆
上懸莿城外賊
附城莿架石擊
不能避也或附
於桒何木上併用之

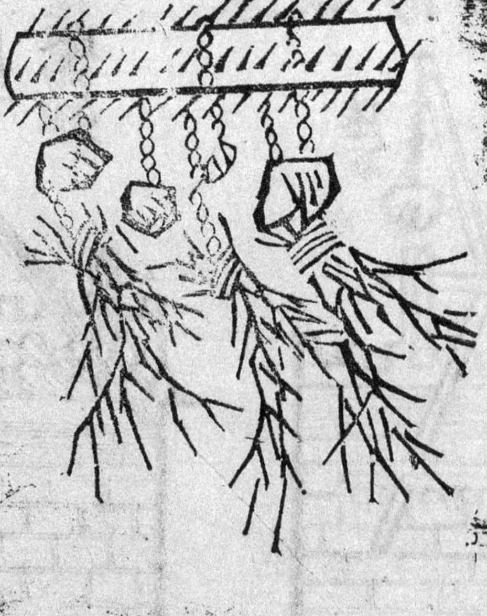

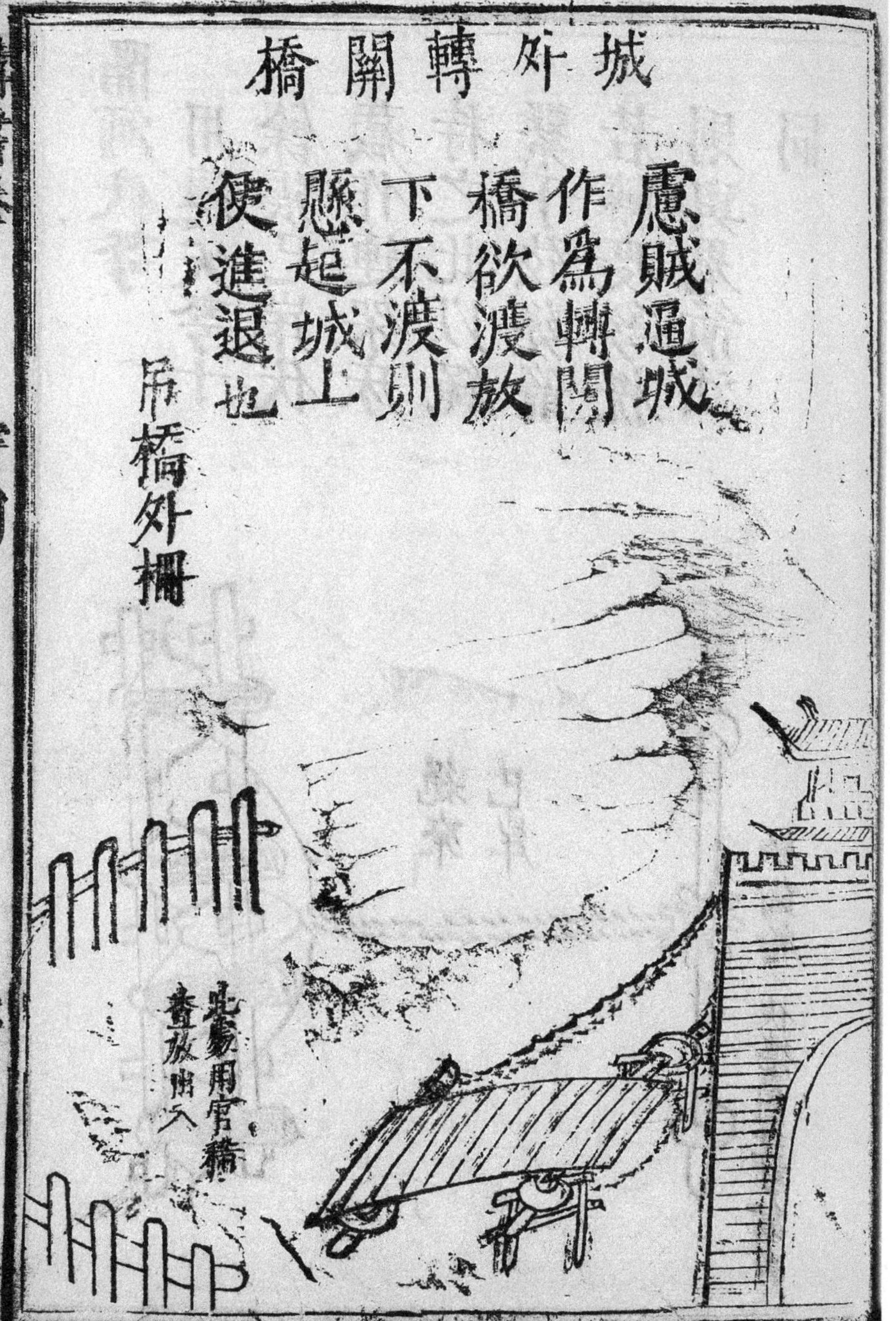
城外轉關橋
慮賊逼城
作爲轉關
橋欲渡放
下不渡則
懸起城上
使進退也
吊橋外柵
此處用官橋
晝放出入

隔河伏弩

用遶矢弩十餘張已岸伏藏作連架床持之此以繩繫于弦發箭若轉度弩桄則與鬼箭法同

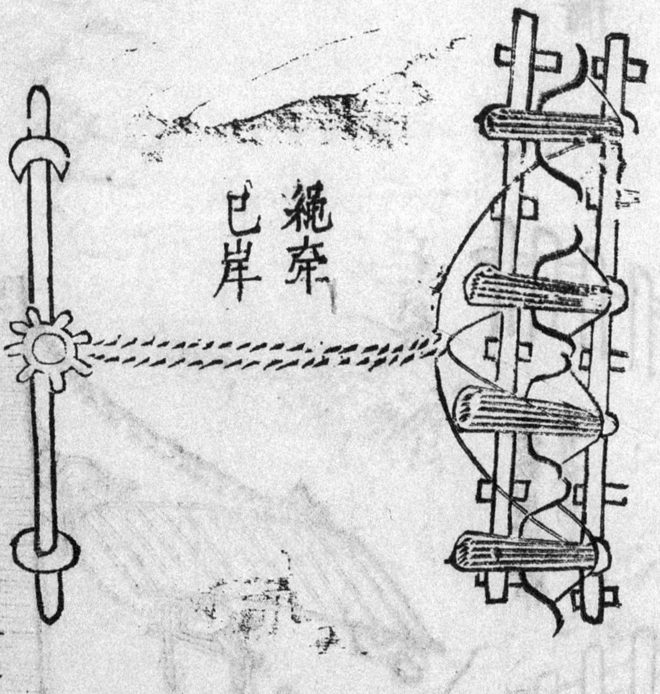

鐵齒輪　伏地雷圖説詳火器書

偃月城　抵城墩

凡城有被賊攻壞者或原闕未堅處急以此二法備

築抵壞城各面墩峻内斜賊上立脚不住裏又墮入壕穽

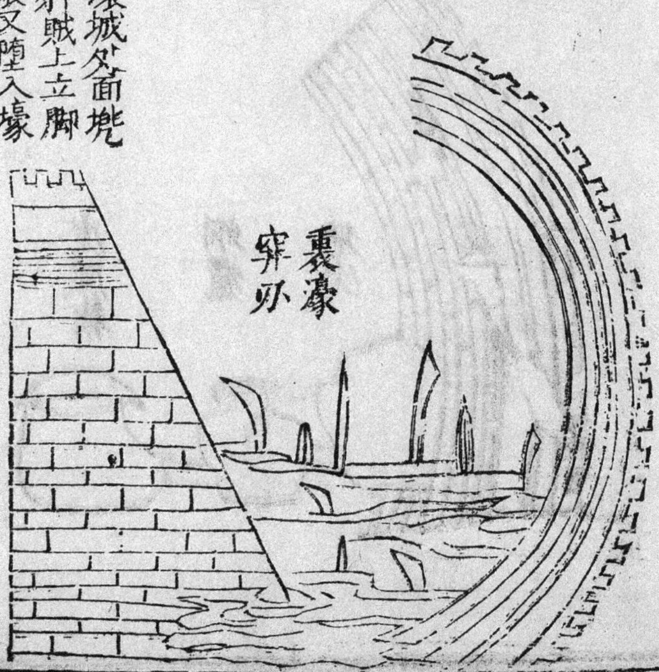

毒烟爐

賊或從城外掘地道宜彷鑄鍋爐皮袋掀搽鼓風進爐其爐中仍裝毒藥瓦蓋嘴布穴薰進賊受烟即死

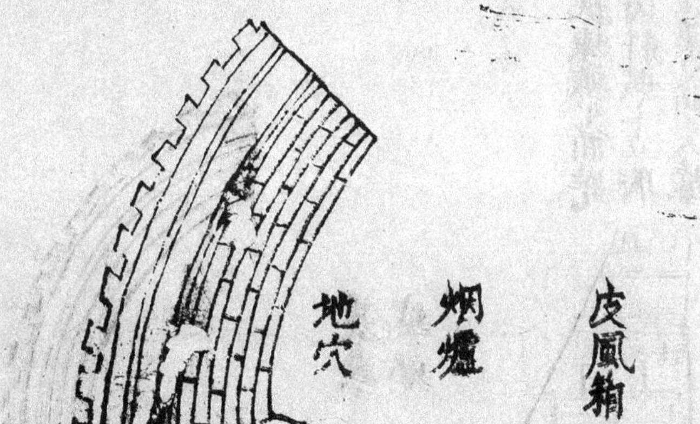

絞車　用堅木四根作杆下用拖床扶架中橫閑堅圓木一根城外繫飛鉤搞住城內用鐵轉手數人轉之上以捺銷

鐵撞　用兩堅木作柱下用拖床扶架中用兩堅木架出以活銷閣之頭上用兩鐵活銷夾架烘牢上木下鐵城內兩人執繩牽放

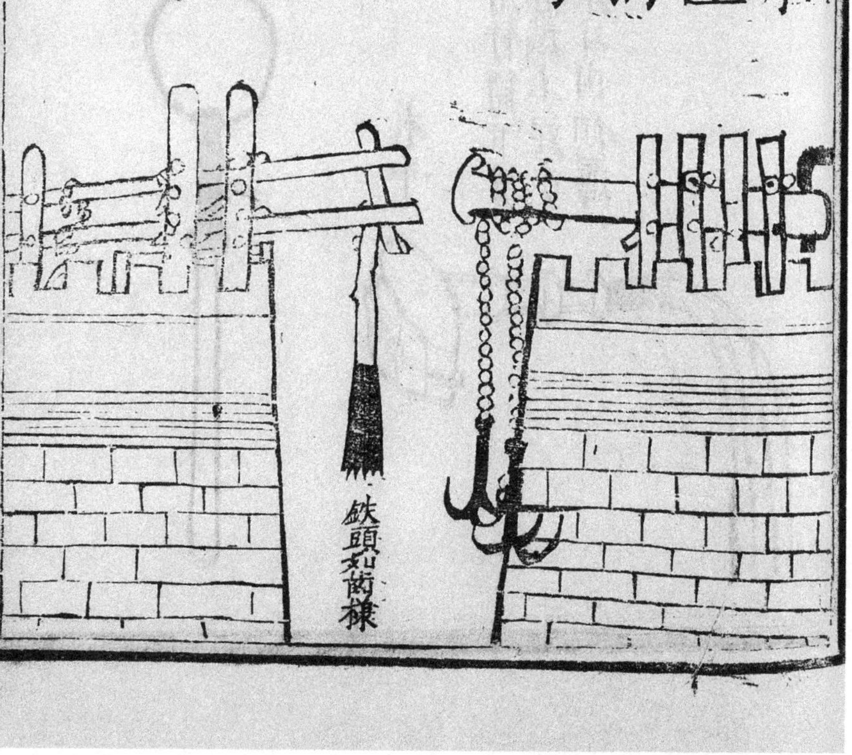

鐵環

賊有板援登城或持火器燒城者宜用鐵鐶套住後用利器

溜筒

賊有以火燒城者宜用鐵溜筒貯水傾滅之

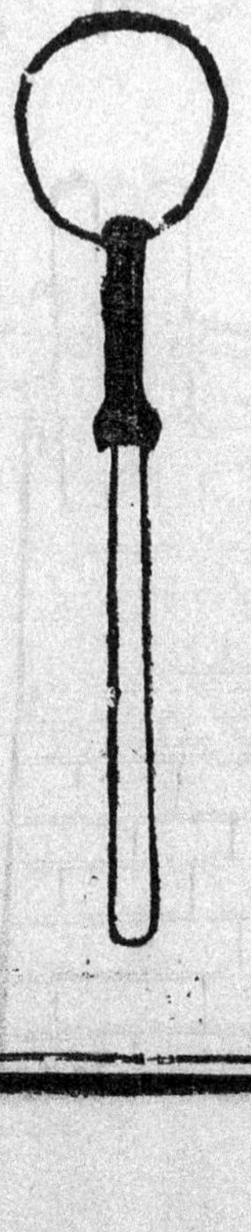

木斗

上用竹筒下用鐵管城上注水于木斗內傾瀉

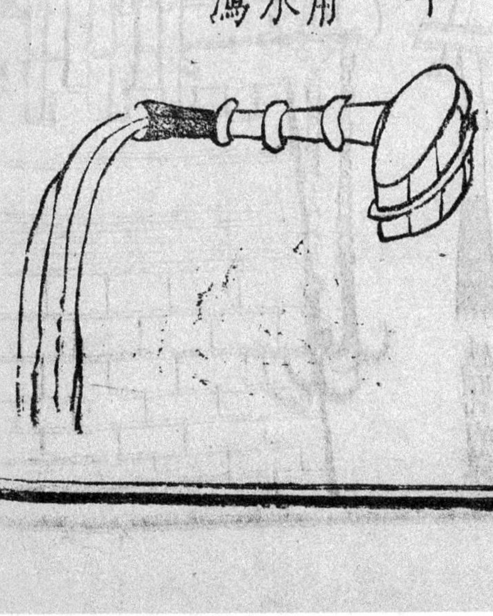

降魔杵

如賊用攻車攻城我設降魔杵撞住又用撓鈎鈎住然後投火炬燒之銃砲擊之

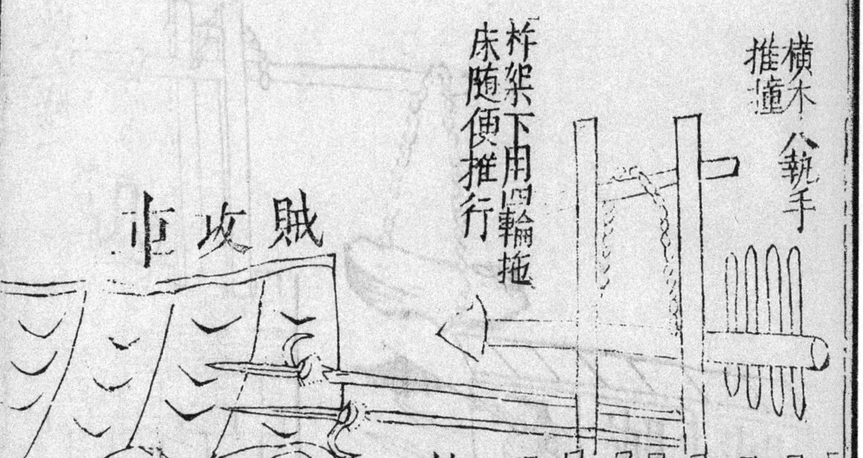

吊㨿

賊有用臨衝呂公車攻城者宜用吊㨿懸大石以推擊之

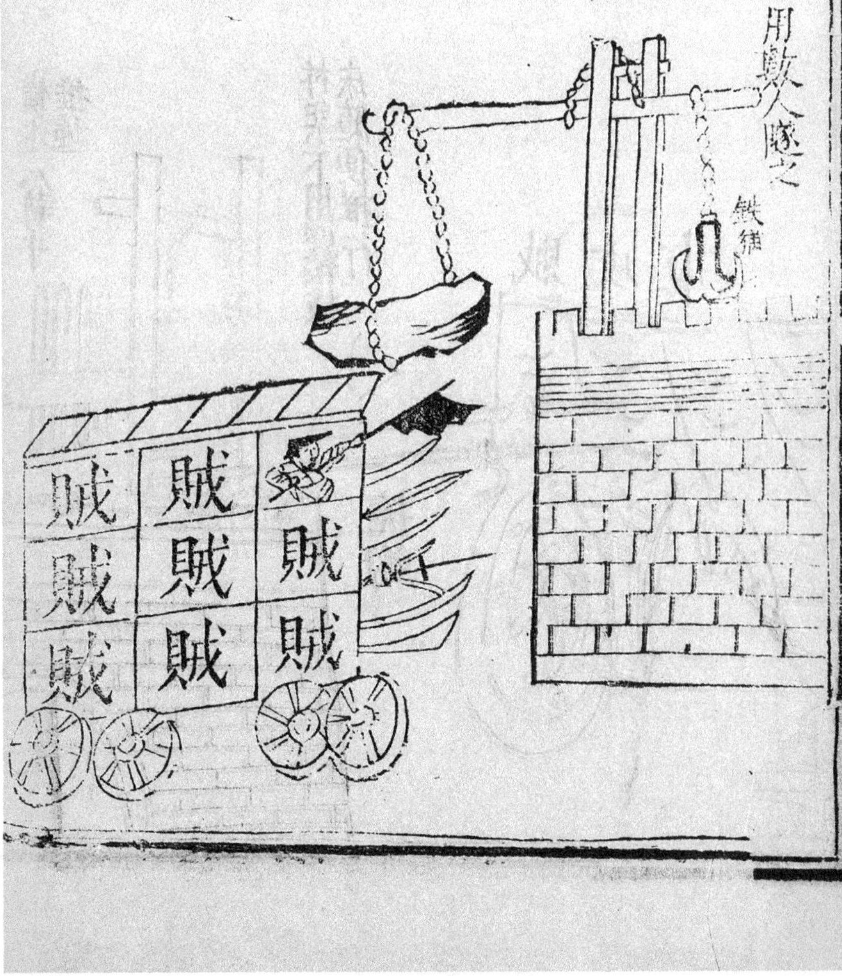

馬城舖
上留門洞以
通人馬下留
孔竅以放銃
箭弩弾

繩梯絞車
城上立頰木
旋轉軸掛繩
梯末繫竹筐
可升人運物

皮簾

製皮爲簾長廣隨便上綴皮耳懸之以蔽闕城及女墻頹處

氈簾

度賊來處倚傍巖崖製氈簾與土同色內挖穴藏伏可以奪路

機橋用木拾數根閣兩岸面鋪木柴覆以泥土又用圓木一根兩頭作輪圈架之中揷横舌兩三片駕閣橋梁以繩繫舌拴圈架桯上候賊登橋舌轉繩斷即隋○又一法令一卒躱于已岸其彼岸閣木鑿活眼穿過横舌舌上縛信繩于已岸候賊上橋扯繩出舌即隋○又一法置圓匼　禾穿繫伏地雷總信橋隋繩牽總信至埋火種門口燃信發雷或以所閣圓木爲鐵齒勢必逆轉初以繩緊絞縛定横舌將橋壓住不動鐵齒輪邊堅抵火石下鋪閧火藥置總線當橋孔道伏火砲火箭賊上橋隋木

舌轉輪廻擊戛
火石火星撒下
鬨火炮發箭飛
一人莫避

守城之具畧備前圖然又莫便于火器也在遠擊則有威遠砲有旋風砲有子母飛砲在當関則有發熕有轟天砲有滅虜砲脣揚砲在城門孔道敵樓砲臺則有佛郎機有大將軍有二將軍有三將軍在沿城設備則有百子銃有单稍砲有三稍砲有七稍砲有快鎗有三眼銃有八面連珠銃有噜嘧銃有迅雷銃有鳥嘴銃在擊賊附城則有毒烟砲有飛砂磁礶有火磚有五色烟噴筒在抵燒攻具則有燕尾炬有油火箱有火床猛火油有鐵汁神車在射焚芻藁則有飛鴉火箭有飛簾攢箭有飛

火毬有火鎗火刀有一窩蜂有無敵竹將軍在貼城伏埋則有排權木在置列外營捍護城門則有萬全神櫃有萬毒神屏在匝伏曠隙則有連珠遍地雷在埋藏當道則有自發地雷有巧發神櫝有隔水刀車在沿邊山隘則有走兎飛石有荔枝小砲在設疑亂敵則有空營人馬有眯目神烟在水中擊賊則有堵江龍有水底雷有混江龍有滑水神油有翻江甲有天宿神雷諸如此類雖不無巧立名色總之爲攻守燕宜所貴因時互施不必拘定製度並具火字函中兹不贅及

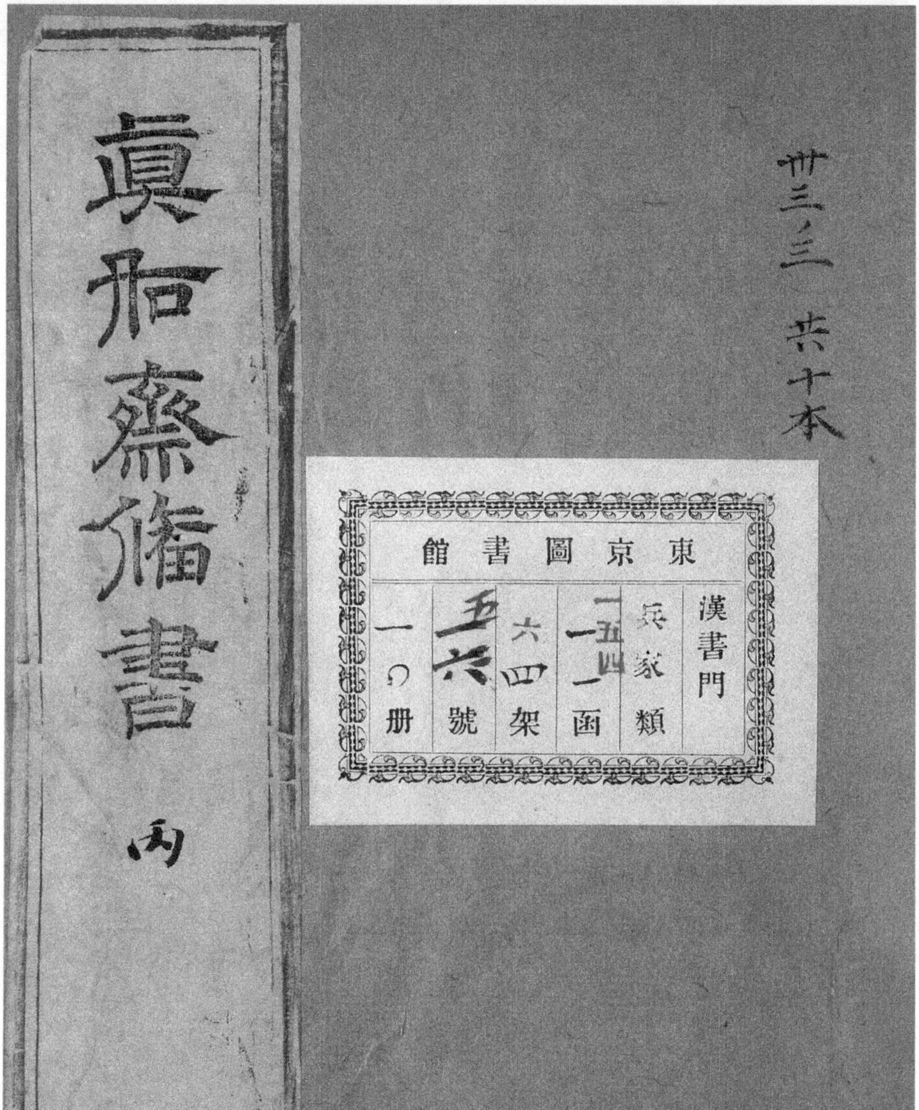
真如齋備書
丙
卌三/三 共十本
東京圖書館
漢書門
兵家類
一五四
一二一函
六四架
五六號
一〇册

刻備書練字函引

董父輯備書約百卷爲兵事詳哉言之矣及出練字函眎余余不慧業以史逭越俎蒐狩因讀董父書益歎練在書可見心之精微不可見其可見者人方擾情形遲速伎倆巧拙爲一時品隲幾不

免巫紛訟聚而試語以不可見在中者

彼烏知之夫惟知而言者君不得諭之

臣父不得諭之子即董父不得諭之書

而姑言其所不容已者大都有訓有案

有法有具而後一切勇壯可練自在我

可練而後進可戰退可守總自出入司

馬尉繚成一家言爲撻伐制勝是宜令
鸛鵞魚麗人授一通虔不難三箭定天
山也要自長安經生有董父武庫不得
妄謂一時奇才劊客玄女白猿無人顧
薪標延攬謂何耳苐以董父博學宏詞
淹通奧衍即頃修志修曆諸疏

天子一一覽之次第舉行可鼓而俟從茲
聖人在上以冲齡詢岳闢門世安得綏困
董父耋下以傀儡戲場抹殺英雄耶因
爲董父書更爲董父易
泰昌改元秋季望雲間 徐光啓子先書

備書練字函卷之一

古越王應遴堇父輯

友人潞　珠子儀訂

師吳淞玄扈徐光啓閲

練之訓

易曰聖人弦木爲弧剡木爲矢弧矢之利以威天下

詩曰王于興師脩我戈矛

又曰我車既攻我馬既同

又曰以威王國以靖四夷

又曰脩爾車馬弓矢戎兵用戒戎作用逷蠻方

周書曰其克詰爾戎兵

又曰徂茲淮夷徐戎竝興善敹乃甲冑敿乃干無敢不弔備乃弓矢鍛乃戈矛礪乃鋒刃無敢不善

又曰張皇六師無壞我高祖寡命

禮曰有發則命大司徒教士以車甲

月令曰立秋之日天子乃命將師選士厲兵簡練俊傑專任有功以征不義詰誅暴慢以明好惡順彼遠方

又曰季秋天子乃教田獵以習五戎班馬政

又曰軍旅鐵鉞者所以飾怒也

周禮曰鄉師掌四時之田先期簡衆脩卒伍也

又曰凡國之大事致民

又曰郊禮畢始揚威武斬牲以薦大常令謁者一人載以護車馳送陵廟還官遣齋束帛賜文武肄兵習戰之儀

又曰三時務農一時講武三年而治兵以數軍實群牧五載大簡車徒

又曰制軍詰禁以糾邦國簡稽鄉民以用邦國

又曰司兵掌五兵五府各辨其物與其等以待軍事及授兵從司馬法以頒之

太公曰凡舉兵師以將爲命命在通達不守一術因

能授職各取所長隨時變化以爲紀綱故有股肱羽翼七十二人以應天道備數如法審知命理殊能異技萬事畢矣腹心一人主贊謀應卒揆天消變總攬群謀保全民命謀士五人主謀安危慮未萌論行能明賞罰授官位決嫌疑定可否天文三人主司星曆候風氣推時日考符驗校灾異知天心去就之機地利三人主軍行止形勢利害消息遠近險易水涸山阻不失地利兵法九人主講論異同行事成敗簡練兵器刺舉非法通糧道致五穀令三軍不困乏奮威四人主擇才力論兵革風

馳電擊不知所由伏旗鼓[illegible]明耳目
詭符印謬號令[illegible]股肱四人主
任重持難脩[illegible]三人主
拾遺補過應[illegible]患解結權士三
人主[illegible]設殊[illegible]無窮之變耳目
七人[illegible]方之事軍中之情爪
牙五人主揚威[illegible]勵三軍使冒難犯銳無所疑
[illegible]四人主揚名譽震遠方動四境以弱敵心
遊士八人主伺奸候變開闔人情觀敵之意以爲
間術士三人主爲譎詐依托鬼神以惑衆心方士

三人主百藥以治金瘡以痊萬病法筭三人主會
計三軍營壘糧食財用出入
又曰軍中有大勇力敢死樂傷者聚爲一卒名曰冒
刃之士有銳氣壯勇强暴者聚爲一卒名曰陷陳
之士有奇表長劒接武齊列者聚爲一卒名曰勇
銳之士有披距伸鉤强梁多力潰破金鼓絶滅旌
旗者聚爲一卒名曰勇力之士有踰高絶遠輕足
善走者聚爲一卒名曰寇兵之士有王臣失勢欲
復見功者聚爲一卒名曰死鬭之士有死將之人
子弟欲爲其將報讐者聚爲一卒名曰死憤之士

有貧窮憤怒欲快其志者聚爲一卒名曰必死之士有贅壻人虜欲掩迹揚名者聚爲一卒名曰勵鈍之士有胥靡免罪之人欲逃其恥者聚爲一卒名曰幸用之士有材技兼人能負重致遠者聚爲一卒名曰待命之士此軍之練士不可不察也

又曰健而輕慓者習騎戰驍而有力者習車戰強而疾走者習步戰智而通變者爲間諜輕而善覘者爲斥堠壯而明達者持旌鼓弱而無能者給廝養入者各適其用則可

又曰選車士之法取年四十以下長七尺五寸以上

走能逐奔馬及馳而乘之前後左右上下周旋能縛束旌旗力能彀八石弩射前後左右皆便書者名曰武車之士不可不厚也選騎士之法取年四十以下長七尺五寸以上壯健捷疾超絕倫等能馳騎彀射前後左右周旋進退越溝塹登丘陵冒險阻絕大澤馳强敵亂大衆者名曰武騎之士不可不厚也

左傳曰春蒐夏苗秋獮冬狩皆于農隙以講事也三年而治兵入而振旅歸而飲至以數軍實昭文章明貴賤順少長習威儀也

又曰民未知禮未生其兵于是大蒐以示之禮民聽
不惑而後用之
又曰甲午治兵
又曰晉侯蒐于被廬作三軍
又曰天生五材民並用之廢一不可誰能去兵兵之
設久矣所以威不軌而昭文德也
又曰無日不討軍實而訓之
孔子曰善人教民七年亦可以即戎矣
又曰以不教民戰是謂棄之
管子謂齊桓公曰君若正卒伍脩甲兵則大國亦然

而小國設備難以得志可以作內政以寓軍令故
正卒伍整于國治軍旅整于郊內敎旣成勿使遷
徙什伍之人祭祀同福死喪同恤世同居晝同遊
故夜戰其聲相聞足以相救晝戰其目相見足以
相識居同樂得同利死同哀有士三萬人方行天
下誅無道莫能過也
管子曰士不選練卒不服習趨利弗及避難不畢前
擊後懈此不習之過也其法百不當一
又曰兵不識將將不知兵聞鼓不進聞金不止雖百
萬之師對敵如羊納虎蹊

又曰三官金鼓旗也五教耳目手足心也三官不謬五教不亂是爲能軍教目知形色之旗教耳知號令之節教足知進退之度教手知長短之兵教心知賞罰之用

史曰兵巧技十三家技巧者習手足便器械積機關以立攻守之勝

孫子曰士卒孰練

又曰凡治衆如治寡分數是也鬭衆如鬭寡形名是也三軍之衆可使必受敵而無敗者奇正是也

又曰言不相聞故爲之金鼓視不相見故爲之旌旗

夫金鼓旌旗者所以一人之耳目也人旣專一則勇者不得獨進怯者不得獨退此用衆之法也故夜戰多火鼓晝戰多旌旗所以變人之耳目也

吳子曰凡制國治軍必教之以禮勵之以義使有恥也

又曰簡募良材以備不虞

又曰昔齊桓募士五萬以伯諸侯晉文召爲前行四萬以獲其志秦穆置陷陣三萬以服隣敵故強國之君必料其民民有膽勇氣力者聚爲一卒樂以進戰効力以顯其忠勇者聚爲一卒能踰高超遠

輕足善走者聚爲一卒王臣失位而欲見功于上者聚爲一卒棄城去守欲除其醜者聚爲一卒此五者軍之練銳也有此三千人內出可以決圍外入可以屠城矣

又曰法者居則有禮動則有威進不可當退不可追前却有節左右應麾雖絕成陳雖敗成行與之安與之危其衆可合而不可離可用而不可疲投之所往天下莫當故曰父子之兵

又曰用兵之兵教戒爲先一人學戰教成十人十人學戰教成百人百人學戰教成千人千人學戰教

成萬人萬人學戰教成三軍以近待遠以佚待勞以飽待饑圓而方之坐而起之行而止之左而右之前而後之分而合之結而解之每變皆習乃授其兵是謂將事

又曰教戰之令短者持矛戟長者持弓弩强者持旌旗勇者持金鼓弱者給廝役知者爲謀主鄉里相比什伍相保一鼓整兵二鼓習陳三鼓趨食四鼓嚴辦五鼓就行聞鼓聲合然後舉行

又曰夫鼙鼓金鐸所以威耳旌旗麾幟所以威目禁令刑罰所以威心耳威于聲不可不清目威于色

不可不明心威于刑不可不嚴

司馬法曰雖有明君士不先教不可用也古之教民必立貴賤之倫經使不相陵德義不相踰材技不相掩勇力不相犯故方同而意和也

又曰兵不雜則不利長兵以衛短兵以守太長則難犯太短則不及太輕則銳銳則易亂太重則鈍鈍則不濟

又曰教惟豫

衛公曰分合爲變此教戰之術耳教閱既成衆知吾法然後如驅群羊由將所指孰分奇正

尉繚子曰金鼓鈴旗四者各有法鼓之則進重鼓則擊金之則止重金則退鈴傳令也旗麾之左則左麾之右則右奇兵則反是一鼓一擊而左一鼓一擊而右一步一鼓步鼓也十步一鼓趨鼓也音不絶鶩鼓也商將鼓也角帥鼓也小鼓伯鼓也三鼓同則將帥伯其心一也奇兵則反是鼓失次者有誅諠譁者有誅不聽金鼓鈴旗而動者有誅

又曰兵之教令分營居陳有非令而進退者加犯教之罪前行者前行教之後行者後行教之左右者左右教之教舉五人其甲首有賞弗教如犯教之

罪羅地者自揭其伍伍內互揭之免其罪
又曰兵教之法將異其旗卒異其章左軍章左肩右
軍章右肩中軍章胸前書其章曰某甲某士前後
章各五行尊章置首上其次項胸腹腰差降之伍
長教其四人以板爲鼓以瓦爲金以竿爲旗擊鼓
而進低旗則趨擊金而退麾而左之麾而右之金
鼓俱擊而坐伍長教成合之什長什長教成合之
卒長卒長教成合之伯長伯長教成合之兵尉兵
尉教成合之裨將裨將教成合之大將大將教之
陣于中野置大表三百步而一既陣去表百步而

決百步而趨百步而鶩習戰以成其節
鼂錯曰士不選練卒不服習起居不精動靜不集趨利弗及避難不畢前擊後懈與金鼓之音相失此不習勒卒之過也百不當十兵不完利與空手同甲不堅密與袒裼同弩不可以及遠與短兵同射不能中與亡矢同中不能入與亡鏃同此將不省兵之禍也五不當一故兵法曰器械不利以其卒予敵也卒不可用以其將予敵也君不擇將以其國予敵也
淮南子曰人無筋骨爪牙之利故割革而爲甲鑠鐵

而爲水
班固曰齊愍以技擊強魏惠以武卒奮秦昭以鋭士
勝若齊之技擊得一首則受賜金事小敵脆則偷
可用也事鉅敵堅則渙然離矣是亡國之兵也魏
氏武卒衣三屬之甲操十二石之弩負矢五十個
置戈其上冑帯劔嬴三日之糧日中而趨百里中
試則復其户利其田宅如此其地雖廣其稅必寡
其氣力數年而衰是衰國之兵也秦人其生民也
陿阨其使人也酷烈狃之以慶賞導之以刑罰使
其民所以徼利于上者非戰無由也功賞相長五

甲首而隸五家是最爲有數故能四代勝于天下然皆干賞蹈利之兵未有安制矜節之理也雖地廣兵強鰓鰓常恐天下之一合而共軋己也然則齊桓晉文之兵可謂入其域而有節度猶未本仁義之大統也故齊之技擊不可遇魏之武卒魏之武卒不可以直秦之銳士秦之銳士不可以當桓文之節制桓文之節制不可以敵武之仁義

孔明曰有制之兵無能之將不可敗也無制之兵有能之將不可勝也

秦宓曰昔百里蹇叔以耆艾而定策甘羅子奇以童

太祖高皇帝諭指揮袁義曰爾所統軍士多係山東健兒勇而好鬭若時加訓練則悉爲精兵然當推恩以懷之嚴號以一之庶幾臨敵之際得其死力今新陞武職者多不識訓練之法不思今日富貴皆是昔年戰功得之且智超百人者爲百人長智超千人者爲千人長智超萬人者爲萬人長昔平章俞通海與僞漢陳友諒戰于鄱陽湖友諒以巨艦迫壓通海舟勢頗危急其所統軍士皆奮勇力以首抵艦至于鐵帽盡壞而後得脫非通海訓練有素恩威兼濟安能得其死力若此爾等宜效之

慎勿怠惰廢事也

太祖命京衛將士練習武藝，諭之曰：凡事必預備，然後有濟。語曰：先時浚流，臨旱免憂；已涸而汲，沃焦弗及。汝等當閒暇之日，宜練習武藝，不可謂無事便宴安也。夫溺于宴安者，必至于危亡；安而慮危者，乃可以常安。

宣宗召楊溥語治兵之道，溥曰：兵貴訓練有方，撫養得宜。上曰：養之厚，則得其心；練之精，則得其用。必氣銳志果，而後可用。若素不訓養，一旦驅之矢石之間，進退無措，何望有濟。

年而立功選用賢能不拘長幼明矣

人事軍律曰軍中才藝片善莫遺臨事有闕如何卒救或施小計以獲大功設一計而收萬全或致死擒生或知情識變若多藝而無行則擇藝而棄行能謀而怯鬬則舍怯而用謀各有所長難爲求備亦有鷄鳴狗盜孟嘗得以脱身夷門屠夫信陵納之全國選士之時宜多採寃

李筌曰夫人柔順安恕失于決斷可與循節難與權宜强悍强猛失于猜忌可與涉難難與持盈貞良畏慎失于狐疑可與樂成難與始謀淸介廉潔失

于局埶可與立節難與通變韜晦沉靜失于遲迴可與深慮難與應捷夫聰明秀出謂之英膽氣過人謂之雄英者智也雄者力也英不能果敢雄不能智謀故英得雄而行雄得英而成

蘇子曰臣欲使士大夫尊尚武勇講習兵法庶人之在官者教以行陣之節役民之司盜者授以擊刺之術每歲終則聚于郡府如古都試之法有勝負有賞罰行之既久則又以軍法從事然議者必以爲無故而動民又撓以軍法則民將不安而臣以爲此所以安民也

又曰天下之實才不可求之于言語又不可較之于武力獨見之于戰耳戰不可得而試也是故見之于治兵

又曰故凡欲觀將帥之才否莫如治兵之不可欺也今夫新募之兵驕而難令勇悍而不知戰此真足以觀天下之才也武舉方略之類以來之新兵以試之觀其顏色和易則足以見其氣約束堅明則足以見其威坐作進退各得其所則足以見其能凡此者皆不可強也

又曰三代之兵不待擇而精兵出于農有常數而無

常人國有事要以一家而備一正卒是故老者得
以養疾病者得以爲閑民而役于官者莫不皆其
壯子弟故其無事而田獵則未嘗發老弱之民兵
行而餽糧則未嘗食無用之卒使之足輕險阻而
手易器械聰明足以察旗鼓之節强鋭足以犯死
傷之地而人人足以自捍故殺人少而成功多費
用少而兵卒强
又曰凡民之生自三十以上至于衰老不過四十餘
年其間勇鋭强力之氣足以犯堅冒刃者不過二三
十餘年今廩之終身不過一卒凡二十年無用而

食于官也自此而推之養兵十萬則是五十萬可去也屯兵十年則是五年爲無益之費也有兵而不可使戰是謂棄財不可使戰而驅之戰是謂棄民臣謂五十以上願復爲民者宜聽自今以往民之願爲兵者皆三十以下則收限以十年而除其籍以無用之兵終日坐食之費而爲重募則應者必衆況夫天下之患在于民不知兵故兵常驕悍而民常怯賊盜攻之而不能禦戎狄掠之而不能抗今使民得更代而爲兵兵得復還而爲民則天下之知兵者衆而盜賊戎狄將有所忌而十年代

者又非舉軍而並主之有始至者有既久者有將去者有當代者新故雜居而教之則緩急可以無憂矣

洪武二年上問國子生曰爾等讀書之餘習騎射否對曰習曰習熟否對曰未也乃諭之曰古之學者文足以經邦武足以戡亂故能出入將相安定社稷詩曰文武吉甫萬邦為憲唯其有文武之材則萬邦可以為法耳爾等勉之

韜英子曰欲練士之技者先須練其氣欲致勝于敵者先須治其心故氣不練則不銳心不治則不定

氣不銃則有技不能施心不定則遇敵不能制心治而定氣練而銃少可以敵衆小可以制大

又曰五人爲伍伍有伍長伍之人器械不利技藝不熟則罪及伍長十人爲什什有什長什之人器械不利技藝不精則罪及什長五十人爲隊隊有隊主百人爲卒卒有卒主五百人爲旅旅有旅將一千人爲哨哨有哨將二千五百人爲師師有師將萬二千五百人爲軍軍有大將其所統之卒器械不利技藝不精罪皆如之是則一人教十十人教百百人教千千人教萬萬人教三軍三軍教天下

如此練士則士可用矣

又曰射主中刺主密陣主靜行主速鼓主進金主退鈴主坐角主作旗主指揮九者習熟則坐作進退無不合式攻殺擊刺無不如法合千百萬衆如使一人矣

又曰泅呂梁而不沒者習水也當大敵而不敗者習兵也水不習將恐沒兵不習將恐覆是故兵不可不習也

許洞曰愼擇兵領之可否有四其一曰貌凡眉上兩骨橫起而隆巘者語言而不相合者目如鷹仰視

者方坐內多虛驚者行而膛乎必照彩者黑睛白多而有赤焰贍視不端者此六者人有其一斯人常蓄不臣之心不可使之也豐上銳下神氣安詳者重德而善安衆人也目黑多白少點睛深而神氣與形相副者機度沉厚不可以詐動人也目睛瑩朗五岳相照者燕頷虎頭者心機疾速勇而有斷人也龜背虎膺點睛深而朗徹贍視詳諦而神骨聳峭者雄壯有慮人也是五者人有其一可使之也至若神氣重濁骨相不正頭薄面淺頸大腹細目睛昏瞢點睛江上視顧不正此皆志氣淺劣

智識庸鄙人也其二曰言語人有言肆而目駭視者心懷異圖也言枝蔓而不經者心有隱也矜大人善惟恐不至者黨人也言錯綜而無所歸者心躁競也方言而他視者心不誠也言卑而色下者心有所屈也方言類四顧者其辭妄也言人之短而視不定者誣妄人也言多以私事爲憂者顧妻子之人也言大而理不精者其學虛也色悅而徐徐順人意者佞媚人也矜己善而許人不善者齷齪人也言欲發而却縮者含蓄人也言無公義必及利者貪人也色卑而言多求者其志下劣人也事

訕面言直氣悖而言懶色鄙而言大事不詳而強能理矯而強正此皆姧詐人也是十有六者人有其一不可使也言大而意精至者有識度人也言稀而出必中者志節人也言動而必及國家者忠孝人也言奮而不迂者壯直人也辭寡而意懇者至公人也言多及軍吏之私者善撫恤人也言及陣敵喜動于色者好勇人也言及細微而能剖折是非者有智人也言迂濶而卒于理者識深見遠人也言少而事詳者大度人也語氣和而神氣相稱者善納衆人也言徐徐而事備者性緩而有德

人也言速而事當性急而不暴有識人也是十二者人有其一皆可使之也其三曰舉動行有狼顧者行與坐忽如驚恐者非將言語而手足紛拏者方食而不覺棄匕筯者方坐而首偏口目輒斜動者行而唯恐有人逐者欲坐而頻四顧如有所駭者方行而勃氣上騰神色自得者待下多卑恭而不實者觀事覺已如不知而目他視者十者人有其一此皆心不誠實多蓄異圖人也不可使之也○行欲如大敔和足動而身不搖也坐欲如山岳形神俱定也臥欲如覆舟神炁安詳也此皆志度深沉

大節崇德人也是三者人有其一可使之也其四曰行事有先已後人者好私人也事繁多而用不當者無智人也作事不急于用者無益人也作事有首無尾者僞人也先急而後慢者卒暴人也事不求詳而輒爲者粗疎人也巧妙而無裨實用者浮艷人也舉措魯鈍而不適用者愚人也利害章章而不能析之者無識人也臨事而懼者懦弱人也進退不快者無斷人也記一而忘二者神昧人也事虛而構架靡文以善爲惡以惡爲善者姦人也善佞人之顔色隨所欲而言者佞人也是十四

者人有其一不可使之也有事簡而用當者有喜怒之事不露于色者臨大事而神氣自若者此謂神有餘人也有微而不棄大而不煩者凶事不懼美事不喜者事有衆惑而獨斷之者事有衆危而獨安之者事有難動而能動者事有難安而能安者此謂志有餘人也是十者人有其一皆可使之也是以知貌也者神之聚也言語也者神之照也舉動也者神之用也行事也者神之本也察其神則盡其略矣

先征錄曰聚天下之材者在乎財散天下之財者在

乎材相爲盛衰而不容兩立也夫子論何以聚人
曰財志食貨者亦云財以役天下古人聞人君臣
報人讐怨未嘗不以此爲首謀至于受千金之恩
而丹心于圖窮之誅者將不止荆軻之一人而已
也何者壯士之顏色不在乎血氣之剛衰而在乎
牀頭之有無通神明役鬼神亦係于所積之多寡
故古人一則曰輕利好施二則曰盡將家資散施
鄉里朋舊三則曰不事家人生産作業是皆輕天
下之財重天下之材而英雄豪傑之士感其解衣
推食之恩蒙其得利則均之惠宅日可卜其不我

鄙而樂爲之用雖赴湯蹈火不恤也故壯勇之士則曰募以財而募之也巖穴之士則曰聘以財而聘之也三軍之衆十萬之師棄性命如草芥赴鋒鏑如袵席買間諜以破其腹心之謀求鄉導以乘其藩墻之隙非有賞賚以維其心非有金帛以壯其氣彼安能樂爲我用哉是之謂財材相用

又曰今日招軍之資用有三曰鬻爵曰獻粟曰度牒皆所以調度軍之費也然鬻爵之文布滿墻壁而爵未盡鬻獻粟之諭徧下州縣而粟未聞有多獻者蓋買官獻粟素係雜流人皆知其不能遠到雖

優之以免詮比之以奏薦而民間終不願借補以紹興之間皆以此誘天下至承平則又以流外官待之矣此所以終不見信于天下也魏公張浚嘗以此濟時之策曉諭民間招軍一百人與補下班祇應招軍二百人與補進武校尉招軍三百人與補承信郎已上各有差等人不兩月軍致數萬此其爲効速若影響其招軍之家自備錢粮部轄起發至樞密院及兩宣司者比類與補文資並依軍功轉行立爲定制畫一加詳昭告天下至于度牒則招軍五十人與剃一僧招軍一百人與剃兩僧

如此則招軍之費不繁而招軍之門自廣是爲勸募

劉基曰逢蒙善射不能用不調之弓造父善御不能策不服之馬般倕善斲不能運不利之斤孫吴善將不能戰不習之卒貔貅戾獸而黄帝教之戰鷹鸇鷙鳥而羅氏教之擊夫鳥獸無知之性猶隨人指授而能戰擊者教習之功也况國之士民而不習武乎故射御貫習至于馳獵則能擒獲若弗先習將覆亡是懼奚據望獲乎今以練卒與不練卒爭鋒若胡越乎游不競明矣是故先王因于閒[illegible]

大閱簡衆繕修戎器爲國豫備也

又曰古之制邊縣以備敵也使五家爲伍伍有長十長一里里有假士四里一連連有假五百十連一邑邑有假候皆擇其邑之賢才有護習地形知民心者居則習民于射法出則教民于應敵故卒伍成于內則軍政定于外服習以成勿令遷徙幼則同遊長則共事夜戰聲相知則足以相救晝戰目相見則足以相識讙愛之心足以相死如此而勸以厚賞威以重罰則前死不旋踵矣

李燾疏曰勳臣世冑先年原有幼官舍人嘗專一教

習京衛幼官及應襲舍人每歲春秋隨操較閱歲終具奏以示激勸祖宗立法良有深意焉奈世冑偷安高坐不出韜鈐戰陣略不經心則何以望異日之爲干城也哉其必請旨嚴諭公侯伯子弟及京衛幼官不拘已襲未襲但未經管事者兵部類送京營講讀武經練習弓馬材藝成就方聽總協大臣起送襲職其有才能卓異者則巡視官與加薦擢使管事焉倘未經京操薦舉即遇應襲之期管事之缺不得徑替也庶世冑皆思以豪傑自期而不患干城無儲乎

又曰今之練兵不過日頻加操演使手足疾擊刺耳
目習旗鼓而已縱使熟其技猶未足以壯其膽也
況乎習之以見戲也不知練兵必先練膽欲練其
膽必使之經戰陣而後可蓋聞虜騎之來也其勢
猋突而難支其氣驕揭而難近使非居邊習見而
一旦猝然臨之未有不色變膽寒而先期于北者
矣應于防秋之時將京營內各挨次調撥往近京
衝邊屯駐焉遇有虜警即同邊兵併力以截殺焉
事竣則撤回焉如有功則倍賞焉是各軍皆習經
戰陣熟識虜情而膽氣自壯且可以减南兵之召

募可以省邊兵之入衛一舉而三利具之矣
顔文選上言議兵者必曰招募他日則有聚而不散
之患議食者必曰加徵今日則有垂斃剥膚之慘
夫孰知天下不必招募原有可練之兵不必加徵
原有養兵之費特未之察耳夫各州縣設有民壯
非兵乎額有工食非兵費乎大州縣約有數百小
亦不下百名奈之何徒聚市猾爲衙門攫金之翼
虎耶曷責成州縣正官就中選其年力精壯堪習
武藝者留之其羸弱者汰之另諭近民願當者擇
而補之春秋吏番以一班在縣延請教師訓之武

藝不時親試而賞罰以鼓舞之毋擾以雜差唯資國家養敢死之士焉以一班赴集軍門或兵備道練以陣法量增衣粮屢試而膂力過人武藝出衆者留軍門聽用可補哨苑者補之如一縣果皆精勇本縣官應加特薦否則以不職論夫不招募不加徵兵食自足且有事即一朝可集事竣則仍歸州縣其視徵募紛紜不天淵哉

王鳴鶴曰教練之道只要三軍之衆聞吾節制明吾紀律聽吾金鼓至于臨戰時作用却在將官與兵何與

又曰今時將官只知練不知教故兵難即熟若教明而後練如童蒙然講書透而後肄文自然貫通

又曰夷狄無練法而合法者因其有自然之妙也中國多練法而反離法者以其少精到之功也

又曰今時教練沿襲虚文一朝有事兵都召募將由選舉卒然湊合驅之以戰此時全在才能集事權可當機雖一日一夜片言片語皆可訓練只在上之人假之事權而重其賞罰夫前有千金後有任

虎兵雖有勇怯能無如磨指乎

備書練字函卷之二

古越王應遴堇父輯

師吳淞玄扈徐光啓閱　友人潛　珠子儀訂

練之案

黄帝立丘井之法因以制兵井分四道八家處之形如井字開方九九五五爲陳法四爲閑地經所謂數起於五是也虚其中大將居之環其四面諸部連繞經所謂數終於八是也及其變化制敵則紛紛紜紜鬭亂而法不亂混混沌沌形圓而勢不散經所謂散而成八復而爲一是也

周始與太公實繙黄帝之法始於岐都以建井畝戎車三百輛虎賁三千人以立軍制六步七步六伐七伐以教戰法陳師牧野以百夫制師成武功以四萬八千人勝紂七十萬衆

周司馬法本於太公以井田起軍旅居則爲比閭族黨州鄉出則爲伍兩卒旅軍師無養兵之費籍兵之煩而威嚴出於順治凡萬有二千五百人爲軍王六軍大國三軍次國二軍小國一軍軍將皆命卿二千有五百人爲師師帥皆中大夫五百人爲旅旅師皆下大夫百人爲卒卒長皆上士二十五

人爲兩兩司馬皆中士五人爲伍伍皆有長中春
教振旅司馬以旗致民平列陳辨鼓鐸鐲鐃之用
王執路鼓諸侯執賁鼓軍將執留鼓師帥執提旅
帥執鼙卒長執鐃兩司馬執鐸公司馬執鐲以教
坐作進退疾徐疏數之節遂以蒐田有司表貉誓
民鼓遂圍禁火弊獻禽以祭社中夏教茇舍如振
旅之陳群吏撰車徒讀書契辨號名之用帥以門
名縣鄙各以其名家以號名鄉以州名野以邑名
百官各象其事以辨軍之夜事其他皆如振旅遂
以苗田如蒐之法車弊獻獸以享礿中秋教治兵

如振旅之陳辨旗物之用王載太常諸侯載旂旅載旗師都載旜鄉遂載物郊野載旐百官載旟各書其事與其號其他皆如振旅遂以獮田如蒐田之法羅弊致禽以祀祊中冬教大閱前期群吏戒衆庶修戰法虞人萊所田之野爲表田之日司馬建旗於後表之中群吏以旗物鼓鐸鐲鐃各帥其民而致質明弊旗誅後至者乃陳車徒如戰之陳皆坐群吏聽誓於陳前斬牲以左右徇陳曰不用命者斬之遂以狩田以旌爲左右和之門群吏各帥其車徒以敘中軍以鼙令鼓鼓人皆三鼓群司

馬振鐸車徒皆作遂鼓行徒銜枚而進大獸公之
小獸私之獲者取左耳及所獘鼓皆駴車徒皆譟
徒乃獘致禽饁獸于郊入獻禽以養蒸
司馬法首序蒐狩順其時而要之以神周禮最為大
政厥後成有岐陽之蒐康有酆宮之朝皆天子事
也及周衰齊桓有召陵之師晉文有踐土之盟此
諸侯奉行天子事也其實用九伐之法以威不恪
假之以朝會因之以巡狩訓之以甲兵言無事兵
不妄舉必於農隙不忘武備也
左傳魯哀公甲午秋蒐于紅穀梁曰正也因蒐以習

武事禮之大者也艾蘭以爲防置旃以爲轅門以葛覆質以爲槷質椹也槷門中臬葛或作褐流旁握御轚者不得入流旁握謂車兩轊頭各去門邊空握握四寸也轚挂則不得入門車軌塵塵不出轍馬候蹄蹄發足相應遲疾相投掩禽旅掩取衆禽御者不失其馳然後射者能中過防弗逐不從奔之道也戟不逐奔之義面傷不獻嬔誅降也不成禽不獻惡殲幼也禽雖多天子取三十焉其餘與士衆習於射宮射而中田不得禽則得禽田得禽而射不中則不得禽是以知古之貴仁義而賤勇

力也

管仲制齊之法三分齊國以爲三軍五家爲軌故五人爲伍十軌爲里故五十人爲小戎四里爲連故二百人爲卒十連爲鄉故二千人爲旅五鄉一師故萬人爲軍亦由司馬法一師五旅一旅五卒之義焉其實皆太公之遺法

齊景公召穰苴與語兵事大説之以爲將軍穰苴曰願得君之寵臣國中所尊以監軍乃可於是景公使莊賈往穰苴與約會日中於軍門穰苴先馳至軍立表下漏待賈暮時莊賈乃至召軍正問曰軍

法期而後者云何曰當斬遂斬莊賈以徇三軍三軍之士皆震慄

楚子玉治兵於蔿終日而畢鞭七人貫三人耳周老皆賀蔿賈曰子玉剛而無禮不可以治民也

晉侯始入而教其民二年欲用之子犯曰民未知義未安其居於是乎出定襄王入務利民民懷生矣子犯曰民未知信未宣其用於是乎伐原以示之信民易資者不求豐焉明徵其辭公曰可矣乎子犯曰民未知禮未生其共於是乎大蒐以示之禮作執秩以正其官民聽不惑而後用之出穀戍釋

宋圍一戰而霸文之教也
吳起為魏將武侯問曰嚴刑明賞足以勝乎起對曰
嚴明之事臣不能悉雖然非所恃也夫發號布令
而人樂聞興師動衆而人樂戰交兵接刃而人樂
死此三者人主之所恃也武侯問致之奈何對曰
君舉有功而進享之舉無功而勵之於是武侯設
座于廟廷為三行饗士大夫上功者坐前行餚席
兼重器上牢次功者坐中行餚席器差減無功者
坐後行餚席無重器饗畢而出又須賜有功者之
父母妻子於廟門外亦以功為差有死事之家歲

使使者勞賜其父母妻子以著不忘于心行之三年秦人興師臨於西河魏士聞之不待吏令介冑而奮擊之者以數萬此前日之教行也起又謂人有短長氣有盛衰請發無功者五萬人率以當之而破秦之五十萬

闔廬謂孫武子曰兵法十三篇吾盡覩見矣可教婦人乎曰可於是出宮女三千孫子分為二隊寵姬二人為隊長令鼓之皆左婦人大笑孫子又三令五申之又鼓之皆右復笑孫子斬二隊長吳王使救之不可用其次為隊長於是左右前後皆中規矩

吳王曰赴水火可矣

越王苦會稽之耻欲深得民心以致必死于吳身不安枕席口不甘厚味目不視靡曼耳不聽鐘皷三年苦身勞力焦唇乾肺内親群臣下養百姓以求得其心有甘脆不足分不敢食有酒流之江與民同之一日出道見怒鼃而式之御者曰此何爲式王曰鼃有氣如此可無式乎士聞之曰鼃有氣王猶爲式而況士之有勇者乎是歲人有自剄死以其頭獻者故越王將復吳而試其敎燔臺而鼓之使民赴火者賞在火也臨江而鼓之使民赴水者

賞在水也臨戰而使人絶頸刳腹而無顧心者賞在兵也

秦王翦伐楚請六十萬徙先堅壁休士洗沐善飲食撫循之親與士卒同其苦久之士方投石超距翦曰可用矣出壯士擊之大破荆軍遂定楚

漢京師有南北軍外有材官騎士南軍衛宫禁衛尉主之北軍衛京城中尉主之材官騎士供調發郡守尉主之在孟秋則乘輿御戎俾武士肄孫吳之業習戰陣之方在十月則車駕幸長安於南門會五營之士演八陣之法諸郡則羣守諸尉課都試

之法凡車騎材官樓船使各習焉然考禮儀志謂罷邊衛士必勸以農桑焉唐言衛士起田中從軍雖井田廢而猶存兵農遺意焉觀孟堅刑法志所載長駕遠馭之略可覩矣

李廣與程不識俱出擊胡廣行無部曲就善水草人人自便不擊刁斗幕府省文書然亦遠斥候未嘗遇害不識正部曲行伍營陣擊刁斗吏士治軍簿甚明軍不得休息亦未嘗遇害二人皆為名將

謝玄北鎮廣陵時苻堅強盛玄多募勁勇劉牢之何謙諸葛侃孫元忠等以驍勇應募領驍銳為前鋒

百戰百勝時號比府兵敵人畏之所向必先
隋賀若弼爲將軍令嚴肅秋毫無犯有軍士于民間
沽酒者即斬之
唐京師置十六衛中外置六百三十二府兵籍于府
府隸于衛有發則命將檄兵平居則分番更直寓
兵于農去周制爲最近仲冬之月講武于都內引
諸衛將卒習射于顯德殿庭試中多者乃賞以束
帛其將帥亦加上考由是數年之間悉爲精銳
唐太宗幸靈州回北荒悉平蕃漢雜處問李靖經久
法靖謂漢戍宜自爲一法蕃落宜自爲一法教習

各異勿使混同或遇寇至則密勅諸將臨時變號
易服出奇擊之
李靖教士分爲三等必先結伍法伍法旣成授之軍
校此一等也軍校之法以一爲十以十爲百此一
等也授之裨將裨將乃總諸校之隊聚爲陣圖此
一等也大將軍察此三等之教於是大閱稽考制
度分別奇正誓衆行罰無施不可又嘗教士三萬
每陳五千人以其一爲營法五爲方圓曲直銳之
形每陣五變凡二十五變而止其立名雖因五行
生尅之義其實因地制變凡軍習此以之臨敵左

右逢源矣

李光弼代郭子儀節度朔方始至號令一施士卒壁壘旌旗精釆皆變及趨河陽賊合衆三萬來攻勢甚猖獗光弼持短刀誓曰吾位三公不可辱于賊萬有不捷當自刎以謝天子又自西向拜舞三軍感動爭奮擊賊賊聞之奔潰

李抱真領昭義軍留後窯搧山東當有變上黨且當兵衝是時乘戰鬬之後土瘠賦重人民益貧困無以養軍乃籍户男丁三選其一有材力者免其租徭給弓矢令之曰農之隙則分曹角射歲終吾當

會試及期按簿而試之以示賞罰復命之如初比三年民皆善射抱眞曰軍可用矣於是舉部内之鄉丁得成卒二萬不仰衣食于官府而倉庫益實乃繕甲兵爲戰具遂雄視山東天下稱耶義步軍冠諸帥勇銳無比

魚朝恩以郝廷玉善治兵欲觀其教閱廷玉乃列部伍鳴鼓角箕張翼舒乍離乍合坐作進郤其衆如一朝恩歎曰今乃見將軍之訓練也廷玉悽然曰此非末校之長臨淮王之遺也太尉善御軍當功罪少不如令者斬以徇軍士畏軍律不畏水與火

太尉斃而無復校旗矣此不足爲軍容觀也

張巡教戰陣令本將各以其意教之或問其故巡曰今與胡虜戰雲合鳥散變態不恒數步之間勢有同異臨期應猝在于呼吸之間而動詢大將事不相及非知兵之變者也故吾使兵識將意將識士情投之而往如手之使指兵將相習人自爲戰不亦可乎

馬燧初爲河東節度使鎮太原時太原承敗軍之後兵力衰弱燧乃召將吏募士得數千人悉補騎士教之戰數月成精卒造鎧必短長三制稱士爲

衣以便進趨爲戰車冐以猊猊像列戟于後行以
載兵止以爲陣遇險則製衝冐器用完餙是一年
羅兵至三萬威振遐方
高崇文屯長武城練卒五千時時如寇至然上命討
劉闢受詔卽行器械糗糧一無所闕其軍士有食
于逆旅折人匕筯者崇文斬以狥約束如此進討
闢遂敗擒之蜀中悉平
王忠嗣嘗經畧積石持重安邊不生事竭中國力以
幸功名故訓練士馬隨缺繕補有漆弓五百動弢
之示無所用軍中士氣盛日夜思戰忠嗣乃伺虜

隙襲之所向輙提軍毎出雖弓矢亦誌姓名于其上及軍還遺弦亡鏃按名定罪以是人自爲戰而器甲充牣

宋懲五季之弊聚重兵于京師其最精鋭者曰禁軍次曰廂軍其下分散郡國曰鄉兵又數遣使者分詣諸道擇選精兵凡其材能技藝有過人者皆收補禁軍邊境有事亦輪禁軍以戍邊嘗躬自按閲訓練于近郊科試設武舉外舍生稱武進士内舍生稱俊進士以論策定其法略以弓馬定其高下

范文正告仁宗欲專督管軍臣僚于諸班中搜羅智

于肅愍當巳之變營務廢弛於是選其精銳分爲十營以訓練之命曰團營其餘者爲老家營提督以大司馬董之別勇怯則可激勸豫簡練則可應急是時營政一新而乾坤再定其後又分爲十二營大抵卽團營遺意乃更設東西官廳則未免多指亂視又參以內臣則未免狼入羊群及至正德中京軍不足以備征討而倚調邊兵嘉靖中北虜闌入士竟不能以一矢加遺則團營與老家營相去又無甚差殊矣

肅皇帝深懲團營之弊俻復三大營更名三千營曰神

樞盡革司府掖等名及內使統以勳臣而以文臣一人協理之於是開府置篆權與大司馬埒至今止銷印更號而仍其制矣

先文成公平漳寇立兵符將調集各兵每二十五人編爲一伍伍有小甲五十人爲一隊隊有總甲二百人爲一哨哨有長有協哨二人四百人爲一營營有官有恭謀二人一千二百人爲一陣陣有偏將二千四百人爲一軍軍有副將偏將無定員臨事而設小甲于各伍之中選才力優者爲之總甲于小甲之中選才力優者爲之哨長于千百戶義

官之中選才識優者爲之副將得以罰偏將偏將得以罰營官營官得以罰哨長哨長得以罰總甲總甲得以罰小甲小甲得以罰伍衆務使上下相維大小相承如身之使臂臂之使指自然舉動齊一●治衆如寡庶幾有利之兵矣編選既定仍每五人給一牌備列同伍二十五人姓名使之連絡習熟謂之伍符每隊各置兩牌編之字號一付總甲一藏本院謂之隊符每哨各置兩牌編立字號一付哨長一藏本院謂之哨符每營各置兩牌編之字號一付營官一藏本院謂之營符凡遇征調發

符比號而行以防奸僞。其諸緝養訓練之方、旗鼓進退之節，務濟實用行之。

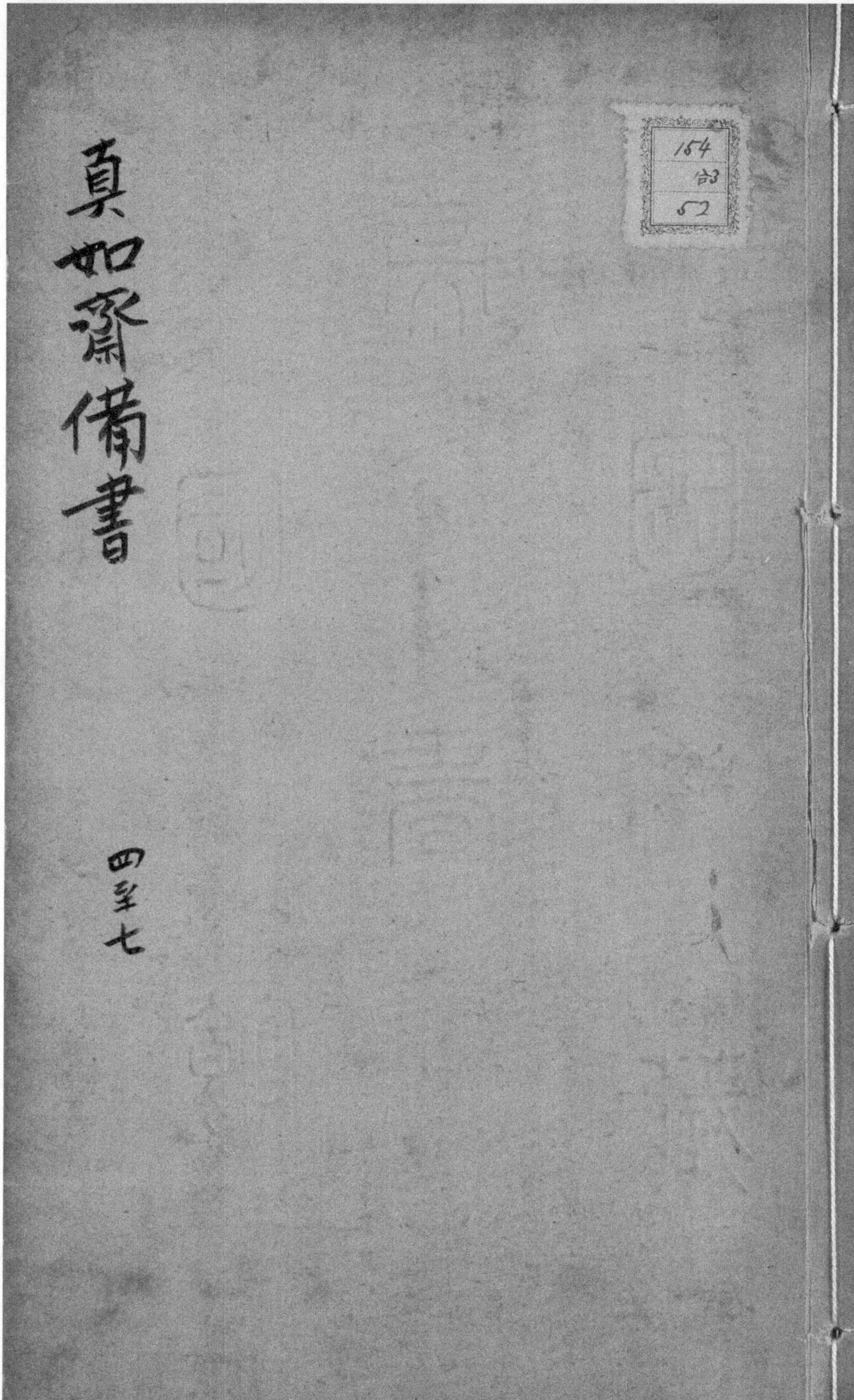
真如齋備書
四年七
154
部3
52

真如齋備書
丁
共十本
東京圖書館
漢書門
兵家
類
函
架
號
冊

備書練字函卷之三

古越王應遴堇父輯

師吳淞玄扈徐光啓閲

友人潘珠子儀校

練之法

練將

兵之貴練尚矣然練又莫急于將將之貴練急矣然練又必先于選選將之法必其智足運勇足擔一念忠貞足歷百折而不變乃可稱將當有事之際必廣爲搜羅凡內外文武各舉所知無論現任革任一體超用且更設各項以招之懸重賞以購之

將厚聘以徵之，寬文法以羅之，深愛慕以孚之，庶幾奇偉俊傑，不遠千里而至矣。

上之求才甚急，下之應募必廣，第全才實難，偏長各抱。或有精韜鈐、饒機畧，而歉於力者；或有負膂力、諳武藝，而短於謀者；或有習於水而不知陸者；或有捷於步而不能騎者。若必苛求之，則天下無全才矣。唯棄其短而植其長，練其偏而致其全，斯無技不收，無才不効耳。

才技不同，品格亦異，而隨才授任，全賴上人。故有十人之將，以之練十人；百人之將，以之練百人；千人

之將以之練千人萬人之將以之練萬人葢使之練人即所以使之自練也
品局固自有異、眞贋亦各不同、有美如冠玉而中未必有者、有口若懸河而竟無實際者、有巧擅雕龍而不習刁斗者、有内抱經緯而外若椎魯者、有形甚木訥而智觧連環者、有不脩邊幅而才堪大任者、凡此非秉衡者高懸巨眼、獨秉慧識、破俗見而甄別之、眞才亦何由自見哉
將材之售、固由上之識拔、而將材之成、則還由將之自練、故必練心志以爲根本之地、練膽識以爲承

受之基練操守以爲扶持之幹與夫精而玄機粗而技藝無一非爲將者分內事則無一非有志于將者所當自練也

凡爲將者全係心術舉一捯而加四海運寸晷而照萬禩皆心所爲也故必先練其心時勤洗滌使靈臺湛然光明正大常視國事如家事視君事如身事萌之幽獨可質鬼神見之設施可昭日月則何事不可爲何功不可就

人品皆由志轉志功名則就功名志榮祿則就榮祿如影逐形如響應聲故此志不練則百事俱隳必

常思人生天地間，豈甘與草木同腐。當為奇男子，與朝廷幹一番事業，掀天揭地，永垂不朽，吾志乃愜。下此而圖溫飽、驕歌舞、假聲勢，皆非我志也。則立身第一乘，自然做出來有好功績，此在將家最要進路法門，當時刻警策者也。

將死官也，故古之出師也，鑿凶門而出。庸將不知，每以畏死致死，愛生喪生，此皆不明於生死關頭耳。比如凡人不臨陣，不經戰，便當活百千歲，乃有殤子殀折者；而百戰名將，終身出入於矢石間，反以壽終，此何故也？須索一想。蓋生死大數原有一定，只要死得其所、則垂名千古、夭亦壽也、貪生誤國、貽臭萬年、生亦死也、而况進能却敵、退不及避敵、等死耳、何如死於敵之爲快乎、倘此處關頭不能勘破、則雖有志而終不堅、有氣而終不銳、

今爲將者、决裂身軀而不顧、惜大抵爲彌縫計耳、試思立身公正、戰守法明、當事者能加之以非法否、卽妄有訾議、久之公論自明、仍有可用之身、在如以迎合上官爲心、而戰陣機宜、治軍紀律、一味糊塗、秖慶二天、可以蔭庇、迨遇秉公遵法者、或旁論覺發、或先後相代、或彼此牵誑、豈能一一盡彌縫

之師使盡能彌縫已得不償失何如持身立志勉圖報効以媚上之心恤下以邀寵之槪禦敵者爲有利無害耶此榮辱大槪括所當熟思而審處者

夫人無操守其去禽獸也幾何況爲將者與士卒同死生均利害我浚其欲而令彼宿其怨無論素絲一染再難潔白而一當有事必有掉臂而不我顧者趙括日謀田宅覆轍可按寧不寒心自必猛力脩持務期氷蘗之操照耀千古內顧隱衷更無不憮矣

凡人當功罪相形賢否相軋之際誰無競心但國家

事大，一身事小，我早日脩怨搆隙，而一當警發，誰肯同讐？誰肯相救？且不無幸敗而下石者，故必盡捐城府，平心怡氣，擴寸心如海濶天空，恁彼以不情加我，以非意衡我，以抗顔拂我，總如飄瓦虚舟，而一以和煦相與，如是則人縱暴戾相加，久將自化，我惟不競，人自靡爭矣。

從來剛愎自用，未有不敗乃事者，蓋危疑之任，機務之煩，非集思廣益，善下如谷，人誰肯告我以一得，啓我之聰明？故信陵以結納趙，難余玠以築館奠全蜀，信可師也。乃有自恃智識過人，而訑訑聲

色距人于千里之外寃至欲勝人而反下人欲自
逞而反自斃則剛愎自用之祟也故日抑日損乃
所以日增日益

天官有司而事有任凡朝廷一命之寄寧有可閒曠
者故凡莅是官即當思盡是任寧無事而爲有事
之防勿臨時而貽後時之悔凡整頓器械修繕城
堞教練士卒之類俱事事要精時時要核不可以
苟且塞責則一旦有警取諸左右而逢源矣

曾子云取法乎上僅得乎中居乎自思古人何爲臣極
何爲將範某忠良勇烈而彷其德某機智變幻而

取其才。凡行師治軍，建言奏績，何者爲一節可取，何者爲隱心足印，靡不容容體驗，最上取法，不至于身名無疵不已。此爲將立志第一義也。

爲將之道，師心者不精，先覺者有證。故曰巧者不過習者之門，使爲將而不讀兵法，將何道之從？蓋兵法乃先哲之精蘊，愚而習之可以長智，智而習之可以通神。獨怪今之庸將，生長邊陲，徒知撲殺繞袴，都雅謬附文墨，名爲將而茀沐猴以冠耳。故必使三畧六韜，精通習熟，使異日戰守攻取之具，悉探諸囊，乃足爲登壇之先資也。

爲將者雖司旗鼓然使技無所恃則膽必自怯何能身先士卒況將不習藝平時教閱即有正法花法亦孰從辨之如悞取花法爲是則雖日訓日練終無實用僨事不小惟將知武藝則教師訓練自以正法爲教勿以花法混入其中矣且器之長短各有所宜將一習之則知某器可用於何地某器可用於何陣而器械自然精良斷無朽鈍不堪之弊耳至於火器尤軍中利用品製多門藥物不一將必自知之精一一檢點然後奇用秘用毒用慘用無不適中而無失時反擊之患此尤將所最宜留

心者。

語云以不教民戰、是謂棄之、每怪邊腹之將、無事之時、偷安厝火、任其嬉遊、及至一旦有事、如驅市人、了不識兵、間有三呼飾聽、辰聚午散、亦如兒戲、何當禦寇哉、必實着一番精神、如挑選、比較、各有殿最、金鼓旌旗、各使習熟、自什伍隊哨部曲營將、各相聯屬、使知寧死於敵、無死於法、難禦如風雨、難撼如山岳、斯兵稱有制之兵、而將亦爲有能之將耳。

凡偏裨既各授以兵、則練習亦當各責成以法、不必日暴之日中以饒之也不必羣集之教場以疲之也惟期其耳目心膽如一金鼓旗幟如一坐作進退如一賞罰予奪如一以至火器弓弩技藝無不精熟嫺習如一必如是而後謂之練兵大將以是而殿最焉必如是而後謂之練將

練兵

練兵之法先於選選兵之法則又有舊籍新募之分舊籍者汰其老弱清其虛占核其實開錄其精壯而已其法驟行之則擾善變之則馴故新募之兵先選而後練舊籍之兵即練以爲選要使冊籍先

濟而後分曹角藝殿最之賞罰之剔催替之弊核保結之實嚴蒙蔽之條使精壯者皆喜見其長老弱者自難護其短且老弱者聽其自爲覓補令彼亦自知當退而無憾焉如是則雖有隱占賣閑諸弊數米而炊豈容稗粒況專若比技不知卽是澄汰之方也且爲申飭中外其士卒有勇藝超於什伍者爲什伍長超於哨隊者爲哨隊總其將領有能精練軍而勤撫字者加以緫不能者遞以降撫鎭以核之司道以監之直指使者以稽察之果名實相符則列疏優擢毋吝賞毋失刑如此力行之

而仍復惰婾乎吾不信也
募兵之法有十、一廣開其途、二寬宥其戾、三因用其機、四恬安其故、五實飽其欲、六嚴稽其冒、七潛消其釁、八鼓勵其忠、九旁通其便、十雜收其力、十者備而兵集矣、廣開者、梲巧愚蠢藝能強健皆可收也、寬宥者、盜犯死囚鹽礦亡命邊戍降虜皆可鼓也、因用者、邊氓重遷廬墓所在內迫於身外佻於虜則人自爲鬭也、恬安者、畿輔內地不必另設多兵、惟選壯丁給弓矢使習於技而免租傭也、實飽者、招一兵則給一餉、安家衣仗不使缺乏而渙散也。嚴稽者，籍貫保結，必嚴連坐，不令遊棍得冒充于其間也。潛消者，有豪俠劇盜能率衆報効者，授之以銜而責之以實，内足消釁，外足禦寇也。鼓勵者，凡能招致多人充募者，原官加級，無官授銜，而富民不習戰陣，則照邊兵計級分功之例也。旁通者，民間有願以子弟寄學、納鍰贖罪、僧行度牒、通帑無追，俱令得招募民兵以報効也。雜收者，如毛兵、狼兵、苗兵、土兵、少林兵之類，有能率衆鼓厲，則大懸賞格以酬之也。如是而何兵不至哉？更諭募兵使者，勿得濫收以應名數，必雄壯可用，務期

爲國家幹一分實事則非惟不憂其不來抑不患其不精矣

選兵之訣大約有四曰肢體充實曰觔力矯健曰膽氣果敢曰技藝優長蓋肢體充實則能勝勞觔力矯健則便擊刺膽氣果敢則不畏敵技藝優長則能有功

凡選士卒之大綱有四一曰勇勇難以一時測識也必詩徐以察之臨事以試之其畧可見者色壯而恒氣猛而沉目靜而朗此勇之端也

二曰力力之凡有三一曰舉謂能舉重也舉二百觔

以上爲及等、四百觔以上爲上等、六百觔以上爲
超等、二曰挽力、能挽強也、挽五十觔以上爲及等、
八十觔以上爲上等、百觔以上爲超等、三曰蹠力、
能蹠開勁弩也、蹠二百觔以上爲及等、四百觔以
上爲上等、六百觔以上爲超等
三曰捷、捷之凡有三、一曰超、有躍起者、有跳越者、躍
起以高四尺者爲及等、五尺以上爲上等、六尺以
上爲超等、跳越以過七尺以上爲及等、八尺以上
爲上等、丈以上爲超等、二曰走、謂能疾行致遠也、
以六時中能行二百里五十里以上者爲上等、

行四百里及登山若飛走及奔馬者爲超等三曰獲謂能避械接械與奪旗也以能避叢矟能撥矢石者爲上等能飛接箭枝奪矟反刺奪旗而舞者爲超等

四曰技技者夙閒技藝也技之凡有五一曰遠技弓弩銃也以三發而一中者爲及等九發而八中者爲上等無虛發而能高下左右備盡其巧者爲超等二曰長技三曰短技長者槍筅也短者刀棍鋭鏇之類也皆以舞對疾猛不失正法者爲及等更加純熟能盡其巧者爲上等極精極熟而又身熊

他技者爲超等，四曰奇技，如鏢鎗袖箭飛刀飛撾之類也，及遠命中者爲上等，百發百中，中必洞入者爲超等，五曰騎技，踵弓命中，舞械如飛者爲上等，盤旋上下，滚鞍若飛，射打擊刺，百不失一者爲超等。

選試既別，仍分三列，超等一列，上等一列，及等一列，技之超者備教練總領之選，上者備選鋒之列，及等分配什伍之間，其力捷之三列，則責成教練以訓諸技，俟技成則超等仍入超選，上等仍入上選，及等仍分什伍。

兵無選鋒曰北故鋭卒屬陣死士前行不可少者然不分利鈍而羣諸伍中則雖日操日練止可飾觀終無以鼓鋭也必於所別之超等上等者立為選鋒營擇英畧果敢之將以領之無間寒暑專攻團練有驕惰者退入各營各營有練成上等者復挑入選鋒配其馬仗倍其衣糧不時進退以昭激勸亦無限名數以倡勇敢

什伍之中兵有南北技亦異習在南兵則聽其用南技在北兵則聽其用北技惟火器則無論南北人人皆當習之而又人人皆當習南中之火器也於

是各爲部分量其多寡分别步騎車三用而簡之其步兵以果敢矯捷者爲上騎兵以輕慓趫健者爲上車兵以有力識火者爲上其餘各認其類而分配之

步兵必變南技第一第二鳥銃手以伶俐膽勇者充之仍習長刀即爲伍長第三第四狼牙筅手以有殺氣勇敢者充之銃中作銃外爲枠形隊狼牙以擊第五第六籐牌手以年少輕捷者充之仍習鏢鎗第七第八筤筅手以粗麄力大者充之兼習弓矢第九第十钂鈀手以有膽氣殺性者充之習火

箭以便架放隊長執旗鎗以指揮出衆者充之其

下者爲火兵火搶兩頭貫以鐵追賊則節可以

擊也演陣時則銃居前火箭次之銃箭放畢則以

牌一筅二鎲三長刀四狼銃五次第而進俱聽隊

長指領火兵搶弩隨之

騎兵亦少變積弊第一第二鳥銃手以伶俐勇敢者

充之仍習長刀第三第四狼筅手鎗旁爲品字

銃中安鎗鋒亦以伶俐勇敢者充之第五第六鎲

鈀手以有殺氣者充之銃旁兼縛毒火兩筒第七

第八雙刀手以便捷者充之兼習弓矢第九第十

刀棍手、白棒加双、以有力殺氣者充之、可刺可擊仍習弓矢、初陣銃手居先、銃馳放畢、退居棍手後亦以隊長火兵領押焉

車營全重火器、而翼車尤在奇兵、選之各不容不精也、正車一乘、以有力善推者爲舵工、以灼知進退者爲車正、次狼筅手、兼習刀斧、以有膽力者充之次百子銃手、次火箭手、以伶俐者充之、翼車兵以隊長執旗、鎗專司指揮、以翼之車後、次鳥銃手、次籐牌手、次鏡鈀手、次鉤鎗手、火兵居後、所兼習短兵亦如步兵法

舟師則以濵海識水之士充之而舵師把舵欄頭篙工占星候氣知風辨怪俱選諳練者充之檣上高招則選明敏有膽畧者充之識火者司火器善没者爲偷刼慓疾者爲遊兵俱用輕捷有膽力者此選兵之凡也

分選既明乃結伍法聽其互認以爲什伍除守把中軍等官題授外首令千總自擇把總次把總自擇哨官又次哨官自擇旗長又次旗長自擇隊長隊長自擇伍長乃取親供驗實各給腰牌哨官牌書旗長姓名旗長牌書隊長姓名隊長牌書二伍長

姓名、五人爲伍、互書姓名、每人懸掛以爲照驗、失
牌者治之、
伍法既定、因明保法、軍以保士、士以保將、什伍聯保、
有功同賞、有犯同罪、使兵識將意、將識士情、上下
相維、什伍相結、內無逃脫之虞、外無奸細之入、晝
演藝、令日操習、夜演號、令聲相認、患難同御、生死
不離、此保法之最得力者也、
一法雖云已定、而約束尤不容不嚴、如驕惰不到者、
習藝不勤者、姦盜酗酒者、叅上累下者、必重懲之、
而脫逃冒頂者、必什伍連坐、如此始令一信則衆

自齊輯伍丁有缺即爲召補斯什伍更全而法制不亂自是而練藝自是而練陣固無不宜之矣

兵之練銃必先練藝宜厚募教師分曹專習先授口訣後習手勢一兵止令精一藝不使冗泛已精本藝則更兼之可也然必有分練有兼核有總勵什以課伍隊以課什哨以課隊把以課哨營將以課千把總遞相校核毋爲玩愒而設賞以勸之嚴令以約之又爲累記勤惰呈大帥以按閱之殿最之總期振作得法則下之鼓舞自神而立成精銳耳

藝雖粗技而兵之法實寓焉蓋一人有五體即伍法

也。護首手必應，舉丁足必隨，即常山蛇勢也。攻守形勢，奇正虛實，備在一身。因而五人爲伍，五隊爲哨，五哨爲部，五部爲營，五營布陣，變化出沒，總是此理。一人之技精，兵法盡在其中矣。故練兵之法，首練藝。

練藝以三日爲則。二日教習，一日操演。教習之日，各該把總管隊官，督令各馬步教師，一一指授方法，如何挽弓，如何馭馬，如何擊刺，戈牌銃無不教習，以能爲期，毋拘回數，黎明從事，毋限時刻。操演之日，不合法者，責治之，治已再教，務使合法而後已、其提調官及教練師俟歲終大閱、驗所教之虛士入選六分以上者、推而擢之、不入選四分以下者責而降之、庶營操得實而練習爲可用耳。

藝各成矣、必合諸陣、然後可以禦敵、乃練陣之法、大要不出方員曲直銳五法而已、其法已備陣字函若號令之節、則角用令三、鼓令四、金令二、旗令六、鈴令二、初角則咸起、二角則成列、三角則行動、此角令也、初鼓則緩行、連鼓則急行、雷鼓則成陣不絕鼓則交戰、此鼓令也、初金則止、重金則退、此金令也、旗左麾則左出、右麾則右出、前麾則前出、後麾則後出、中央麾則中出、周營而麾則五方齊出、又偃則跪、立則起、前亞則前、左亞則左、右亞則右、捲則退、視青黄赤白黑之色、而各以其方應之、此旗令也。鈴初響則下騎、再響則皆坐、此鈴令也。著令爲律、凡應進不進、應退不退、應坐不坐、應起不起、應黙不黙、應捲不捲、應舉不舉、應合隊而不合隊、應擘隊而不擘隊、不應合隊而誤併他隊、不應擘隊而錯入別隊、言語讙譁、不聞金鼓、旗幡紛擾、跡寄失次、並以軍法治之。

練陣之始、亦必先於分練、自一隊起至三隊、三隊練成合爲一旗，又自二旗練至三旗，三旗練成合爲一哨，三哨練成合爲一司，四司練成合爲一營，練雖三人五人十人，皆有奇正，則皆有練法，雖至什百千萬，同此奇正，則同此練法。葢奇正之變雖多，總之不過一頭兩翼，中心一尾巴耳，但遇敵處，即爲頭，爲衝鋒，爲正兵，但在左右，即爲翼，爲夾護，爲奇兵，但在中央，即爲心，爲握機，爲中軍，但在後，即爲尾，爲策應，爲備伏之兵，金鼓號令，三人五人十人與百千萬人無以異也。

各營既已分演，大帥乃合而練之，合練之法，先令善

筭者，於教場之中，規度營盤，量兵多寡以爲袤廣，
兵數倫筭字，函既量地訖，分別左右前後中軍，以
立表儀，預擇習知陣法者，導引藍旗領隊，照方圓
曲直鋭之陣，凡其間趨立之位，出入之路，進止之
節，分合之變，俱一一指點而領，熟之然後示期合
衆集於墠地，禁止諠譁，依方建旗，四角皆用五綵
牙旗，金鼓鐸角俱各齊備，大將以下各有統率，如
常式，中軍大將披甲冑乘馬，立於旗鼓之下，吹大
角三通，擊鼓三次，有司偃旗，士卒皆跪，五軍正將
俱趨集於中軍，以聽誓，大將乃令曰：講武以教戰，

進退左右一如軍法，用命有常賞，不用命有常刑。誓訖，各營將振鐸分循以警衆，各以詞告。右討舉旗，士衆俱起，騎步皆行，及表擊鉦乃止。三軍整列定位，聽中軍擊鼓舉旗爲號，布方、圓、曲、直、銳五陣以應之。其法備陣字函。要在陣間容陣，隊間容隊，以長參短，以短參長，回軍轉陣，以前爲後，以後爲前，進無速奔，退無遽走，紛紛紜紜，鬬亂而不可亂，渾渾沌沌，形圓而不可敗，以正合，以奇勝，聽音望麾，旗點鼓動則軍齊合，旗開角嚮則軍齊離，三合三離，三聚三散，如法者賞，不如法者罰，如是而兵

知所教矣

凡閲校技藝俱令各營清造較藝簿更立分較勤惰優劣簿先將將領及哨隊依次較射比技適乃分車步騎爲三營初試步次試騎後試車試步必各分技依隊以次序立不許挨擠混亂角用一聲號旗一舉試鳥銃手另鼓一槌爲號以應號即發準中者爲則隨試長刀以砍刺矯捷者爲上等角用一聲號旗一舉試藤牌手先擲標以平準遠中者爲上隨滚牌以躲閃進退遮殺得法者爲上等角用一聲旗一舉試筤筅手以開閘平架得法能衛而又能

進者爲上等。角一聲、號旗一舉、試長鎗。惟要封閉捉拏上攔下攔、得法能進幾鎗、拆幾鎗者爲上等。角一聲、號旗一舉、試鎲鈀手、先發火箭、亦以應號齊發中的爲則、隨試銃、以架捺得勢刺打有力者爲上等。其餘如旁牌刀、挨牌鎗、偃月刀、雙刀雙劍、短鎗、鉞斧棍棒簡鞭流星等技、各吹角麾旗、依次試演、俱就其器之勢、得遮擊砍刺中竅者爲上等。臨末吹角舉旗、試弓弩鞭箭、以貫革中多者爲上等。步技俱已校畢、即鳴金散營。

振鼓集騎、亦分技依隊以次立。禁躁譁、角一聲、

號旗舉試鳥銃手、亦鼓一聲以應號、即發準中爲
則隨於馬上疾馳、舞雙手刀、以便捷有殺勢者爲
上等。角用一聲、號旗舉試快鎗、亦如鳥銃法、隨於馬
上疾馳、掣快鎗作棍、輪舞擊打、有力者爲上等。角用
一聲、號旗舉試鎲鈀、先放火箭、以射中爲準。隨於
馬上疾馳、試鎲鈀、以叉架得宜有殺手者爲上等。
角一聲、號旗舉試刀棍手、先騎射、製活動之的於
四五十步之外、使人滚推、或遠或近、或高或下。馳
而射之、中爲上、隨於馬上疾馳、舞刀棍以砍擊便
捷有力者爲上等。角用一聲、號旗舉試大棒手、亦先

騎射如前法　於馬上疾馳舞大棒亦以有力遮打便捷者爲上等其餘如馬上藤牌毒火神牌犁花鎗三事神鎗馬上大刀雙刀雙劍短鎗鈎鐮鉞斧雙斧簡鞭狼牙棒之類俱聽角聲旗舉依次試演各就其技之勢得遮擊砍刺之竅而馬馳驃疾者爲上等比試畢乃鳴金散騎

振鼓集車先演車營陣法法備車字函次校車兵試火器狠機雖不可以輕試然不可以難試而置之也在器之精堅試之得法耳角一聲號旗舉先試百子彈另鼓一槌以應號得法能中爲則隨試刀

斧，以有力砍殺得宜者爲上等。角一聲，號旗舉，試鳥銃、隨試籐牌，及皆如步兵法。角一聲，號旗舉，試火箭，以高下合式爲則，隨試鏡鈀，以攔壓搊刺便捷者爲上等。角一聲，號旗舉，試皮牌、火箭，隨試鈎鎗，以鈎刺得窽便捷者爲上等。各試畢，鳴金散車營，乃行賞罰。

賞罰者，鼓舞三軍之要物也，務嚴務明。例分上中下三等，進于式者爲上等，上之超異者爲超等，俱上賞；屢試上等者，以次拔擢；合式者爲中等，受次賞；不及式者爲下等，量懲之；全不加式及屢試不及式者俱重治。

軍士之在本營各宜勤於自練務技藝日精精神日鼓其各營官將亦宜更立日簿以紀其勤惰馴頑須呈總帥俟大閱時按簿覈而賞罰之庶人人知所激勸焉。

練上著之兵有二一練衛所守禦之軍兵一練郡邑守護之民兵天下衛所之兵原足以衛天下而自武備久弛其上者僅循操演其下者竟不知戈矛為何物矣故必嚴行各衛所挑選精壯而訓習之備兵使者以時按閱視其藝之精否以上下其人

之衣糧或量減老弱之糧以爲津帖、愼選軍衛守法知兵者、督練而守禦焉。有所征調則隨時啓行。旗鼓精明、甲仗堅利、廩餼優厚、更休以期、徵發以信、先期以賞、後至以罰。莫若天下郡邑原各有可練之兵、如所設民壯火夫者皆是也。大邑不下數百名、中邑百餘名、下邑亦不啻數十名、則總計之而一郡之兵可紀矣。乃僅充快手以應供役、徒糜工食以長奸蠹、則曷若汰其三之一、以兼養其膂力強壯、堪習武藝者、募教師以訓之、不煩雜差、以時校閱、能者激勵之、頑者儆戒之、拔其最優者超

擢之無事則藉以守有事卽可以戰豈非不募而自有訓練之兵亦不煩加派而自有常給之餉乎

練鄉兵古之遺制也蓋所貴乎鄉兵者謂其各聯絡一鄉之豪傑使其無事則自相團習有警則互相堵截有功則賞以官資寇熄則各安農業比閭相於自衛父子切於相守雖然競起不煩官之費而無處無敵愾之風故鄉兵者猶有古之遺意焉鄉鎮之民隨處有壯丁隨處可團練但有司不先鼓舞則約束不齊民亦畏禍而無敢首倡也故必令

自上行立保甲之法、十家爲甲、甲選二壯丁、十甲爲里、里推二甲首、弓弩戈及隨宜建置、農事之餘、乗閒便習、鄉中各推一二端莊幹力、素爲衆所信服者、爲鄉之領袖、而鈐束之、聯屬之、不使任其縱逸、亦不使其生事、山陬多盜之所、每於村堡總隘閒、建樓立柵、樓懸警鼓、有盜則擊之、一村有警、遠近俱應、各率其里甲而互相堵截焉、盜賊亦烏敢横行哉、此所謂守望相助、不可易之遺法也、

當今最難議餉者、無若京營之兵矣、軍伍不實、尺籍徒存、難與議選、又誰與議練哉、今縱不能盡取而

更張之亦當嚴加簡選挑其精壯新其衣仗實其練習無拘成法務令周旋進退必有擊刺格鬭之實左右開闔必有陷陣潰圍之實庶幾可戰可守而民之膏血不虛糜于無用之地耳

夫京營原有戰兵營以戰名是兵以備戰也則帥是兵者當以戰教之然不得經戰之將爲之司命所教皆虛文而練戰皆套習也經戰之將畢竟出于邊而鄰于虜者其見與膽自是不同故必申嚴京邊互用之例多得邊將以爲坐營教以邊方之戰法卽京軍不樂練習責在該將隨宜訓練誘以

賞餼以罰嚴諭以義開導以樂從凡邊上列營驍
伏諸制及對虜堵擊諸法弓矢合用諸器均不可
以不諳者依法爲訓勿責旦夕但邊將内調必多
厭苦應恤其私在戰將尤宜優録仍歷邊任勿令
淹久使有髀肉復生之悲其所帶練戰家丁亦宜
安恤得所令其以一倡百鼓勵諸人如是則將帥
安心士可練戰而京營有實用之兵矣

備書練字函卷之四

古越王應遴堇父輯

師吳淞玄扈徐光啓閱　友人潘洙子儀校

練之具

號砲

號砲令軍中以此爲號也凡某號要起必先舉銃一聲蓋因人衆而忽舉旗幟未必盡見故必先舉砲則聲入人耳雖深室可聞所謂耳先於目也有升帳砲三舉卽鳴金大吹打有升旗砲一舉卽擂鼓鳴鑼升旗有肅靜砲入場發放後三舉要肅靜聽

下營有吶喊砲每一舉喇叭吹天鵞一聲吶喊一聲常時三舉止臨陣不拘金鳴乃止有開營砲一舉即聽點鼓便開營行有分合砲一路一舉欲分幾路爲幾舉無定數舉畢看旗幟依數分之合營同有閉營砲三舉即大吹打閉營門有定更砲遇夜擂鼓畢一舉喇叭吹天鵞聲有變令砲此在行軍之時或正行間欲更號令恐隔遠失視故先舉砲聞砲前令即止專心傾耳聽新起何令照行

金鼓

金有四等曰金即大鑼古人謂之鉦四哨各用一面

曰鑼卽小鑼、四哨各用十面、曰響鈸四哨各一對、以應銅鼓、若列八陣、則各增之、曰刁斗以銅爲樵、器容受一斗、晝以炊夜以擊、或兩旁有鈴、一隊用一件、大凡鳴鑼是要各兵下馬再鳴是要各兵坐息、若中軍偃旗一體偃、又凡軍中一切鼓樂等項、每欲止、必鳴金一聲、聽更令號砲後、卽如所更之令行、又凡戰畢、三鳴要退兵、二鳴要退兵回身立定、凡鳴摔鈸是要兵收隊、再鳴成大隊旗幟通回中軍、凡鳴金邉是發五方旗招向營角傍立表、表未營而表是照表搶營、已營而表是分鬭鬪角以便

出入以便識認，外表所以分別營盤、防守界限，賊來舉之以應遠近緩急

鼓有大鼓。中軍出入用之。有警鼓。大將中軍設嚴警鼓一十二面，左右各六，簫十二，列亦如之。有銅鼓和以響器。大凡點鼓是行營點鼓，一聲約行二十步；點緊鼓一聲行一步，則擂鼓交鋒矣。但聞擂鼓是交鋒，要兵向前。下營定擂鼓者，是樵汲看豎何色旗，該營照令行。入夜閉營門後擂鼓是起更號，笛即鎖吶，要聚各官旗頭，自發放軍務，必須吹得到齊方止。

喇叭、凡大小將領門前、及教場內行營處、無別響器而獨吹叭、是掌號也、第一次是頭號、要人聞號即興、起收拾行李做飯、遲一個時辰、吹第二次、要人喫飯收拾出門、詢問劄營信地、取齊、吹第三次是要起身、主將自衙門出、到各兵劄營地方、另擬向往、

凡吹長聲一聲、謂之天鵞聲、要各兵一齊吶喊

凡吹擺隊伍聲、要各兵擺隊伍、凡吹長聲放銃一個摩旗、是要轉身、各兵俱看旗所指處、俱要轉身、

凡擺隊已定、喇叭稍歇、復又吹单擺開者、是要一字列開成陣、脩戰也、

哱囉。凡吹長聲三聲，是要兵起身。可吹一次，是要放銃

器以待有爲者上馬

旗幟

旗幟之製不等，而指揮節制之用，全在認旗。故自大

將以下，若營將，若把總，若哨官，若旗總，若隊長，旗

各不同，而節制歸一。各營兵只看本隊長所執旗，

隊長只看本旗總所執旗，旗總只看本哨哨官，只

看本把總，把總只看本營將，營將只看主將旗色。

若主將五方旗招，俱起立，點動，則五方之營俱動。

如止一旗立點，則該應之旗俱點。某旗向某方指

點該應旗俱向某方各兵隨旗而往若主將五方
旗俱偃則五營之旗俱偃若只偃一旗則該應之
旗亦偃大將旗或立或點或摩先營將應之把總
不許先應是營將旗先把總應之哨官不許先應
是哨官旗旗總應之是旗總旗隊長應之隨旗所
指而往隊長以下口傳身率要與旗鼓號令相應
有差錯者以軍法治主將至把總用五方旗哨官
以下用認旗凡旗伏而不起脚下即是信地雖天
神叫移動亦不許依夜看火鼓與晝同
黄色屬土位中央凡軍行中營中軍所用但見黄旗

即知某中營某中軍也在五營、則爲五營之中在一營則爲一營之中少至五人、則爲五人之中凡看青紅白黑旗、以認前後左右倣此凡人面向者爲前紅旗屬前凡軍行軍壘所在、向前者則用紅旗、但見紅旗、但想向前凡人就本身之左手爲左藍旗屬左凡軍行軍壘所在向左者則用藍旗但見藍旗、但想向左、人之右手爲右白旗屬右但見白旗亦然人之背爲後黑旗屬後但見黑旗亦然蓋曠野人衆若説東西南北認辨不真凡人皆有左右手面前背後、人人易知故人人只以大營中

軍分左右前後又以本身前後左右爲向再不必
論東西南北也

營燈

中軍旗鼓上應備黃油紙鐵絲燈各一盞纛上用五
色燈五盞一行聯下各雜流官生人等每起頭目
各帶燈一盞低執隨身前總哨旗上紅油紙鐵絲
燈一盞高照一盞每一隊旗上一盞色同黑油䍐
一件左總藍右總白後總綠中總塘報等燈俱圓
而黃

䍐蓋最要或一時遮隱使寸明不露或明營暗徙或

塆營倏明、爲莫測之巧也

弓矢 另備射字函

技藝中惟弓矢爲遠器亦惟弓矢爲難工然亦不過曰得訣則准專心則精而多練則熟耳練之之始於十步立標標眼如錢大平胷滿射必能三發中二方移遠五步又能不離左右然後於二十步立標眼如酒盃大射法同前漸熟漸遠自三四十步以馴至於八十步亦能命中如前斯術成矣標眼亦必以漸而加大大至尺許爲極植標亦以漸而增高高至七尺爲止雖人之巧拙不同功之遲速

或異顧未有精練而不工亦未有不精練而工者
也
騎射以離把十五步而及者爲熟又以分騌對鐙抹
鞦各臻其妙者爲精
古法曰射不入鐵不如不發射不入石徒勞爾力又
又曰有力不親不能害人親而無力不能入物又
曰疾而箭狂反被敵傷親而箭遲敵可閃移三者
射之要也蓋射始于舉筈終於遺箭筈高則下揷
而箭斜筈低則上揷而箭徐弓急則失威儀而難
中弓緩則力弱而去遲昔由基百步穿楊蹲甲七

札、精通于神、唯在遣放、遣放之法、須人力勝弓、操審在我、偃其左手、仰其右腕、箭發則靡其前、硝前硝畫地、後硝附右膊、後手不得戀前、手不得連身、不得動、文牽而武放、然後發無不疾、疾無不壽、壽無不親。

射疏及遠、中微制大、必資于弓矢、然今之弓手、止知射長箭、而不知射邊箭、弩手亦不知用弓之法、況今止用竽子、雖可取勝、殊非長技、蓋長箭去遲、而敵人易見、故彼可以閃避、且得拾取反射、其利在彼、邊箭去疾、而敵人難窺、非惟彼不能回箭、況邊箭所到，倍長箭百步有餘，其利在我。長邊二箭，務令弓手兼習。若賊尚緩遠，則宜用邊箭；如來近迫，則宜用長箭也。

長八寸者爲鞭箭，長四寸者爲白蛇。吐信皆用溜子發之。鞭箭先搭箭，後搭溜子；白蛇先搭溜子，後搭箭。

弩

弩者，守之勁兵，伏之利器也。正射之道：左足縱，右足橫；左手若附枝，右手若抱兒；右手發機，左手不知。此古法也。張弩則丁字立，當弩則八字立，安箭則高舉手其放箭也敵遠則擡頭敵近則平身敵左則右回身敵右則左回身敵在高則高擎手敵在下則低伏手但於陣中張之陣外射之進則跪以旁牌去則退而復張轉張轉射則弩不絕而無奔戰之害矣

後漢愍王寵善射弩十發十中中皆同處李賢注曰寵射秘法曰三微爲經三小爲緯經緯相將萬勝之方然要在機牙案此即三微三小者其揩矢之分寸也目之所注分寸可準則矢之所發必無毫釐或差矣弩蓋一律也三微三小分寸在弦而十

發十中，往必中鵠以橛牙之分寸，必與正鵠分寸

相對也

比手弩以五十步立把高五尺廣尺許，三箭中二者

稱能，稱善射，能及飛走之目者，稱精，稱奇。弓弩雖

短兵之長，用，但矢盡弓觧，即爲人困，故習射者又

必精于刀劔，蓋弓觧則有接濟之兵也，學弩者又

必熟釵鏟，蓋矢盡則有利用之具也，此尤銳意練

兵者所宜加意。

拳棍

學秕先學拳，次學棍，拳棍之法明，則刀鎗諸技時易

易耳所以拳棍爲諸秇本源在宋太祖則有三十六勢長拳六步拳猴拳囮拳等法在温家則有七十二行拳三十六合瑣二十四棄探馬八閃番十二短等法他如呂紅之八下綿張之短打李半天曹聾子之腿王鷹爪唐養吾之拳張伯敬之肘千跌張之跌童炎甫劉邦協李良欽林琰之派各有神授世稱無敵然皆失其傳而未有能竟所奥也杈杈棍長一丈二尺精者能入鎗破刀惟東海邊城與闔中俞大猷之棍相爲表裡法有不傳之秘少林棍倶是夜乂棍法故有前中後三堂之稱前

堂棍名单手夜义中堂棍名陰手夜义類刀法也後堂棍名夾槍帶棒牛山僧能之故曰紫薇山棍爲第一張家棍爲第二青田棍又次之趙太祖騰蛇棒爲第一賀屠鈎杆西山牛家棒皆次之其孫家棒又出自宋江諸人之遺法

大抵練兵教棍切須掃去走跳虗文但動棍須把得堅牢棍妙在下起棍入必須上壓一打一揭欲我疾陰手陽手令人疑大剪小剪神變用大門小門藏正奇使扳剃滚殺起磕俱得其妙廼可稱棍俞大猷劍經曰待其舊力畧過新力未發而急乗之

似得用秇之秘矣。棍法之妙，亦盡於大猷劍經，在學者悉心研究，酌其短長，去其花套，取其精微，久則自可稱無敵也。

拳有勢者，所以爲變化也。横邪側面，起立走伏，皆有墻户，可以守，可以攻，故謂之勢。拳有定勢，而用時則無定勢，然當其用也，變無定勢，而實不失勢，故謂之把勢。作勢之時，有虚有實，所謂驚法者，虚而其取法者，實也。似驚而實，取似取而實驚，虚實之妙，存乎其人。故拳家不可執泥，裡外圈，長短打之説，要須完備透曉，乃爲作家。技欲精，欲多用，欲熟，

欲駛欲狠兩精則多者勝兩多則熟者勝兩熟則駛與狠者勝數者備矣乃可較敵

一家數温家長打七十二行着二十四尋腿三十六合鎖趙太祖長拳多用腿山西劉短打用頭肘六套張短打六套用手用低腿呂短打六套趙太祖長拳山東人專習江南人亦間習之

棍非將事然武事必先言棍者棍法一通則凡鈎刀鎗鈀各器之法從此得矣人之用棍如讀四書熟攻鎗鈀如習一經若四書明則六經之理自明也

拳棍要訣只在避實擊虛得心應手

棍法總歌云剛在他力前柔乘他力後彼忙我靜待短棍任君鬬經又云陰陽更轉兩手要直前脚要曲後脚要直一打一挑通身着力步又速進天下無敵

長鎗

能殺人於二十步之外者六合鎗法也能無敵于六合之內者楊氏梨花鎗法也復有馬家長槍沙家杆子李家短鎗之名長短能兼用虛實盡其宜銳進不可當速退不能及

凡學鎗先以進退身法步法與大小門闌閉與手法

演熟繼以六眞八母二十四勢的厮殺使手能熟心能靜心手與鎗法混而化溶動則裕如變不可測但施於陣上則伸縮騰挪之機必稱不便故花法不必習習亦無用處也此在學者自悟而妙運之耳

較比之時先看单鎗試其手法身法進退步法圈串不宜甚大尺餘便好復以二十步外立木把高五尺濶八寸上分目喉心腰足五孔孔大寸許內懸圓木球每一人執鎗立二十歩外聽鼓聲擂緊翻然槳槍飛身向前戳去以得孔內木球於鎗尖爲

熟五孔木球俱得為精若二人比秘即不離封閉
捉拿守五法而已惟能守者力自閑有隙便進是
謂得鎗之訣
鎗法始於楊氏持此者可以刺敵可以護身可拒冲
突可濟江河蓋五兵中最便利之器也其法有虛
實奇正陰陽動靜今以教兵惟知封閉捉拿上攔
下攔封閉捉拿有大門有小門只此已足用矣
學鎗有三大病一立身不正二當劄不劄三尖不齊
照三尖者上照鼻尖中照鎗尖下照脚尖也不
拆鎗能拼身能刺敵而手準足疾者即為上等

訣曰你鎗發我鎗拿你鎗不動我鎗劄來得緊上得硬不遮不架是個空

鏢鎗

鏢法非特牌手爲用特倚牌而用即筅子手皆可帶用也其用法一隊之中牌手列前弓弩銃鎗筅鈀棒俱依次避於牌後中立者其面向前左右立者以背相向若敵在百步之外各兵先發銃弩弓箭及至來近步兵相接尚在三十步内各兵俱發鏢鎗飛擊一鏢不中再發一鏢敵人見鏢必倉皇失措我當乘勢一湧而進勝氣在我皆鏢之功也但

不可虛發。虛則廢鏢，不可遲發，遲則棄鏢。要在不疾不徐，心壯眼快，乃爲得之。其習法在平時，各給牌手竿子手以鏢，先於教鎗筅牌手之時，各令擲鏢，插的於三十步地，以左手持牌鎗筅竿器，右手飛擲，要五指分三路，中撮鏢竿，抵住平擲，毋上向，毋下墮，臨發準視鏢尖對的，鏢竿前後平直，儘力一縱，自然得中。中中且必傷，習之既熟，或立的移遠，移近，就上就下，方爲陣中實用。其中之多寡，各立賞罰之格，士自多競勵者矣。

藤牌

牌刀爲制虜長技練習之法有起手勢照高管下横行直進諸勢可變貴有躲閃之妙也有斜行勢乃直來横受之法所謂硬騎龍以進人之左也有仙人指路勢乃看管之法拗步直進直退諸勢可變也有滚牌勢此勢隨滚進以襲人之右先進刀後進牌疾速如風爲妙也有躍步勢乃誘敵之計刀在前牌在後誘彼進來急轉牌前刀後而騰步以擊之也有低平勢此與正對敵勢用推步進法須帶鏢一根身在牌內標步齊進自百發百中也有金鷄畔頭勢此是急進法頭藏牌下進步如風使

敵人應接不及也。有埋伏勢，此勢用小挨步，或左
或右以襲之，如有鎗截在牌，不能脫手，急用刀尖
將牌借力頂開而急進也。學牌者必先習此八勢，
八勢既精，自得其巧，是以挨牌如壁，閃牌如電，遮
蔽活潑，起伏得宜，全身藏盡，視聽外馳，更須翻滚
不露頭足，此用牌之要訣也。

籐牌固自衛禦敵之妙物，然非標又無以爲用，故學
牌者必先學標，每帶棄標數枝，啓手時左挽牌，右
持標，步動標起，近敵便投，無論中否，敵必閃顧，則
牌隨滂滚進，敵便措手不及矣，故曰標者牌之參

兵所慮者但恐進標而抽刀不迭是又用牌之可慮者也習者愼之

較比牌標之法懸銀錢三個於三十步內地令其滚牌進標如臨敵之勢有能標中銀錢者即以銀錢賞之三限不中者罰之三標百試不差者爲異等

長牌主禦駐則成營行則蔽隊是營隊之藩衛也所謂壯士氣齊步伍退如山進如堵也若非牌蔽亦安能騁其利哉故曰得長短剛柔之用者不敗也

牌製宜高廣過人乃可以攩前遮後護足止馬但鉛子來則竟入而無以爲禦昔戚繼光曾以絲綿數

屬鋪製牌上，名曰剛柔牌，以拒鳥銃，然終不能擋，總不若綀荆花鐙法爲妙，鉛子著之自下。但人鮮得製法，未易議也。

筤筅

筅所以稱利器者，謂其能作步卒之藩籬也。然非長槍短兵夾持而進，則能禦而不能攻矣。故學筅者必以老成有力，而筋骨已硬之人，謂其無活跳閃驃之勢也。如精銳輕凌之兵，則不必以重贅之器爲利用矣。

較比筤筅之法，必先令其自使，觀其手法、步法、六勢

成熟然後與長鎗對比鎗共不動又能護我短兵
進戰搪架敵器不入為精
習退之法有拗步退勢訣曰直進直出君須記站住
即是中平勢高低左右任君行切挫鈎闖毋輕易
有騎龍勢訣曰閉門之法上騎龍下闖高縈大有
功設若當前披一下勸君眼快脚如風有鈎開勢
訣曰鈎法由來阻大門小門挫下向前奔若還他
使低來勢闖挫憑君利便分有架上勢訣曰鎗抑
高來須用架架時管上又管下陰陽反覆脚如風
鉄樁金剛也戰怕有闖上勢訣曰闖勢緣何要挈

脚挙脚乃是起步法、連身坐下向前冲、上面不着下面着

鏜鈀

鏜鈀之器、可擊可禦、是兼矛盾而兩用者也、兵法五兵五當、當以長濟短、以短救長、先遮後戳、彼攔此砍、此獨能自用、不借別技相護、且用此器者、給以火箭十餘枝、其兩股又可架放火箭、不必再執箭架、則長器亦兼之矣、乃軍中最利之器也

单刀

此刀中國先無、有用之者、故亦未備練法、邇因見倭

奴特此跳躍光閃而前我兵便爲奪氣蓋倭善躍一迸足則丈餘刀長五尺則丈五尺矣我兵短器難接彼長故遭之者多不幸緣器利而雙手使用其力最重故也今如獨用則無衛可虞必以鳥銃手于賊遠時先發銃賊至近身則以此攻刺蓋惟此輕而且長便於兼用況有殺手當鋒此又可乘勢出入也

練習單刀之法當先學迸跳跳法得則短可勝長矣有齊眉獻刀法有中身橫截法有左提右撇下沓法有拗掣法有藏閃法有面劈法有倒吊法有摩

試法、有轉截法、有倒進法、有斜掠法、有正當法、有蹲跳法、有跪献法、有鬃帖法、有反别法、有圓[illegible]法、有靡唱法、有監香法、有雙挽法、有单飛法、有天挑法、有背負法、有速進法、有迭退法、有竭力鎚進法、有飛身還伏法、總在砍刀有力、轉身無骨、出伏不常、攔殺無懼、是单刀之訣也

雙刀

雙刀之法、又與单刀不同、彼若使一伏虎打我頭、却以左手監住右手、一抹刀若被彼撇捽定了、當身一、休刀彼若使一水平鎗來扎我、却以右手監住

左手一抹刀、彼若使一秃龜來斫我、却回以左手
監住、右手斫虎口、彼若使一单提來打我膀、不拘
左右、以手監住一抹刀、彼若使老僧拖杖掃我脚、
以左監住、右手一抹刀、若撒捧走了、就削虎口、彼
若使一横龍鎗來扎我、以左手監住右手一抹刀
彼若使一仙人教化來戳、以左手監住右手一抹
刀、彼若使一老鶴啣食來斫我脚、以刀十字架住、
一刀就砍虎口、彼若使一鞭鏞來打我、以右手監
住、左手一抹刀、彼若使一擧手朝天來打我、以左
手監住、右手一抹刀、彼若使一虎歇來打我、不拘

左右一手監住、一抹刀凡此是雙刀之大槩也

馬上雙刀須長而輕後過馬尾前過馬頭坐穩如山運力如電自所向無敵矣

劍

訣曰電掣昆吾舞勢揚、一升一降把身藏、左右四顧共四劍搖頭進步風雷響滚手連環上下防開右足一劍進左足一劍又左右各一劍乃收劍也左

以青龍雙探爪、縮退二步開劍用右手十字撩二劍刺一劍也右行单鳳獨朝陽、用左手一刺跳進一步左右手一挑左右手各一蓋右手一門轉步

開劍作勢也　撒花蓋頂遮前後　右滚花六劍開足
雙蹬劍也　馬步之中用此方
又訣云蝴蝶雙飛射太陽　右足進步右手來去二劍
左足進步左手一刺一晃也　梨花舞袖把身藏　退
二步從上舞下四劍也　鳳凰浪翅乾坤少　進左足
轉身張兩手仍翻身左手一劍右手來去二劍左
手右劍開劍進右足也　掠膝連肩臂兩旁進步滿
空飛白雪　從下舞上四劍先右手也　回身野馬去
思鄉　左手抹眉一劍右手抹腳一劍抹眉一劍左
手抹腰一劍一刺右手一劍收劍也　太阿在手非

容易、文雅之中武藝揚

劍法有經、劍術有俠、妙以神運、訣難口傳、古今精此者、多不過十數人、惟卞莊之紛紋法、王聚之起落法、劉先主之顧應法、馬明王之閃電法、馬超之出手法、此名五家名劍、得心應手、惟人心悟之、而紙上所著、苐其規矩之大槩、已耳

大刀

刀製不同、若偃月、若斬馬等類、名以形殊、而其用法則不甚大異、習練以步法、砍法圓捷純熟者、為上等、有步法砍法、俱是而手足遲鈍者、為中等、有砍

法是而步法差錯者爲下等其刀法有六路十二路三十六正刀二十四閃伏俱要演熟而知其進出庶臨陣不制於人耳其歌訣相沿止有手執青龍偃月刀覇陵橋上擋奸曹等八句語雖小異而大同然其運法傳受則竟迥乎不同矣蓋遊方教師各以已意而參入花法但求眩新以駭亂人目全不求實用也學習者必訪眞正法家乃爲有用之藝耳

總論軍中諸技惟刀劍法少傳若能滚入使長短兵不及遮攔便爲熟矣如日本刀不過三兩下往往

人不能禦，則用刀之巧可知。偃月刀頭大且重，使有力者用之而更能精熟，則諸兵仗當之者自無不屈也。

鳳嘴刀、三尖兩刃刀、斬馬刀、鐮刀、苗刀、麖西刀、狼刃、掉刀、屈刀、戟刀、眉鋒刀、鳫翎刀、將軍刀、長刀、提刀之類，各有妙用，大都只是不用走跳虛文花套手法，始得用刀之實。故曰不在多能，務求精熟。設或不精，反爲所累。所以秘技有神授，如無眞授，未可強爲。授之不精，未可稱技精。而不能變，猶爲法所泥也。

短兵者爲接長兵之不便然亦有以長用者馬[illegible]
突越之勢。綽鈀、有閃賺之棿、然又不出陰陽鉀、不
離五路。如燕尾叉、虎尾叉、五龍鈀、三股叉、鈀尾鞭、
夾八鞭、槍雙鉤、槍連珠鉄鞭、鷹爪飛撾、開山斧、剉
斧、鉤鐮戟、鉄鏡、鉤竿、天蓬鏟、搗馬、槍蒺藜椎、鴟項
槍拐、突槍、魚肚槍、狼牙棒、豹尾鞭、蘆葉槍、流星鎚、
叉尾椎、叉竿、抓鉄、蔺棨、鏤遠鋉、梧环仔槍、杈子棒、
紫金標、八尺棍等類、種種不可悉數。各有專門、但
身法、手法、步法、皆由拳棍上來。其進退、騰凌、順逆、
之勢、俱有異樣、神巧、殺着、學之得精、俱可制敵。然

非秘授不可強施外如花刀花槍套棍滚叉之類
雖足觀美何益實用哉是以軍中切忌在套子武
執而最爲恨者又在強不知而爲知也
平時用技稱十分精熟而對敵之際能用出五分者
不敗能用出六七分者必勝多有當塲便忘却平
素手段況生死之際乎且如長短器械錯襍陣頭
一齊擁進起手就戳便砍雖轉手回頭尚不可得
豈容活潑動跳做作進退身勢手法耶所以虛花
武執上陣時一些用不着也練兵者若曾親經戰
陣必練得諸般武藝倍精於敵使敵人無隙可乘

乃爲必勝之勢耳

火器另備火字函

兵家利器莫先于火顧不患無火器患無火人故練兵之法惟以練火爲一第義第其間有常器有秘器有銃器有烈器有輕器有重器有近器有遠器有飛器有埋器有毒器有焚器有水器有陸器用貴合宜練須預熟倘不熟練於平時豈能收效於倉卒必其預選募壯勇伶俐軍士聚爲一軍每於該操日演習各色火器常加試驗務令制度得法打放有準聞號齊發見陣不驚馬步中竅飛伏如

神。然後火器爲有益，庶臨用不致虛發，不致于反

噬。耳火字函頗詳，茲不備述

真如齋備書　戊

共十本

序王堇父備書屯字函

余遡覽往古無不兵之國亦無不餉之兵顧兵不能常取給於人餉不可無從出之地惟不取給於人則軍需必按額而國計不至於權宜惟念及於從出則地利即邊儲而物力不疲於輸轉歷考

漢唐以來開創之君深謀遠慮國致富
強必由貸周於自給而繼世之主優游
玩愒變起庚癸必因餉饋之支吾我
高皇帝驅逐胡氛
文皇帝三犁虜廷傚成周兵農合一之規
鑒前代養兵坐困之獘開諸屯田守禦

蒸足。誠萬世善經也。豈至於今。九塞之
沃土侵漁。衛所之軍丁流竄。運邊之額
糧耗於年例。兩淮之鹽引壞於折銀。種
種變遷。屯法遂大壞不可復振。夫屯壞
則地荒。地荒則邊曠。邊曠則虜斥。虜斥
則兵增。兵增則餉缺。夫地之所產既縮

於數之內。兵之所需。又溢於數之外。勢不得不資於轉輸。轉輸漸進。又不得不應以借給。借給之用行也。猶以秋冬之積暫供春夏之支。及借給不已。卒使明歲之秋。方領今冬之額。而主計束手無措。老庫罄盡無餘矣。如是而國計將安

所底止乎。余蒿目驚心於此久矣。媿無

能爲

嘗宁展一籌。何幸王董父氏之先得我心

也。有備書屯宇函之輯。其意謂財者流

通之物。一出而即竭者也。穀者蕃滋之

物生生而不已者也。今欲使出者不竭

生者常盈舍屯法他何以策一曰訓以紀古今之議此屯者二曰纂以列君臣之任此屯者三曰法以條用人行政之經此屯者四曰具以備器械水利之貲此屯者四者備而屯無餘藴矣且其博採羣書綜克棣而約之一函悉譔國之

忠藎著經世之弘猷董父誠苦心哉夫
激河復而內訐省五丈耕而渭濱靖都
尉拜而羌路塞十二便宜得而先零驅
三十六部建而金城固往昔成效胥列
火觀矣邇東西交訌徵調繁苛當事者
捉襟為虞持籌莫措頗厪我

新主宵憂。而董父此輯。非當世所急需乎。

董父修志修曆兩事業並奉

温綸下宗伯議行。而況今官綸扉又爲

九重親信近臣。其言聽計從。不綦可知。執

此以献。寧有不借重爲今日之嘗乎孔

明者耶。余素與董父交莫逆。三復斯編

喜而漫弁其首

天啓壬戌孟冬吉

賜進士第大理寺左寺左少卿東魯張延

登頓首撰

喜而漫弁其首

天啓壬戌孟冬吉

賜進士第大理寺左寺左少卿東魯張臣

備書屯字函卷之一

越人王應遴堇父輯

師汝南中山蔡毅中閱

友人姜雲龍神趨較

屯之訓

周書大武解曰太公望佐周以兵定天下天下既定戢藏干戈立司馬之法因井田而置軍賦地方里而井井十爲通通十爲成成方十里成十爲終終十爲同同方百里同十爲封封十爲畿畿方千里有稅有賦稅以足食賦以足兵故四井爲邑四邑爲丘丘十六井也有戎馬一疋牛三頭四丘爲甸

甸六十四井也有戎馬四疋兵車一乘牛十二頭
甲士三人卒七十二人干戈備具是爲乘馬之法
天子畿方千里提封百萬井定出賦六十四萬井
戎馬四萬疋兵車萬乘故稱萬乘之主戎馬車徒
干戈素具五國爲屬屬有長十國爲連連有帥三
十國爲卒卒有正二百一十國爲州州有牧連帥
比年簡車卒正三年簡徒羣牧五載大簡車徒侯
國有罪則命方伯連師諸侯以討之師行而糧從
此萬世爲國立武足食足兵之大畧也
太白陰經曰洪範八政食乃爲先是以商鞅入秦行

墾草之令夷吾覇齊富農功之術夫地所以養人城所以守地戰所以守城務耕者其人不饑務守者其城不危務戰者其城不圍四海之内六合之外有奚貴曰土貴曰奚貴於土曰人之本奚貴於人曰國之本是以興兵而伐武任則兵勝按兵而農粟任則國富強國待農戰而安主待農戰而尊三時務農一時講武使士卒入無遺力出有餘糧所謂兵趣而勝敵按兵而國富者也

唐李元紘曰軍國不同中外異制若人間無役地棄不墾以閒手耕棄地省餽運實軍糈屯田之爲益

大矣

宋朱熹曰：自兵農既分之後，計其所費，却是無日不用兵也。又曰：今朝廷盡力養兵，常有不足之患。又上言：選將吏，核兵籍，可以節軍費；廣開屯田，以實軍儲；練習民兵，以益邊備。擇老成忠實、通曉兵農之務者，使領屯田，付之重權，責之久任。漸省列屯坐食之兵，州郡供軍之數。軍籍既核，屯田既成，民兵既練，禁苛斂，加寬恤，庶幾窮困生全，無復流移漂蕩之患矣。

魏了翁曰：古人守邊備塞，可以紓民力，老敵情，惟務農積穀最要矣有屯田有墾田二者相近而實不同墾田者大兵之後田多荒萊廣行招誘使人開墾因可復業耕稼之實多於屯田並邊之地久荒不耕則穀貴民散而兵弱地闢耕廣則穀賤人聚而兵強惟務責屯田之虛名而先究墾田之實利則庶幾矣今蜀田昔爲膏腴近成荒棄沿邊土豪願自備農器耕牛趂時開墾耕數千頃明年便收地利縱官未立額或量行輸租潛裕兵民漸食賤粟比之頃歲人苦斛貴官苦糴貴利害相萬也況耕田之民又皆可用之兵不數年間邊食旣豐兵

丁亦足萬一有警呼吸成聚家自爲守人自爲戰比於倉卒遣戍亦萬不侔無屯田之名有屯田之實無養兵之費可制兵之驕不惟不畏虜亦且不畏他盜積之歲月則今之墾田又爲後之屯田今之耕夫又爲後之精兵救弊永圖無踰於此近聞虜方科民牛具開耕荒土夫墾荒之利虜猶知之而我悠悠歲月坐長寇仇臣不知所策矣若夫屯田則先督諸將脩葺原堡候畢日併將極邊荒田盡數耕播行之以漸要之以久不數年間邊備自足以戰則勝以守則固矣

金侯摯曰古之取兵以八家爲率一家充戍七家給之猶有傷生廢業疲於道路之難今海戶不蒲百邳戶僅八百而軍以萬計兵多民少即蕭劉復生亦無所施其術况於臣者何能爲哉伏見邳海之間貧民失業者甚衆日食野菜無所依倚恐因而嘯聚以益敵無若募選爲兵自十月給糧使充戍役至二月罷之人授地三十畝貸之種粒而驗所收穫量數收之逮秋復隸兵伍且戰且耕公私俱利彼俘之民易於招集也

元虞集進疏曰京師之東瀕海數千里北極遼海南

濱青齊雈葦之場也。海潮日至，淤為沃壤，宜用浙人之法，築堤捍水以為田，聽富民之欲得官者，合其衆，分授以地，官定其畔以為限，能以萬夫耕者，授以萬夫之田，為萬夫之長，千夫百夫亦以是為差。察其惰者而易之，三年視成，五年有蓄，乃命以官，就所儲給以禄，十年不廢，得以世官，如軍功之例。時議不一，不果行。末世海運不至，於是乎有海口萬戶之設焉。

草木子曰：井田之法，非獨為均田制禄而已也，所以陰寓設險守國之意也。中原平衍，而溝澮交錯，使

車不得方其軌騎不得任其馳豈非寓至險於大順之中者乎

大明會典曰國初兵荒之後民無定居耕稼盡廢糧餉匱乏初命諸將分屯於龍江等處後乃設各衛所創制屯田以都司統攝每軍種田五十畝爲一分又或百畝或七十畝或三十畝二十畝不等軍士三分守城七分屯種又有二八四六一九中半等例皆以田土肥瘠地方衝緩爲差又令少壯者守城老弱者屯種餘丁多者亦許其徵收則例或增減殊數本折互收皆因時因地而異云

洪武中宋訥守邊策曰備邊在乎足食足食在乎屯田今諸將中豈待借才於異代哉宜選其有智勇經畧者數人每將以東西五百里爲制隨其遠近高下分屯所領衛兵斟酌損益彼此相望首尾相應耕作以時訓練有法遇敵則戰寇去則耕此長久安邊之策也

高皇帝諭羣臣曰安邊長策無若屯田我養兵百萬於京師富不靡縣官一粒粟

又諭中書省臣曰古者寓兵於農有事則戰無事則耕暇則講武今兵爭之際當因時制宜所定郡縣

民間豈無武勇之材宜精加簡拔編輯為伍立民兵萬戶府領之俾農時則耕閒時則練有事則用之事平有功者一體陞擢無功者令還為民如此則民無坐食之弊國無不練之兵以戰則勝以守則固庶幾寓兵於農之意也

丘濬疏曰所貴乎屯田者亦以廣種多收民間穀賤發銀廣糴則邊儲自足請邊塞屯所不必征其租士卒能於本田之外多耕者立為賞例使人人奮耕家有餘積市價自平不唯邊軍皆贍而內地亦克紓矣

又曰成周之制兵籍於大司徒征行則屬之大司馬
凡其有事以起徒役則皆前日之農也士不待遷
皆吾民將不改置皆吾吏居則聯其家而爲比閭
族黨出則聯其人而爲伍兩卒徒父死而子繼無
招致之煩而數不耗自耕而自食無廩給之費而
食自飽豈非制兵之得其道歟
鄒德溥曰晁錯之議實邊獨令民得入粟拜爵除罪
粟立集而邊富何也爵者民之所甚欲也罪者人
之所甚畏也懸其所甚欲與其所甚畏者驅之故
民自就也今獨可遣使者按行郡邑討其田可耕

水可濬者，彙奏而籍諸部，因爲下令曰：有能墾田百畝者爵何，墾田千畝者爵何，墾者以報郡邑長、中丞，覈奏而爵之，畧如今之輸粟拜官者，而爲之差。夫輸粟拜官者，動計數十年，近者十餘年，今以田成税而官之，利速，官者必爭赴矣。則又爲下令曰：除大辟不贖外，其他罪當戍者，墾田若干免；當徒者，墾田若干免，墾者以報郡邑長、中丞，覈奏而赦之。民得以其力財贖罪，又必爭赴矣。則又爲下令曰：邊將能以其卒墾田千畝者賞若何，墾萬畝者賞若何，撫覈奏而給之賞，賞與戰功等，赴敵

之與闘田安危異究也士卒豈不憚捐其軀於鋒
鏑以爭賞而謂不競於闘田吾不信矣
楊復所曰古者三代之兵出而爲兵入而爲農不戰
則耕以自養而耕之閒暇則習爲擊刺以待寇自
周以還唯趙充國得其法而唐初府兵猶有遺意
焉但古者將嚴而兵易使其卒安於勞故使爲農
而不辭今天下之兵可使執勞者皆不知戰而可
與戰者皆驕而不可使抑嘗聞之昔已牧馬者不
可使之畜豚彘馬彘之相去未能幾也而猶且不
可使況已募之以爲兵而復强之以爲農乎今欲

以兵屯田亦告之以將屯田而募焉固有以無田爲農而願耕者屯田之兵既多而可用彼不耕而食者固可因其死亾而弗復補以待其自衰矣

徐貞明曰不費公帑不煩募民而田功自舉者則邊地屯田之道盖有三焉曰大將不撓沃土以養廉而倡力耕之機也曰力田得照斬級以紀功而重激勸之典也曰富民能率僮僕以廣開卽與世業而仍授世職之榮也內地墾田之道亦有三焉曰錮舊逃海新稅以招復業之人也曰開新例授散職以酬力田之勞也曰照納鍰改遠配以廣贖罪

之途也

章潢曰：祖宗之設屯法也周，故人便其任；人也富，故法舉；其與士也優，故士奮；其取利也緩，故利集。及其弊也，則有膏腴之地多爲莊田，空閒之區咸歸邊帥，士卒無近田可耕，如商輅所論者；有墩堡不修，夷虜輕犯，多可耕之田而不敢耕，士卒瘵憊，家無耒耜，多可耕之田而不能耕，如梁材所疏者；有耕種之際鹵莽滅裂，收貯之時侵欺隱漏，以骨屯爲職者優游城市而不見阡陌之區，以典屯而來者懸信簿書而不校倉庫之實，如劉定之議者；有

櫌之以弗清持之以太急令日覈地明白徵邊
戍驚竄叛漢入胡如王樺所陳者或欲令各撫臣
選廉幹吏闢荒蕪革豪猾覈乾沒修亭障遠斥候
每歲終以聞請明示勸戒者或以為利歸於下則
人樂趋往時為邊帥豪戶所種田不荒蕪而公糴
亦紛紛請勘邊生厲階夫與其沃膏鞠為茂草孰
若稍以與人有長種者悉與為業乎此亦安邊之
一說也或以為鹽法折納商不赴邊屯政遂壞而
請復舊制使耕有所資積有所散則塞下自實此
固探本之論也盖諸議之指大都任人廣募薄征

緩取而鹽法與屯田相爲維持而鹽法之復尤不可不亟也

章潢屯鹽論曰善經國者不與民争利不與民争利則藏富於民即藏富於國也善養兵者能以兵自養能以兵自養則足食於邊即强兵於邊也何則九邊遼遠轉輸甚艱況千里餽糧士有饑色而轉東南之粟以養西北之兵河漕勞費在萬里之外哉此屯田之當議乃以兵自養之道也然邊屯牛種皆無所資不得不仰給於鹽商重其輸邊之例而使商輻湊於邊則墾愈多積愈厚邊粟愈賤此

鹽法之當議而不與民爭利非藏富於民之道乎信乎強兵莫急於屯田屯田莫要於中鹽攝屯利弊相須不得不亟講也夫國初供邊以鹽利而鹽有常股有存積常股之鹽雖守攜而額重故洪武以至正統鹽法畫一民無私焉自存積之鹽越次以罔利而奸賞遂開成化以來鹽直日輕官價愈貴賈窩商賣窩商牟不可華矣況更改折於葉淇而鹽法遂大壞焉蓋祖制鹽一引輸邊粟二斗五升故商賈如鶩悉聚三邊自出財力自招游民自墾邊地自藝菽粟自立堡伍所以邊兵亦藉商之資斧

春耕借其牛藉其種秋成穀登即還以售千里荆
蓁盡成沃壤成化間甘肅寧夏粟石而銀二錢邊
方粟無甚貴之時以備之富也夫商以二斗五升
之粟支鹽一引商之利誠厚使商人輸銀京師則
鹽一引課銀四錢八分厚利固在官哉會計聚歛
之徒見小忘大豈不以爲商免遠藝之勞官收十
倍之課甚自矜焉以爲得策也而孰知弊之至此
極也唯商不輸邊則近邊米荳無有貿遷之者而
價遂騰湧且屯卒耕種無所借資遂使屯田亦從
而廢乃至稻米一石有值銀數兩者皆由改折之

一議鹽之爲禍也嗟乎屯田興則粟積於西北而東南可以緩漕輓之轍屯一廢焉而東南民力竭矣且不直兵病也民病也商輸銀於部部送於太倉太倉分送於各鎮收放出入愈析愈耗厚利果盡在官乎則孰若商人自輸於邊之便也誠使脩復鹽規令商入粟苟有能於並邊開墾即給爲世基更安撫招集時加存恤使遠人如歸而更嚴其法禁凡粟貴徵粟粟賤徵銀鹽賤守支鹽貴則發存積勢豪奏討侵奪權貴囑託發賣餘鹽之例一切預爲之防焉雖曰利在商人而邊粟多穀價賤

國之利也大矣况寓兵於農兵皆自食其力墾田
浚渠各有善制亦已寓乎防虜之術安得君臣一
心斥浮議而更張之也
霍韜曰屯政之不綜也始傷於嚴而卒壞於寬也沿
習之故非一日矣自父母侵而有之而子孫固以
爲已世業也雖冊驗甚明至死不心服富豪乾没
而告訐横行雖明者或不能辨田屯相違形禁勢
格兵不得田兵既苦矣番休之法不行兵久駐屯
依憑威虐民亦病兵當事者徒見其相狀而不見
其相濟則謂屯可罷清查可已殊不知天下無不

弊之法而在善通變之人則盡爲之制曰年以久近定限屯以遠近遞遷見存之田履畝而正界服農之兵間歲而代更亦庶幾其可乎新屯之增置立法之初固將有待於後來者觀其分数有常而置屯無限則可知已其在南方則凡湖山斥鹵之可墾淤祠毀宇之可收奸豪欺隱之可沒入宜盡以爲屯大江之北近自畿甸遠至徼外盡有不可勝屯者不然則勲戚勢璫競請莊墅於何取之不然則趙營平之田湟中韓重華之田振武又於何取之且今兵籍既虛患人力之不足不患增屯之

無所田既增兵亦可實姑緩其舊而新是圖不亦可乎制不早定將與見存之額而并廢新不增置則棄可與之利而他求未見其策之得也

又曰今天下之極疲蔽而不可復振者無甚屯田矣新田不可墾故田又不守議未興緩棄之可百年議方興急責之必旦夕議徙民虞其擾議募民虞其聚而無功不可散也議給牛種予田本則憚費田未成即稅之田既成又爲勢家所請其舊田之淪江海者田去而課存其人流亡而田不耕者人去而課存矧淪沒者猶惡薄田耳責效於他畝而

良疇荒而流亡者猶冀人子耳責償於他戶而中人始逃去於是諸屯田大抵皆爲斥棄而召人承佃不復拘軍民矣軍不獨苦無田反爲田困連畝接壤之額地良者盡乎勢豪而不得正視諸所得者又皆磽薄惡汙棄去而不可得故今天下之極疲蔽而不易振者無甚屯田也

又曰國初邊感强盛胡虜衰微出則防邊歸則治農家有田儲時無空隙故公私兩利取用不竭今則邊備廢弛胡馬充斥勢不能耕治一也軍士貧乏牛具種子不能備辦力不能耕治二也逃亡數多

空野千里無人耕治三也黄河之套盡爲賊有賊
友居内田碩居外堅壁清野無敢耕治四也屯官
不能省斂乃坐名派納而曰我能催科軍何得不
竄哉

又曰宣宗朝黄福言自濟寧以北衛輝以南真定間
皆河壖地請以軍民十萬人屯之可多致穀贍國
用甚便於是遣吏部郎中趙新等按視淮北燕齊
等善地可墾者上之會有阻其事以爲徙紛擾軍
民常業議遂罷而丘濬王鏊輩每言京東及三邊
地募民爲營省漕運費議既行而不得要領亦置

而罷去諺曰欲爲吏視成事利成不知處害成不能去相戒曰必勿動動其有亂故劉瑾賊閹也慨然於邊備之不足欲脩舉之奏遣御史胡汝礪等度諸邊屯田瑾不知所以曠蕩優恤之而徒慕浮竒以入多而先者爲功當是時諸鎮責屯糧甚急而寧夏尤甚安化王寘鐇乘戍卒怨怒遂爲亂後凡言屯田者卒以瑾爲戒鑒䫰而傷足因而廢屨計莫失於此矣

又曰今之議屯者道旁聚訟謂墾田之用夫至夥也計戶而役之則民怨作捐金而募之少直則民不

應募多直則内帑匱勸民自爲之則民或應或不應此不可以歲月見功也即朝廷專命使者往而督民役懼民之騷將舉内帑數十萬金而捐之罄將有議其後者坐是難堅決也

王命璿疏曰各邊道將募壯士願屯邊者從塞下與屯兵雜耕其間爲分田耕作築堤捍水俱官給牛種器具勸之播蒔凡在塞下者當草生之時發騎就草另置游兵防其寇掠仍於田所乘塞列隊部曲相保寇至則授甲歸屯遥爲聲勢以相犄角寇去仍復其業因以其暇繕完虜所拆毁邊墻墩堡

雖未能盡給塞下之食而輸餽亦可省其半然非必另募一耕卒也從各處調到援兵中汰其老弱及未經訓練者與本處土著相間合耕每百人立一哨官千人立一守備擇其善識東南水利者數員專理溝洫力課耕作賞有成效破格優叙先時耕作未經收穫照例支給廪糧俟年餘秋成驗有收穫酌減其半俟二年後減去廪糧三分之二迨五六年後驗收克贍令各食其力即以田授所耕之人永不徵稅先二三年給以牛種不時課其勞逸因畝分界經畫井然不容豪占不容私易則人

人自戀其常產，而豈至各自爲戰矣。推而九邊皆令各酌便宜，脩復屯種。三年後，委大臣一員，或科道官一員，閲視有成效者，視軍功一體破格優叙，則所以固金湯、清胡塵、裕軍儲，端在是矣。

劉永茂疏曰：遼地人稀土廣，國朝設五道分巡地方，專謗屯田。今遼之土地，高阜者與低窪者相半，高阜處遼民傳爲世業，耕種輸糧，低窪者如海州等城，開水田居民，播藭秋收，玉粒不减江南，所以米穀倍豐，財裕於各衛。遡河西沿海開水田，民開收獲甚利。其餘城堡可開水田地方，不可勝計，是今曰遼人非不能耕也所耕者皆陸地而非水田不知水種倍於陸耕今所謂川湖浙直之兵皆知水性慣插水田宜分派附近各城令其開種水田擇一有勇知方之將統之其陸地廢棄者甚多有願種陸地一一聽開墾官府設法量給牛種年年收穫官不得徵其租課則水陸並耕糧食克足遼陽一帶地土尤肥廢田可以復耕荒地可以開墾惟有治人則在在皆可耕之田處處無枵腹之士矣

龐尚鵬疏陳甘肅屯田事宜一曰清撥補言屯丁之有力者多取膏腴以自便利而棄磽瘠以病貧弱

宜分別荒熟酌量丁力因人授地因地徵糧庶無偏累二曰給牛種言河西一鎮惟肅州衛有牛種之資故所墾之田獨多宜倣其法動支民運折銀以業貧民責以三年還官而量收息以後願得牛種者即以所收之息給之三曰廣屯種言邊徼開田宜責令將官督軍開種因租爲餉其有人戶願受田者召爲土軍免其賦役止令防守四曰興水利言屯田可通水泉者宜委官脩濬渠以時蓄洩因循廢阻者重罪之五曰權本折言西寧穀賤軍士利於折色莊浪穀貴軍士利於得穀宜以莊浪

年例銀解西寧而以西寧糧運莊浪此有無相資
兩利之便計也其輸輓之費令彼此會通毋互生
嫌疑六曰緩徵科言極邊荒田力能違耕者聽爲
世業毋得徵糧
徐世昌疏曰老弱之軍既不能戰又不能守坐糜糧
餉甚爲耗國驟然休之變生不測惟簡其老弱以
爲屯軍每年分屯數十畝即以所穫之粟抑作名
糧以其餘養其精鋭如國初之制三分耕屯七分
戰守則老弱皆爲有用之兵矣
葉進卿兵農論曰三代之法其難行於後世者如封

建也井田也孰不知之唯寓兵於農其利甚溥其
名甚美至今談者以爲當復殆未要其實也夫兵
者至凶至危生死存亡判於呼吸非其耳目手足
便習而相安卒然驅之未有不駭而走者今田野
耒耜之夫平居則嬉遊鄉井有事則顧惜妻子強
以赴蹈湯火情勢俱拂必不行也當三代時無大
戰爭其用兵如格鬬然勝則休矣非有枕戈浴鐵
腥原沸川曠日歷世相拏不解也故唐虞無掌兵
之官蠻夷猾夏士師直以刑威耳故農可兵也卿
大夫可將也然至周而弱極矣穆昭之世去成康

無幾南征不復而不能問也犬戎蕞爾乎王不能討及徙避焉凡周家所爲比閭族黨伍兩軍師之法未見一用不數傳而無兵矣此雖後王制馭之不善亦其勢之所必趨也何也兵既出於田間則其征發必難卒集而訓練必難時行縱有春蒐夏苗秋獮冬狩之制爲日幾何而欲化農夫爲精卒哉漢之南北軍唐之府兵雖祖其意然南北軍僅充宿衛建元元狩以後南征北伐率赦謫士募虓刑徒兵制已變而府兵則屯田之卒耳非民兵也行之猶不能久至宋熙寧中義勇保甲之麗籍者

至七百十八萬而不能當一卒之用神宗有言民兵農戰參半殊不足恃不如募兵專事戰守蓋已洞其弊矣故夫後世之分兵於農也窮而變變而通也彼農者曰吾出穀粟而免於鋒鏑死亡之苦何幸如之兵者曰吾既已受縣官[redacted]日習於干戈戰鬭之事矣一旦緩急安得不赴是以練之而易精令之而易行材檄一馳而十萬之衆可立具也方周之衰諸侯強大者皆日夜圖謀以養兵爲務秦有陷陣楚有組練被甲越有習流君子取威定霸卒藉兹力周之終弱而不競也失在於兵制

壞而不知更張以救其弊耳夫鄉舉里選以取士法至善也後世行之則爲魏人之中正夫鄉舉里選之必爲科舉也農之必不能爲兵也與封建井田一也古今異宜強弱異勢即周公而在亦未必盡仍其故矣

朱正色曰今河西方爲屯田築堡之說但田可耕者俱有業主其費工力而水利有不便者雖召墾而人莫之應勢也況有土而無人乎若慮患可弭雖不村塢亦安否則不無聚兵及糧以資之之病夫抵屯田築堡言之而即能行之者非開倡即軍輿

時也。此可爲知者道

張爾曰：賑恤之法，莫大於墾荒田而廣開種。開種之利，生天地間不生之財者也。一年而民甦，兩年而民足，三年而民不可勝用矣。葢取雨露於天，取膏腴於地，取力耕於民，皆因其自然而爲之鼓舞生息者也。

茅元儀曰：吾聞之地與水相需，故屯田而不知水利，不能也。水利不外於二道：曰疏渠，曰築堤，而其關紐在於水器。有水而無器，不能節宣也，而井者所以助渠之所不及。近世徐詹事光啓、棌泰西國人

所傳之說勘酌而次序之其論水器濬井之法甚詳且篤

張抱赤上屯書疏曰兵之一字與餉相因故師行必曰糧從而強兵務先富國茲者竊見六師命脉遠寄江南九塞軍需不誤朝夕乃軍屯民地鞠爲茂草燕趙迤南江淮以北在在而是殊失天地自然之利臣竊懼之懼其知不能言言不能盡失人臣以兵自効之本旨也爲是輙敢構爲疏草開列欵目蓋搜括其餘羨之田收之爲公家之用不欲使膏腴之地棄而爲奸豪之資曰官田在官公共之

田也。曰荒田，民間積荒之田也。曰軍田，軍屯爲豪
强占據者也。曰洲田，江洲爲奸民隱匿者也。曰群
田，貧地可耕，未盡開墾者也。曰竈田，草蕩漸墾，未
陞租課者也。曰僧田，僧寺隱占無糧之田也。曰勳
田，勳戚奏占逾額之田也。曰例田，借開納而盡地
力也。曰皇莊，捐私藏而鼓羣心也。總爲十事，計二
萬餘言，皆本以國朝之與故參之一代之敷陳，合
以方輿之圖編，愜諸人情之共曉，不敢遠引漢唐
及後世一切迂緩不情刻急難行之事。倘在事諸
臣各輸實心，使占者必清，荒者必墾，歲數十萬金

需以三年約可得田十萬餘頃歲可得粟五百萬斛計漕當三之一計邊亦五之一誠今日第一要務實臣三年考證而成亦臣平生精力之所到也

表黄曰夫水者設險之具國之本也奚不因其流而濬之地勢高卑不一則爲堰爲壩爲灘爲牐遞相灌注于以興水利而限戎馬當要害之衝則爲井田置堡于中聚衆拒守或行近時方田之法開溝于傍植棗于外雖有武騎千群將安所騁足哉先王體國經野廣開溝澮澮上有塗容二軌川上有路容三軌皆高垣崇墉也井井有溝溝溝有徑禦

敵之寡伏于養民之中。又井田者陣法之宗也。于設陣之中寓止戈之意。皆聖人之良法也。不此之務。而區區修邊。真所謂舍千萬重之險而恃一關。失千萬世之利而築一壘者矣。且我之于胡虜。不畏零竊而畏大舉。邊牆雖完。止可禦零竊耳。若大舉則拆垣而入。如履無人之境矣。豈如廣開溝塹。濬水開田。使虜騎必不能逞哉。又歲歲修邊。隨修隨圮。軍力有限。而邊無完期。是未戰而力先屈也。若藉軍之力。開邊之田。則食可足而兵可強。此二策者相去遠矣。夫薊鎮京師之背。趣自居庸迄于

山海以山爲固誠于內地引泉爲河以設重險所謂山下有水蒙不利爲寇利禦寇者也

又曰夫井田聖賢良法也當行也然而不可執也水田足民要法也當興也然而不可執也故地可井則井之而勢有不便者但開溝畜水不必全泥古法縱橫曲直各隨地勢淺深高下各隨水勢使地利必興足矣有水而地宜稻者則爲水田有不宜者黍稷菽粟各隨其便高者麥粟低者蒲葦使田無拋荒足矣若執一法而槩行之不惟重拂人情亦未深明土性非所以盡變化而行良法也

秦鰲曰。畿輔之地。北抵灤州。南距慶雲。一帶州縣地廣人稀。生理鮮少。然水深土厚。地力浜饒。乞選江浙之士爲之長吏。使之訪募江南作田。如法水耕。隨其高下。或鑿渠以畜水。或築圩以環田。仍又倣行古者孝弟力耕之科。有能率衆墾田萬畝者。授其官。其千畝者亦如之。果能勸課有法。不次超遷如此。則三數年後。必有萬倉之積矣。王畿足。則天下無不足之憂。而歲運之數可省矣。富國之道莫先于此

備書屯字函卷之二

越人王應遴堇父輯
師汝南中山蔡毅中閲　友人宋　獻獻孺較

屯之案

黄帝相風后，綮地利，辨四方，畫萬國，分八家，置監步畝，井開九道，一井爲隣，三井爲朋，九井爲里，里五爲邑，邑十爲都，都十爲師，師十爲州，計四萬五千井。設井計口，地着民安。

周六軍因井田而制軍賦，則兵寓於農也。自管子作內政，寄軍令，鄙法寓民賦，而兵農遂分焉。

漢鼂錯請選常居者徙塞下先爲室屋具田器募罪人及免徒復作與民之欲往者皆賜高爵復其家自景帝時屯田規模已畧具矣至武帝時桑弘羊倣其遺制請屯田於輪臺

漢宣帝使趙充國擊先零羌充國奏以羌虜可以計取難用兵卒破因度臨羌東至浩亹羌虜故田及公田民所未墾可二千頃以上願罷騎兵募淮揚汝南步兵與吏私從者凡萬二百八十一人分屯要害處益積蓄省大費又上便宜十二事詔許罷兵獨留充國屯田卒降先零振旅而還

馬援爲隴西太守。先是時參狼並塞。諸羌連年爲寇軍民俱不聊生。援旣擊平之。乃引洮水灌秔稻。使軍民雜藝焉。於是隴西得以樂業

虞詡復三郡。激河浚渠。爲屯田。而省內郡之費歲數十萬緡

漢季經黃巾之亂。所在凋弊。二袁軍皆仰桑椹以爲糗。曹操任棗祗募民屯田許下。得穀百萬斛。又令所在郡國徧置田官以積穀。於是所至倉廩充盈。軍行無匱乏之虞。更省轉輸之苦。故能鋤夷群雄焉

諸葛武侯師六出而五厄於糧雖木牛流馬以運之
弗繼也終乃屯田五丈原爲久駐計耕者雜於居
民之間而百姓安堵軍無私焉向使天假之年星
不隕野司馬懿之守計已窮矣
魏司馬昭初欲經營吳蜀鄧艾以三隅已定事在淮
南且田且守歲得穀五百萬斛以爲軍資以此乘
吳無不克也乃大屯兮陂通漕道卒以困吳唐上
元中於楚州置洪澤屯於壽州置兮陂大獲其利
無窮也
吳陸遜以所在少穀表請諸將增廣農畝吳王權報

且旋行而旋格矣合於大臣中採其素有威望心
計者特賜簡用總督天下屯政將天下輿地除瀕
海瘠薄地狹人稠幅員有限邊陲荒徼之處聽彼
撫按官自行清查開報外其餘量分幾路每路各
遣風力御史一員專理巡屯督臣持籌主計專制
總理務使地無餘畝廩有餘蓄天下無事則酌四
方之水旱減價平糶以紓民困有事則視軍需之
緩急遠輸近餽以佐軍糧
御史凡一路之中軍屯之廢占民地之欺隱山蕩陂
堰之可開沙渚灘蕩之可佃草場官地之宜復僧

道禪院之宜裁勳戚投獻之非額豪右侵據之違
制傲吏支吾而非實不才激衆而阻撓俱得盡法
清理應按治者按治應具奏者會題務期綜核[illegible]
悉覺嚴得體使天下曉然知朝廷之意在裕國而
不在侵民在祛奸而不在擾衆庶軍民兩適而在
在樂行矣
屯田之始經營擘畫全在乎道臣撫字招徠全在
守令非通敏之才不足集事非閱歷之素難與持
久非殫心共事未易圖成仍諭該道遍行各該州
縣治農丞簿尉各循職掌凡所當興當革未盡事

曰甚善狐父子親受田車八牛以爲四耦雖未及
古人亦欲與衆均勞也

晉羊祜鎮襄陽墾田八百餘頃祜之始至也軍無百
日之備及其季年有十年之積平吳之後杜預脩
召信臣之遺蹟激滍淯諸水以浸原得田萬餘頃
分疆刊石使有定分公私同利衆庶賴之

府兵之制創於周宇文泰之所作也講閱戰陣皆以
農隙身庸租調一切蠲除

齊境初羅貴蘇珍芝建議脩石鼈等屯自是淮南軍
防足食平州刺史嵇曄建議開督亢陂置屯田歲

收稻粟四十萬石用是北境傳贍又於河內置懷
義等屯以給河南之費自是稍止轉輸之勞
北齊租調之制十八受田二十充兵六十免力役則
北齊之兵亦授田者也
隨主以隴西頻被寇掠而俗不設村塢命婁子幹勒
民爲堡仍營田積穀子幹上書曰隴西河右土曠
民稀邊境未寧不可廣佃比見屯田之所獲少費
多虛役人功卒逢殘暴且隴右之民以畜牧爲事
若更屯聚彌不自安但使鎮戍連接烽堠相望民
雖散居必謂無慮隋主從之

晋劉清以嘉平二年于高梁河開車箱渠灌田歲二
千頃景元辛酉更置水門派渠車箱渠自薊西
北逕昌平東盡漁陽潞縣凡所灌田萬餘頃又王
海山川考曰薊州漁陽有平虜渠傍海穿漕以避
海難又其北漲水爲溝以拒契丹皆魏神龍中滄
州刺史姜師度所開也夫車渠平虜之跡誠不知
其何在然據今日見在之水開今日可耕之地以
距今日跳梁之夷則在能者圖之而已
周史顯德中契丹屢從河北輕騎深入無藩籬之限
郊野之民每困殺掠言事者稱深冀之間有葫蘆

河横亘數百里可浚之以限其奔突周世宗詔王彦超韓通將兵夫浚之築城于李晏口以張藏英爲沿邊巡檢使留兵戍之自是河南之民始得休息

霍韜嘗進言曰臣嘗訪詢畿内地利自眞定至永平滦州皆有山澗之泉惟北人不知水利反以爲害若能愼選守令勸民襲訪相地高低導溝引泉築堤置閘以時蓄洩沿溝之隄或植榆柳可以作薪或植桑栗可以爲糧戎馬過之可爲蔽覆其言鑿鑿可按而行也

唐沿周齊之制有戶分世業之田督課農桑兵農一
致得井田遺意焉
府兵之始一寓之於農史稱其居處教養畜財待事
動作休息皆有節度自居無事則耕於野其番上
者宿衛京師而已四方有事則命將授兵以出事
解輒罷兵散於野將歸於朝故士不失業而將無
握兵之虞由兵寓於農也
自武德來邊土開拓西域皆置都督府開元中繞置
朔隴河安諸節度歲發山東丁壯為戍卒繒帛為
軍資開屯田供糧糗設監牧畜牛馬萬里相望及

安史反精兵皆徵入援諸行營留兵單弱鳳邠皆爲左衽

郭元振督涼州先是涼州南北境不過四十餘里突厥吐蕃頻歲薄城百姓苦之元振始於南境置和戎城北置白亭軍控其衝要拓州境千五百里寇不復至又令甘州刺史李漢通開置屯田盡水陸之利舊粟麥斛至數千及是一縑糴數十斛軍糧支數十年元振善撫馭夷夏畏慕牛羊被野數州猶利賴焉

吐蕃寇河源黑齒常之擊却之常之以河源衝要欲

加兵戍而轉輸險遠乃廣置烽戍七十餘所開屯田五萬餘頃歲收五百餘萬石由是戰守有備郭子儀初至河中軍乏食乃藉荒田躬耕百畝將士競勸於是野無曠土軍有餘糧

振武軍饑李絳奏以韓重華爲營田使重華出贓罪吏九百餘人給以耒耜牛種使償所負建十五屯每屯百三十人人耕百畝比歲大熟乃藉餘糧就高爲堡起振武逾雲中極於中受降城凡六百餘里列柵二十墾田三千八百餘處歲省度支千三百餘萬緡

德宗朝李泌以復府兵之策泌請鑄農具給牛種分賜沿邊軍鎮募戍卒耕荒田而種之土沃久荒而收必厚因屯可以致富必不思歸有願留者即以所開田授為永業不過數年兵皆土著乃以府兵之法理之既而戍卒多應募願耕者十五六

大中六年上與翰林畢諴論邊事援據今古具陳方畧上曰不意頗牧近在禁庭乃以為邠寧節度諴欣然受命營田邠寧歲得三十萬石

光啓中張全義起於羣盜後為河南尹喪亂之後郡戶不滿百全義乃選委十八人人給一旗一榜分

請十八縣墟落中植旗張榜招悽流散修理屯田
全義明察人不能欺爲政寬簡激勸有術遠近趨
之遂成富區

隴州地與吐蕃接舊常更入攻抄人不得休息惟李
簡以爲邊將當謹守備蓄財穀以待寇不當覩小
利起事端乃益市耕牛鑄農器以給兵農之不能
自具者增墾田數十萬畝屬歲屢稔公私有餘積
焉

初唐籍隙地建置營田因地良薄歲豐凶而爲三等
募民爲兵以隸司農略倣井田之制自漢以還獨

爲近古自天寶之後變爲彍騎而天下莫知其利矣楊炎請屯田嚴郢爭浚渠之禍李絳請營田時宰爭易地之憂故民日疲於養兵兵日耻於稼穡夏林之廬空盈而戰士止給麤糲市多脫巾迄於唐亾

吳越王錢弘俶募民墾荒田勿收其稅由是境内棄田或前糾民遺丁以增賦者弘俶杖之國門國人益勸

宋以陳恕爲河北招置營田使時議者謂宜度地形高下因水陸之便建阡陌浚溝洫樹五穀所以實

邊廪而限戎馬。故遣恕等經營之。恕密奏戍卒皆游惰仰食縣官。一旦使冬被甲兵春執耒耜。恐變生不測。乃中止焉。君子曰。天下事非興作之難。而處置得宜之難。恕所慮豈佚道使民之義乎。

太宗務興農。陳靖曰。先命大臣兼屯田制置。令京東西檢荒地。籍逃產。募民耕作。賜牛種室廬。使田成度地均稅。約井定法。詔靖爲勸農使

淳化中。以何承矩爲屯田使。黄懋允判官。河北諸州水所積處。大墾隙地。發諸州兵萬八千人。給其役興堰六百餘里。置斗門。引定水灌溉。雄莫覇諸州

田次年方熟至是沮何承矩之議者方息莞蒲蚕
蛤之饒民賴其利
司馬光募民能耕麟州閒田者復其税役十五年能
耕掘野河西者長復之時議有難之者光曰官雖
無所得而耕者衆則糴賤可以漸紓河東運輸之
民矣
孟珙爲京西路鈐轄荆平堰於棗陽由八疊跨五臬
建通天槽八十三丈溉田十五頃立十莊三轄使
軍民分屯隄儲豊柳忠順軍家自畜馬官給芻粟
馬益蕃息後宣撫四川謂不據險立砦則難責兵

衛民不集流離安耕種則難責民養兵乃大興屯田調夫築堰募農給種立賞罰以課殿最選壯士雜官軍教之期年民知戰守無事則植戈而耕寇至則悉出而戰請部行之

宋初營田皆置務何承矩建議於河北歐陽脩募弓箭手於河東陳恕韓知古招置營田於河東比范仲淹大興屯田於陝西耿望置屯襄州章惇初築沅水亦為屯田務正以極邊多不耕之地並邊多流徙之餘因地之利課以耕耘贍師旅而省轉輸所以為扈邊實塞之要務足國安民之至計也然

屯田以兵，營田以民，固有異制。咸平中，襄州營田既調夫矣，又取鄰州之兵，是營田不獨以民也。熙豐間，邊州營屯不限兵民，皆取給用，是屯田不獨以兵也。至於招弓箭手以備耕不盡之地，復以募民，則民兵參錯，固無異也。然前後施行，或以侵占民田爲擾，或以差借耨夫爲擾，或以諸郡括牛爲擾，或以兵民雜耕爲擾，又或以諸路廂軍不能耕種、不習水土爲擾，至於歲之所入不償所費，遂又報罷。惟因弓箭手爲助田法，一夫受田百畝，別以十畝爲公田，俾自備種糧工力，歲收一石，水旱三

分除之官無廩給之費民有耕鑿之利若可以行
矣然弓箭手之招至者未安其業而種糧無所仰
給且又責其借力於公田慮人心易搖卒莫之行
此熙寧九年鄭民憲之言也
范仲淹守西夏沿邊置營田計畝定課少田處許蕃
部進納荒田以遷資酧轉或量給直爲數年間軍
有餘糧又閬州兵得萬八千人分領六軍日夜訓
練西賊聞之遂破膽焉
孝宗時荆襄屯政失宜有司競言不便請罷之張闡
言不便者非田之不可耕也以不善招徠而無耕

田之民也有司慮功之不就未免課之游民游民不足未免驅勒百姓捨已熟田耕官生田私田既荒賦稅猶在占百姓之田以爲官田奪民種之穀以爲官穀老稚無養一方騷然彼言不便職此之由今與其棄之孰若使兩淮歸正之民以就耕乎非唯暫免其流離墾闢既廣田疇自成取其餘者而輸之官裕流民適以裕國用也

鄜州种世衡以塞門諸砦既陷延安東北二百里築寛州廢壘且戰且守得泉名青澗開營田致富實焉

元史泰定中虞集爲翰林直學士進言曰京師之東瀕海數千里北極遼海南濱青徐萑葦之場也海潮日至淤爲沃壤用浙人之法築堤捍水爲田欲得官者令其衆分受以地官定其畔以爲限能以萬夫耕者授以萬夫之田爲萬夫之長千夫百夫亦如之察其惰者易之三年後視其成以地之高下定額以次漸徵之五年有積蓄命以官就所儲給以祿十年不廢得以世襲如軍官之法至正十三年正月丞相脫脫言京畿近水地召募江南人耕種歲可收粟麥百萬餘石不煩海運京師足食

從之。于是用右丞兀良哈台、左丞烏古孫良禎兼大司農卿，而脫脫領大司農事。西自西山，東至遷民鎮，南至保定、河間，北抵檀、順，凡官地及原管各處屯田，悉從分司農司立法佃種，給鈔五百萬錠以供工價、牛具、農器、穀種之用。又署微前學士虞集議，于江南召募能種水田及修築圍堰之人各一千名爲農師，降空名添設職事勅牒十二道，能募民百人者授正九品，二百人者正八品，三百人者從七品，就令管領所募之人。所募農夫每名給鈔十錠。由是歲乃大稔。

孝宗命置兩淮屯田楊州河州各屯三萬人仍藉民家三丁者取一爲義兵授弩教陣農隙之日給兩月食聚而教之大兵屯要害民兵相爲犄角軍民俱便之

吳玠與金人對壘十年常苦遠餉勞民益治屯田

唐州素沃經五季之亂民稀土曠田作者少賦不充役議者廢州爲邑趙尚寬曰土曠可益墾闢民稀可益招來何廢之有

韓侂胄奏江南岸曠土多沿江大將分地屯軍軍舊爲農者十之五六擇其弱者使耕農隙習藝秋成

均以子粒募江南流徒及無業之願遷者分給之
俾爲營田止則固守出則攻討
元初用兵征討遇堅城大敵必屯田以守之海宇既
一乃內而各衛外而行省皆立屯田以資軍餉控
扼荒徼由是無不屯之兵不耕之地
至正中丞相脫脫言京師近水多隙地募南人耕之
歲可收粟麥百萬餘斛不煩海運兵食可足也從
之乃召募江南農師千餘人降空名添設職事勑
牒十二道能募農民一百名者授以正九品秩二
百名者八品三百名者七品就令管領所募之人

耕種焉三年不課五年半科九年徵比民田之中下者

周朝高皇帝甫定金陵即以康茂才爲營田使天下既定遂命諸將分軍屯種龍江立屯所於滁和廬鳳開制京衛軍以七分屯種三分守城後復憫海運之艱用宋訥所獻守邊策立法分屯布列邊徼遠近相望首尾相應邊境既寧撤守關士卒僅備譏察悉令致力屯田令屯士并樹桑棗柹栗隨地所宜以補菽粟之不足致力如此其一而地利如此其盡也

洪武三年嘗以遠田三畝易城外民田一畝以爲屯
田不足則移數衛於江浦六合諸屯以就田而親
勑五府正官程督之
洪武七年徙江南民十四萬詣鳳陽墾田時山西沙
州民若干戶願應募受屯賞以鈔錠給以公田仍
令募本州民使益廣種焉
成祖初即位有河南屯官上歲收之數而不足者司
農請罪之上以法令初行姑從寬宥但召諭之曰
屯田軍國之大務爾等不留心於此徒坐享祿食
若復役疲民以[illegible]李則民愈困而兵日惰夫育

兵以衛民豈以兵而困民乎宜深思之仍治惰耕
者罪如法無悔
成祖納黄福之請官爲市牛種鑄田器至欲廣屯于
遼陽而遣人徵牛於朝鮮詔各荒屯空土不論士
客軍民官舍盡力開墾永不起科以寧夏積穀獨
多降勅奬諭總兵何福四年命成安侯梧順天府
境内開田立屯給京衛旗軍成田者如例納糧開
荒者免科
永樂中隆平侯張信强占練湖田八百餘里又占江
陰縣官田七十餘頃爲都御史陳瑛所劾 成祖

曰昔中山王有沙洲一區耕農水道所經其家僮
嘗據之以擅利中山王聞之遂歸其田於官今信
何敢貪縱厲民如此命有司嚴治之
永樂中選天下富戶無田糧及有田糧不及五石者
徙北京充戶附籍順天十七年又選山西澤潞二
州無田民往彰德真定臨清諸處開曠土自便耕
種免其賦役三年仍給鈔二十錠以備耕具
仁宗念所司以徵徭擾屯役令毋擅役妨農功
宣德初大同總兵鄭亨上屯田子粒數多遣人勘實
賞之提督必遣老成更命風憲官以時巡察於時

屯久歲豐邊士一切用度多以果易於是令戶部
淮輸貿轉多至二三十萬石少亦不下十萬
景泰中葉盛以左叅政協賛獨石等處軍務請屬官
銀買牛千餘頭摘戍卒不任戰事者俾事耕稼歲
課餘糧於官凡軍中買馬勞功恤貧諸費皆於是
乎取給自是邊人歡洽歲亦屢登又請於凡邊塞
處置立屯田士卒能於本田之外多耕者立為賞
例使人人奮耕家有積累
景泰三年永嘉大長公主願以置買無錫縣田二千
三百餘畝歸有司助供軍馬之用賜錫褒美

商輅奏稱口外膏腴多爲荘田空閒之區咸歸邊帥
士卒無近田可耕乞差官清丈
景泰六年准都御史李秉題議順德地土肥饒築立
城堡撥軍屯種乃以見在關營軍士三分守關一
分屯種見在城軍一分屯種二分操練
天順中葉盛巡撫宣府復脩官牛官田法墾田益廣
積穀益多以其餘易戰馬千八百疋脩築城堡七
百餘所
成弘閒各邊屯戍常因貧乏假貸本衛所官錢秋成
加息以償非體也然亦彼此俱利固所願耳至正

德中巡察使者惡其專利也而禁之於是窮軍無所貸多避賦而逃屯田遂益以廢

兵部侍郎胡汝礪丈量出勳舊莊田共一千八百頃上之 武宗曰勳臣既有常祿在外莊田徒使利歸佃夫家人耳今邊儲告匱此輩豈無憂國助邊之心查出田土照例起科管莊人役俱與革去各家願自種者聽不願者撥與附近空閑舍餘種納仍量地利厚薄以定則例且命各邊查出地土視此行之

嘉靖初楊一清言八府土田多為勢豪乞討使民失

其常業。　世宗曰。地土軍糧所出。多爲奸人投獻勢豪朦朧請乞。擅奪軍需。雖有勘斷。終不明白。民失常產。何以爲命。京畿如此。在外可知。令戶部推侍郎及科道有風裁者各一員。領勅往勘。不問皇親勢要。凡係濫請及額外占奪民業。曾經奏訴者。查冊勘還。各項草場。亦有混占軍餘者。一體清查。外省令御史按行。諸王府及功臣家。惟祖宗欽賜確有籍可據。則已。凡近日請乞及多餘侵占者。盡還軍民。各處勢要。亦有指軍世業爲祖產。獻而有之者。皆宜處置。事竣。具上其籍。承委官務綜其實。

以副朕恤民固本之意如畏避權勢保私蔽公者
戶部以狀聞
嘉靖六年差夏言等查勘順天等地方皇莊及勳戚莊田除踰額外其侵占民地共二萬二百二十餘頃蹤稱厲階起於奸人覬利以媚朝廷流獘壞於勢家朘民以肥私室中官禁卒催科驛騷勳戚豪奴假威肆毒剥膚椎髓莫甚此時　世宗即勅給主召佃照依原定則例每畝佃銀三分原係皇莊解部彚進係勳戚者赴部關領不許自行收受
嘉靖八年題准甘肅諸邊衛所不必別僉屯丁將所

轄部兵查給牛種委官統領屯種其將領墾田百頃以上者撫按獎勵三百頃以上者奏請擢用備禦官軍每年正月上班其願墾田者分撥荒田尤多之所給與本色行糧牛種犁鏵即委領班官統率能多墾田照例獎擢

會典嘉靖中曾一時並遣三都御史弁發内帑銀兩開墾屯田其時北直隸則都御史張灝南直隸廬鳳淮揚滁和山東兗州等處則都御史王璣也

隆慶初特勅都御史龐尚鵬清理諸邊屯田

萬曆間汪應蛟巡撫保定擬於天津葛沽等處開建

屯田時所屬官皆難之謂此地從來斥鹵不可耕也閒有臨河蓺荳者所收不踰一二斗耳畯曰從前無識水利者無水故鹻得水自潤何地不可爲稻區畫乃買牛置農具開渠築隄一時並舉遂墾田五千餘畝內二千畝糞多力勤畝穫三石餘其三千畝或種蓺荳或早稻蓺荳得水漑之肥者亦畝收一二石唯早稻竟以鹻而立槁

國家原額屯田八十九萬三千一百七十二頃餘今所存六十五萬五千五百一十二頃餘然屯法之壞不獨失其額也一壞於餘糧之免半洪熙行寬

大之政命免餘糧六石是捐其半也夫舉天下之軍藉食於屯一旦失其半何以足軍國之需毋壞於正糧之免盤宣德十年始下此令正統二年率土行之不知正糧納官以時給之可以免貧軍之花費可以平四時之市價可以操予奪之大柄今免其交盤則正糧爲應得之物屯産亦爲固有之私典賣迭出頑鈍叢生不可收拾弊端在此歷朝以來皆知脩屯法之善卒未有能舉之者徒以疆界難清豪強難抑徵催難整耳然欲清疆界莫如嚴丈量丈量則寸壤不可隱即巨室之怒生國賓

受其利也抑豪強莫如撫貧弱奪不應得者與應得之人則衆心得矣整飭徵兵如調屯官令各督其衛恃爲固有必一以軍政之法分調賢能等其繁簡一有不稱寘之重刑則人人凜凜不敢刁恣矣然後復正餘糧二十四石之額復上倉交盤之制即以今田等之可得米三千一百四十六萬四千五百七十六石除正糧以食其十之三尚可得餘糧一千五百七十三萬二千二百八十八石今京軍不過十二萬南京軍額不滿四萬盡補天下失伍之額不過一百四十六萬除屯軍外不過九

十八萬餘用其米三之二足以養矣截長補短取給於此不煩轉輸之勞一歲有兩歲之支倘足九年之蓄則繕險治器皆可取給但經理之時向拋荒者未免有牛種開濬之費在邊外者未免有築堡防禦之勞然築堡即所以備邊開濬乃所以永利牛種之費止在一時苟兼行錢法又取之銖兩者也

浙江文化研究工程成果文庫
浙江文獻集成

浙江文叢

王應遴集

〔第三册〕

〔明〕王應遴　著　林傑祥　編

浙江古籍出版社

卅三/三 共十本

眞如齋備書 巳

備書屯字函卷之三

越人王應遴董父輯
師汝南中山蔡毅中閱
友人茅元儀公選較

屯之法

欲復屯法必先得人得人以實心行之則豪奪可清也額餉可裕也不得其人以相蒙而塞責則欲清豪奪而反自爲豪奪欲充今日之額餉而反虧他日之額餉也是滋之弊也故田事出賦人二十畝至四月草生發騎就草因爲田者遊兵必得趙充國其人而後可無擾也耕者雜於渭濱居民之間

而百姓安堵軍無私焉必得諸葛武侯其人而後可無擾也大治諸陂穿渠溉田又通運漕之道必得鄧艾其人而後可無擾也每屯百三十人就高爲壁凡六百餘里列柵二十必得韓重華其人而後可無擾也今世稱之才而跅弛之士一挂物議不問眞妄終身棄之國家之不恤材有異於將帥之不恤士卒乎而百職因是以文移取辦更無有爲國家實任事者欲復祖宗之舊何繇哉

人情可與樂成難與慮始是在聖明獨斷事乃必行顧不設專官則事權不一鈐轄不嚴規畫不周必

且旋行而旋格矣合於大臣中擇其素有威望心計者特賜簡用總督天下屯政將天下輿地除瀕海瘠薄地狹人稠幅員有限邊陲荒徼之處聽彼撫按官自行清查開報外其餘量分幾路每路各遣風力御史一員專理巡屯督臣特籌主計專制總理務使地無餘畝廪有餘蓄天下無事則酌四方之水旱減價平糶以紓民困有事則視軍需之緩急遞輸近餽以佐輜糧

御史凡一路之中軍屯之廢占民地之欺隱山蕩陂堰之可開沙渚灘蕩之可佃草場官地之宜復僧

道禪院之宜裁勲戚投獻之非額豪右侵據之違
制傲吏支吾而非實不才激衆而阻撓俱得盡法
清理應按治者按治應具奏者會題務期綜核明
悉覺嚴得體使天下曉然知朝廷之意在裕國而
不在侵民在祛奸而不在擾衆庶軍民兩適而在
在樂行矣

屯田之始經營擘畫全在乎道臣撫字招徠全在乎
守令非通敏之才不足集事非閱歷之素難與持
久非殫心共事未易圖成仍諭該道遍行各該州
縣治農丞簿尉各循職掌凡所當興當革未盡事

宜恭出條議共贊屯務
舊例御史出差俱一年伏命而巡撫則以三年又道
差以按學鹽漕爲大差而江倉屯馬爲小差於是
僚屬往往故有從違人情亦且台相軒輊必須酌
定三年報命或其開新舉廢未有成緒亦必事竣
方回至於績懋資深仍照監軍閱邊事例擬授京
堂用備邊方巡撫之擢以示隆重督臣則專倚乂
任竟其運量廕叙召子恩在朝廷雖拘成格
屯道卓異其遷轉當視御史郡邑長吏衛所弁僉
畫辦脈均屬在事倘有實心實政任怨任勞則當

破格超薦以勵其餘

督巡二臣自宜各務祗承便民益國用收一代弘績各該撫按亦宜和衷共濟賛成盛典司府州縣亦毋分祖左右致撓成議而局外旁觀者亦須愛惜人才寛假歲月勿輕採蜚語致灰藎臣謀國之心然必天語切諭國脉攸關陰謀撓阻者聽臺省諸臣公擊之

選用屯司道府州縣正佐聽部院科道實訪其有心計通知農田水利素有志富民足國者保舉之久任功多則破格優叙或就於本處超擢以便責成

巡按官查勘務確其開田果有實數倉庾果有實糧
則經管文武官員另行特薦如有扶同揑報等弊
即時勘處巡撫道臣失於覺察亦聽糾參
凡有　陳墾田良法及富民裕國事宜不拘官民所
在衙門即與酌議施行唯阻撓屯政倡言不便者
一槩責而遣之
田事必資水利而不費疏鑿開塞之宜則勞費無益
故有諳於農事精於測量水利及善造巧便水具
立爲農師當從優待使之遍歷畑所指授商確以
成田事焉

按臨清東連渤海西扼太行南漕荆吳北控畿輔固燕趙淮徐之衝梁宋青齊之都會也九州安處内地而帝闕近在門庭一朝不戒有如庚戌之警虜騎闖入則山海以東一線可斷獨石紫荆而南在在可通太倉之積僅飽六師通州之城孤懸難守德州之倉庾不足以克犒兵之餅餌庚戌虜犯都城時勤王之兵皆倉卒就道糗糒不齎戶部設犒無經徙以文移往返三日人[redacted]獲數餅焉向使臨清有備則雖通州之積貯盡焚何得窘迫至此故總督駐劄萬分宜在臨清或云淮濟見駐兩大臣

輕議添設未便也則盍以總河改兼督屯移駐此地俟秋水發仍還濟寧暫駐焉則經營不兩便乎屯政之利無他去其害屯政者而已何則沃饒并於權豪荒瘠困於牛種耕斂奪於私差輸輓脅於包攬屯地太廣屯糧太重屯徭太煩利未開而害先叢害端不悉則利源不開是故善議屯政者先究其昔之何以利今之何以弊舊屯之何以復新屯之何以開而後次第斟酌焉故有曰嚴侵占也復輸邊也速歸併也正經界也恢舊制也重事任也停抽撥也禁包辦也權折色也復屯倉也蠲舊逋

也。寛新課也。擇屯官也。革奸旗也。嚴考課也。清冊籍也。給戶由也。均授田也。軍墾民種也。循序也。黜浮議也。儲穀給種也。給牛具也。議屯運也。以屯爲開也。以開爲屯也。是皆敝於前而不容不詳確於今者也。乃若擇人也。設官也。召墾也。贖罪也。拜官也。恤藩裔也。清丈官民侵漏也。度土也。酌時俟也。穿渠也。築堰也。畫井也。蓄洩也。樹藝也。備器具也。是又當慎於始而永圖其終者也。

九邊沃土。盡被侵漁。各衛屯丁。俱已流竄。輸邊額糧通行改折。兩淮引目。又復輸銀。種種變遷。屯法大

壞夫屯壞則邊曠邊曠則虜斥虜斥則兵增兵增
則餉鈌故法欲嚴侵占而復輸邊
屯法每軍給田五十畝然田或四出不等一軍之田
或跨数圩一圩之田又分数處人力不及不能盡
種屯軍旗甲槩索全科則人情孰肯貪数畝之便
而任数十畝之勞圖数畝之利而補五十畝之稅
者故法欲速歸併以正經界
聖祖初制京衛旗軍七分屯田三分守城不仰轉輸
自食其力列聖相承遵而不廢故屯法大舉盖
祖宗朝實重其事內則督以御史都御史倉場侍

郎外則董以僉事通判而承事者亦斤斤奉職唯謹自後玩愒相仍管屯者優游城市督巡者憑信文籍而滿滕廪庾之間少有省視膏壤割於勳戚剖於養蕪子粒儲糧吏耗於雀鼠士無田可耕矣迨孝宗朝葉淇創以鹽粟改爲折納田墾上者皆投耒耜歸而邊地空虚戍士單弱粟價踴甚嗷嗷以待東南漕且請發帑無虚月良可嘆哉故法欲恢舊制而重事任

舊制屯軍給與牛具種子且不許他役以妨其農功嗣後邊事漸興多抽屯軍以補別伍於是屯兵不

得專其業而田遂荒故法欲停抽撥以便農功

國初沿邊曠土盡以給軍肥瘠不同則令視其歲收之數而考較之是後貪婪將領多私其膏腴重以豪右侵攘而農益弛散遂致包田多而納徵少軍人田不滿額又槩責以全科故法欲禁包辦而杜侵漁

令甲總一衛之兵而十之七屯種十之三城操所得爲石者十二以自給十八入倉以給城操者是十人之田養十五人也厥後邊事漸興軍多備邊屯種漸廢乃因地徵糧百畝六石輸諸官及給軍則

人十二石是二十人之田始養十人也於是田始
不足乃借支民糧民糧又不足乃爲折色名雖折
支實乾沒之耳夫自折色行而軍始貧民糧借而
民始困故法欲權折色

國初衛所俱有屯倉以貯餘米其名曰屯頭倉田者
不病於輸而操者無苦於支至便也自後徵糧於
官倉在府州會城去屯遂遠有至數百里者往返
既遠而搬運候伺之費侵牟欺隱之弊百出而不
可詰雖二十人之田不能養六七人乃始仰給內
帑自嘉靖以來事愈煩請愈急雖內帑亦不能給

矣故法欲復屯倉以便支納

文皇帝出獵見田家糲食惻然傷之因念屯軍之苦令督屯官以時勞問洪熙初時察其困乏者而蠲餘糧以賑之其勅督使者詞曰督率官軍及時耕種弗令遊惰致有荒蕪則屯官之建尊於勸課不在催科也明甚今邊軍月糧既遭扣減比及關支又以屯糧未完盡行坐除既無粒米之獲而空賦無名之稅乃敲朴追逋流毒妻孥其不窮亡者幾何故法欲蠲舊逋而寬新課

國初賞罰嚴明管屯官皆限以所屯積多寡而定其殿

最有執法朘下者必峻刑誅今自旗甲胥吏俱得上下其手於是輸者每二石而致一石而支者不得十之三是最爲屯害者莫甚於胥屯旗甲名曰識字或摘補丁或派補田或撥挑渠或封閉水泉或科派餽遺或按糧勒措屯糧既重而復撒派衆逋屯差既重而又增帖雜役是以軍日逃而田日荒乃所以致之逃者誰乎屯官不唯弗之問且據荒以爲已利則糧額烏得不日減乎故法欲擇屯官而革奸旗

國初牛具農器總於屯曹細糧子粒登於戶部又設

憲官督之有不及數則有具奏降罰之令焉有逾年不完憲臣住俸之令焉令繡衣受代徒擴一二武夫以伏命上下相蒙苟且一律無望脩舉矣故法欲嚴考課

京衛侵占其弊有四一曰選占屯產之膏腴拔租肥己而混稱開荒二曰侵削屯軍之額田而號爲開墾起科三曰勒人投獻而稱用價買佃四曰詭名冒領數十分而稱俱有戶由故法欲清冊籍而給戶由

紅牌舊例凡承佃故軍田地戶由每戶不過二分後

膏腴多占於軍舍每戶有領十紙至二十紙者故
磽瘠盡授貧軍但受賠賦之苦不見屯田之便也
合嚴查戶有二紙以上者每三紙令領久荒田一
分務使立限開完有不開者即將戶由退出另行
召佃每戶田三分帶領荒田一分夫現得三分熟
田而兼一分荒田未有不願承佃者將見邊無曠
土矣故法欲均授田

地廣則闢治之難田多則耕種之難必招徠數千家
而後能任千頃之地必聚數萬人而後能備數十
萬畝之耕如地方十里爲田五百四十頃一面瀕

河三面開渠與河水通深廣各一丈五尺四面築隄以防水潦高厚各七尺又中開溝渠之類條分縷析大約用六十萬人工而後可以竣事毋論北人慵惰卽南人善耕亦安能集衆裹糧越數十里之地以從難成之役卽其富商大賈操奇贏坐收數倍利又誰肯捐萬金以勞形哉故當以附近衛所之軍防秋之暇用軍墾田以田分民軍能墾而不能盡種民能種而不必自墾軍有月糧而無傭值之費民無勞役而享可耕之田故法欲軍墾而民種

中葉之世未嘗不窘財用欲求財足未嘗不事更張但恐事勢倥傯更張無序於國無益於民徒擾故法欲循序而無周章

人情多薄催科至國計則等之秦越時局多崇議論遇改作則起而紛爭故法欲黜浮議

夫無恒產之民方且承人之田以種而藉其餘以自資豈有授之荒田而不墾者則亦播揷之無種也君於該府州縣預設儲穀種子倉或十餘所或五七所每所約貯稻千石歲祲賑饑不與焉專以待開荒者給借之法則約戶內人口之多寡及所墾

田之廣狹以爲差實有田若干畝始給種若干石
而秋成完穀視歲之豐歉豐則量收其息想亦
民所樂輸不豐不歉則蠲其息或歲大歉則併其
本而蠲之至於杜冒濫稽眞僞責成於鄉約保甲
之長官唯爲之綜核焉來歲自不必借之官固
宜儲之以備荒也此儲穀給種兩便之法也
凡瀟洫圩岸門壩倉廒犂鋤牛隻種子一應工費價
値經營建造俱屬不貲若議設處未免趨派不若
於各該州縣借支無碍錢糧照張所蘊開三河田
式建庄買牛分社而種事竣賣牛仍復還官秋成

糧輸所穫漸補借支之前件官民俱便爲此給牛
具之良法也
解運屯糧合用船隻督臣設處打造不得輕用漕船
以撓正運及起僱民船致啓擾民之釁此亦屯運
之不可不議者
開屯有邊腹之異亦有先後之宜在腹裏當以開爲
屯在塞下則當以屯爲開若屯在開未成之先則
當先積以資屯開已成之後則又當因屯以蓄積
何謂以開爲屯屯田侵占非朝夕矣今欲按籍而
履畝勢必害成嘗聞西北之區固餘甌脫即東南

湖海之濱斥鹵亦多誠廣爲營度而嚴責成焉有
可屯之軍而無田者則計丁以給田有可屯之田
而無軍者則勾丁以補軍夫廣新舍與核舊額其
利孰多其擾害又孰少如是則屯政可復矣何謂
以屯爲開夫招募者皆四方散民也其勢又孤民
散則難招力孤則易侵今環塞皆戍也其有客兵
者則以兵守扞而以主軍耕其無客兵者則挑其
壯者以守扞而以单弱耕官則歲課其所開以爲
差而與首虜同其賞夫以耕爲守則士樂以田計
功則官勵以戍開田則勢衆而莫敢奪如是則開

荒復矣何謂以積貲屯以開燕積夫屯與開不可一秋而望歲也必以歲計焉以爲不能無仰給於縣官耶則下令以招商而勸之輸粟度邇時鹽課所折納幾何即以塞下粟直準之而又少減其粟数令商有餘嬴夫人樂嬴則悠若有厭奔走而不飛輓塞下者乎夫商有所輸屯有所穫穫有餘粟又得因商之貿易以有所濺如此数年則塞下之粟必多然後下折納之令復如故是商又得息肩於後益兩利也如是則積穀復矣此皆屯法中利弊之大凡也而其最要者則又無踰於復輸邊之

舊盬　文皇帝之供邊也悉以鹽利是時鹽一引
商輸邊粟二斗五升約値銀二錢故商賈悉於邊
徼間自出財力自招遊民自墾荒畝自藝菽粟自
固堡伍野無曠土廩有餘積至天順間甘肅寧夏
粟一石易銀二錢自葉淇改折鹽課而商賈之足
不履邊矣於是屯卒之牛種不能盡仰給於官比
其穫也又無所售其餘粟於後屯日荒徵科日迫
雜徭日繁兵何容以不逃而屯亦何容以不廢
夫利弊常相因也欲興利先剔弊而不察其弊之所
由起則弊亦未易去也今商不致粟於邊而邊始

弊商惟不致粟於邊而商亦日以弊當事者不肯任勞亦不敢任怨依迴上下日種邊商自不願也盍權昔之所以願種者何故昔之邊屯廣積兵商兩利者何故未有可行於昔不可行於今者嘗考屯田之興也兵有定分嘗不起科無侵無擾而鹽商納粟於邊自招遊民自開自墾屯卒始賴商以便牛種之資既賴商以貸餘粟之利此商農之所以交資也自鹽商納銀於部且增二斗五升之例而爲四錢八分之科矣於是商履不至邊而兵無所資穫無所售課追田荒烏能不弊抑其弊之始

則可以知其復之端矣

養軍而不困民法莫善於屯田國家原額屯田八十九萬三千一百七十二頃餘今所存六十五萬五千五百一十三頃餘然屯法之壞不特失其額也江南無寸土不耕而畿內荒蕪滿目此水利所以當興也天下之田皆有定制而畿內獨無定有小畝有大畝大畝之中又不同焉有三百六十步爲一畝者有四百八十步者有七百二十步者甚至有一千二百步者故畿內之地甚廣而今上册之田止四十九萬二千五百六十八頃四十二畝二分

零非其實也。古者王畿千里，除廣谷大川三分之一，該得田六百萬頃。今以燕都計之，截長補短，該得地方八百里。周之尺准今尺六寸，古方里而井，井九百畝，計今方里則爲田五百四十畝，方百里爲田五百四十萬畝，方八百里，該田三萬三千六百萬畝。依周禮除山水三分之一，該田二萬二千四百萬畝，每畝徵米二升，該得米四萬四千八百萬石。以四百萬石抵漕糧、民運、白糧，每石加舂折斛折使用八斗，該米若干，并祿米倉若干，尚餘糧四千七百五十萬石，以備水旱不虞之需，益軍糧不必皆稻米隨北地所有粞米粟米皆可救之今山東原有細米祖宗之制不責有于無而軍士所食原無擇也惟白糧須用稻米但開水田盡自足用長運糧四百萬石每石折銀二錢五分共銀一百萬兩民運一十七萬七千二百七十七石零又祿米倉糙粳米四萬四百六十二石四斗每石折銀五錢該銀一十萬八千六百三十八兩五錢零共得銀一百一十萬八千六百三十八兩五錢零用抵畿內各項銀差沛然有餘按禹貢五百里甸服四百里粟五百里米五百里而外未嘗轉運

也。漕運起于秦人，乃勞民之敝政，非聖王之良法，後世循而不改，悞矣。

宋太宗時，何承矩知雄州，累遷滄州節度副使。時契丹擾邊，承矩請于順安砦西開易蒲口，導水東注于海，東西三百餘里，南北七十里，資其陂澤，築堤貯水，爲屯田以遏敵騎之奔軼。關南諸泊悉闢，即播爲稻田。其緣邊州軍臨塘水上者，止留城守軍士，不煩廣戍。按承矩之初建是議，欲自相度，恐其謀泄，日令僚佐泛舟置酒賞蓼花，作蓼花游數十篇，令座客屬和，盡以爲圖，傳至京師，人莫諭其意自此始。王諸淀慶曆中。內侍楊懷敏復踵爲之。
熙寧中。又開徐村柳庄等濼。皆以徐于沙唐等河。
叫候鷂距五眼等泉爲源。東合滹沱漳淇易白等
水。于是自保州西北況遠濼。東盡滄州泥枯海幾
八百里。悉爲瀦潦。而澱淤至處。悉變斥鹵爲良田。
魚蝦萑蒲之利。人亦賴之。夫承距創開此水利。而
必以瀦賞蓼花爲名者。機固不可預泄。而事尤當
調停也。然承距之所慮者。在外虜。而今之所梗者。
在內豪。以盤庚之賢。而河害當避。猶爲世族大家
所橫費千百言。以訓誨之。況下此者乎。

八百里亳濟潰而激汴至虹縣悉變斥鹵爲良田
水于是自保州西北汎濫東盡滄州泥沽海澱
以便馬鳴王眼等泉爲源東合滹沱漳淇易白等
濁漳并又開徐村斜虫等灘皆以徐于汊東芋河
遂自此始王請文處所中內指濟懷瀛欲遏洛

備書屯字函卷之四

越人王應遴堇父輯

師汝南中山蔡毅中閱

友人沈　讜天游較

屯之具

田無水不成無器不治水無犀不運無閘不蓄故水閘也水犀也水器也皆所以經水也經水也者經田也皆屯之資也則皆屯之具也故列屯之具而獨言水無言閘而運水之器具閘備焉

徐太史光啓之論水法也其言用水之畧有五一曰源二曰流三曰瀦四曰委五曰作原作瀦

源者水之本也泉也泉之別爲山下出泉爲平地仰
泉其名爲沉爲濫爲趵突其流爲谿爲澗
源初出於山者泉太寒而傷苗必爲池塘以蓄之使
先受日而後灌焉
下流之用水也欲多欲驟而上源之來也徐則爲水
櫃以蓄之而驟發焉
山泉之行時而陡入於地也不可復者下有洞穴也
則迂而避之或檢其洞穴而塞之
泉在於此用在於彼存阜隔焉可鑿者鑿而通之不
可鑿者則爲過山龍之法以取之爲過山龍而欲

用水於山阜之上則從其脊而小大分之所分欲小分餘欲大約二十之一為過山龍而欲用水於數里之外則為陰流以通之溝欲起伏以備脩整分用也

泉在於彼用在於此中有溪澗隔焉則跨水為槽以引之

源從原來高於田則溝引之自達於田不用車升也須來處不竭則能救旱出口寬大則霖潦不受衝激諺曰水行百步過墻頭原高之謂也若於上源開溝引水平行則入於田矣但須測量得法否則

溝成而水不至也若源從原來而甚高於田則為
梯田以遞受之來遠而卑於田者緩則開河導水
而岸之急者或激水而引致之用激法起水於岸
開溝入田皆須測量得法不然則溝成而水不至
也

源出於平地者仰泉也盛則疏引而用之用水多而
冬自混混而不絕矣微則為池塘其側而積之為
池塘而復竭者築土窖推以實之甚則為水庫而
蓄之地高有泉隱而未見者用試法以求之因而
疏之導之泉或忽然而竭者中有土石傾圮故也

可導導之不可導者必他出用試法求之
谿澗旁田而卑於田者水急湍則激之用輪車龍尾
恒升水迂緩則戽之用龍骨龍尾恒升用人用畜
用風
流者水之枝也川也川之別為江為河為塘浦涇浜
港汊沽漊
江河之流自非盈涸無常者為之閘與壩遏而分之
為渠疏而引之而灌之旁田高者則戽之其下流
復為閘壩以合於大川欲盈則上開下閉而受之
欲涸則上閉下開而洩之遠者或疏導而戽之五

里一縱浦，三里一橫塘，塘浦欲多，欲深，欲濶。

江河之水，猛而不可䟽引，䟽引則决者，大隄之上爲過山龍之溝以引之，溝砌欲如法，必令毫髮不漏，漏則壞堤，砌溝而塗之，如水庫，有數利焉。一殺水勢，可無決；二免隄旁之民盜決；三田肥；四隄內地漸高，故須精密，須厚，須歲歲檢脩，須治河者時時洽溜，則兩完。量水大發，則塞而勿用。溝小者亦須容入，俯而入，則易脩近實之處，堤宜倍其厚，防濕透，亦易決也。

江河之中，洲渚而可田者，堤以固之，渠以引之，堤欲

高欲厚

塘浦涇浜近則岸之遠則疏導而岸之其盈涸無常者地高土疏而易涸也則爲壩閘以節宣之閘座欲多而廣

涇浜之小者遇旱則枯近地之江河塘浦可取則爲朋車水線以引之顧非協力則不能獨爲也

瀦者水之鍾也瀦之名爲湖爲蕩爲滙爲藪爲陂爲洎爲淀爲瀝爲塘　淀或作洵瀝或作濼

湖蕩旁田高則岸低則堤岸以固之有水岸出之用風車最宜風車則鳳尾最宜其遠田疏導而岸之

湖蕩而易盈易涸可爲害可爲利者疏導以洩之閘壩以節宣之閘竇欲多而廣其淺澁而不能容水者疏濬以瀦之湖蕩之上不能來者疏而來之下不能去者疏而去之塘浦則欲多欲深欲濶湖蕩之可爲田而下流能去者直決之瀦大廣而害於下流者從其上流而分之

湖蕩之易盈易涸者當其涸時引水而蓺之二麥蓺麥以深秋秋必涸也不涸於秋必涸於冬則蓺之春旱則引水以灌之麥秋以前無大水無大𩁹但苦旱耳故用水者必稔

湖蕩之廣而不可堤者則蓺之水種水種者蓮芡菱
菰茭葦蒲菅之屬也
北方大澤茭葑蒲蔣膠結灩瀩蝗之所生則取水草
爲堤或以壅田旁湖而爲之水田不田之處將謹
察之以除蝗也
委者水之末也海也其用爲潮汐爲島嶼爲沙洲
海潮之淡可灌者迎而受之鹹不可灌者淡水高則
閘壩以隔之田低而鹹潮可掩者亦堤以遏之淡
水時高時下則爲閘座瀦竇水筧通竿之屬以節
宜之淡水則堤以遏之沙洲之於江河而迎得淡

水者爲渠以引之。近海而鹹者爲池塘井庫以灌之，與質地同法。其得淡水而時一遇鹹潮者，則遂蓺之島嶴之秈，是不懼鹹也。海潮入而泥沙淤墊，屢煩濬治者，則爲閘壩涵竇，水弄之属，以遏渾潮而時節宜之。閘竇欲多，欲廣闊，竇之容與其塘浦之容也必等。用潮者爭時，土既易涸，則一畝半畝畛水道而遞受之。海島而可田者，有泉則既引之，無泉則爲池塘井庫以灌之。

作原作潴作原者井也作潴者池塘也水庫也高山平原勢與水違行澤所不至開濬無所施其功則以人力作之鑿井及泉猶之乎泉也造爲池塘水庫受雨雪之水而潴之猶之乎潴也夫高山平原水利之所窮也惟井可以救之池塘水庫皆井之屬故井養爲不窮也

實地高而無水者掘地數尺深而得水者爲池塘以蓄之岸實地下而無水者視其相近湖蕩江河遠近來去之勢爲塘浦以通之其客水亦資塘浦以洩之客水大而溢入於田者於所開塘浦爲堤岸

以退之。懼涸者，爲閘壩以節宣之。塘浦欲深濶，堤岸欲高厚，閘竇欲多廣，俱須測量焉。若可爲而事勢非所得爲者，亦爲池塘以蓄之，或井以蓄之，而戽之。其客水亦以堤捍之，堤中雨潦，戽而出之。實地之曠者，與其力不能爲井若水庫者，則遂藝之宜高之木。實地之鹻者，作塍岸，戽水浸之，一年以上，鹻氣盡沉，以造水田，更勝常地。其鹻重而力不能遍爲水田者，任土物。實地皆沙土，不生草木者，獨宜栟沙。甚者宜茾草、席箕、馬蘭。實地之土，撥有空隙，水所不至者，蝗時下子，旱則冊生焉。謹察覘

之以除蝗

地深丈以上而得水者爲井以汲之。井欲深廣。亦須利器有石井。磚井。木井。葦井。竹井。土井。起法有轆轤。龍骨。雙架。恒升。用人畜風輪

高地山鄉。欲爲井而不知水脈所在者。用試法以求之

深數丈以上。雖汲而易竭者。爲水庫以蓄雨雪之水庫欲堅緻。仍須庫高於田。一決而出之。晉中有築土椎泥以蓄水者。終留不久。不若水庫之涓滴不漏也

皐於池塘於井其來也徐而渴地之受之也不均則爲地上之池積潴而驟發之亦爲一畝半畝之畦而遞受之或宜日中發或宜晨夜發欲相時宜因物理

池塘有水脉難乾者如常法其易乾者築底椎泥以蓄之

凡皐水之法田能蓄水則數畝爲塍而入之否則一畝半畝爲畦築水道而一一灌之如北土灌園法江南盡作大塍北土易瀉者宜作小塍

能用水者一方之水自足灌一方之土一方之水告自

足養一方之人三代之時九州萬國皆能自養何獨今之燕秦晉必待食於南土乎若云以兵餉故則七國交爭帶甲百萬無日不干戈無人不甲胄計其餉豈少於今之京邊而茲獨拙者何也病在於不能生穀也不能生穀者土力不盡也土力之不盡水利之不脩也

能用水不獨可以救旱亦可以彌旱不獨可以救潦亦可以彌潦灌溉有法滋潤無方此救旱也播水於田水土相得興雲歊霧致雨甚易此彌旱也節宣得宜可蓄可洩此救潦也地氣泄越不致鬱積

既有時雨必有時暘此彌澇也蝗之初種本蝦子所化故必起於大澤之旁徐兖以北豫州以東水草既多易盈易涸此蝗生之緣也能用水則大澤之旁悉皆墾田水草用之壅田作堤大水既落時謹察之蝗種可絶矣故用水一利能違數害調燮陰陽此其大者書曰水火金木土穀惟脩禹一治水而地平天成矣識屯政者其首議水之利也何如

古者畫井而田甽達於溝溝達於洫洫達於澮遂壅順瀆而皆取利於水乃自淮以南固無宿水菲雨

爲秋而陂塘壩堰之利備築不時疏通無法以致雨驟則汪瀾四溢助河爲虐稍旱則揚塵底涸赤地如焚而旱澇皆以爲民害是豈盡地之罪哉誠使農官遍歷郊圻尋往昔舊蹟如池塘之閼塞者開濬之溝澮之壅滯者疏通之水渠可引者引之視地之高下爲堰之淺深而隄之閘之高則開渠卑則築圍秋後灌溉支流就壑而亦無冲决之虞如血脉既通則旣無枯渴亦無泛濫水之爲屯利也溥哉

水閘 閘閉水門也閘有地形高下水路不均則必跨

據津要高築堤壩以滙水前立斗門甃石爲壁疊木作障以備啓閉如遇旱涸則撒水灌田民賴其利又得通濟舟楫轉激碾磑實水利之總揆也

東南救田多恃車戽旱則戽以入澇則戽以出此能禦小小旱澇而終非大計也惟築深圍開夾渠置厚閘其高低求利乎

水柵排木障水也溪岸稍深田在高處水不能及則於溪中作柵遏水使之旁出下溉及田所其制當流列植豎樁樁上枕以伏牛擗以拉木仍用𥗬石高壘衆楗斜出以邀水勢秦雍之地率用巨柵其

蒙利之家歲例量力均辦所需乃深植椿木列置石囤長或百步高可尋丈以横截中流使傍入瀦港凡所溉田畝計千萬頃爲陸海

翻車江南多用以車水者也車身用板作槽長者二丈餘短者近一丈皆酌岸之高下置之闊不踰尺槽中架行道板一條隨槽闊狹用置大小輪軸同行道板上下通週以龍骨板葉其在上大軸兩端各帶枴木四莖置於岸上木架之間人憑架上踏動枴木則龍骨板隨轉循環行道板括水上岸關楔頗多其起水之法若岸高三丈有餘可用三車

中掘小池倒水上之凡臨水地段皆可置用但田高則多費人力如數家相傳計日趨工而旱澇可濟也

水轉翻車制與人踏翻車同但於流水岸邊掘一狹塹置車於內車之踏軸外端作一豎輪豎輪之旁架木立軸置二臥輪其上輪適與車頭豎輪輻支相間及擗水傍激下輪既轉則上輪隨撥車頭豎輪而翻車隨轉倒水上岸此臥輪之制也若作立軸當別置水激立輪其輪輻之末復作小輪輻頭稍闊以撥車頭豎輪此立輪之制也當視其水勢

隨宜用之日夜不止絶勝踏車當潮水衝入之處亦可用之然終不若山泉也

牛車無水之地用牛轉其制比水轉臥輪之式但去下輪置於車傍岸上用牛拽轉比人功倍焉

筒車輪之大小視岸之高下須輪高於岸筒貯於槽其車之所在自上流排作石倉斜擗水勢急湊筒輪其輪就軸作轂軸之兩旁閣於椿柱山口之內輪軸之間除受水板外又作木圈縛繞輪上就繫竹筒或木筒於輪之一週水激輪轉衆筒兜水次第下傾于岸上所横大槽謂之天池以灌田疇日

夜不息絶勝人力

桔槔挈水械也。一俯一仰有數存焉不可速也。然則桔其植者而槔其俯仰者歟

轆轤井上立架置軸貫以長轂其項嵌以曲木。人乃用手掉轉纏綆於轂引所汲器或用雙綆而順逆交轉所懸之器虛者下盈者上更相上下次第不絶。凡汲於井上取其俯仰則桔槔取其圓轉則轆轤皆挈水械也

連筒以竹通水也。凡所居相離水泉頗遠不便汲用。乃取大竹内通其節令本末相續連延不斷閣之

平地或架越澗谷引水而至又能激而高起數尺
注之池沼及庖溜之間如藥畦蔬圃亦可共用
架槽木架水槽也間有聚落去水旣遠各家共力造
木爲槽遞相嵌接不限高下引水而至如泉源頗
高水性趨下則易引也或在窪下則當車水上槽
亦可遠達若遇高阜不免避礙或穿鑿而通若遇
坳險則置之叉木駕空而過若遇平地則引渠相
接又左右可移隣近之家足以借用非惟灌溉多
便抑可瀦蓄爲用
水轉高車遇有流水岸側欲用高水可立此車其車

亦筒輪之制但於下輪軸端別作竪輪傍用卧輪撥之水輪既轉則筒索兜水循槽而上又須水力相稱如打輾磨之重然後可行日夜不息

戽斗凡水岸稍下不容置車當旱之際乃用戽斗繫以雙綆兩人掣之挹水上岸以溉田稼其斗或柳筲或木罌各從所便

尾竇泄水器也以尾筒兩端牙鍔相接置於塘堰之中時放田水須預於塘前堰內疊作石檻以護筒口便於啓閉不然則水奏其處非唯難於窒塞抑亦衝渲滲漏不能久穩必立此檻其竇乃成

高轉筒車其高以十丈爲準上下架木各竪一輪下輪半在水内輪徑四尺輪之一周兩傍高起其中若槽以受筒索其索用竹均排三股通穿爲一隨車長短如環索上相離五寸俱置竹筒筒長一尺筒索之底托以木牌長亦如之通用鐵索縛定隨索列次絡於上下二輪復於二輪筒索之間架刳木平底行槽一連上與二輪相平以承筒索之重或人蹅或牛拽轉上輪則筒索自下兜水循槽至上輪輪首覆水空筒復下如此循環不已日所得水不減平地車戽

刮車其輪高五尺輻頭闊六寸先於岸側掘成峻槽
與車輻同闊然後立架安輪輪輻半在槽内其輪
輻一端擐以鐵鉤木楞一人執而掉之車輪隨轉
則衆輻循槽刮水而上
石籠又謂之卧牛判竹或用藤蘿或木條編作圈眼
大籠長可三二丈高約四五尺以籤樁止之就置
田頭内貯碗石用擗暴水或相接連延遠至百步
若水勢稍高則壘作重籠亦可遏止如遇隈岸盤
曲尤宜周折以禦奔浪併作洄流不致衝蕩埂岸
瀕溪護田莫善於此比於隄障甚省工力

龍尾車河濱挈水之器也治田之法旱則挈江河之水入焉潦則挈田間之水出焉治水之法淺涸則挈水而入方舟焉跡濬則挈水而出畚鍤焉不有水之器不得水之用三代僅有桔槔東漢盛資龍骨龍骨之制日灌水田二十畝以四三人之力旱歲倍焉高地倍焉駕馬牛則功倍費亦倍焉溪澗長流而用水大澤平曠而用風此不勞人力自轉矣枝節一壞全車悉敗然南土水田支分節比國計民生於焉是賴即茲器所在不爲無功已獨其人終歲勤動尚憂衣食乃北土旱災赤地千里欲

拯斯患宜有進焉今作龍尾車物省而不煩用力少而得水多其大者一器所出若決渠爲累接而上可使在山是不憂高田棨爲堤塍而出之計日可盡是不憂潦歲與下田去大川数里数十里鑿渠引之無論水稻若諸水生之種可以必濟卽黍稷菽麦木棉蔬菜之屬悉可灌漑是不憂旱濬治之功出水當五分之一今省十九爲是不憂疏鑿龍蟠之斗旱熯之年上源枯竭穿渠旁引多用此器下流之水可令復上是不憂瀦也蓋水車之屬其費力也以重水車之重也以障水以帆風以運

旋本身。龍尾則入水不障水，出水不帆風，其本身無銖兩之重，且交纏相發，可以一力轉二輪，故用一人之力，常得數人之功。又向所言風與水能敗龍骨之車也，在鶴膝、斗板。龍尾則無鶴膝，無斗板，畀居水中，環轉而已。湍水疾風，彌增其利，故用風水之力，而常得人之功。若有水之地，悉皆用之，計人力可以半省，天災可以半免，歲入可以倍多，財計可以倍足，方於龍骨之類，夫畧勝之。

龍尾，水象也，象水之宛委而上升也。其物有六：一曰軸，轉之主也，水所由以下而爲上也。二曰墻，以束水也。水所由上也。三曰圍，外體也，所以圍裡也。四曰樞，樞者所以爲利轉也。五曰輪，所以受轉也。六曰架，所以制高下也，承樞而轉輪也。六物具，斯成器矣。或人、或水，巧者運之，不可勝用也。

王衡車井泉挈水之器也。既遠江河，必資井養。井汲多從綆缶，未覺其煩。高原之處用井灌畦，或加轆轤，或藉桔槔，俛仰盡日，潤不終畝，歲旱之苗立槁。其稿今爲此器，不施綆缶，非藉轆轤，無事桔槔。一人用之，可當數人，若以灌畦，約省夫力五分之四。高地植穀，家有一井，縱令大旱，能救一夫之田數

家共井亦可無饑餓流亡之患若資飲食則童孺一人足供百家之聚矣

玉衡以衡挈柱其平如衡一升一降井水上田如趵突焉玉衡之物有七一曰雙桶水所由代入也二曰雙提水所由代升也三曰壺水之總也水所由續而不絕也四曰中筩壺水所由上也五曰盤中筩之水所由出也六曰衡軸所以挈雙提下上之也七曰架所以居庋物也七物備斯成器矣更爲機輪以運之不可勝用也

恒升車井泉挈水之器也其用與玉衡相似更速更

易若爲之複井井之底爲竇而通之以大井瀦水以小井爲筩而出之則無用筩也若江河泉淵索水之處過高龍尾之力有不能致則用是車挈水以升架槽而灌之或迤而建之以當龍尾

恒升從下入而不出也從上出而不息也恒物有四一曰筩氷所由入所以束水而上也二曰提柱水所由恒升也三曰衡軸所以挈提柱上下之也四曰架所以居庋物也四物備斯成器矣更爲之機輪以運之不可勝用也

水庫積水之處也澤國下地平原易野引河鑿井水

斯足用若重山複嶺陡澗迅流乘水之急激而自上㢩利尤大矣别有天府金城居高乘險江河溪澗境絶路殊鑿井百尋盈車載綆時逢亢旱涓滴如珠或乃絶徼孤懸恒須遠汲長圍久困人馬乏絶隳渴爲謀豈有及哉計莫如備雨雪之水苟以御窮然亦有依山掘造池塘以爲旱備而彌旬不雨即成龜拆徒傷挹注之易窮不悟滲漏之實多西方諸國因山爲城者積水有如積穀穀防紅腐水防漏洩以故作水庫率令家有三年之畜雖遭大旱過强敵莫我難焉又上方之水氐於地中陳

久之水方於新汲其蠲煩去疾益人利物往往勝之彼山城之人過江河井泉之水猶鄙不肯嘗也今以造作法請諗之秦晉諸君子焉

水庫水池也曰庫者固於其下使無受洩也畢於其上使無受損也四行之性土爲至乾甚於火矣水居地中風過損焉日過損焉夏之日大旱金石流土山焦而水獨存焉故固之畢之水事有九一曰具庀其物也二曰齊所以爲之和也三曰鑿所以爲之容也四曰築所以爲之地也五曰塗所以固守之也六曰蓋所以爲之畢覆也七曰注所以爲

之積也八曰捴所以受其用也九曰修所以彌縫
其闕也
其諸田具如耕有耕具耘有耘具穫有穫具刈有刈
具大都畧同亦或小異雜載諸農書中未及詳也

之續也。六曰杷所以受其用也。七曰斧所以彌縫

其闕也。

其諸田具，如耕有耕具，耘有耘具，穫有穫具，如有刈

具，大都畧同，亦或小異，雜載諸農書中，未及詳也。

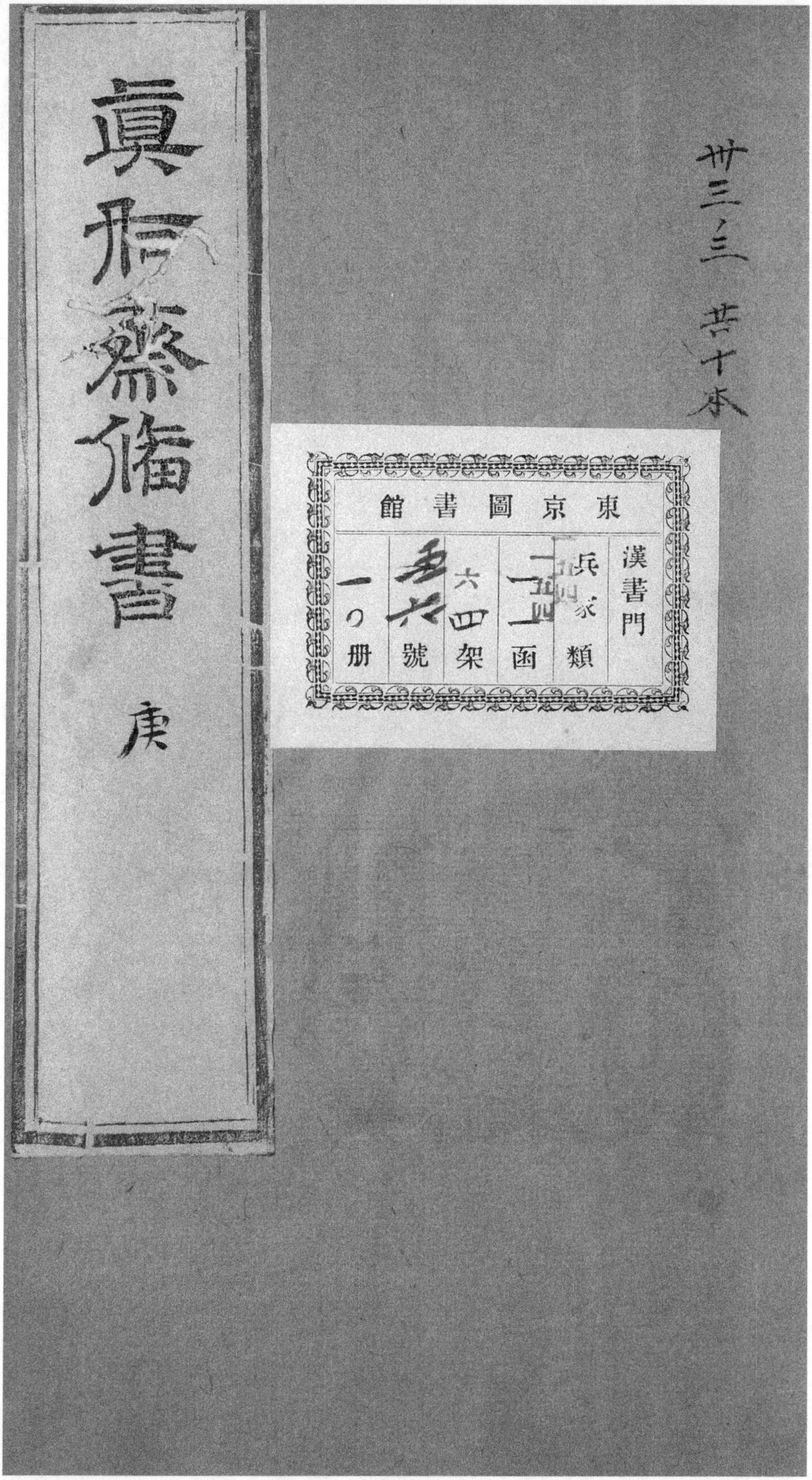
真如齋備書
庚
廿三／三 共十本
東京圖書館
漢書門
兵家類
函
架
號
册

序王葦叉備書戰字函

有文事者必有武備夫子終身弦誦而
夾谷一會却萊兵三千是也作内政而
寄軍令卒伍整于里軍旅整于郊則有
管子天下才要以俱攝尺寸之柄身當
其任而後毅然以身任之王君葦叉書

生耳意其萬卷自雄亦惟是玄覽中區
工騷壇藝苑之業乃其談戰而以戰字
函也何居夫戰動九天潛九地利器不
可示人寧有是取糟粕而用煩省覽爲
雖然不有所聞韓子耶砥礪殺矢而以
妄發其端未嘗不中秋毫也然不可謂

善射無常儀的也設五寸之的引十步
之遠非羿逢蒙不能必中者有常也董
父戰字函得無所謂常儀的與遠而遡
戰之源近而窮戰之變精粗備列隱顯
畢陳余讀之清風朗月中似旌旗奪目
讀之殷雷苦雨中似鉦鼓盈耳讀之稠

人廣衆中又似黄石指授于前穰苴尉
繚談鋒于側也往余以論曆獲交董父
見其備書百餘卷此戰字特其一班因
條時事曾爲疏上
聞惜未有以用之而董父邇且讀書中秘
矣夫武備孰有弛如今日者哉東方介

胄無光齊會黔蜀閒雖邀

天子寵靈庥幾我武維揚乃尚未奏鬼方

之績假令當事者取是函爲常儀的而

又前席董父令展羿逢蒙之巧則于以

張撻伐必如舉崑崙壓小卵決滄溟灌

殘熒矣董父英姿偉略羅星斗而飽韜

鈐抱出世想具匡世才今卽不身當其
任未始無毅然身任之心乃
當寧拊髀而思寧詎可謂董父第有文事
者耶余拭目竢之
天啓壬戌秋孟吉汝南李宗延顿首撰

備書戰字函叙

子之所愼曰戰逸孟子云戰危事談何容易哉我

國家承平久士大夫習俎豆而忽軍旅且不能以己所不知者知人而喜以同己所知者快己邇三韓之役如此豈終不

求三年之艾耶往余令山陰獲交王董
父氏纔弱冠青衿耳便抵掌談世務若
以天下爲巳任者及余林居後迄今幾
三十年入長安則諸大老藉藉頌董父
從前料遼事無異燭照數計而謇卜余
異之日書生那得談當世乃爾一日偶

出所著備書百餘卷卷𢈪余以字爲函函
不定卷其守練二字張徐兩太史業序
之次第及戰字中有訓案法具四種余
又異之曰書生那得飽韜鈐乃爾夫孫
子謂未戰而廟筭勝者得筭多未戰而
廟算不勝者得算少是書得無爲戰之

糟粕乎語曰醫不執方不可無方使董
父徒著是書余安所不疑其非糟粕乃
即其從前料遼事能若燭照數計而簭
卜則非其化糟粕爲神奇烏乎得此董
父修志修曆兩疏並奉
俞旨議行而是書爲今日急需少司空李

崧毓公業已疏薦上
聞矣夫堇父卽官中秘而建旗詞場猶得
以本業扶羊角而上九萬此第其游刃
餘技耳昔人云戰勝之賀不在廟算而
在草澤余爲堇父拊髀又爲堇父懸踕
遂書此序之

天啓癸亥春仲吉臨淄耿廷栢頓首撰

備書戰字函卷之一

古越王應遴堇父輯
師汝南崧毓李宗延閱　友人潘　珠子儀訂

戰之訓

易曰。師貞。丈人吉。初六。師出以律。否臧凶。九二。在師中吉。无咎。王三錫命。六三。師或輿尸。凶。六四。師左次。无咎。六五。田有禽。利執言。无咎。長子帥師。弟子輿尸。貞凶。上六。大君有命。開國承家。小人勿用。比之六五曰。顯比。王用三驅。失前禽。邑人不戒。吉。謙之六五曰。利用侵伐。无不利。上六曰。鳴謙。利用行

師征邑國

豫彖曰、利建侯行師

復之上六曰、用行師、終有大敗、以其國君凶、至於十

年、不克征

晉之上九曰、維用侵伐、厲吉无咎

萃之彖曰、君子以除戎器、戒不虞

坤之上六曰、龍戰於野、其血玄黄

詩曰、王赫斯怒、爰整其旅、以遏徂莒、以篤周祜、以對

於天下

又曰、臨衝閑閑、崇墉言言、執訊連連、攸馘安安、是伐

是肆是絕是忽四方以無拂
又曰戎狄是膺荊舒是懲則莫我敢承
又曰薄伐玁狁至於大原
又曰顯允方叔征伐玁狁蠻荊來威
又曰蠢爾荊蠻大邦爲仇方叔元老克壯其猷方叔
率止執訊獲醜
虞書曰有苗弗率帝乃命禹徂征禹誓于師曰濟濟
有衆爾尚一乃心其克有勳三旬苗民逆命益贊
于禹曰惟德動天無遠弗屆滿招損謙受益至誠
感神矧茲有苗禹乃班師誕敷文德舞干羽於兩

階七旬有苗格
有扈氏不庭夏王啓征之大戰于甘乃召六卿曰左不攻于左汝不恭命右不攻于右汝不恭命御非其馬之正汝不恭命用命賞于祖不用命戮于社
胤誓曰威克厥愛允濟愛克厥威允罔功
商書曰惟甲冑起戎惟干戈省厥躬
又曰兼弱攻昧取亂侮亡
周書曰王左杖黃鉞右秉白旄以麾曰稱爾戈比爾干立爾矛除惡務本爾衆士其尚迪果毅
又曰同力度德同德度義罔曰無畏寧執非敵

又曰、我武維揚、侵于之疆、取彼兇殘、我伐用張

又曰、今日之事、不愆于四伐五伐六伐七伐、乃止齊焉、尚桓桓、如虎如貔如熊如羆

費誓曰、甲戌我惟征徐戎、峙乃糗糧、無敢不逮、峙乃芻茭、無敢不多、汝則有大刑

周禮曰、十人之長執鉦、百人之長執鐸、千人之師執鼙、萬人之主執大鼓

又曰、大司馬以九伐之法正邦國、憑弱犯寡則眚之、賊賢害民則伐之、暴內凌外則壇之、野荒民散則削之、負固不服則侵之、賊殺其親則王之、放弒其

君則殘之犯令凌政則杜之外內亂鳥獸行則滅之

又曰大司馬之職大合軍以行禁令以救無辜伐有罪

周書大武解曰伐有四時三興四時者一春違其農二夏食其穀三秋取其刈四冬凍其葆三興一政以和時二伐亂以治三伐饑以飽此七者伐之機也

又曰戰有六厲五衛一仁厲以行二智厲以道三武厲以勇四師厲以士五校正厲御六射師厲伍五

衛者、一明仁懷恕、二明智輔謀、三明武攝勇、四明材攝士、五明藝攝官

禮記曰、出征執有罪反、釋奠于學、以訊馘告

又曰、君子聞鼓鼙、則思將帥之臣

太公曰、古之善戰者、非能戰於天上、非能戰於地下、其成與敗、皆由神勢、得之者昌、失之者亡

又曰、攻伐之道、勢因敵家之動、變生於兩陣之間、奇正發於無窮之源、故至事不語、用兵不言

又曰、先勝者、先見弱於敵、而後戰者也、故士半而功倍焉

鬻子曰唯攻與守而戰乎同器而和與嚴其偹也和可以戰而嚴可以戰而嚴不若和之勝也
管子曰罰避親貴不可主兵用賞貴誠用罰貴必
又九牧曰寢兵之説勝則險阻不守兼愛之説勝則士卒不戰
又曰國之重也必待兵勝而後重兵之勝也必待民用而後勝民之用也必待令行而後用
又曰明於機數者用兵之勢也兵之數存乎聚財而財無敵存乎論工而工無敵存乎制器而器無敵存乎選士而選士無敵存乎政教而政教無敵存

乎習服而習服無敵存乎徧知天下而徧知天下無敵存乎明於機數而明於機數無敵所以有本之兵未出境而無敵者八焉

又曰先和其民以行師也先籌己力以算敵也先開糧道以進兵也先度地勢以作戰也先決利害以致勝也

又曰征伐之爲道也計必定乎內然後兵出乎境計未定而出兵是則戰之自毀也故不明敵人之攻不能加也不明敵人之積不能約也不明敵人之將不先軍也不明敵人之士不先陣也

春秋曰兵猶火也弗戢將自焚也

又曰師直爲壯曲爲老

又曰師克在和不在衆

又曰敵不可縱天不可違縱敵患生違天不祥

又曰一日縱敵數世之患也

又曰不備不虞不可以師

又曰不度德不量力不親親不徵辭不察其罪犯五不韙而以伐人君子是以知息之將亡也與鄭戰於竟敗而還其喪師也不亦宜乎

晉楚鄢陵之戰楚申叔曰德刑詳禮義信戰之器也

時無灾害百姓敦睦莫不盡力以從上命致死以
補其闕此戰之所由克也今楚內棄其民其誰致
死

晉范文子曰惟聖人能外內無患自非聖人外寧必
有內憂盍釋楚以爲外懼乎

邲之役晉士會曰用師觀釁而動楚卒乘輯睦軍右
轅左追蓐前茅慮無中權後勁其君之舉也內姓
選於親外姓選於舊舉不失德賞不失勞德立刑
行政成事時若之何敵之見可而進知難而退軍
之善政也兼弱攻昧武之善經也子姑整軍而經

武乎、猶有弱而昧者、何必楚

孫子曰、未戰而廟算勝者、得算多也、未戰而廟算不勝者、得算少也、多算勝、少算不勝、而況於無算乎

又曰、兵聞拙速、未睹巧之久也、兵久而國利者、未之有也、故不盡知用兵之害者、則不能盡知用兵之利也

又曰、上兵伐謀、其次伐交、其次伐兵、其下攻城

又曰、知可以與戰、不可以與戰者勝

又曰、善戰者、先爲不可勝、以待敵之可勝、是故勝兵先勝而後求戰、敗兵先戰而後求勝

又曰、凡戰者以正合以奇勝

又曰、善戰者致人而不致於人

又曰、能因敵變化而取勝者謂之神

又曰、知彼知己勝乃不殆知天知地勝乃可全

又曰、善用兵者携手若使一人

又曰明君賢將所以動而勝人者先知也、故能以上知爲間者必成大功此兵之要三軍所恃而動也

范蠡曰、後則用陰先則用陽盡敵陽節盈吾陰節而奪之

老子曰以正治國以奇用兵以無事取天下

又曰師之所處荆棘生焉大軍之後必有凶年

又曰用兵之道吾不敢爲主而爲客不敢進寸而退尺行無行攘無臂仍無敵執無兵故禍莫大於輕敵

又曰善戰者不怒善戰勝者不與㑹兵者不祥

子路曰子行三軍則誰與子曰必也臨事而懼好謀而成者也

孟子曰天時不如地利地利不如人和

又曰威天下不以兵革之利得道者多助

吳子曰國家先和而後造大事不和於國不可以興

師不和於陣不可以進戰不和於戰不可以決勝
又曰三軍之衆百萬之師張設輕重在於一人是謂
氣機道狹路險名山大塞十夫所守千夫不過故
謂地機善行間諜輕兵往來分散其衆使其君臣
相怨上下相咎是謂事機車堅管轄舟利櫓檝士
習戰陣馬閑馳逐是謂力機
又曰兵以治爲勝
又曰將之所愼者五一曰理二曰備三曰果四曰戒
五曰約理者治衆如治寡備者出門如見敵果者
臨敵不懷生戒者雖克如始戰約者法令省而不

煩

司馬法曰、國雖大、好戰必亡、天下雖安、忘戰必危、

又曰、雖交兵致刃、徒不趨、車不馳、逐奔不踰列、是以

不亂

又曰、凡戰之道、用寡固、用衆治

又曰、凡戰之道、位欲嚴、政欲栗、力欲窕、氣欲閑、心欲

一

孫臏曰、批亢擣虛、形格勢禁

尉繚子曰、將之所以戰者民也、民之所以戰者氣也、

氣實則鬬、虛則走

又曰吳起臨戰左右進劒起曰將專主旗鼓臨難決疑揮兵指刄此將事也夫將非一劒之任也

荀卿曰末世之兵無本統無本統則輕耻辱輕耻辱則教戒不行教戒不行則節制疎紊故王覇之兵必先振本統而自見勝負本統者禮義也忠信也以進死爲榮退生爲辱也

又曰將死鼓馭死轡百吏死職士大夫死行列鼓而行金而止順令爲上有功次之令不進而進猶令不退而退罪惟均

鄒析子曰慮不先定不可以應卒兵不閒習不可以

當敵廟算千里帷幄之前百戰百勝黃帝之師

李克曰數戰則民疲數勝則主驕以驕主御疲民未有不亡者也

秦攻韓范雎曰有攻人者有攻地者地固人主所甚愛也人主又人臣之所樂爲死也攻人之所愛與樂死者鬬故十攻而弗勝也王毋獨攻其地而攻其人也

商鞅曰視民之戰如餓狼之見兎則民可以用矣

呂氏春秋曰兵之不可偃也用藥者然得良藥則活人得毒藥則殺人義兵之爲天下良藥也亦大矣

又曰、凡兵欲急疾而不可久處、故兔起鳧舉、雖有江河之險、則凌之泰山之塞則陷之、并氣專精、必無有慮、目無有視、耳無有聞、一諸武而已矣

晁錯論兵曰、丈五之溝、漸車之水、山林積石、經川丘阜、山木所在、此步兵之地也、車騎二不當一、土山丘陵、漫衍相屬、平原廣野、此車騎之地也、步兵十不當一、平陵相望、川谷居間、仰高臨下、此弓弩之地也、短兵百不當一、兩軍相近、平地淺草、可前可後、此長戟之地也、劍盾三不當一、萑葦竹蕭、草木蒙蘢、支葉茂接、此矛鋋之地也、長戟二不當一、曲

道曰伏險阻相薄此劒盾之地也弩弓三不當一

又曰匈奴之南也一大治則終身創矣欲立威者始於執膠來而不能困使得氣去後未易服也

又曰用兵之急者三一曰得地形二曰卒服習三曰器用利步兵車騎弓弩矛盾之地各有所宜不得其宜者十不當一士不選練卒不服習百不當一兵不完利甲不堅固弩不及遠射不能中中不能入五不當一

又曰匈奴地形技藝與中國異上下山阪出入溪澗傾仄險道且馳且射風雨罷勞飢渴不困此匈奴

■長技也、若夫平原易地、輕車突騎、勁弩長戟、射疏及遠、下馬地鬭、劒戟相接、此中國之長技也、帝王之道、出於萬全、今降胡義渠、飲食與匈奴同、和輯其心、使當險阻、平地通道、材官制之、萬全之術也

主父偃曰、怒者逆德也、兵者凶器也、爭者末節也、古之人君一怒必伏尸流血、故聖王重行之、夫務戰勝、窮武事、未有不悔者也

淮南子曰、勝在得威、敗在失氣、夫實則鬭、虛則走、盛則強、衰則北

又曰用兵之本理財爲先爲將之道沉默爲寶所謂軍中無財百事不諧撓事不密禍害之胎故戰士貪而游士冨者國勢三將不重而陰計泄者軍必敗

又曰敵躁我静必罷其力敵先我動必觀其形別其邪正以制其命審其所處或極其因敵或反静先出我奇敵謹後節即與推移敵有所積必有所虧敵若左轉覆其右陂故能先弱敵而後戰者費半而功自倍

孔明曰必勝之術合變之形在於幾見幾之道莫不

先於不意
又曰山陵之戰不仰其高水上之戰不逆其流草上之戰不歩其深平地之戰不逆其虛此兵之利也故戰鬬之利唯氣與形
街亭之役有勸亮更進兵者亮曰大軍在祁山箕谷皆多于賊而反爲賊所破者是病不在兵少也在一人耳自今有忠利於國者但勤攻吾之闕則功可蹻足而待矣不能然者兵多何益
李靖曰千章萬句不出乎致人而不致於人
唐太宗曰千章萬句不出乎多方以誤之一句而已

唐太宗曰：吾在行間久，每觀一進一却，輒知敵兵之強弱。每以吾之強當彼之弱，以吾之弱當彼之強。彼乘吾弱，追奔不過數十武；吾乘其弱，必捲旗貫其陣而反擊之，無不糜碎。

蘇軾曰：夫惟義可以怒士，士以義怒，可以百戰。凡戰之道，未戰養其財，將戰養其力，既戰養其氣，既勝養其心。謹烽嚴堠，耕者無忌，所以養其財；豐犒優游之，所以養其力；小勝益急，小挫益厲，所以養其氣；用人不盡其所欲爲，所以養其心。故士常蓄其怒、懷其欲而不盡。怒不盡則有餘勇，欲不盡則

有餘貪故雖并天下而士不厭兵此黃帝之所以
七十戰而兵不殆也
又曰古之善軍者以刑使人以賞使人以怒使人而
其中必有以義附者焉不以戰不以掠而以備急
難故越有君子六千人而吳其沼矣
又曰劉項之勝負在能忍與不能忍之間耳晉朱伺
之善戰也戰必勝人問其故曰兩敵相對唯當忍
之謂小捷不競小挫不撓也
秦少游曰兵家之勝非僅將良而卒勁也必有謀主
焉故出奇無窮易曰天地設位聖人成能人謀鬼

謀百姓與能兵之道猶人之身乎將心也謀主思慮也圖籍臟腑也法制脉絡也號令聲音也旌旗鼓鐸耳目也車騎步兵四肢也心之統臟腑總脉絡出聲音用耳目役四肢也精以思慮則外不撓於事內不眩於陰陽思焉而不精慮焉而不熟將饑飽勞逸清暑炎凉冥然不察而嬰金觸石無所不至矣悲夫世之論兵者止知重將帥之選急士卒之練講器械營陣之所宜究山川形勢之所便而無聊爲風角鳥占之極思至於謀主則未始一言及不思夫謀主者一軍勝敗之樞軸也

胡安國曰戰者安危所繫有國之大事也將非其人則敗雖得其人使親信間之則敗以剛愎不仁者參焉而莫肯用命則敗

宋高宗問勝敵之術於吳璘璘曰弱者出戰強者繼之高宗曰此孫臏三駟之法一敗而二勝矣

有問吳玠於其弟璘璘曰璘從先兄有事西夏每戰不過一進却之頃勝負輒分至金人則更進迭退忍耐堅久令酷而下必死每戰非累日不決勝不遽追敗不至亂葢自昔用兵所未嘗見與之角逐滋久乃得其情葢金人弩矢不及中國之勁利中

國士卒、不及金人之堅耐、吾長以勁弩洞重甲於數百步之外、則其衝突固不能相及、於是選據形便、出銳卒更迭撓之、與之爲無窮、使不得休暇、以阻其堅忍之氣、至決機於兩陣之間、則璘有不能言者。

或問岳武穆曰、何日太平、武穆曰、文官不愛錢、武官不惜死、天下太平矣。

比征録曰、善兵者惟因其釁而已、夫釁見於彼者謂之隙、應於我者謂之機、決在我之機、投在我之隙、敵雖智救敗不暇、大約釁之在人有二、有天釁有人釁故釁出於天良將乘之惟恐其失敵也釁出於人良將審之惟恐其誘我也天釁者何一曰淫雨二曰久雪三曰暴風四曰大雹五曰星變六曰妖祥七曰暴水八曰火災九曰雷電十曰旱魃十一曰人疫十二曰馬瘟茲十二者是謂天釁凡兩軍相持釁見於我急宜嚴避釁見於敵急宜乘擊何謂人釁一曰移營二曰涉水三曰分兵四曰易將五曰絶糧六曰未合七曰陣亂八曰兵疲九曰異令十曰主疑十一曰卒餒十二曰將驕十三曰得間十四曰下離十五曰內亂十六曰失險此十

六者人釁也凡兩軍相持釁生於我急思秘避釁生於敵急令訪察勝兵先勝而後求戰不於已戰之後而始求所謂勝見合於利而動不於已動之後而始求所謂利一任乎釁而已故銳兵利器深溝固壘多設間諜厚賂探採有釁可攻則戰如風發動如河决無釁可乘則外嚴其防内休其士厲無輕舉妄動之失是謂觀釁

又曰爭山不得上則利在趙而不在秦爭水不得渡則利在漢而不在楚不據地利詎能抗敵人勝倉卒之際哉顧其要有三一曰據山登高望遠可以

覘虛實而施吾謀發石斷木可以選鋒斂而扼其六逼一曰據水敵渡則張我鋭而奮半涉之擊敵逼則激我士而邀背水之功一曰據林樹木麗襟竹箐陰深可伏可疑可邀可遁是謂急據

又曰九伏之法沿其名而失其傳然其畧則遺逸之士猶能粗記之也一曰山伏二曰土伏三曰草伏四曰林伏五曰夜伏六曰烟伏七曰水伏八曰津伏九曰僞伏疑兵[redacted]有伏之法自不容不知搜伏之法故草獸騰逸知敵伏在草也林鳥喧噪知敵伏在林也無風而竹葦自動知在山也無雨而灘磧

自濕知在水也溪澗渾濁知在上流嶋峪塵昏知在僻野無風起塵知其未定未曉鷄鳴知其夜動故善伏者藏於九地之下善搜伏者發於九天之上搜依四法炬木組竹擊石連弩搜生而縱死搜向而縱背縱火於東而靜搜於西發弩於左而靜搜於右是爲搜伏

戚[redacted]光曰古人算定戰今人糊塗戰上者拚命戰耳

何仲默曰不忘戰之臣多慮而有備好戰之臣貪進而寡憂蓋不忘戰之臣唯懼天下之有變而已無全策好戰之臣唯患天下之無變而已不有功是

以不忘戰之臣，其未形之見；好戰之臣，有無益之死。

又曰：任將而中制者敗，行師而外監者疑，故掣於中者，垂成而再撓，於中者已行而反韜。

英子曰：交綏合戰，勝負俄頃，如奕碁焉，一着差，則一局壞；如餌藥焉，一劑誤，則一身危。可不慎哉。

又曰：善克敵者，在攻其心；善破卒者，在奪其氣。伐其始謀，擊其必救，威以利害，撓以虛喝，此攻心之法也。阻絕糧道以待其飢，深溝高壘以伺其衰，此奪氣之術也。

吳良臣曰：得天官之吉者，恃其吉則凶；不得天官之吉者，懼其凶則儆。得地利之利者，恃其利則隂；不得地利之利者，慮其險則怯。見敵之弱者，欺其弱則敗；見敵之強者，畏其強則恐。惟善用兵者，能奪天之樞、地之軸、敵之機，常處中以應而三才之變神而明之矣。

又曰：善取者如蠶之食葉，善擊者如雲之四合。

又曰：得機畧者，不逼人之窮，不攻人之鋭，不啓人之未及，必因其盛而致之，弛擊其虚而待其疲，取其無備而疾襲其遲，是以用兵之術，惟因敵妙，或因

敵之險以爲已固或因敵之謀以爲已計或因其
因而復變用其因或審其因而急乘其所因故可
因敵之勢以致勝也我勇且謀士卒死戰進如驟
雨發如飄風故可因我之氣以决勝也闕山狹路
大阜深澗龍蛇盤磴羊腸狗門險墮飛鳥守在一
人故可因地之利以必勝也三者得一敵已挫亡
俱得用者所向莫當所以善兵者必目敵而用變
也因人而異施也因地而作勢也因情而措形也
因制而立法也故曰能者用其自爲用也不能者
用其爲已用也用其自爲用則天下莫不可用用

其爲巳用則所得者鮮矣

又曰舉不輕勢不逆以一匹夫而能施德義協人心伸刑賞新政令使人不敢逆其命令而必爲之致用者惟伊尹呂望孫武穰苴管仲吳起韓信孔明之輩能之且輕舉者必敗也逆勢者必亡也善兵者當窺識數子之不逆勢不輕舉而又能致人於必用之處是得用因之根本矣

又曰使民必死不如甘死甘死不如義死夫一人必死足敵十夫萬人必死天下莫當况義死者乎義死者恩信孚也故曰恩信爲嚴刑之宰嚴刑爲作

氣之基作氣爲摧陷之本摧陷爲決勝之權故曰氣以振作勇令以恩信行

王鳴鶴曰將需兵兵需器器需於將三者合則必勝在我如缺一焉勝負未可必也

又曰養士以恩使不忍離肅衆以威使不敢離而又前有千金後有猛虎賞不踰時罰不遷列每事身先則士心烏有不齊齊則烏有不勝者

又曰人之敢戰不過仗此心與膽耳將自有所以壯其心膽者壯我心膽而更有以奪敵之心膽則有不戰戰必克矣蓋敵雖千百成羣而恃以爲心膽

者無幾也。兵家之法，以千人取一人，未有不得者；取其一人而千萬人皆尾解者，此至妙之玄機。古人知之，唯孫臏、孔明數人耳。

又曰：萬人合戰，用力者不過千人；千人合戰，用力者不過百人；百人合戰，而倡首以先登者，止在一人。

備書戰字函卷之二

古越王應遴堇父輯

友人潘　珠子儀訂

師汝南嵇毓李宗延閱

戰之案

北戎侵鄭鄭伯禦之患戎師曰彼徒我車懼其侵軼我也公子突曰使勇而無剛者嘗寇而速去之君爲三覆而待之戎輕而不整貪而無親勝不相讓敗不相救先者見獲必務進進而遇覆必速奔後者不救則無繼矣乃可以逞從之戎人之前遇覆者奔祝聃逐之衷戎師前後擊之盡殪戎師大奔

匈奴數爲趙邊患。李牧輙收保。匈奴以爲怯。卽趙士
亦以爲吾將怯也。然屢易將而虜患愈數。亡失益
愈多。仍以李牧守。牧收保如故。顧亦歲無所亡失。
然虜終謂牧怯也。牧乃悉收市租入幕府。以爲軍
資。日椎牛餐軍士。軍士日求戰。不許。久之。牧以爲
可用也。乃大縱畜牧。牛羊滿野。匈奴小入。佯北。以
數千人委之。匈奴聞之。大率其衆來。牧乃多設閒
諜。爲奇陣。張兩翼以擊之。無不一當百。大破匈奴。
匈奴終牧世不敢近趙邊。
漢韓王信反。高帝自將擊之。信奔匈奴。欲與匈奴共

擊漢漢使者十輩往俱見其兵老弱而畜羸也皆言虜可擊劉敬獨報曰兩國相角宜各矜所長此見短誘我也上怒曰何得沮吾軍繫諸廣武遂行次平城匈奴精騎四十萬疋圍帝於白登七日曲逆侯間紿閼氏乃得解歸赦敬誅言可擊者

李廣爲上郡守嘗從百騎出卒遇匈奴數千騎從騎皆大恐欲馳還廣曰吾去大軍數十里今若走匈奴追射我立盡我留匈奴必以爲大軍之誘必不敢擊也遂令諸將曰前未到匈奴二里所皆下馬解鞍其騎曰虜多且近即有急奈何廣曰彼虜以

我爲走今皆解鞍示不走用堅其意胡騎遂不敢擊有白馬將出護其軍于是廣上馬與十餘騎奔射殺之復還其騎中解鞍令士皆縱馬臥會暮胡兵以爲旁有伏皆引去廣乃還

衛青等擊匈奴會日暮大風起兩軍不相見漢益縱左右翼繞單于單于遂冐圍馳去漢發輕騎夜追之捕斬九千級

趙充國擊西羌至金城欲渡河恐爲虜所遮夜遣三校啣枚先渡會明以次盡渡虜數十百騎出充國恐誘也且擊虜以殄滅爲期小利不足貪令軍勿

擊遣騎候四望陿中亡虜曰羌虜無能爲矣充國
常以遠斥候爲務行必爲戰備止必爲堅壁持重
而愛下先計而後戰虜久屯聚懈弛望見大軍棄
車重欲渡湟水道阨狹充國徐行驅之或曰逐利
行遲充國曰此窮寇不可迫也緩之則走不顧急
之則還致死諸校曰善虜赴水溺死者數百後竟
降之
北匈奴入雲中燕范拒之會日暮范令軍士各交縛
兩炬三頭爇火營中星列虜謂漢兵救至大驚待
旦將退范令軍人蓐食晨往赴之斬首數百級虜

自相轔藉死者千餘人

比匈奴攻耿恭於金蒲城恭以毒藥傅矢語匈奴曰漢家箭神其中瘡者必有異虜中矢者視瘡皆沸大驚會天暴雨隨雨擊之殺傷甚衆匈奴震怖相謂曰漢兵神眞可畏也遂解去

班超在西域發于闐諸國兵擊莎車而龜茲王遣兵五萬令温宿王救之超召將校及于闐王議曰今兵少不敵其計莫若散去于闐從是而東超亦于此西歸可須夜鼓而發而陰縱所得生口歸以超言告龜茲王王聞之大喜自以萬騎于西界遮超

温宿王將八千騎于東界邀于闐超知二虜已出密召諸部勒兵雞鳴馳赴莎車營胡大驚奔走追斬五千級自是威鎮西域

曹操北征烏桓郭嘉曰兵貴神速今千里襲之輜重多難以趨利且彼聞之得以爲備不如留輜重輕兵兼道以出掩其不意操乃密出盧龍塞直指單于庭虜聞操至惶怖合戰大破之斬蹋頓及名王以下

晉鮮卑禿髮樹機能陷涼州馬隆募勇士能引弓四鈞挽弩九石者得三千五百人西度温水隆以山

路狹隘乃作扁箱車爲木屋施於車上且戰且前或夾道壘磁石賊負鐵鎧行不得前隆卒悉披犀甲無所留礙賊咸以爲神卒斬樹機能平凉州

秦苻融等攻壽陽克之晋將胡彬退保硤石融進攻之梁成等屯于洛澗柵淮以遏東兵彬糧盡潜遣使告石爲秦所獲融報堅曰賊少易擒堅乃留大軍於項城引輕騎八千兼道就融先是晋將朱序爲秦所擒降之至是遣朱序來說石等不如速降序私謂石等曰若秦衆盡至誠難與爲敵今乘諸軍未集宜速擊之若敗其前鋒則彼已奪氣可遂

也玄遣劉牢之率精兵五千趨洛澗成阻澗爲陳以待之牢之直前渡水擊成大破斬之分兵斷其歸津秦步騎崩潰赴淮水者萬五千人秦兵逼淝水而陳玄使謂融曰君懸軍深入而置陳逼水此乃持久之計非欲速戰者也若移陳小却使我兵得渡以决勝負不亦善乎秦諸將皆曰我衆彼寡不如遏之使不得上可以萬全堅曰但使半渡我以鐵騎蹙而殺之蔑不勝矣融亦以爲然遂麾兵使却秦兵遂退不可復止玄等引兵渡水擊之融騎畧陣欲以帥歸者馬倒爲晉兵所殺秦兵遂

潰、玄等乘勝追擊、至于青岡、秦兵大敗、自相蹈藉
而死者、蔽野塞川、其走者聞風聲鶴唳、皆以爲晋
兵且至、晝夜不敢息、草行露宿、重以饑凍死者什
七八、初秦兵小却、朱序在陳後呼曰、秦兵敗矣、衆
遂大奔、序因奔晋
賀穆討梁、然穆曰、戎狄之性、見大敵即走、乘虚復出
乃簡精騎伏山谷、以兵羸者爲外營、奮擊破之
劉裕將水軍以伐秦、魏王嗣遣將阿薄干等將兵十
萬屯河北岸、以數千騎隨裕西行、晋朱超石帥二
千人馳赴、魏人以三萬騎圍之、四面肉薄、弩不能

超石斷矟千餘皆長三四尺以大鎚鎚之一矟
輒洞貫三四人魏兵奔潰
武[illegible]氏楊和擊宋圍蕭承之數十重短兵接弓矢無
所抗氐悉衣犀甲戈矛不能入承之斷矟長數尺
以大斧椎之一矟輒貫數人斬獲甚衆
魏太武伐夏至統萬收衆僞遁夏兵爲兩翼鼓譟追
之會風雨從東南來揚沙晦冥崔浩曰賊貪進不
止後軍已絕宜隱軍分出奄擊不意魏主曰善乃
分騎爲左右隊尾以犄之夏衆大潰魏取統萬
魏拓跋英擊漢中齊蕭懿遣偏將尹紹祖等據險立

五柵以相之英曰彼帥賤莫相統壹必不相救乃
引兵急攻一營拔之四營俱潰

魏葛榮圍鄴列陳數十里箕張而進爾朱榮潛軍山
谷爲奇兵分督將三人爲一處處有數百騎揚塵
鼓譟又以人馬逼戰力不如棒乃密勒軍士各置
袖棒一枚置馬側至戰時不聽斬級以棒棒之而
已分命勇士所向衝突身自陷陣出於賊後表裡
合擊破之

東魏高岳等攻魏潁川魏王思政命仆鼓偃旗若無
人者岳將其衆四面陵城思政選驍勇開門步戰

岳兵敗走

東魏慕容紹宗擊侯景景命戰士皆披短甲執短刀入東魏陣但低視斫人脛馬足東魏兵遂敗

突厥犯塞隋長孫晟以突厥飲泉易可行毒因取諸藥毒水上流突厥人畜飲之多死驚曰天雨惡水其亡我乎因夜遁

大業中突厥犯塞煬帝命李淵與馬邑太守王仁恭率衆備邊會虜寇馬邑仁恭以衆寡不敵有懼色淵謂之曰今主上遐遠孤城絕援若不死戰難以圖全於是親選精騎二千出爲遊軍居處飲食隨

逐水草一同於突厥見虜候騎但馳騎射獵示若輕之及與虜相遇則犄角置陣選善射者爲别隊持蕭以待之虜莫能測不敢决戰因縱奇兵擊之斬首萬級

唐武德中突厥入原州太宗率兵拒之值雨連月太宗召諸將謂之曰虜控弦鳴鏑弓馬是憑今雨連時弧矢俱弊突厥人衆如鳥斂羽我屋宿火食槍槊犀利料我之逸揣敵之勞此而不乘夫復何待今先以勁兵亂其陣突騎躡其後虜進不相遜退不相救縱不盡獲必獲十八九此曉兵者所鮮因

潛師夜出冐雨而進醜徒驚駭請和而去
突厥頡利突利入寇太宗率六騎徑詣渭水責曰國
家與可汗和親何爲負約又遣騎告突利曰爾與
我有盟有急相救何無香火之情頡利見世民輕
出又聞香火之言疑突利與中國有謀請盟而去
貞觀初頡利遣使入朝請爲藩臣太宗遣唐儉持節
出塞以安撫之以李靖爲定襄道總管往迎頡利
頡利不肯朝覲請待草青馬肥將踰砂積靖謂曰
制使到彼虜必自寬率精騎賫二十日糧乘間掩
襲諸將皆曰行人在彼柰何靖曰此兵機也如唐

儉等輩何足惜督軍疾進自白道襲之至陰山遇其斥候千餘帳皆俘以隨軍頡利見使者甚悅不虞官兵之至靖軍掩擊遂滅其國

薛延陀擊突厥可汗李思摩思摩告急于唐詔李世勣擊之上戒之曰薛延陀踰漠而南行數千里馬已疲瘦吾勑思摩燒薙秋草彼糧糗日盡野無所獲卿等俟其將退與思摩奮擊破之必矣卒如所料

太宗攻高麗命阿史那杜爾誘之兵始交而僞走高麗兢進乘之上命李世勣將步騎陳西嶺長孫無

忌繞出以衝其後自將步騎爲奇兵執鼓角偃旗幟勑諸軍聞鼓角齊出奮擊上見無忌軍塵起命作鼓角舉旗幟諸軍並進高麗兵遂潰

高宗遣薛仁貴郭待封等伐吐蕃次大非川將趨烏海仁貴謂待封曰烏海險遠輜重自隨難以趨利將失事機又破賊即回不煩轉運彼多瘴癘無宜久留大非川嶺上寬平足堪置柵可留二萬人作兩柵輜重並留柵內吾等帥輕銳倍道掩其未整即撲滅之矣仁貴遂帥衆先行至河口遇賊擊破之斬獲甚衆收其牛羊萬餘頭至烏海待後援待

封耻受節制，領輜重徐進，爲賊所抄，仁貴退屯大非川，賊益衆，兵遂大敗。

高宗遣將軍裴行儉討突厥于黑山，至朔川，謂其下曰：用兵之道，撫士貴誠，制敵尚詐。前日蕭嗣業糧運爲突厥所掠，士卒凍餒，故敗。今突厥必復爲此謀，宜有以詐之。乃詐爲糧車三百乘，每車伏壯士五人，各持陌刀勁弩，以羸兵數百爲之援，且伏精兵于隘要以待之。虜果至，羸兵棄車散走。虜驅車就水草，解鞍牧馬，方擬取糧，壯士自車中躍出擊之，虜驚走，復爲伏兵所邀，殺獲幾盡。自是糧軍無

敢近者

開元二年吐蕃精甲十萬寇臨洮王晙率所部二千人卷甲倍程與臨洮兩軍合勢以拒賊出奇兵七百人衣蕃服夜襲之相去五里置鼓角令前者遇寇大呼後者擊鼓以應賊衆大懼疑有伏自相殺傷死者萬計夜復出壯士擊之賊乃大潰

黑齒常之擊突厥至兩井日暮突厥大至常之令營中燃火東南又有火起虜疑有兵相應遂夜遁

吐蕃入長安郭子儀使長孫全緒將二百騎出藍田晝則擊鼓張旗幟夜則多燃火以疑吐蕃吐蕃懼

百姓又給之曰郭令公大軍至矣吐蕃遁去

朱滔攻貝州李抱真王武俊來援滔與回紇兵出戰武俊遣趙琳將百五騎伏於桑林抱眞列方陳于後武俊引騎兵居前與回紇戰琳自林中橫擊之回紇及滔軍皆敗

王都反奚契丹助之王晏球與戰晏球集諸將校令去弓矢以短兵擊之回首者斬於是騎兵先進奮檛揮劍直衝其陣大破之

吐蕃尚結贊入寇李晟遣其將王佖將驍勇三千伏於汧城戒之曰虜過城下勿擊其首俟見五方旗

虎豹衣乃中軍也出其不意擊之必大捷從用其言尚結贊敗走僅以身免

元和中西域頻歲犯邊史奉敬白節度杜叔良請兵三千備一月糧深入蕃界叔良以二千五百人授之奉敬旣行十餘日人莫知其所向皆謂吐蕃盡殺之矣乃由他道深入突出蕃衆之後戎人驚潰奉敬率衆大破之殺戮不可勝紀

後唐莊宗冊寇望都莊宗追擊之遭大雪平地五尺虜乏芻糧人馬斃路于道纍纍不絶乘勝追襲大破之

符彥卿等擊契丹、埋鹿角爲行寨、契丹圍之數重、東北風大起、掘井輒崩、人馬俱渴、契丹拔鹿角而入擊晉軍、又順風縱火揚塵、李守貞曰、彼衆我寡、風沙之內、不測多少、惟力鬬者勝、俟風止、我屬無類矣、風勢益甚、昏晦如夜、彥卿等擁騎橫擊、呼聲動天地、契丹大敗

後周遣將率突厥之衆、逼齊晉陽、齊將段韶禦之、時大雪之後、周人以步卒爲前鋒、從西山下、去城二里、諸將咸欲逆擊之、韶曰、步人氣力有限、今積雪凝厚、逆戰非便、不如陣以待之、彼勞我逸、破之必

矣既而交戰大敗之敵前鋒盡虜無復孑遺自餘宵遁

契丹結西賊犯振武折御卿受太宗成筭擊敗之虜死十六七奏至上召其使問狀因笑謂左右曰北虜小醜輕進易退常戒邉將勿與爭鋒待其深入即分奇兵斷其歸路從而擊之必無遺類果如我言左右呼萬歲

契丹薄宋代州張齊賢夜發兵二百人持一幟負一束芻距州西南三十里列幟燃芻契丹兵遥見意謂并師至駭而北走齊賢伏卒掩擊大敗之

宋端拱中威虜軍糧餽不繼虜欲窺取之上遣大將李繼隆發鎮定屯兵萬餘人護送輜重數千乘虜將于越諜知之率其精鋭數萬騎將邀王師邊將尹繼倫領步騎千餘徼巡塞上正當虜所入道虜不擊而過徑襲大軍繼倫謂麾下曰虜視吾猶魚肉爾南出而捷迴乘勢驅我此去不捷亦洩怒於我將無遺類矣今可卷甲銜枚襲其後虜鋭氣前去其心輕我不虞我之至力戰而死猶不失忠義豈徒爲胡地鬼乎衆皆憤激從命繼倫因令軍中秣馬俟夜遣人持短兵潛發躡其後行數十里至唐

河徐行天未明虜去大軍四五里方會食訖將戰繼隆列陣以待之繼倫出其不意從其後急擊殺虜將一人號皮室者虜相也衆遂驚走于越方食失匕箸爲短兵中其臂甚傷乘善馬先遁虜望見大將奔北因大潰自相蹂踐死者無數自是胡虜不敢窺邊以繼倫面黧相戒曰當避黑面大王

契丹主伐夏夏主元昊見契丹兵盛乃上表謝罪退師以候凡三退將百里每退必赭其地契丹馬無所食因許之約元昊乃遷延以老之度其馬饑士疲因縱兵急攻契丹大敗

夏主寇宋鄜延陷金明砦哲宗聞之咲曰五十萬衆深入吾境不過十日勝不過一二砦須去已而果破金明即引退

狄青爲將党項犯塞時新募萬勝軍未習戰陣遇寇多北青一日盡取萬勝旗付虎翼軍使之出戰虜望其旗易之全軍徑趨爲虎翼所破殆無遺類累功至招討副使青在涇原常以寡當衆度必以奇勝預戒軍中盡捨弓弩皆執短兵密令軍中聞鉦一聲則止再鉦聲則嚴陣而佯却鉦聲止則大呼而突之士卒皆如其教纔遇敵未接戰遽聲鉦士

卒皆止酒聲皆却虜人大笑相謂曰執謂天使勇時虜人謂青爲天使鉦聲止急前突之虜兵大亂相蹂踐死者不可勝記

宗澤敗金人于衛州金人退澤計敵衆十倍今一戰而却勢必復來使其鐵騎夜襲吾軍則危矣乃暮徙其營金人夜至得空營大驚自是憚澤不敢復出兵

金兀朮謀侵汴宋宗澤遣兵趣滑州鄭州以分其勢戒諸將護河梁以候大兵兀朮遂不敢向汴而去

金人入宋揚州初宋劉子羽聞有金師預徙梁洋之

積及金人深入餽餉不繼子羽出師掩擊破之

虞允文擊敗金人于釆石江中允文曰敵今敗明當復來夜分移舟緾上流別遣舟師截金人于楊林河口明旦敵果至因夾擊之復大敗

金阿里蒲盧渾侵宋明州張浚使楊沂中帥師迎戰于高橋敗之浚戒將士虜敵必再至下令清野多以輕舟伏弩閉門自守阿里蒲盧渾果復侵明州浚等遣兵掩擊金人奔北

金兀朮自合淝趨歷陽游騎至江張俊議分軍守南岸王德曰敵遠來餉道决不繼及其未濟急擊之

可以奪氣即渡采石俊督軍繼之德夜拔和州屠

迎俊入

金人與劉豫合兵分道入侵帝手札命韓世忠飭守備圖進取辭旨懇切世忠受詔感泣曰主憂如此臣子何以生爲遂自鎮江濟師俾統制官列栅自斷歸路會遣魏良臣使金至維揚置酒送别庚牌沓至良臣問故世忠曰有詔移屯撤釁班師良臣去即上馬軍中曰眂吾鞭所向于是引軍次大儀勒五陣設伏二十餘所約聞鼓即起良臣至金軍中金人問王師動息具以所見對攝兒孛堇聞

世忠退喜甚引兵至江口距大儀五里别將撻孛也擁鐵騎過東世忠傳小麾鳴鼓伏兵四起旗色與金人旗雜出金軍亂我軍迭進背嵬軍各持長斧上揕人胷下斫馬足敵被甲陷泥淖中世忠麾勁騎蹂躪人馬俱斃遂擒撻孛也等二百餘人所遣董敗亦擊金人于天長縣之鵶口擒女眞四千餘人世忠復親追至淮金人驚潰論者以此舉爲中興武功第一

始金兀朮入鎭江韓世忠屯焦山寺曰是間形勢無如金山龍王廟者敵必登之以覘我虚實乃遣人

伏爲兀朮果趨廟幾獲之
宣撫使李彌大有大校李復者鼓衆大亂彌大檄韓
世忠將所部追擊世忠兵不滿千人分爲四隊布
鐵蒺藜自塞歸路令曰進則勝退則死走者命後
隊剿殺於是莫敢返顧皆死戰大破之
金人攻順昌諸酋各居一部衆請先擊韓將軍劉錡
曰擊韓雖退兀朮諸兵尚不可當法當先擊兀朮
兀朮一撓則餘無能爲矣時天大暑敵遠來疲敝
錡士氣閒暇敵晝夜不解甲錡軍皆番休更食羊
馬垣下敵人馬飢渴錡預毒上流水草食者輙病

方晨起清涼鎗掖兵不動逮未申間敵力疲氣索忽遣數百人出戰俄以數千人出南門戒令勿喊但以銃斧犯之統制官趙樽韓直身中數矢戰不肯已士殊死鬭入其陣刀斧亂下敵大敗方戰時乘小郤遽以拒馬木障之少休城上鼓聲不絕乃出飯羹坐餉戰士如平時敵披靡不敢近食巳撤拒馬木深入斫敵又大破之是役也鎗兵不盈二萬出戰僅五千人金兵數十萬營西北亘卅五里每暮鼓聲震山谷然營中譁譟終夜有聲金遣人近城竊聽城中肅然無雞犬聲凡木栿剸壞列甲

兵持燭照夜其衆分番迭擾使馬上鏑以逸待勞以
故輙勝
金人自渦口渡淮水以氊裹船載糧而來劉錡使善
沒者鑿沉其舟
金人始圍順昌劉錡募壯士五百夜乘電光斫其營
見辮髮者則殲之金兵退十五里錡復募百人往
命折竹爲嘂音叫如市井兒以爲戲狀人持一以爲
號電光所燭皆奮擊電止則匿不動我軍聞吹嘂
聲即聚金人不能測終夜自戰積屍盈野方大戰
時兀朮兵皆重鎧甲號鐵浮圖戴鐵兜牟周匝綴

長篙三人爲伍，貫以韋索，每進一步，用拒馬擁之，退不可郤，官軍以鎗標去兜牟，大斧斷其臂，碎其首。金自起兵以來，未嘗有此敗衂者。

人陷廬州，劉錡會楊沂中、王德擊之。沂中曰：敵恃弓矢耳，吾有以屈之。使萬人持長斧，如墻而進，拐子馬遂蹟。

劉錡順昌之戰，戒甲士人帶竹筒，其中實以煑豆，入陣則割棄竹筒，狼藉其豆于下，虜馬饑，聞豆香，低頭食之，又多爲竹筒所滾，脚下不得地，以故士馬俱斃。

岳飛與兀朮戰初兀朮有勁軍皆重鎧貫以韋索三人爲聯號拐子馬官軍不得當是役也以萬五千騎來飛戒士卒以麻札刀入陣勿仰視第斫馬足拐子馬相連一馬仆二馬不能行官軍奮擊遂大敗之兀朮大慟曰自海上起兵皆以此勝今已矣

王彦岳飛等與金人戰于新鄉飛引所部鏖戰奪其纛而舞諸軍爭奮遂復新鄉

岳飛大敗金兀朮于朱仙鎮兀朮欲棄汴而去有書生叩馬曰太子勿走岳少保且退矣兀朮曰岳少保以五百騎破吾十萬京城日夜望其來何謂可

守、生日、自古未有權臣在內而大將能立功于外。者岳少保且不免，况于成功乎。兀术悟，遂留不去、飛果奉詔班師。

岳飛知劉豫結粘罕，而兀术惡劉豫，可以間而動。會軍中得兀术諜者，飛陽責之曰：「汝非吾軍中人張斌耶？吾向遣汝至齊，約誘致四太子，汝往不復來。吾繼遣人問，齊已許我今冬以會合寇江爲名，致四太子于清河。汝所持書竟不至，何背我耶？」諜冀緩死，即詭服。乃作蠟書，言與劉豫同誅兀术事，語諜曰：「吾今貸汝，復遣至齊，問舉兵期。」刲股納書，戒

勿泄諜歸以書示兀朮兀朮大驚馳白其主遂廢
豫

金人攻宋海州魏勝迎戰大敗之金人圍蒼山勝救
之入其砦勝度其必復攻海州因間出砦趨城中
金人果觧蒼山之圍抵城下勝出戰金兵乃引去

建炎中金婁室內侵關陜張浚使謂曲端曰彼以孤
軍深入我合諸路攻之不難耳端曰彼將士精銳
因糧于我我反為客未可勝也若令兵據險時出
偏師擾其農時彼不得耕穫必取糧于河東我相
機擊之則我為主矣今若輕舉後憂方大浚不然

檄諸路集兵次富平吳玠曰兵以利動今地勢不利宜擇高阜據之使不可戰諸將皆以前阻葦澤虜騎不得施不肯徙已而婁室以柴囊土藉淖平行進薄我軍遂大潰五路皆陷關陝大震

遼主征金金主曰彼衆我寡兵不可分視其中軍最堅必遼主在焉敗其中軍可以得志使右翼先戰左翼合而攻之遼兵果大潰

金人初無步卒惟騎千餘刻小木牌繫人馬上以爲號五十人爲一隊前二十人重甲持戈矛後三十人輕甲操弓矢每遇敵必二人躍馬而觀陳之虛

實四面結隊而馳擊百步之内弓矢齊發無不中者其分合出入應變周旋人自爲戰所以恒勝

嘉定九年畢再遇與金人戰且前且却至於數四視日將暮以香料煑荳布地復前搏戰佯敗虜追之馬饑聞荳香皆就食鞭之不前再遇反攻之金人大敗

金沒立與烏麕折合約會兵攻宋和尚原烏麕折合至吳玠命諸將更戰迭休擊敗之沒立方攻箭筈嶺玠遣將擊敗之兩軍終不得合

金兀朮會兵薄宋和尚原宋吳玠與第璘選勁弩分

番迭射敵，稍却，奇兵旁擊，絕其糧道，度其困且走，設伏於神坌以待之，敵走伏發，遂大亂，玠因縱兵夜擊，大敗之。

蒙古克襄樊等處，招集軍民，布種積船材於順陽。宋孟珙遣兵分路撓其勢，潛燒其船材，又度敵必因糧於蔡，遣兵入蔡，焚其積聚，由是荆湖稍安，遂復夔州。

元遣合剌帥兵築馬鬉山，以圖宋合州。張珏乃張疑兵於嘉渠口，潛師渡平陽灘，火其資糧器械，越砦七十里，焚船場，由是馬鬉城築不就。

董摶霄還軍守于潛而賊兵大至焚倚郭廬舍摶霄
按兵不動左右請出兵摶霄曰未也遣人執白旗
登山望賊約曰賊以我為怯必少懈伺其有間則
麾所執旗又伏兵城外皆授以火礮復約曰見旗
動礮即發已而旗動礮發兵乃盡出斬首數千級
元史天倪從木華黎畧地三關進言曰金棄幽薊遷
居于汴已失策矣遼水東西金之心腹也我若得
大寧以扼其喉襟則金雖有遼陽終不能保矣木
華黎善之遂襲大寧直抵居庸不得進因金扎八
兒之導出趨黑樹林從山谷間道啣枚疾趨徑至

南口金人以為從天而下也中都遂破然則燕薊之保障固不專在遼也

國朝永樂七年上命丘福北征密授方畧且諭曰毋失機毋輕視虜毋為虜所紿一舉未捷俟再舉爾等慎之福不遵諭旨全軍俱沒上遂親征擊虜虜遁班師虜酋阿魯台遣使納款且請得借部署女直吐蕃諸部黄淮曰此屬狼子野心使各為類則易制若併為一則勢大難圖矣乃不許

永樂十九年劉江鎮遼東以望海堝地最高可望諸島為瀕海咽喉乃築堡立墩以備一日瞭東南夜

舉火有光江計寇將至伏兵山下更遣壯士潛燒賊舟截歸路約白旗舉伏起礮鳴奮擊翌日倭二千餘趨窩下登岸江惟犒師以待比至被髮舉旗鳴砲伏起爲兩翼而進賊大北奔櫻桃園諸將士請入堡剿殺江啟開西壁以縱之賊趨舟舟已焚我師夾擊無一脫者

景泰元年虜入朔州自屢勝以來出入自由郭登時鎮宣大聞報率兵躡之日暮諜知賊營十二屯於沙窩皆自朔州擄掠而回者將士皆以賊衆請全軍而還登曰我軍已去城百里一退則人馬倦疲

賊以鐵騎來追，欲自全得乎？即拔劍起曰：敢言退者斬。徑趨賊營，天漸明，賊以數百騎迎戰，登奮勇先進，諸軍繼之，呼聲震山谷，登射殺二人，手刃一人，遂大破其衆，追奔四十里，至栲栳山，斬虜首數百級，盡奪回所掠人馬，虜自是不敢輕入。

弘治閒，仇咸寧爲百戶時，虜騎數萬突至，都御史李忠宣使率兵禦之，仇毅然曰：兵不必多，憑我自選五十人足矣。從之。仇度虜所必經之處，掘坑令二十人埋伏，覆以蘆席，鋪以浮土，三十人登山瞭望，以砲爲號。虜至，果扎營其地，夜半砲發，坑卒出衝

亦起虜疑大軍襲之自相蹂殺過半而走質明五十人歸報中軍遣人馳割虜級遂成奇勳

比虜既據河套不時寇殺我邊士王越諜知虜他掠留少兵衛老弱輜重易覆也乃集饒果萬騎齎七日糧出塞可二舍許即留數百人伏更二舍如之行四日天未明抵虜帳萬騎齊奮縱火擊之斬首三百餘獲馬牛甲械以萬計比午虜自外歸慟哭震原野悉力來追越軍結陣徐行殿者與戰及前伏起又與戰再遇虜遂不支而遁遠徙者二十年

嘉靖二年北虜入寇龍門守備馬驥以兵少不敢戰

度虜必由舊路許家衝出乃率兵斷其路路在兩山間驛濬壕深二丈許虜聞之大驚以精甲拒後繩牽蟻附而去土人曰是時得官軍一營至則虜可殲也聞邊人之談虜者曰百騎不越城千騎不越路萬騎不避鎮言虜騎愈多斯所入益深也又曰鎮兵戰原野摠分守戰山谷斷守備戰溪岸防言所統既寡則宜相挽也若驗者其足以知此矣

嘉靖二十四年翁萬達督大同謂方今邊事之故借箸難詳將來措置之方掣肘是慮覆車當鑒易轍乃行欲持永安必畧近效及至邊乃併民堡使協

力拒守每堡擇材力者爲堡長次者爲隊長立法曰守陴每五十名爲一隊每隊奇正各半隊長二人一統其正一統其奇居常則人守一陴奇正相間一方有急則三方應援奇者赴之正者攝守每隊爲紅黃二旗隊長執之以分其衆爲方圓二牌堡長收之以調其奇又多造火器以給之蓋聞虜之攻堡也聲其諸虜而掩其一隅誘之策應而乘其不備邊民無遠識往往惶亂以隨其奸奇正相間一調一守如翁萬達之規畫可謂密矣

萬曆戊戌天兵援朝鮮遊擊毛國器當中路請獨守

星州星州三面受敵勢甚孤懸圖器提浙步兵三千耳設伏候倭出犯輒擊屢有斬獲圖器覘倭營自望洋以至新寨勢若長蛇而望洋其首也謂碎其首則餘如破竹但隔晋江不能渡適叅謀史世用先從使日本時與流寓郭國安者有約時國安在倭營縱所擄中國婦以通消息世用因遣間與約使爲内應國器乃整兵渡江倭出戰忽望洋寨火焰燭天倭遂驚潰盡燒其屯糧七戰七克倭棄城走

真如齋備書

八至十止

真如齋備書

辛

卅三至 共十本

備書戰字函卷三

古越王應遴堇父輯

師汝南嵩毓李宗延閱

友人潘　琜子儀訂

戰之法

一本

戰不勝於敵也勝於將亦不勝於將也勝於君君謬任則戰事違君中制則戰機泥君外監則戰權離故明哲之君但慎於擇將專於任將而毋勞於制將一朝授鉞閫外事罔敢與也請兵益兵請餉益餉賞惟將誅惟將進惟將退惟將謗書盈篋付諸

丙丁如是而將不盡瘁不奏績未之前聞也故曰
兵勝於朝廷
將未受任軍事在君將既受任軍事在身故不當以
身視身而當以軍視身身視軍毋任威威有本養
不重則不威毋任明明有本中有欲則不明毋任
勇勇有本懷忠義則不勇毋任斷斷有本律必爽
則不斷小惠弗徧小信弗孚小不忍則亂大謀蓋
廡惟匿惟和惟慎時察士卒之饑飽勞佚而甘苦
同之死生共之推赤心置人腹集衆思廣忠益
定後戰是之謂戰勝於一人

將受命於君、卽日就道、會集將吏、歃血自誓、告於皇天后土曰、某不材、荷國重寄、自今以往、其或律身不臧、剛愎自用、黷貨自腴、作好作惡、作福作威、親佞傷賢、驕矜玩寇、有勞吝酬、有犯姑息、有懷不盡、有力弗竭、則皇天后土、其陰殛之、遂乃尅期誓師、須示律令

二律

師出以律、律定則軍政行、軍政行則戰心齊、故涖軍之初、必先定賞罰之格、立保領之法、明示軍門、有犯無親偏裨不貸

犒師之日，左右將軍以下至軍士各授保狀於大將軍。大將軍率軍設祭而誓於旗纛之神曰：軍士保領伍隊長出戰無失，如失一伍，隊長伍下軍俱死。伍隊長保領千百夫長出戰無失，如失一千百夫長，所部伍隊長以下俱死。千百夫長保領裨將出戰無失，如失一裨將，所統千百夫長以下俱死。裨將保領左右將軍出戰無失，如失一左右將軍，所轄裨將以下俱死。左右將軍保領大將軍出戰無失，如大將軍有失，左右將軍俱就死。幽有神殛，明有尚方，象刑制方局，心勇于[illegible]。於是次第致

誓爰制爲令
至於出戰而軍士畏縮不力者許伍隊長割其耳伍隊長畏縮許千百總割其耳千百總不遵旗鼓畏縮不前許裨將割其耳裨將不遵許左右將軍割其耳收兵勘驗無耳者酌量斬之若割耳而能忿激向前因而摧敵得級者更紀功以論如有見敵衆多心驚神怖旁行反顧畏縮不前者許本營司哨隊將即陣斬之裨將弗貸其左右將軍不遵旗鼓不受節制因而致失者大將軍以賜劍從事
一卒一伍一隊奮勇抵敵或被賊攻急而同伍隊鄰

伍救應遲疑致損奮勇軍士者同伍隊鄰伍頭目以下俱斬其偏裨以下之分布策應者原其地之遠近連坐有差

賞格種種罰科亦種種大約以畏將令不畏敵鋒知旗鼓不知矢石敢進尺不敢退寸期破敵不期拾級如是者受上賞不如是者置上罰乃若摧堅陷陣搴將搴旗協衆登城爭先奪隘此係奇功宜另行奏録不以賞格拘也

法有以誅大爲威賞小爲明者於是有先設成心以立威福者矣經不云秉以公虛用舍與衆共之爲

足以服衆而建功也

三資

作戰之軍資有三一資慮戰之才一資利戰之材一資給戰之財故甲堅兵利壁固馬良蓄積饒盈武士翶翔淮南子所謂爲軍之大資也然運材與財存乎才而致才與材尤先乎財葢才則將可以禮招材亦將所能廣蓄而財則非將之所能自致也自在朝廷耳故必毋立城府弗拘常格凡百所需畧不留滯椎牛饗士毋疑其汰捐金遣閒毋疑其濫則戰之先資給戰具不至於苦窳而戰士庶幾一

乎遠聚耳

世需才甚急，而軍中則尤不可緩矣。但問大尋鷹竟忘謀主，雖開幕府，徒集啓賓，即至于獻俘紀勛，亦不過曰某斬級賞無疑，某入巢功宜録，至曰某叅謀而建某策，某贊助而收某功，誰則信焉？如是而誰肯以伏龍鶵鳳之才，俛首空趨附於幕下也哉？故今欲議戰，必當首徵謀主。果其有渭湄之叟、隆中之奇，不妨造請之、壇拜之，賦督臣之貴而師稟之。功成則不惜列土分茅以爲報。夫如是而謂舉世無伏龍鶵鳳，如有伏龍鶵鳳出，而謂戰功不救非吾所敢信也。

軍中材具無一可以不精。然而甲仗尤甚。蓋以便利

便爲三妙。此三妙缺一不可。故必專心精造。如適

年外府所解。恐未必足當實戰也。

四畧

作戰之畧有五。一曰量。二曰揆。三曰覘。四曰料。五曰

因。量者。量彼巳之主之將之兵之食之天地也。揆

者。揆彼巳之山川之屯聚之長技也。覘者。覘彼之

本謀之親任之動靜也。料者。料彼之出何策結何

局也。因者。就四者而因其勢。因其机。因其利而導

之也。君明將良，食足兵強，天地孔昌，在我速乘，在彼且藏，因其險易，爲趨爲避，因其屯聚，或焚或據，因其長技，善逞善禦，因其謀任，可伐可離，動則乘之，靜則撓之，設策則破之，而彼之局我，豈必待戰而方知之耶。

當師之未出也，必先計其食及糧之已行也，又首嚴應接，故日日虞匱，時時備劫，守必重兵，運必勇將，敵有可乘，先因其饟。

凡未戰之先，首嘗戰地，必嚴三據，更審六忌，或據山，或據水，或據林莽，可前可却，背高面生，便利水草士卒乃可以不病。若夫大山之端，大谷之口，地網天牢，草木蒙茂，三面受敵，或居下流，是在主戰者周慮凝辨，隨方擇勝，庶不貽軍士之憂。迫戰之日，則急趨戰所，敵人後至，倉卒未整，相机乘埶，戰乃可以必勝耳。

兩軍相對，如未審其將，則堅壁勿出，以觀其謀否；間起間伏，以觀其疑否；一進一退，以觀其固否；迫之凌之，以觀其懼否；挑戰佯北，以觀其諳練；潛師襲之，以識其治乱；出衆出寡，以要其無筭。此臨戰之善物也。

敵處高燥不利水草則困之敵便水草屯處卑下則灌之敵居不便出入艱難糧道遠絶則凌之敵處地廣大食匱兵少四守失隘則急之敵貪利則可餌可唱敵驕怨則可間可離敵愚賤輕信則可懾可誘敵喧囂不整則可薄可欺敵乘勞務利則可乘可擊敵慮進疑退則衆必失依敵人懷歸志則可險塞易敵疲困怠懈飢渴驚疑前隊未營後軍方涉偶値晦冥風雨忽作則因而乘之如是而敵無不足虜矣

五忌

智術擅事當全擅權哲謀瑲議左甲右乙戰之忌一不鑒古今不審彼己賢愚倒置功罪偏頗酬溢貪殘嫉長護短戰之忌二大將不明小將不服不待號令自戰自止戰之忌三將懦吏弱士強卒悍不遵約束戰之忌四烏合之衆調募之兵不經訓練率令趨戰戰之忌五戰士貧苦守士傷勞將驕難控如干雲霄戰之忌六兵械未精上下未協內制其令撓事爭違戰之忌七羣吏侵漁將不能察敵諜來覘將不知用亦不敢捕戰之忌八遠伐淹留糧芻不繼妖異數見軍心惶懼將不能禁戰之忌

九進無前偵退無後勁旁無遊奕後無接應戰之
忌十大寒大暑大風大雨饑寒困倦倍道趨利戰
之忌十一違軍所長用軍所短陸人水戰步夷騎
險戰之忌十二不選不配軍無精鋭鄉導不預出
入迷蹊孤軍抗敵不識進退戰之忌十三糧道易
絶恃勇深入野無所掠戰之忌十四分軍會剿不
設塘報道路阻長兩不相照戰之忌十五出軍日
時風霾沙翳天地慘黷霾霧四塞金鼓不清牙旗
忽折戰之忌十六已上諸忌必警必戒爲將者于
此恬然不思未有能以三軍徼倖者也

將之忌七未戰忌輕忌疑方戰忌遲忌執忌餒小勝忌驕小挫忌撓

士之忌七忌脆忌怯忌悍忌惰忌滑忌疑忌囂脆必堅之怯必勵之悍必鋤之惰必練之滑必愿之疑必信之囂必治之

行軍之忌十有四入忌躁而深退忌疎而急勝忌驕而貪敗忌怯而亂衆忌恃而欺人寡忌餒而不固令忌臨陣而更將忌臨敵而易入人國忌殘尤忌不戒受人降忌懈尤忌不嚴見人餌忌饞追人北忌貪

三軍之災生於狐疑，狐疑生於猶豫，猶豫生於無制，無制生於庸將，庸將生於任之不明，不明生於君心之有欲而左右多賄。

六正

兩軍交綏，堂堂作陣，主客互立，步騎雜陳，或水或陸，或原或谷，在主則宜持重，在客則利迅速，在步則藉車營，在騎則忌遠，軼夷險遞乘，循環反覆，如河津則可邀，如長林則宜伏，用寡者宜趨隘，用衆者宜走陸，敵入我疆則預秘我穀，我入敵境則亟食其粟，乃或合擊，分馳疾驅，徐逐先後，重輕不渝正

鴞故曰堂堂之陣正正之旗形圓不亂則千變不
可離也
主兵當避銳而新集者又利疾擊客兵誡輕佻而新
集者又利速進唯因利致權者得之
深入敵境而未見動靜或以贏弱且挑且走必有埋
伏絕我歸路是須多令勁勇嚴加搜摘而以強弩
翼之輕騎應之又急守糧道設犄角整堅陣張奇
兵徐觀進止
敵來我境處林翳者火之處汙下者水之處平易者
以騎蹂之處險阻者以步撓之得地利者誘而去

之遡後戰未得地利者亟擊之勿使得地利而難
制也
用衆之法宜整宜治宜分宜易妙在進止抽移所謂
如山如林風發河決
用寡之法宜固宜輕宜銳宜隘所謂進不可當退不
可追齊心一力死且不北
法曰步不勝騎騎不勝車然有騎無車則一騎不能
當一卒也有步無車則千軍不能當萬馬也有車
無步馬軍不能無邀險也有車無騎爽遠不能轉
趨利也務使步騎相夾援車爲壘步不離車騎不

遠鼓更番疊戰各趨其便

步戰宜先立老營迭戰互更進必輕凌退必持重變必猝然營必方陣依陵負林拒馬扶胥守爲駐隊戰馬餘隊輪番入守循環出擊布伏突奇必火必弩故步戰之法起號即陣舉號即戰變號即易奇正喊聲欲齊而震鼓聲欲重而沉戰氣欲揚而銳死心欲必而剛藝必欲其精練兵必雜其短長長兵以衛短兵以守

步戰用三疊陣法此法創自吳璘每戰以長鎗居前坐不得起次用最強弓又次用強弩跪膝以俟又

次用神臂弓，約賊相去至百步，則神臂先發，至七十步，則强弓併發，次陣如之，凡陣以拒馬爲限，鐵鈎相連，候其傷則更代之，遇更代則以鼓爲節，騎兩翼以蔽于前，陣成而後退，此之謂三疊陣，三疊之士必心定，乃能持滿，敵雖鋭，不能當也

騎戰便於奔衝，利於速鬪，踵彼敗軍，絶彼糧道，邀擊最便，然頻之則老，宜易畏險，林谷陂洳，無令卣苦，故用戰有八險，當避四利，當趨何謂八險，敵人佯走，輕車要弩，夾伏蹴我，其險一，長驅踰險，伏絶我後，其險二，陷入天牢，退不可逃，其險三，林木谿谷，

馳驟縶縲戰道窘促其險四欲進而臨窄難縱欲
出而迂遠難到其險五大阜高山左右阨塞敵處
表裡其險六進不能退遠不能收敵據我根本扼
我陣頭其險七沮洳草莽敵或隱現撲我聚散其
險八何謂四利敵至未列卒然摧擊披其左右搗
其心腹謂之突衝其利一敵或整治謹我翼騎倏
忽往來雷掣風馳揚塵鼓烟令白日昏冥令變化
雜以小戎謂之術擊其利二敵無險阻卒無戰心
斷其糧道翼擊其旁溥獵其前後謂之乘亂其利
三敵暮欲歸令我鐵騎十而爲隊或伏或馳散如

星布、起似鳥飛、繼以毒弩、按號發椀、敵雖百萬、其勢必疲、謂之威劫、其利四明、此八險收此四利、分合聚散、挈領析條、如是而何戰不尅、然非雜以車、徒進退無本、終是勢孤、恐爲智者所苦、故曰輕凌之隊、奇伏之隊、跳蕩之隊、突衝之隊、踵軍之隊、游奕之隊、謂利於邀擊奔趨、不宜於正守老頓也、其

備騎戰法、詳騎字函。

車與步戰、於易則一車當八十人、戰於險則一車當四十人、與騎戰、於易則一車能當十騎、戰於險則一車能當六騎、凡車利結營、猶便涉遠、宜於廣

易暘燥不宜於卑濕窪洳所以貴高而賤下進止須從其道焉其犯堅衆也必先走其雷電繼以小戎急出馳車或突或衝火亂其西弩亂其東半騎半徒伏奇從鋒晦冥不便謹壁弗攻出入有制馳驟得機敵雖萬匝克之必矣惟善用車者不以南北限不以山水拘無論重輕不泥分合貫惟在用之者耳其用車之法具車字函

戰

戰於山者宜據高阜近水草通糧道握形勢以便擊剿故山上之戰不仰高然屯大山之端而四面受敵則又爲敵所棲若屯於中窊而四面山高則刃

爲敵所困矣故絶澗天牢、天羅、天陷、天隙之地行軍者遇此必亟去之、又曰戰山之左必備右戰山之右必備左

地狹山高左右壁陡卒與敵遇兩不便走、吳起謂之谷戰雖衆不能用也、必須選我輕兵急登高陵令敢死之士衝開前徑或分車徒四面伏定敵必堅陣未敢輕進矣乃又急出旌旗移營谷外半隱半出且擊且擄繼以驍騎列彊弩而衝奮短兵而鬬鼓譟乘之急出是務大率要陸之軍死地當在軍前生地當在軍後

過敵深林速謹出入各奮短兵便利長行弓弩則次
迭進互更審向察道妙在晦冥左右前後發蒙敵
情半伏半擊獚猣騰凌敵雖有見莫得我形故林
戰叢戰利害相半在晝則益旌旗在夜則益鉦鼓
勿畏其強必慮其火
交兵斥澤宜亟去無留翼出驍騎展開道衢整陣結
伍且戰且行又必嚴謹遊騎以備敵情若敵強梁
急據高阜兩軍相角必有利路在焉又曰必依水
草而背衆樹
阻水相拒勿近之於水視生處臨察其廣狹淺深并

敵所來處，乃可決策。若夫江上之戰，則必處上游，水上之禦，宜柵其中流，或因風縱火，或因霧用灌，或囊沙決隄，毋自處不便，毋自當逆風，舟宜坦而旋轉爲便，器宜捷而火弩爲先，分更宜速，寨柵宜堅，旗幟宜多，又宜張而數變，戰士宜輕佻而素練，此水戰之法也。但水欲戰，去水稍遠，挑之使來，擊其半涉；若我不欲戰，則拒水而備，嚴使不得濟，其舟師之法具舟字函。

洋海之戰，最慮風濤不時，又慮迷失向往。風濤有天文可觀，向導以斗建爲先，或當昏晦時，則定以指

南針至如海上辰雲日星烟霧水族起伏占有奇驗在老於航者若持左劵然是不可不審察而預備也

七奇

經戰之畧不詭于正而運戰之術不諱言奇故靜爲躁奇治爲亂奇飽爲饑奇佚爲勞奇變變化化幻幻冥冥孰離于正而孰不是奇故曰無不正無不奇乃兵之善

合戰之法不出奇正兩者奇正之佐又有疑伏疑伏即奇也故用兵者以六爲正以二爲奇以一爲伏

以一爲疑，循環變幻，首尾互易，令敵入吾彀而莫能測其端倪也。

勢未可戰，敵欲戰，我以正兵持之，弗與戰；勢當戰，敵欲持久，我以奇兵撓之，使不得久；敵欲趨險，我以伏兵邀之，使不得趨；敵欲分擊，我以疑兵恐之，使不得分。

勞暑晦夜，皆奇之時；風霾雨雪，皆奇之資；水激火烈，皆奇之佐。或潛而襲，或邀而截，或賺之使入而夾以擊，或詐稱敵使而糧以刼，皆伏也，皆奇也。或示弱以驕之，或示瑕以誘之，或奪其所愛，挑其所怒

以激之或佯北以致之或姑委以餌之或先聲以奪之皆疑也皆奇也

山谿林谷則伏兵險阻江河洲渚則誘其半渡敵畏則斂其鋒敵驕則示之弱我欲進則佯爲退計我欲退則詐爲進謀

古之名將每出夜奇謂餞寡可以破堅衆而疑伏足以懾方張也故夜戰之法或伏或邀或聚或散發號卽行起砲便戰金之卽止鼓之倏進掌笛隊分吹角陣變務於精少必得鄉導益以火鼓亂敵部伍一瘊一徐動靜揆機使敵莫知我之去處亦莫

知我之分移敵如靜固則巧致其疲敵將躁亂則
直入不疑凡夜以車爲壁以步爲守以騎爲候籌
箭堷支燈炬有製耳目素明號令威授然夜戰之
卒非潑膽精銳不可非號令素行不可夜戰之將
非果敢慷壯不可非通變圓神不可
風雪雨霧之中最難用戰顧能握其機而善儲其事
懸重賞許重爵而復信之以必死之令置之以必
死之地將欲率衆寡而衆寡用命驅強弱而強弱
一心自足以一當百一當百無不勝矣乃若方進
戰而當地險阻又值恠風陡作注雨如傾飛沙障

天怒霆消覔此戰鬬之灾也要時勝敗要在相其
機宜或因風風馳擊或乘勢力摧或固壘整陣如我
治彼亂則以輕鋭乘之敵或順勢迫我則選鋭疾
戰萬人怒呼敵衆自亂然亦有因其時反其勢以
致勝者故曰握機儲事而又在相機爲必勝也
法曰以水佐攻者強以火佐攻者明夫勢莫烈於水
火故功莫捷於水火顧水能載舟而亦能覆舟火
得其道則傷人必多而不得其道則返害不小是
烏可不萬萬加愼也哉
善用水者或决以灌其郭或引以絶其糧或壅沙以

截其渡或毒上流以斃其士馬

善用火者或燒其屯或爇其艦或燔其蒭糧或幸其移營而焚其柵或埋地雷斷崖谷以摧其堅然其玄妙總在行火必有因烟火必素具發火有日起火有時其機惟在器而其難又在火種夫走線如地雷埋地數尺遠廣數里水雷入水丈餘沉伏港汊藥線入土卽潮入水卽爛又烏能旬月不濕候彼火機一動而卽發之耶所以善製火者有不傳之秘善用火者有心得之巧若夫火攻之具則詳火字函

兩兵相拒賊腹必虛潛由間道以直拔根本此非死卒不能敵兵遠來抑或惰歸預伏要路邀而截之此非猛將不可敵將愚莽可以賺之運道險遠可以刼之然賺非死間不敢入而刼非巧詐不能近也彼將心高我則示之弱佯北委資可餌而誘也彼將內懦我則示之強虛張聲勢可脅而奪也彼將急躁則我挑其怒而攻所必救且誘且擄可獲而致也

八乘

戰有一字訣曰乘微論戰而勝攻而取在乘一時之

鋭氣即從來定天下者亦不過乘一時之人心而借力以用之已爾故善戰者得時則乘時得勢則乘勢得機則乘機得利則乘利捷如脫兎速若發機無之非乘也是故以主乘客以佚乘勞以實乘虛以整乘亂又或乘其遠來或乘其半涉或乘其未壘或乘其入隘或乘其疑間或我乘我勝則當備其伏或彼乘我敗則更運我奇乘之爲用妙矣哉

力攻其堅而堅破則瑕者益瑕力攻其堅而堅不破則瑕者亦堅故曰攻堅不如乘瑕是用力寡而成

功捷也

敵勢方張我衆恐惶則宜急選精兵激我突將斬其前鋒奪旗而舞呼聲動地令彼氣阻是日乘我鋭以摧其標

盡敵鋭攻則宜堅壁持重乘彼力竭倐然突擊是曰養我鋭以乘其疲

環圍不攻築塹相守則宜乘敵食盡闕圍令走是曰完我力以乘其敝

敵方入境後隊未集則宜急選梟將伏奇横擊捲旗貫陣反擊其背賊之前鋒旣崩大軍自靡是曰善

乘其首

敵或傾國困我城邑或逆王師盡鋭相拒則宜揀留

羸丘縻絆其軍潛遣精鋭擣其腹心乘彼還救張

伏邀之是曰善乘其虚

堅壁清野嚴固我隘敵攻不克又無所掠則宜乘彼

引還預扼其要夾而擊之是曰善乘其窮

敵敗初還必嚴後殿我毋急追潛躡其後彼既疾趨

其力已倦其備已懈則宜倍道乘之敵將走死是

曰善乘其歸

始追不戒或罹其伏則宜急整驍騎風馳更逐彼方

情歸無心戀戰不意重來無不可敗是曰善乘其
惰
敵衆我寡卒遇敵圍圍雖有闕毋容輕越更須審敵
虛實之所圓陣外向四面奮擊力戰不休必獲其
利又曰常令并氣勿亂待其少懈從其兵厚而不
治處疾擊而出
既已出圍更防尾擊肅我部伍選我材武嚴我後勁
翼我兩旁整衆以退乃能不敗
兵臨死地俾生必死殺牛燔車以饗戰士塡井夷竈
焚舟破釜秉梲力戰是曰必死則生

軍或屢衂人心皇皇既鼓不進未金先退此非誅罰可以禁也法曰執栽禁畏大畏弗殺示以顔色告以所生

九間

戰之善者必曰不戰而屈人之兵夫人不戰而何以屈夫亦於兵刃未交而令其爪牙先折腹心先潰聰明先亂籌計先顛倒罥幂然喪其所守而不自知耳自古用兵功莫捷於得間意莫刻於用間機莫微於投間盍論至於間之微而孫子五間之術猶未探其本也夫間者二之也二其心而使不自信

也間者離之也離其見而使不自合也出其所不意攻其所不備離其所必合詭其所必趨夫孰非二孰非離則亦孰非間也故曰多方以誤之誤之者間之也曰乖其所之乖之者間之也山有間道謂其徑幽而捷也則凡幽我謀而收功捷者皆間也垣有間隙謂中有岐而可窺也則凡窺破其狡而應中其竅者皆間也則亦何必使人間又何必沾沾於瞷人之動靜耶使人間其如無間可瞷何而且如反爲之瞷何卽或瞷其動靜而其如聞動而不善應聞靜而不能撓何故曰微不微於遣間

而微於用間者之心是謂不戰而屈人之兵若今之用兵者自不能廢間探之事也間之道深矣别悉間字函

十㯽

海宇鞏固如無缺之金甌惟是南之倭北之虜東西之夷時歷經畧惟不明於戰之道故併欵與守兩者俱不得自定主張互顧不寃夷虜情形則戰之道終不明也夫古人之于夷虜比諸犬羊蓋犬者外猛而中怯今之悍虜是也羊者外柔而中很今之欵夷是也猛犬遂人愈縮朒則愈嘷横一奮擊

而卽走矣柔羊近人戲以杖挑之必反角而觸焉故觀于犬羊之情形而欵戰之槩思過半矣是以原欵者必堅其欵以為戰毋自我而開其釁屢犯者必實為戰以致欵毋以朽戈餒卒輕挑之而張其吻是在籌邊者加之意而已

倭之長技唯刀與鳥銃兩械自佘大猷教人持白棒不擊其人而单敲其刀于是倭計拙矣銃惟練藥之妙繫於臂而發之無聲故人不及避乃有識者云綿與紙緝為堅甲而亦有衣臨陣濕之復令壯士摩旗而前可以禦也其戰也必據高臨險坐持

我師覘我收兵彼則擁戰退則設伏三三五五一人揮扇羣伏皆起我兵不悟而屢入其局然以此用於陸則捷若用於水則無能爲也葢倭船止有草撇不能當閩浙之大海艙誠能嚴會哨之律而使不得入或誘之入而夾擊之靡有不勝者矣其大可虞者惟在走倭之買我人而反爲彼用或當不逞難制耳

遼左可憂不專在建酋鵝蚌久持漁人得利三岔河之要地不設重兵終屬可虞西虜不善款之其猖獗豈在奴下則修內攘外或款或剿不可無久長

筭也

薊之三衛伏床之虺也且其枝寔繁而又褁甲久矣

後進狠而前拒虎識者寒心異日友戈端或在此

則以備爲戰當視各塞更嚴

宣大負肩幸已久矣乃無虞不戒釁將漸生則脩備

以堅款惟此二鎮爲先然此中脩備惟有車戰得

力蓋以地多平原也

延寧邊㡳羅套虜之毒深矣誠各厲兵秣馬而諜虜

東犯則寧夏搗其西虜西犯則榆林襲其東犄角用

之職其延寧之長筭乎

固原以火酋爲苦火酋以熟番爲目能善撫熟番而犄角洮岷則機宜自得

甘肅自哈密棄而一線孤懸欲北逐虜而南護番誠不支也以懷番族爲戰則先零順而罕幵破庶幾趙營平之績耳

夷運無常會逢其隙中國之患在突起不在因餘宋人方幸遼之敝而骨打出矣更甚于遼也又方幸金之衰而蒙古復出矣更又甚于金也今人但謂建酋悍竟不念我武備單而九塞之外皆建酋也左掖兎罕肘邉三衞方眈眈焉當事者恐不可不

謂齋後來讖言也。

實爲後來撰言也

偹書戰字函卷之四

古越王應遴堇父輯

師汝南嵩毓李宗延閱、友人潘　琢子儀訂

戰之具

旂目之具

牙旗、所謂大將軍出必建牙是也、有所攻伐、作五采牙幢、青牙引東、赤牙引南、白牙引西、黑牙引北、黄龍牙、則一軍之候也、又有坐纛、中營建之、出引六軍、則祭旗纛以行、

豹尾旗、又名旝、桿長九尺、頭用利刄、折曲畫豹尾形、

闊一幅，雙折長七尺。此旗所立處，無論營陣戰陣，更不容一人擅出入者。

幟，識也。軍中部伍視之以爲識認也。其色五，其邉亦因之各異。

麾，揮也。幅同豹尾，以羽毛飾之。臨陣用之以指揮者也。其色五，法亦五：欲進則點，欲戰則亞，欲止則立，欲退則偃，欲左右旋則摩也。又曰舉青麾則左軍出戰之類。緣邉書督戰字。

五方高照。高一丈六尺，色照方，幅尾用生氣之色，幅長一丈二尺，上各綴燈籠二，徑三寸，長七寸。此爲

中軍之主、奇兵及親兵、皆寄目焉、夜則看燈以應
五方之用、故燈色亦五
大五方旗、各高一丈五尺、纓頭珠絡、雉尾、色照五方、
迼以生旗之色、配之旗心、方五尺、上繪五方獸、此
旗於四方立表、兵之所視、以爲坐作進止左右周
旋者也、戰時或點或偃、而該方不應、與未點未偃
而該方輙自進止者、罪之、又五方神旗、與此同
金皷旗二、高一丈二尺、纓頭雉尾珠絡、黄色、方六尺、
用以引金皷者也、臨戰緊隨金皷
門旗、高一丈二尺、幅方五尺、上繪飛虎、此立於轅門

擺營者也、臨戰謹嚴出入不得擅闖輕縱
角旗各隨方色製以樹之各方者
二十八宿旗上畫二十八宿之獸色不拘、號帶亦隨
意
清道旗桿長八尺、幅方四尺、色俱用藍、邊色用紅、書
清道二字
領陣藍旗、大約與清道同製、不用邊亦可、書令字
腰旗、不等、在大將桿長一尺八寸、徑二分、旗方七寸、
帶五色、接上書三軍司命字、在各營中軍桿長三
尺、徑三分、方九寸、帶長一尺五寸、在各營把總桿

長三尺徑五分方一尺一寸其在各司哨官桿長四尺徑六分旗方一尺五寸並色隨其方各哨旗總以下無旗各給腰牌上書某營某哨某旗總係某籍年貌身材力技疤記戰失腰旗腰牌者以軍法治平日查無腰牌者不給月糧仍治以法

每一大營大將認旗五色帶各營將認旗用本方之色以邊應主將以號帶應國王把總以心坐本方以邊應營將以帶應國王哨官以心坐本方以邊應本總以帶應國王旗總以色應本哨以邊應總司隊總盔旗長三寸色隨本哨旗上書某隊某哨

軍士盔有纓無旗

主將認旗桿高一丈九尺珠絡纓頭雉尾幅長三尺、潤一尺五寸、尾帶用五色二十五條、長二尺五寸、上書三軍司命。詳司命二字，則知旗之用大矣。

營將認旗方五尺，斜角用邊帶纓頭雉尾，桿高一丈八尺，書某軍司命，旗懸至頂，戰時立點摩偃視大將。

把總認旗方三尺，斜角用邊帶纓頭，桿高一丈七尺，旗懸至頂，戰時立點摩偃視營將。

哨官認旗方二尺，斜角用邊帶長三尺，桿用長鎗一

丈六尺、旗懸至頂、戰時立點、學偃視本總
旗總認旗、方一尺五寸、斜角、有邊、桿用長鎗一丈五
尺、旗懸高一丈一尺、戰時立點、視本哨。
隊長認旗、方一尺、無邊、桿用長鎗一丈五尺、旗懸高
九尺、戰時立點、視本旗總
前營將認旗、紅心紅邊黃帶、書前軍司命、其餘五方
營將俱照本方色、邊色照大將指揮旗、帶俱黃色、
戰時視大將旗招。若招本營、則本營旗招速應
前營前司把總旗、紅心紅邊黃帶、五營前司旗俱紅
心黃帶、邊色各隨本營

前司前哨官旗紅心紅邊黃帶、本哨下旗隊總旗色俱依照本哨其五營各司前哨旗、俱紅心黃帶邊、各隨其本司、戰之際、只視本總旗或點或偃、則本哨遞應。

前司左哨官旗、藍心紅邊黃帶、本哨旗隊總旗色照本哨五營各司左哨旗、俱藍心黃帶邊、各照本司

前司右哨官旗、白心紅邊黃帶、本哨旗隊總旗色照白色、其各營各司右哨俱白心黃帶、邊色各照本司。正臨戰時、點偃進退、俱視本司

前司後哨官旗、黑心紅邊黃帶、本哨旗隊總旗色同
黑色、其各營各司後哨、俱黑心黃帶、邊色各照本
司
前司中哨官旗、黃心紅邊黃帶、本哨旗隊總旗色同
黃色、其各營各司中哨、俱黃心黃帶、邊色各照本
司、正臨戰時、點偃進退、俱視本司、愼弗先弗後。
每營將認旗一、本方金皷旗二、本方門旗二、本方坐
纛一、大五方旗五、大高招五、巡視旗八
每司把總認旗各一、門旗二、每哨官認旗各一、每哨
旗總鎗旗各一、每隊總鎗旗各一

夜營必有密號，或旗或牌，或箭或特剏别物，戰時尤不可不密。誤失者斬，無者覊，以防奸也。

各營中軍旗上各備燈一，纛上用五色燈五，一行聯下各雜流頭目人等各備燈二，各總哨隊旗上各燈一，中路塘報等燈以上方色尺寸并罩蓋制度俱載練字函，兹不贅。然彼用以練夜營，此實以備夜營夜戰也。火把各司自有主者。

臨戰時，大將原建五方旗，中央土位者不動，故以黄旗為四旗主，常使諸軍準望，知大將所在。若南方有賊，大將舉赤旗，應之東碧、西白、北黑，各以方色

旗指揮無戰常偃之其諸軍見本方旗舉則該應
方營將亦舉於是該標下副將千把總哨隊等旗
隨舉該部兵急裝束大將旗若亞則前進奮擊旗
止立即止旗卻偃即回

大將所司惟此旗鼓耳于此一舉萬衆同仇近惟金
鼓之設尚用於升壇列陣而耳令猶有十之三目
令則盡廢矣戰陣特絶然不用爲大將者或恃勇
當先或率家丁自爲一隊并旗鼓不知爲何物如
是安知有定法有深意有關係哉四門五行八陣
九軍只此備足行有條理用有分合誠欲萬人齊

力。全賴此物指揮，故必使士卒視旗爲命，麾之所指，莫不前死。以泥沙視此身，以斧鉞視旗鼓。知畏將，不知畏敵；知畏旗鼓，并不知有將與身，則戰無前敵矣。

齊耳之具

角，覺也。古用牛角，今易以銅。其聲悲壯，古登高鳴之以覺三軍者也。大將中軍角十二，左右各六，鳴于初警衆也，鳴于末收衆也。握機經曰：角音五，一警衆，二貫帶，三布陣，四伐，五出奇。與雷鼓雜鳴則數軍爲烏雲，與金雜鳴則三軍各歸營壘。

鼓製五、一進衆二兩射三接戰四挑逐五軍噪製亦五鼖鼓以肅威儀隊仗雷鼓以散陣追[illegible]中軍之鼓名晉鼓大鼓也圓徑五尺載以武衝車偏裨之鼓名提鼓圓徑三尺隊正之鼓名鼙鼓徑尺有五寸脩半之雷鼓以鐵爲之腔大而雜擊其聲如雷古有鐸通鼓鐲節其法已廢今但以金鼓以大小爲節進戰則大將軍擊鼓其餘將士以次擊鼓以應之退則大將擊金其餘亦以次擊金應之尤爲簡易易習也。

對敵[illegible]戰之法一鼓持兵二鼓結陣三鼓趨進四鼓

接戰、五鼓急鬬

又製二等、曰大鼓、中軍出入用之、曰警鼓、大將中軍設嚴警鼓十二面、左右各六

金製三、其音五、中軍之金名鍾、圓徑三尺、脩半之、唇厚二寸、載以武衝車、偏裨之金名鉦、徑二尺、脩半之、隊長之金名刁斗、漢法草創用此、代斗以量斛、隊長掛之肩、以爲號令者也

法鳴一金緩鬬、鳴二金止鬬、鳴三金退、鳴四金背、鳴五金急背也

又製金鉦也、五營各一、小金即鑼也、四哨各十

又刁斗、樵器也受量一斗、晝炊夜擊、軍隊各一
鞉鼓小鼓也兩旁繫以珠持其柄而搖之、有急疾氣
象、一金革未息爲鏖陣、一金革已息爲旅師、蓋鏖
陣旅師均不容緩也故鳴鞉。
大凡各官兵耳所聽惟金鼓聲、如鼓聲不絕卽前有
水火亦須跳入如鳴金該止、[redacted]前有金寶可取亦
不許動不拘何項人員口傳語付決不許聽
號笛卽鎖吶是聚各官頭目發放軍務也候吹到齊
方止
喇叭卽掌號頭號造飯二號取齊三號起身長吹天

鴦聲各兵吶喊若兼放銃摩旗看旗所指轉身

哱囉長聲三聲起身再吹執械上馬

號砲於平時各有舉放不一惟戰時必不輕放止有催兵出陣催發火器或發伏或變陣數端而已故職掌放砲之任非洞悉機宜與將心脗合者不可其有聞砲不遵與未砲先發者俱斬其平時營陣舉放之令具載練字函

自備之具

盔古之胄也有二種一曰明盔亦名兜鍪提督總兵二府用八瓣都指揮六瓣製以銀輕重無定

目襯盔無瓣狀如圓碗口、指揮千百戶以下及軍
士皆用鐵重約一斤、或有用牛皮製者取其輕也、
或有用布綿製者、又有用竹柵製者、又有用竹挾
綿紬紙製者總以捍其首也、戚繼光製兜鍪以細
藤為之、內用綿帽一件帽表用布二層帽裏用布
一層、內用絲綿繭絮用、線緝之帽後不合口開高
三寸、以便人頭大小臨用自綴盔內
甲有五等、古所云介也、華曰甲、金曰鎧
兕甲周禮所載即今之牛皮甲也、生熟皮不一、土斤
多用之

金甲或以銀製大將爲觀美非禦敵也
藤甲其色如金外夷有用之者然而畏火
紙甲外夷亦甲藏紙戰則以水濕之箭砲不能入今
打手或衣紙衲亦此意也
鎖子甲、柳葉甲、銅鐵皆可製通稱齊腰甲、廣東製最
精鎖子甲重七斤柳葉甲重八斤甚輕便適體
純鋼甲、宋慶曆中、田況上言今賊甲皆冷鍛而成堅
滑光瑩即勁弩難入京師薄惡不足當矢石夫以
朝廷之事乃不如一小羌乎由彼專而精我漫而
衆故也請下令各處工匠打造純鋼甲先用人九

斗弓試射淺深而賞罰之
造甲之法步軍欲其長馬軍欲其短弩手欲其寬鎗手欲其窄肥者束身太緊則甲身可以周後背而前胸不交甲裙可以閉後臀而前胯不掩瘦者掛體太寬甲不貼抱而胸臆縱撲則挽弓有脫筈之憂腰背鬆虛則擊刺有抵礙之患長者不過膝則矢石可及短者垂脚面則泥濘不前小有不便將拆去甲葉而擲之不收大有所妨則割去全段而拋之不顧製作甚難費耗頗廣故不可不慎圖之也

戚繼光謂步兵不利重甲惟南方緝甲可用絹布不等若紙綿俱薄則箭亦可入今須厚一寸用綿密緝可長至膝更堅韌又輕便也然須長短三製

近有藥練荊花鎧南島油漆兕條甲可禦倭銃惜未得其製耳

皮甲用生水牛皮裁成荔籠圈樣夏月以桐油灌之且灌且晒務令體堅而滑鎗箭矢石不能洞入爲紗重不過十餘觔費不過六七錢廣州坑兵專用之其輕便不下純綿緝紙等甲而堅韌百倍焉

臂手每副內外約用布四層繭紙綿花酌量層數用

之中有薄處在股曲間取以便屈伸也若內用絲
綿而外用紬絹尤佳
藤牌用老粗藤爲骨以藤篾纏聯中心突外空內以
備箭難入手腕也週簷高出雖矢至不能滑溜及
人內以藤爲上下二環以容手肱執持
國初用木加革重而不便步以藤爲牌近出南方雖
不能禦鉛彈其矢石鎗刀皆可蔽以代甲冑之用
輕圓堅滑最便利也每兵執一牌腰刀一把閣刀
于腕一手執鏢鎗遇賊相持無隙將鏢擲去毋論
中否彼必我應我急取刀隨牌砍入則彼器未施

我技先展，可滚可躍，且衛且殺，上斬賊首，下斬馬脚。出入陣中，眞爲無敵。今禦酋虜、猖獗與武穆麻扎刀何異。

皮牌用生厚牛皮，將桐油灌浸，在三伏天再浸再晒，則油入皮内，堅硬滑溜，不受箭刃矢茵。蠻製有方圓二色，以圓者如藤牌樣，以繫左肘；方者如小卓面樣，穿繩套肩，以蔽下身。其牌繫身活動，凡箭刃所至，隨偏側溜去。此亦不待甲而比他牌更省。

燕尾牌即手牌也，用白楊或松木爲之，取其輕也。每面約長五尺七寸，濶一尺，上下比中間約濶三四

分

挨牌用白楊木爲之每面約長五尺闊一尺五寸下比上畧小四五分

旁牌並以木爲質以藤束而堅之步兵牌長可蔽身內施槍木倚立於地騎牌正圓施於馬上左臂繫之以捍飛矢

禦敵之具

殺賊於百步外者弓矢也今之弓矢官給工價既輕而胄破漏危又甚雖有羿蒙亦安能以朽角弱羽制敵禦虜故未臨陣時當預給好弓好箭併便習

短械一件，蓋弓矢長兵也，賊已近身，則矢無所用矣。故弓手或大棍，或单刀，馬上或鉤鐮鎗，兼給一件，庶近賊可禦耳。

古法曰：弓不等箭，與短兵同；箭不等弓，與無鏃同。謂箭重則緩，輕則飈也。蓋弓有強弱，矢有銖兩，弓不合度，矢不端直，雖由基不能以必中。古者弓矢之制，弓八斗，以弦重三錢五分，箭重八錢爲準。箭鏃重則弓軟而去不遠，箭身重則弓硬而中甲不入。箭重若過十錢，則弓力當用一石。其具製俱載射字函。

奇險守隘、非弩莫克。邀彼方張、非弩不得。弩之稱利、
自古尚之、如絞車弩能射七百步、大合蟬弩能射
五百步、蹶張弩能射三百步、群鴉弩發十矢、飛鎗
弩發一矢、孔明名曰元戎、隴人呼爲推山、他如三
弓鬪子弩、八牛床子弩、雌黄樺梢弩、大連環弩、跳
鐙弩、小合蟬弩、自犯弩、大黄參連弩、大木單弩、黄
肩弩、擘張弩、毛胡盧毒藥弩、徭籦濡縷毒弩、八擔
弩、雙弓弩、神勁弩、馬黄弩、疊竹弩、角弓弩、伏遠弩、
神槐弩、木鶴弩、匱子弩、神臂弩、麻陽弩、蝎尾弩、神
水弩、克敵弩、二意角弓弩、無敵流星弩、一字弩、靜

塞弩、竹竿弩、交阯弩、彊弩、積弩、漆弩、小黄、石弩、火弩、臺弩、床弩、腰弩、連弩、竹耕戈之類，不止數十種。然弩雖一名，其制其用各異。如伏弩者，藥非至毒，未必能殺人；鏃非至堅，未必能透甲。矢及即死，方可稱弩。萬弩一攙，適得弩用，故善伏弩者，弩頭高下，自準而矢勿令其虚發，更藥須至急，攙須至幽，用攙之妙，妙在旋下，其旋下者，得攙之用也。敵必不必下攙。敵或嘗我，而大隊在後，亦不必丁攙。敵進太半而發者，爲之神擘，鏃及馬倒，人乃自斃。縱胡馬驍雄，必不能當我半寸之鏃。故知用弩之功

不亞于用火尤宜潛襲最便山林欲以輕騎往來利於小弩小黃腰弩神臂弩若將守壁據危須用絞車合蟬蹶張等弩也

弩箭製宜倣漢耿若之法箭鏃開四尖又傳以河南嵩縣等處射虎箭藥俾人馬中之無不立斃尤虜所畏其箭鏃後小鐵管心僅長分許入箭簳處內用膠漆外用竹絲以夾縛之俾虜不能取以返射蓋虜之射藝極精矢無虛發惟此足以勝之故曰弩爲中國長技之一

中國之禦夷虜更無踰於火器者其具之大小輕重

遠近不下數百餘種，備諸火字函，蓋彙極古今之神巧矣。究其用，眞百倍於弓矢者也。

摩旗。南夷慣用毒弩、弓、鳥銃、藥標，故南將必用武健之士摩旗，當先翼兵迭進，緣彈標着旗即下，不及傷人也。旗桿過人二尺，裀木爲之，旗用好紬，上至槍頭，下及槍鐏，少尺餘。用法以兩手托開，陰陽拿柱，左右伏身，盤旋轉繞，皷緊急趨，先於高招鋒交即止，以讓短兵。

舞鈎旗。其製用堅厚綿布爲大旗，長一丈二尺，綴鈎三百六十，各有逆鬚，使大力者持舞，包括繳纏衣

髮不可脫或用丈二軔竹削成數十條共一把上
有節者綴鈎梟梟能拖致什數十人
狼筅竹長一丈五尺首貫鐵鋒務令前後輕重相應
如根輕則接以他木寧後重毋前重其附枝有竹
鐵二種得九層十層十一層尤妙如不足數則增
取他枝以藤縛之除近手二層外餘俱用倒鈎冠
其稍竹枝以熟油練軟蓋層深則鎗不能入枝軟
則刀不能斷故人膽自壯用爲前列實作藩籬筅
竹浙閩用苛竹兩廣用簕竹然浙閩不如廣産也
筅是重滯之器最難轉移第施於五兵前列可以爲

門戶耳、特擇年壯力大者持之、仍以牌盾佐其下、長鎗夾其左右、鋭鈀繼其後、彼此表裏、以成戰功。

鏢鎗用椆木或細竹爲之、上刃下鐏、長五尺、徑粗不過八分、須前重後輕、前稍粗而後稍細。

梭鎗比鏢鎗稍長數寸、南方蠻獠多用之、一手執牌、一手擲鏢鎗、上淬毒、中者卽踣。

長鎗卽古之矛也、一名稍、長一丈八尺、桿以椆木爲上、合木輕而稍軟次之、要劈開者佳、鋸開者紋斜易折、攢竹腰軟、必不可用、南方竹木兼用、北方乾燥、惟用木桿、製法須合彀、後手如細、則掌把不壯、要龕可盈把從根起漸細直至頭而止如腰粗則硬不可拏腰細則軟而無力雖手法之妙不能拿過他鎗故鎗法曰最忌稍粗與腰硬桿長一丈八尺鋒頭不得重過四兩

鋭製分春平磨兩刃自春平滅至鋒其鋒乃利而日久不禿彎股四稜以稜爲利須將稜四面直削亦日久不禿中鋒頭下之庫須稍寬庶入桿桫而久不損折仍用釘關之但横股壯矣正鋒頭冠於木桫細而淺每擊必墜新式用正鋒與横股合爲一柄桫入鐵庫既深横股庫又麁任擊不墮中鋒必

高出橫股二寸許，若中鋒太長，兩橫太短，則不能架拿賊器；若中鋒與橫股齊，則不能深刺。故必合式爲佳。長七尺六寸，重約五斤。柄杪合鈀口根麄，至杪漸細，太細則不堅也。

鈀手每給火箭三十枝，賊來甚近，預架箭於鈀上，前手指定，聽中軍放起火一枝，即速燃線，以後手高下送之，只不許回頭，摇手隨看長鎗筅手既與賊戰，速救應之。

偃月刀輕重長短不一制，謂之偃月，以形肖也，世所稱關刀者是。

斬馬刀其製起於岳武穆卽所稱札麻刀或者之訛
也賊之不易禦多以馬驟得猛故削其足而人自
仆矣
大斧有名開山者名靜燕者名日華者名無敵者名
長祠者各名一類總以狠力斫之人馬俱立斃矣
雙斧變雙刀而爲雙斧銳於砍斫捨獨柄而用雙輪
捷於馳騁
雙刀濶狹長短尖平不一制馬上用之勝於单刀若
步下則不及也
雙鈎鎗下刄遞拖鈎刺旣可截復可鈎桿用環騎兵

用之爲便

鈎鐮刃銳同鎗也兩面俱利鈎內點鋼而復利之同刀也既可刺可戳又上可以鈎人頭下可以鈎馬足一物得數用最利之器也

鐵鏈夾棒本出西戎馬上用之以擊敵之步卒用法如打麥架相似慣熟最巧便

軟鐵鞭執之環擊但製雙鞭運擊不得倍手比鐵鏈夾棒更爲圓便

鐽有內外月牙天蓬等製俱用鋒刃往上可鐽首直推可削手向下則鐽足內縮則鈎人又能乘風勢

以揚步戰

鎚暗器也流星鎚有二前手擊者爲正鎚後手提者爲救命鎚

龍吒馬操創用其用法與星鎚相似以其形如龍尾故名得心應手亦非易也

梅吒黃山岳所創用以其中鎚形如梅花故名法同前大約放之則舒收之則捲俱馬上提人之利器也

長刀長六尺五寸鐵必熟鍊多着鋼鋒利即與倭刀同

戟長一丈三尺奮揚擊刺能兼五兵亦有

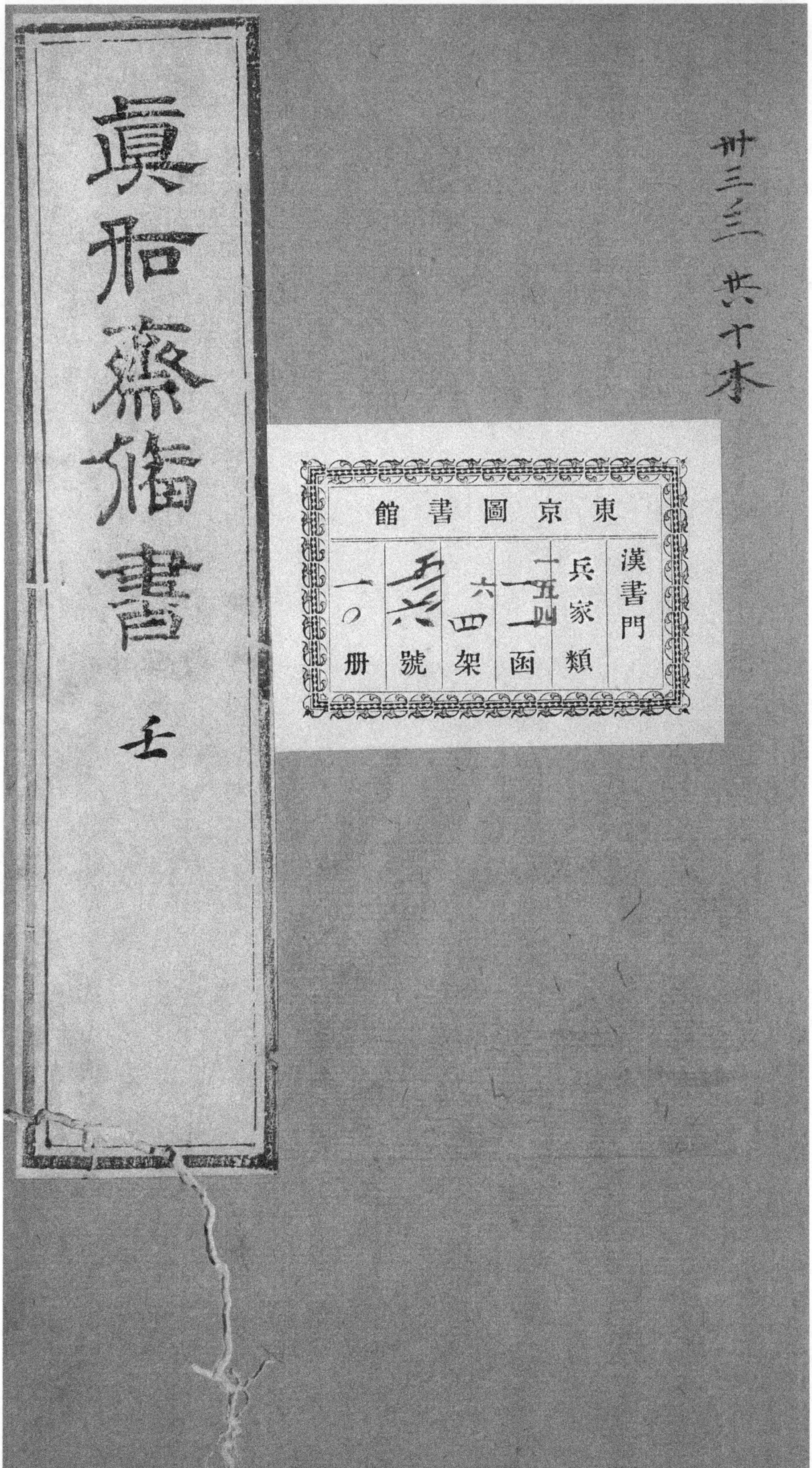
真如齋備書
壬
東京圖書館
漢書門
兵家類
函
架
號
冊

備書機字函序

憶往歲丙午與王堇父同歷事南代行
署值大比士科試余因獲罪當事者故
遺余名時期迫矣正憤懣間計無所出
堇父授余計畢詞懇之果立得猶及入
闈偶獲雋訝曰微堇父烏乎倖此乃知
堇父是得機人也荏苒念年所余叨宦
侍

青宮而董父因纂脩

實錄以廷評辦事綸扉與余更朝夕結生

平歡也一日閱邸報見冢宰李爲毓公

以備書薦董父于

朝余詫曰爾以余書生不聞軍旅故于此

書衡匿不相詬耶董父遂發篋則守禦

屯戰諸函俱就緒而詬余者機宇兩人

余卒業見所謂機之訓機之案夫謂之

曰機則潛于九天運于九地朕兆不萌神鬼莫測胡重父悉舉而著之方冊且欲懸之國門耶重父脩海塘脩志脩曆諸鉅業並奉

皇祖

皇考俞旨見之施行其談兵三疏中外亦多陰採其策乃長白之烽烟未靖閩江之羽檄猶馳則病在人不識機耳噫機

不爲人所識，或我未動而我自戕之，或
人甫動而我爭撓之，將太平之望何期。
夫聖賢經史之訓昭然，古今名喆之案
炳若，何難一垂睞耶，嗟乎。
九重之宵旰亟矣，四海之膏髓竭矣，董戈
綏此蔵業已舉，不可捲之光，慳和盤托
出，則得機人，又不作蔵機事矣，豈黄其
書猶懵懵焉，不觧透此關棙子而不失

備書機字函卷之一

越人王應遴堇父輯

師蔣坂象雲韓爌閱

友人黄道周石齋較

機之訓

詩王旅嘽嘽如飛如翰如江如漢如山之苞如川之流綿綿翼翼不測不克濯征徐國

老子曰善師者不陳善陳者不戰善戰者不敗善敗者不亾

管子曰善用兵者不呼儆不尚聚不妄行不強進呼儆則敵人戒尚聚則衆不用妄行則群卒困強進

則鋭士極

晉侯登有莘之虛以觀師曰少長有禮其可用也遂

斬木益兵以伐楚

晉敗秦師于殽獲百里孟明視西乞術白乙丙以歸

文嬴請三帥使歸戮于秦公許之先軫怒曰武夫

力而拘諸原婦人暫而免諸國墮軍實而長寇讎

亾無日矣不顧而唾

司馬叔侯曰楚王方侈天或者欲逞其心以厚其毒

而降之罰未可知也其使能終亦未可知也

越王勾踐身為臣妻為妾故老子曰柔之勝剛也弱

之勝強也天下莫不知而莫之能行越王能之故
覇中國
六韜曰戰必以義義所以勵衆勝敵
又曰兵勝之術密察敵人之機而速乘其利
又曰大軍國之要察衆心施百務危者安之懼者歡
之叛者還之寃者原之訴者察之卑者貴之強者
抑之貪者豐之欲者使之畏者隱之反者廢之横
者挫之滿者損之
又曰智者樂立其功勇者好行其志貪者邀趨其利
又曰勵以義則士死之

軍讖曰良將之統軍也恕己而治人推恩施惠則士力日新戰如風發攻如河決故其衆可望而不可當可下而不可勝以身先人故其兵爲天下雄

武王問太公曰兵道何如太公曰凡兵之道莫過于一一者階于道幾于神用之在于機顯之在于勢

又曰將與士卒共寒暑勞苦饑飽故三軍之衆聞鼓聲則喜聞金聲則怒高城深池矢石繁下士爭先登白刃始合士爭先赴士非好死而樂傷也爲其將知寒暑饑飽之審而見勞苦之明也

兵法曰閒勇也戰巧也因其所欲行其所能廢其

所不欲不能于敵反是凡人死愛死怒
死利能因懼而戒因欲而事斯妙用大
孫子曰不知三軍之權而同三軍之任則軍士
又曰兵者詭道也故能而示之不能用而示之不用
近而示之遠遠而示之近
又曰古善用兵者能使敵人前後不相及衆寡不相
恃貴賤不相救上下不相收卒離而不集兵合而
不齊合于利而動不合于利而止
又曰三軍可奪氣將軍可奪心是故朝氣銳晝氣惰
暮氣歸善用兵者避其銳氣擊其惰歸此治氣者

也。以治待亂，以靜待譁，此治心者也。以近待遠，以佚待勞，以飽待饑，此治力者也。無邀正正之旗，無擊堂堂之陣，此治變者也。

又曰：兵形象水。水之形避高而趨下，兵之形避實而擊虛。水因地而制流，兵因敵而制勝。故兵無常勢，水無常形，能因敵變化而取勝者，謂之神。

又曰：兵者，國之大事，死生之地，存亡之道，不可不察。

又曰：用兵之法，日費千金，然後十萬之衆舉矣。久暴師則國用不足。夫頓兵挫銳，力屈貨殫，則諸侯乘其弊而起，雖有智者，不能善其後也。

又曰兵以詐立以利動以分合爲變者也故其疾如風其徐如林侵掠如火不動如山難知如陰動如雷霆揹嚮分衆因敵制勝旗之所向分離其衆先知迂直之計者勝此卑爭之法也

又謂田忌曰魏兵素悍勇而輕齊齊號爲怯善戰者因其勢而利導之兵法百里而趨利者蹶上將五十里而趨利者軍半至

又曰自古聖人藏形于無而遊心于虛風雨可障蔽而寒暑不可開閉以其無形故也夫能滑淖精微貫金石窮至遠放乎九天之上蟠乎黃盧之下唯

無形者也

又曰易則用車險則用騎涉則多弓隘則用弩晝則多旌夜則多火晦冥多鼓此皆爲施設者也

又曰施無法之賞懸無政之令犯之以事勿告以言犯之以利勿告以害投之亡地而后存陷之死地而后生衆陷于害然后能爲勝敗之政蓋兵士甚陷則不懼無所往則固入深則拘不得已則鬭愚士卒之耳目使之無知易其事革其謀使人無識易其居迂其途使人不得慮師與之期如登高而去其梯師與之深入諸侯之地而發其機若驅羣

羊驅而往驅而來莫知所之聚三軍之衆投之于險此將軍之事也

又曰善用兵者譬率然率然者常山之蛇也擊其首則尾至擊其尾則首至擊其中則首尾俱至敢問可使如率然乎曰可夫吳人與越人相惡也當其同舟濟而遇風其相救也如左右手

又曰善兵者攜手若使一人

又曰善戰者其勢險其節短勢如彍弩節如發機

吳起臨戰左右進劍起曰將專主旗鼓爾臨敵決疑揮兵指刃此將事也一劍之任非將事也

又相楚時明法審令捐不急之官廢公族疏遠者以撫養戰鬭之士要在強兵
吳子曰發號施令而人樂聞興師動衆而人樂戰交兵接刃而人樂死
又曰必死則生幸生則死善將者如坐漏船之中伏燒屋之下而使智者不及謀勇者不及怒受敵可也
又曰凡兵有四機一曰氣機二曰地機三曰事機四曰力機
又曰能備千乘萬騎兼之徒步分爲五軍各軍一衢

夫五軍五衢敵人必惑莫知所加敵者堅守以固其兵急行間諜以觀其慮彼聽吾說解之而去不聽吾說斬使焚書分爲五戰戰勝勿追不勝疾走如是佯北安行疾鬬一結其前一絶其後兩軍銜枚或左或右而襲其處五軍交至必有其利此擊强之道也

又曰上兵伐謀其次伐交其次伐兵伐謀者攻敵之心使不能謀也伐交者絶敵之援使不能合也伐兵者合刃于立尸之場不得已而用之也

又曰總文武者軍之將也兼剛柔者兵之事也凡人

論將當觀于勇勇之于將乃數分之一耳勇者必輕合輕合而不知利未可也故將之所慎者五一曰理二曰備三曰果四曰戒五曰約理者治衆如治寡備者出門如見敵果者臨敵不懷生戒者雖克如始戰約者法令省而不煩受命而不辭家破敵而後言返將之禮也故師出之日有死之榮無死之辱

尉繚子曰兵如總木弩如羊角人人無不騰陵張膽絕乎疑慮堂堂決而去

又曰將之所戰者民也民之所戰者氣也氣實則鬭

氣奪則走善用兵者奪人而不奪于人奪者心之
機也
又曰戰必本乎身率身率以勵各士如心之使四肢
也
又曰金鼓所指則百人盡鬬陷行亂陣則千人盡鬬
覆軍殺將則萬人齊刃天下莫能當其戰矣
又曰使什伍如親戚卒伯如朋友止如堵墻動如風
雨
又曰民無兩畏畏我侮敵畏敵侮我見侮者敗立威
者勝是故知勝敗之道者必先知畏侮之權

張儀曰：以弱攻强，不料敵而輕戰，國貧而驟舉兵，此危亡之術也。兵不如者勿與挑戰，粟不如者勿與持久。

蘇代謂燕昭王曰：臣聞之，善爲事者先量其國之大小，而揆其兵之强弱，故功可成而名可立也。不能者反是。

北齊神武帝謂爾朱兆兵衆，段韶曰：所謂衆者，得衆人之死；所謂强者，得天下之心。爾朱不道，主有得義何往不克。爾朱外賊天下，内失善人，智者不爲謀，勇者不爲鬭，取之復何疑也。

魏文矦致祿百萬于段干木秦興兵欲攻魏司馬唐諫曰段干木賢者也而魏禮之天下莫不聞無乃不可加兵乎秦君以爲然輟不敢攻魏文矦可謂善用兵矣嘗聞君子之用兵莫見其形其功已成其此之謂也野人之用兵也鼓聲則似雷呼號則動地塵氣充天流矢如雨扶傷輿尸履腸涉血無罪之民其死者滿于澤矣而國之存亾主之死生猶不可知也其離仁義亦遠矣

臨武君曰兵之所貴者勢力也所行者變詐也孫吳用之無敵于天下豈必待附民哉孫卿曰不然君

之所貴權謀勢力也所行攻奪變詐者諸侯之事也仁人之兵不可詐也故以桀詐桀猶巧拙有幸焉以桀詐堯譬之以卵投石以指撓沸若赴水火入焉焦没耳

又曰利而誘之亂而取之實而備之强而避之怒而撓之卑而驕之佚而勞之親而離之攻其無備出其不意此兵家之勝不可先傳也

陸賈謂陳平曰天下安注意相天下危注意將將相和調則士豫附天下雖有變權不分爲社稷計在兩君掌握耳君何不交驩太尉因爲平畫呂氏数

事平用其計所入深相結呂氏謀益衰

又曰兵猶水火然善用之則爲福不能用之則爲禍若用藥者然得良藥則活人得惡藥則殺人

又曰三王以上罔皆用兵也亂則用治則止治而攻之不祥莫大焉亂而弗討害民莫長焉此治亂之化也

淮南子曰百人之必死也賢于萬人之必北也况以三軍之衆赴水火而不還踵乎若雷之擊不可爲備所用不復故勝可百全與玄明通莫知其門是謂至神

又曰發如秋風疾如駭龍當以生擊死以盛乘衰以疾擒遲以飽制饑若以水滅火以湯沃雪何往而不遂何之而不達在中虛神在外漠志運于無形出于不意與飄飄往與忽忽來莫知其所之與條出于閒入莫知其所集卒如雷霆疾如風雨若從地出若從天下獨出獨入莫能應圉疾如鏃矢何我勝偶一晦一明孰知其端緒未見其發固已至矣

又曰善用兵者上隱之天下隱之地中隱之人何謂隱之天大寒大暑甚寒疾風暴雨大霧冥晦因此而為

變者也。何謂隱之地。山陵丘阜。林叢險阻。可以伏匿而不見形者也。何謂隱之人。蔽之于前。望之于後。出奇行陳之閒。發如雷霆。疾如風雨。撆巨旗。止鳴鼓。而出入無形。莫知其端緒者也

又曰。夫飛鳥之擊也。俛其首。猛獸之攫也。匿其爪。故用兵之道。示之以柔而迎之以剛。示之以弱而乘之以強。爲之以歙而應之以張。夫狐之搏雉也。必先卑體彌耳。以待其來也。雉見而信之。故得而擒也。使狐瞋目直視。見必殺之勢。雉亦知驚憚。遠飛以避其怒矣

又曰句踐決一獄不辜援龍淵而切其股血流至足故戰武士必死

又曰用水火出珍怪鼓譟軍所以營其耳曳梢肆柴楊塵起揭所以營其目此善爲詐術者也

又曰明王之用兵也爲天下除害而與萬民共享其利民之爲用猶子之爲父弟之爲兄威之所加者崩山決塘敵孰敢當故善用兵者用其自爲用也不能用兵者用其爲已用也用其自爲用則天下莫不可用也用其爲已用所得者鮮矣

左氏春秋曰君子憂我弱而不憂敵強憂我愚而不

不勇敵智我苟不弱則天下無強兵我苟不愚則天下無智術

李陵答蘇武書曰陵振臂一呼創病皆起舉刃指虜胡馬奔逸兵盡矢窮人無尺鐵猶復徒手奮呼爭爲先登當此時也天地爲陵震怒壯士爲陵飲血

後漢臧宮與馬武上書求擊匈奴部報曰黃石公記曰柔能制剛弱能制強柔者德也剛者賊也弱者仁之助也強者怨之歸也故曰務廣德者強有其有者安貪人有者殘殘滅之政雖成必敗今國無善政災變不息百姓驚惶人不自保

而復欲遠事邊外乎。且北狄尚強，而屯田警備，傳聞之事，恒多失實，誠能舉天下之半，以滅大寇，豈非至願？苟非其時，不如息人，自是諸將不敢復言兵事。

武侯語蔣琬曰：古之善鬭者，必先揣敵情而後圖之。凡師老糧絕，百姓愁怨，軍令不習，器械不備，計不先設，外救不至，將吏刻剝，賞罰輕懈，營陣失次，戰勝而驕，可以攻之。若用賢授能，糧食羨餘，甲兵堅利，四隣和睦，大國應援，敵由此者，計而避之。

宋鍾傳曾搏虎，戒其子曰：士處世尚智與謀，勿效吾

暴虎也又爲哲宗言兵貴智而不貴力夏衆彪而
勇難以一舉滅但當擇城險要以正不輒削地之
法坐待其斃帝然之
宋文帝與徐湛之等議伐魏沈慶之曰治國譬如治
家耕當問奴織當問婢陛下今欲伐國而與白面
書生輩謀之事何由濟戴溪曰兵家之用情狀萬
變自非素所更嘗雖使平良處之亦未能灼見其
利害而逆斷其成敗古者創業中興之君天下雖
已平定必有老成宿將相與圖廻廟堂彼于用兵
皆身所涉歷不但耳聞目見而已故謀必中機會

而動必收成功迨至後世承平武事廢弛而天子
左右前後率多不出都城坐取卿相之人往往耳
未嘗聞金鼓目未嘗見旌旗兵之利害成敗何從
知之邉陲卒有警急而資其發縱指示是猶訪織
于奴問耕于婢豈不顛倒錯亂而失其所措哉丘
氏曰國家不可無老臣而于將臣尤不可無不可
以其老而忽之也古語有之智如禹湯不如更嘗
又曰百聞不如一見老將更嘗軍事多矣雖有辯
論討慮未必竦動衆人而出其表益其所言論皆
其所更嘗非無徵者也

魏世宗曰謀勇二事體本相須若勇而無謀則勇不獨舉若謀而無勇則謀不孤行必須兼兩乃能制勝

邢巒曰先爲萬全之計然後圖功得之則大利不得則自全

六朝事迹云孫晧用諸將計數侵盜晋鄙陸抗曰苟無其時雖復大聖亦宜養威自保不可輕動今不務力農富國審官任能明黜陟慎刑罰訓諸司以德撫百姓以仁而聽諸將徇名窮兵黷武動費萬計士卒凋瘁寇不爲衰而我已大病矣

傳玄讚揚阜云君欑潛謀以龍變應事機而虎發

齊都賦云五家之兵動循風雨戰若雷霆

唐太宗曰田单托神怪而破燕太公焚著龟而滅紂

二事相反何也李靖曰其機一也

又曰存其機于未萌

李靖曰若兵無先備則不應卒卒不應則失于機失于機則后于事后于事則不制勝而軍覆矣

又曰兵無不是機

又曰兵家以詭道使貪使愚然詭道可使由之不可使知之鼓作鬬争雖死不省者氣使然也能激吾

勝氣使人人自鬬則其鋭莫當
唐魏元忠曰軍無常勝將有能否兵爲王者大事存亾繫焉將非其人則殄人敗國齊段孝玄有言持大兵如擎盤水一致蹉跌求止可得截周亞夫堅壁以挫吳楚司馬懿閉管而困諸葛此皆全軍制勝不戰而卻敵是知大將臨戎以智爲本
聶昌曰臣願激令勇義之士設伏開闗出不意掃其營帝壯之
後周郭威上賜王峯不受曰臣破賊仗漢威靈豈特臣功皆將相之賢有以安朝廷撫内外而饋餉以

時故臣得尊征戰而成厥功

老泉曰善用兵者使之無所顧有所恃無所顧則知死之不足惜有所恃則知不至于必敗尺箠當猛虎奮呼而操擊徒手遇蜥蜴變色而却步人之情也知此者可以將矣

又曰袒裼而按劍則烏獲不敢逼冠冑衣甲據兵而寢則童子彎弓殺之矣故善用兵者以形固夫能以形固則力有餘矣

又曰夫能靜而自觀者可以用人矣吾何爲則怒吾何爲則喜吾何爲則勇吾何爲則怯夫人豈異于

我天。下之人孰不能自觀其一身。是以知此理夫
塗人皆可以將

又曰。今夫外御一隸內治一妾是賤丈夫亦能。夫豈
必有人而教之。及夫御三軍之衆闔營而自固或
且有亂。然則是三軍之衆惑之也。故善將者視三
軍之衆。與視一隸一妾無加焉故其心常若有餘。
夫以一人之心當三軍之衆而其中恢恢然猶有
餘地此韓信之所以多多而益辦也。故夫用兵豈
有異術哉。能勿視其衆而已矣

又曰。今夫叫呼跳踉以氣先者世之所謂善鬭者也。

雖然蓄全力以待之而未始不勝彼叫呼者聲也跳踉者形也無以待之則聲與形者亦足以乘人于卒不然徒自斃其力于無用之地是以不能勝也

蘇軾曰古之所謂大智者知天下利害得失之計而權之以人是故有所犯天下之至危而卒以成大功者此以其人權之輕敵者敗重敵者無成功何者天下未嘗有百全之利也舉事而待其百全則必有所格是故知吾之所以勝人而人不知其所以勝我者天下莫能敵之

又曰犬蠻夷者以力攻以力守以力戰顧力不能則逃中國則不然其守以形其攻以勢其戰以氣故百戰而力有餘形者有所不守而敵人莫不忌也勢者有所不攻而敵人莫不憊也氣者有所不戰而敵人莫不懾也

又曰致勇有術致勇莫先乎倡倡莫善乎私均是人也皆食其食皆任其事天下有急而有一人焉奮而争先而致其死則翻然者衆矣勝負之勢未有所决而三軍之士屬目于一夫之先登則勃然者相繼矣

馬知節曰：將相之才，非可坐而知之，須臨事機變何如耳。

朱汝爲曰：用兵之道，取勝在乎得勢，成功在乎投機。

宇文虛中曰：女直藉百勝之勢，虛聲驕矜，不可以禮義服，不可以言說誘，持卞莊兩鬭之計，引兵踰境，以百年怠惰之兵，當新銳難抗之敵，以寡謀安逸之將，角逐于血肉之林，臣恐中國之禍未有寧息之期也。

何敵中曰：狩者之于獸，漁者之于魚，其伏機投餌也，于其聚則多驚，于其散則無獲，必于聚散之閒而

伺之矣敵之機我餌我也亦猶是也
常同曰國家養兵不爲不多患在于偏聚而不同力
自用而不同心今韓世忠在楚張俊在建康岳飛
在江州吳玠在蜀相去隔遠情不相通今遣樞臣
王庶措置邊防宜令會集將帥諭以國體協以共
議襲敵常令諸軍相接以常山蛇勢一意國家無
分彼此緩急應援皆有素定之術詔王庶出示諸
將
魏矼因講和事曰陛下欲爲親屈更須審思天下治
亂之機酌羣情擇經久可行者行之不可從者以

國人之意拒之。庶無後悔。國人不過萬民。三軍搢紳與萬民一體。大將與三軍一體。今詢搢紳民情大可見。其速召大將各帶近上統制官數人同來詳問。以塞他日意外之憂。大將以爲不可。則其氣益堅。何憂此敵

滕元發曰。戰守大事也。安危所寄。今中書欲戰。密院欲守。何以令天下。願勅大臣凡戰守除帥議同而後下。上善之

黃榦曰。夫子對靈公以軍旅之事未之學。荅孔文子以甲兵之事未之聞。及觀夾谷之會。則以兵加萊

人而齊侯懼賞人之亂則命將士以伐之。而讎人北。又嘗曰我戰則克夫子豈有未學未聞者哉

金劉炳曰。人情可以氣激。不可以力使。一卒先登則萬夫齊奮。此古人所以先身教而後威令也

呂東萊曰。昔云得一良將則天下無難制之四夷。予曰。天下之事皆賤詐。惟兵貴詐

讀書錄云。李牧守邊。每匈奴入寇。輒入堡不戰。如此數歲。一旦出兵大破匈奴。威震漠北。此正老子所謂大國以下小國則取小國。小國以下大國則取大國。又曰。欲上民必以言下之。欲先民必以身後

之
皇明太祖聞傅友德敗元兵于陵子村謂大都督府
臣曰汧陵子村之捷蓋繇廓帖木兒遊兵彼故以
此餌我使吾將驕兵惰掩吾不備古人之戒正在
于此不可不知善戰者知彼知已察于未形故不
出廟堂折衝千里可語安豐六安臨濠徐邳守將
嚴爲之備常如敵至則無患矣
太祖諭劉基曰張氏既滅南方已平宜致力中原平
一天下基對曰土宇日廣人民日衆天下可席卷
矣 太祖曰土不可以恃廣人不可以恃衆吾起

兵以孝與諸豪傑相逐每臨小敵亦若大敵故能
致勝。今王業垂就中原雖板蕩豈可易視之。荀彧
不戒成敗係焉。基曰。近滅張氏。彼聞而落膽。乘勢
長驅中原。孰禦者。所謂迅雷不及掩耳。太祖曰。
深究事情。方知通變。彼方犄角相為聲援。豈得遽
云長驅。必憑一戰之功。乃乘破竹之勢。若謂天下
可以徑取。他人先得之矣。且嘗觀之。彼有可乘之
機者。孰可勝之道。必加持重。為萬全之舉。豈可驕
忽以取不虞耶

永樂時寧夏總兵官何福奏。諜報塔灘韃賊龍秃會

㕒見在不老山衆議寇犯夏惟賊即鬼的哥以資
糧不給不從成祖覽奏顧侍臣曰胡寇至譎此
語未必可信龍禿魯㕒必心計可行然後發言且
胡地非有耕種不過抄掠豈如中國人必裹糧乃
啓行耶以貧糧不給爲辭者鬼的哥恐洩事機故
托此爲説實陰謀襲我朕計此時賊若不出榆桿
野狐二嶺及雲州必向山西大同矣其速嚴勅徃
諭令簡士卒書哨瞭固守備不可怠忽既書勅未
行而山西都司報韃賊刼掠㕒瀟村黄甫川矣
成祖因復命侍臣曰不必别書戒勅但于勅尾戒

令虜至但堅壁彼寇掠無得計窮食乏又懼我斷其歸路必自遁切勿輕追

成祖北征中途約諸將曰軍中必要嚴肅昏夜不得諠譁遇有警惟靜以制之不得妄動虜或遣下人口駝馬牛羊諸物不可貪取恐爲其所餌也

宣宗命兵部于京衛選士卒通十萬隸五軍訓練因諭之曰古人用兵雖有成法然以應變不窮爲奇蓋可教者坐作進退擊刺之方至于隨機制敵開闔往來使人不可測度此在兵法之外將等閑暇更當讀書觀古良將方畧融會于心而自然有悟

得也

正統時禮部言雲南麓川宣慰思任發謀爲邊患其所遣朝貢頭目宴賚視常例宜有所損。英宗曰思任發久蓄不庭之心肆爲封豕之患。已興師討之。彼朝貢豈誠心哉。不過欲窺事機緩我師耳。然朕方以至誠洽天下。不逆其詐。不拒其來。庶彼萬一能感化爾。其毋損常例賚之

鎮守大同太監郭敬奏也先率衆往兀良哈。恐回時人馬困乏。遣人索糧草馬匹。且就欲與臣相見。英宗諭曰。此虜狡黠。恐有異謀。切宜嚴備。設若虜

使冊至必欲相見宜應之曰我奉命守邊非有詔
旨不敢擅離況我與之師皆朝廷臣子以心相契
雖不相見即如面會或冊言求覲宜應之曰邊境
糧儲尋備守邊非有朝命升合不敢擅支京師儲
峙如山爾可自請仍令傳諭也先曰朝廷聞太師
與瓦良哈讎殺已戒飭邊將勤兵切宜嚴禁部屬
毋令近邊恐難分辨務在善辭應答毋啓邊釁
何太復論將曰獨任者事成之舉也專合者勢行之
機也
又曰任將而中御者敗用兵而外監者疑

備書機字函卷二

越人王應遴堇父輯

師蒲坂象雲韓嬪閱

友人劉〻錫〻元之較

機之集

魯隱公時會齊侯鄭伯伐許潁考叔取鄭伯之旗蝥弧以先登子都自下射之顛瑕叔盈又以蝥弧登周麾而呼曰君登矣鄭軍畢登遂入許公奔衛

齊師敗吳師于鴻口華登率其餘以敗宋師公欲出厨人濮曰吾小人可藉死而不能送亡君請待之乃徇曰楊徽者公徒也衆從之公自揚門見之下

而廵之曰國亾君死二三子之耻也豈專孤之罪
也齊鳥枝鳴曰用少莫如齊致死齊致死莫如去
備彼多兵衆請皆用劍從之華氏北復即之廚人
濮以裳裹首而荷以走曰得華登矣遂敗華氏

楚文王欲取息與蔡乃先陽善蔡侯而與之謀曰王
欲得息柰何蔡侯曰息夫人吾妻之姨也吾請爲
享息侯與其妻者而與王俱因而襲之遂取息旋
舍于蔡又取蔡

晉襄秦穆圍鄭鄭危矣鄭使燭之武夜縋而出見秦伯
曰秦晉圍鄭鄭既知亾矣若亾鄭而有益于君敢

以煩執事越國以鄙遠君知其難也焉用亡鄭以
陪鄰鄰之厚君之薄也若舍鄭以為東道主行李
之往來共其困乏君亦無所害且君嘗為晉君賜
矣許君焦瑕朝濟而夕設版焉君所知也夫晉何
厭之有秦伯說與鄭盟使杞子逢孫楊孫戍之乃
還子犯請擊之襄曰不可微夫人之力不及此吾
其還也亦去之

齊韓魏共攻燕燕使太子請救于楚楚使景陽將而
救之景陽因所營者水皆滅表遂不救燕而攻魏
雝丘取之以與之宋三國懼乃罷兵魏軍其西齊

軍其東楚軍欲還而不可得景陽乃開西和門晝
以車騎暮以燭通使于魏齊師怪之以爲燕楚與
魏謀乃引兵而去齊兵已去魏失其與國無與共
擊之楚乃夜遁楚師乃還

燕騎刼攻齊田單詐宣言曰吾惟恐燕軍劓吾降卒
置之前行與吾戰即墨下矣燕人聞之如其言城
中人見之皆怒堅守惟恐爲燕所得又縱反間曰
吾懼燕人掘吾城外冢墓傷先人燕人盡掘壟墓
燒死人從城人望見皆涕泣争欲出戰單乃以放
火牛縱擊盡復齊地

秦王翦伐荆荆數挑戰不出惟休士洗沐而善飲食撫循之親與士卒同甘苦久之問軍中戲乎曰方投石超距翦曰可用矣比荆引而東翦乘而擊破之

陳勝吳廣起兵于蘄行卜卜者知其指意曰足下皆成功然猶卜之鬼乎勝廣喜念曰此教我先威衆耳迺書帛曰陳勝王置人所罾魚腹中買魚烹食又夜篝火狐鳴曰大楚興陳勝衆遂從之

項羽已殺卿子冠軍威震楚國名聞諸侯乃遣當陽君蒲將軍將卒二萬渡河救鉅鹿戰少利陳餘復

請兵項羽乃悉引兵渡河皆沉船破斧燒廬舍持三日糧以示士卒必死無一還心于是至則圍王離與秦軍遇九戰絶其甬道大破之

項羽謂漢王曰天下洶洶數歲徒以吾兩人願與王挑戰決雌雄毋徒苦天下父子爲也王笑謝曰吾寧鬪智不鬪力因數羽十罪羽大怒伏弩射漢王傷胷乃捫足曰虜中吾指因病瘡卧張良强請起行勞軍以安士卒王從之疾甚乃馳入成皐

漢帝親討韓王信信及匈奴皆敗走帝追擊之匈奴縱精兵四十萬圍帝于平城七日陳平乃使畫工

圖美人令閒遺閼氏云漢有美女如此今皇帝困
阨欲獻之閼氏畏奪己寵因謂單于曰漢天子亦
有神靈得其土地非能有之于是匈奴開其一角
得突出
景帝拜亞夫爲太尉將三十六將軍往擊吳楚至霸
上趙涉遮說曰吳王素富懷輯死士久矣知將軍
且行必置閒人于殽黽阸陿之閒且兵事尚神密
將軍何不從此右去走藍田出武關抵洛陽不二
日直入武庫擊鳴鼓諸侯聞之以爲將軍從天而
下也亞夫如其計至洛陽使吏搜殽黽閒果得吳

伏兵吳攻梁急梁數使使求救亞夫不許又愬于
上上使亞夫救梁亞夫不奉詔使輕騎出淮泗口
絕吳楚兵後塞其饟道梁使韓安國張羽爲將軍
頗敗吳兵吳兵欲西梁城守不敢西即走漢中壁
夫堅壁不出軍中夜驚內相攻擊擾亂至帳下亞
夫堅臥不起頃之復定吳奔壁東南陬亞夫使備
西北已而果奔西北不得入乃引去亞夫出精兵
追擊大破之

李廣爲邊郡太守匈奴大入上郡廣從百騎馳射
奴射雕者三人殺之望匈奴有騎數千騎

騎大恐欲還走廣曰吾去大軍數十里走則匈奴
追射我立盡我留匈奴必以我爲大軍誘之不敢
擊我乃令諸騎曰前前未到匈奴陳二里止又令
曰皆下馬解鞍其騎曰虜多且近即有急柰何廣
曰彼虜以我爲走今解鞍以示不走用堅其意胡
騎各引去不敢擊

漢以王恢車騎材官三十餘萬匿馬邑旁谷中陰使
聶一亾入匈奴謂單于曰吾能斬馬邑丞以城降
財物可盡得于是單于穿塞將十萬騎入武州塞
未至百餘里見畜布野而無人牧者怪事得鴈門

尉吏知漢兵所居單于大驚曰吾固疑之乃還
郅支單于自以爲大國又乘勝驕不爲康居王禮殺
民作城遣使責諸國歲遺漢遣使三輩至康居求
谷吉等郅支困辱使者不奉詔陳湯矯制發諸國
兵及屯田吏士部勒行陣合四萬餘人即日引行
未至城三十里止營郅支遣使問漢兵何以來應
曰單于上書言居困阨願入朝見天子哀憫單于
棄大國屈意康居故使都尉將軍來迎恐左右驚
動毋　未敢至城下使數往來相答報湯因讓之我
爲　遠來而至今無名王大人見將軍受事者

何與于忽大討夫客主之禮也兵來道遠人喜罷極令虔且盡恐無以自還須單于與大臣審計策明日進薄城下四面圍城發薪燒木城四面火起大呼衆之鉦鼓聲動地康居引兵却漢兵四面推鹵楯並入單于被創死斬其首得漢使節二及谷吉等所賚帛書諸鹵獲以畀得者

鄧騭惡虞詡欲以法中之會朝歌賊數千人攻殺長吏州縣不能禁乃以詡爲朝歌長故舊皆弔之詡笑曰事不避難臣之職也不遇盤根錯節無以別利器此吾立功之秋也及到官設三科以募壯士

掾吏以下各舉所知攻劫者爲上傷人偷盜者次之不事家業者爲下收得百餘人貲其罪使入賊中誘令劫掠乃伏兵以待之殺數百人又潛遣貧人能縫者傭作賊衣以采綫縫其裾有出市里者輒禽之賊駭散縣竟平安

太后聞虞詡有將帥之畧以爲武都太守羌衆數千遮詡于陳倉崤谷詡即停車不進而宣言上書請兵乃日夜進道兼行百餘里令吏士各作兩竈日倍之羌不敢逼或問孫臏減竈而君增之兵法日行不過三十里而今二百里何也詡曰虜衆多吾

兵少，徐行則易為所及，速進則彼所不測。虜見吾
竈日增，必謂郡兵來迎。孫臏見弱，吾今示強，勢不
同也。既到郡，兵不滿三千，而羌衆萬餘，攻圍赤亭
詡令軍中強弩勿發，而潛發小弩。羌以為矢力弱
不能至，并兵急攻。詡乃使強弩發，羌大震，退。詡因
出城奮擊，多所殺傷。明日悉陳其兵，令從東郭門
出，北郭門入，貿易衣服，回轉數周。羌不知其數，更
相恐動。詡計賊當退，乃遣五百人于淺水設伏，候
其走路。虜果犇，掩擊，大破之。
班超使西域，鄯善王廣奉超禮意甚備，後忽疏懈。超

謂其官屬曰此必有北虜使來狐疑未知所從故也乃悉會吏士三十六人與共飲酒酣因激怒之曰卿曹與我俱在絶域如今鄯善收吾屬送匈奴骸骨長爲豺狼食矣爲之柰何官屬曰死生從司馬超曰不入虎穴焉得虎子當今之計獨有因夜以火攻虜可盡殄也會天大風超令十人持鼓匿虜舍後餘持弓弩夾門而伏超乃順風縱火前後鼓譟虜衆驚亂斬其使餘衆百許悉燒死

耿恭攻城搏戰以毒藥傅矢傳語匈奴曰漢家箭神其中創者必有異因發强弩射之虜中矢者視創皆

皆沸遂大驚孫子曰兵以詐立秦以毒藥傷矢而

謂漢家箭神是也

稽胡有劉蠡升者數抄掠汾晉神武遷鄴始審圖備

許女妻太子及遣子恭厚禮綏以婚期彼恃和親

不為之備襲之大敗

孫堅十七與父共船赴錢塘遇海賊分財堅謂父可

擊父止之堅操刀上岸以手東西指麾若分布人

兵以羅摭賊狀賊以為官兵捕之委財走斬一級

曹操與呂布戰敗布騎得操而不知是問曰曹使君

何在答曰騎黃馬者是也因得免

孫權使陸遜與諸葛瑾攻襄陽到白圍詭言往獵潛遣將軍周峻張梁等擊江夏新市安陸石陽之市盛峻等奄至人皆捐物入城城門噎不得關敵乃自斫殺民然後得闔斬首獲生凡千餘人

馬超韓遂反操自將擊之至潼關潛遣二將渡蒲阪津據河西為營操北渡河兵衆先渡操獨與虎士百餘人留南岸斷後超將步騎萬餘人攻之矢下如雨操多設疑兵潛遣兵入渭作浮橋而夜分兵結營于渭南超夜攻營擊破之進軍悉渡超數挑戰不許固請割地遂任子賈詡以爲可僞許之操

後問訊謝曰離之而已操曰解遂請與操相見操與遂有舊于是交馬語移時不及軍事但說京都舊故拊手歡笑既罷超問遂公何言遂曰無所言也超疑之他日操與遂書多所點竄如遂改定者超愈疑遂操乃克日會戰大破之遂超奔涼州操追至安定而還

蜀將諸葛亮在陽平遣魏延諸軍并兵東下亮惟留萬餘守城魏司馬懿率二十萬衆拒亮候邏白懿云亮城中兵少力弱亮亦知懿軍垂至恐與已相逼欲赴延軍相去又遠勢不能及將士失色莫知

其計亮意氣自若勑軍中皆偃旗卧鼓不得妄出
又令大開四門掃地却灑懿常謂亮持重而復見
以弱勢疑有伏兵率衆北趣山
諸葛武矦與晉宣帝在渭濱將戰武矦乘素車執白
羽扇指揮三軍衆軍皆隨其進止
晉司馬懿使二千餘人就軍營東南角大聲稱萬歲
亮使問之答曰吳朝有使至請降亮謂曰計吳朝
必無降法卿是六十老翁何煩詭詐如此
馬隆虜據險拒守隆令軍士皆負農器將若田者虜
以隆無征討意御衆稍怠隆因其無備進兵擊破

之
杜元凱襲吳樂浣湘交廣皆迎款衆議來冬大舉元
凱曰昔燕樂毅藉濟西一戰以併殭齊今王師兵
威已震譬如破竹數節之後迎刃而解也遂平吳
國
垣崇祖因虜欲犯城中驚恐皆下船欲去崇祖送客
還謂腹心曰賊本非大舉政是承信一說易遣誑
之今若得百餘人還事必濟矣但一人情駭不可
斂集卿等可急去此二里外大叫而來唱艾停義
人已得破虜須戍軍速往相助逐退舡中人果喜

爭上岸崇祖引入據城遣羸弱入島令人持兩炬火登山鼓噪虜疑參騎謂其軍備甚盛乃退

崔光遠使李處崟拒賊奔還賊因傳城下詬呼曰處崟召我而不出何也光遠信之斬處崟

劉聰弟暢討李矩矩詐降謀夜襲之兵士以賊衆皆有懼色矩令郭誦禱鄭子產祠曰君昔相鄭惡鳥不鳴凶胡臭羯何得過庭使巫揚言東里有教當遣神兵相助將士聞之皆踴躍爭進夜掩暢營暢僅以身免

尉遲迥反將檀讓餘衆屯城武于仲文詐移書州縣

曰大將軍至可多積粟讓謂仲文未能卒至乃掩牛亭士仲文知其意選精騎襲之一日便至遂拔城武廻將席毗羅衆十萬屯沛縣將攻徐州其妻子在金鄉仲文遣人詐爲毗羅使者謂金鄉城主曰讓明午到金鄉將宣蜀公令賞賜將士金鄉人以爲然皆喜仲文簡精兵僞建廻旗幟倍道而進城主徐善淨望見以爲讓出迎執之遂取金鄉

祖逖以布囊盛土如米狀使千人運上臺又使數人擔米僞疲而息于道賊逐棄擔賊獲米謂逖士衆豐飽而胡戍饑久益懼無復膽氣也

燕慕容垂遣其子寶步騎七萬伐魏，戰于參合陂，大敗。寶以數千騎奔逸，士衆還者十一二。寶恨參合之敗，屢言魏有可乘之機。垂由是自率大衆伐魏，至參合陂，見往年戰處積骸如山，設弔祭之禮。死者父兄一時號哭，軍士皆慟。

宋檀道濟等食盡，自歷城還。士有亡走魏者，具告之魏人。遣之，衆洶懼將潰。道濟夜唱籌量沙，以所餘米覆其上。及旦，魏軍見之，謂糧有餘，以降者斬之。時道濟兵少，魏兵甚衆，道濟命軍士被甲，己自服乘輿，引兵徐出。魏人以爲有伏，不敢逼，稍稍引去。

道濟全師而還

桓振襲江陵勒兵三萬旗幟蔽野躍馬橫矛躬自突陣流矢傷劉懷肅領衆懼欲奔懷肅瞋目奮戰士氣益勝於是士卒爭先臨陣斬振首

王君萬王韶開邊青唐大酋俞龍珂歸國獨别羌新羅結不從經畧使韓縝期諸將一月取之君萬詐爲獵者逐禽至其居稍相親狎與同獵乘間兵之墜馬斬首馳歸以獻甫及一月

齊有沙門惠琳掠入突厥中因謂他鉢曰齊國富强皆爲有佛法遂說以因緣果報之理他鉢聞而信

之建一伽藍遣使聘齊求净名涅槃華嚴等經十人并誦律他鉢赤躬自齋戒遶塔行道恨不生内地

梁馬嗣勳羅紹威將誅牙軍乞兵于梁梁女嫁魏適死遣遣嗣勳以長直千人爲綵輿入魏置兵器于輿中聲言助葬嗣勳夜與魏新鄉鎮兵入迎紹威家屬備之乃益取魏甲兵攻牙兵牙兵不能兵所從來無備殺八千餘人遲明皆盡嗣勳重創卒

梁武帝遣曹仲宗等攻魏渦陽又以韋放爲明威將軍總兵會之魏太將軍費穆帥衆奄至放軍營未

玄麾下止二百餘人放從弟洵驍果有勇力單騎擊刺屢折魏軍洵馬亦被傷不能進放冑有三貫矢衆皆失色請放奕去放厲聲叱之曰今日惟有死爾乃免冑下馬據胡床處分士卒皆殊死戰莫不一當百魏軍遂退

陳慶之隷領軍曹仲宗伐渦陽韋放曰賊鋒必輕銳不如勿擊慶之曰魏人遠來皆已疲倦須挫其氣于是以麾下五百騎奔擊破其前軍相持自春至冬各數十百戰師老氣衰魏援兵復欲築壘于軍後仲宗恐腹背受敵謀退慶之曰須虜圍合然後

與戰果勝

後魏宗室禎名新蔡襄城蠻魁三十餘人盛裝武置酒使觀射自發數箭皆中左右善射者二十人並中出死囚服軍衣命不中責斬之又預敎左右取死囚十人着蠻衣云是鈔賊禎臨坐僞舉目瞻天微有風動禎謂蠻曰風氣少暴似有鈔賊入境不過十人當在西南五十里許解至禎告諸蠻曰爾鄉里作賊如此合死不皆叩頭曰合萬死即斬之乃遣還諭諸蠻大服自是無暴掠

周于謹嘗爲賊所圍以常乘駿馬一紫一騧賊所先

識乃使二人各乘一馬突陣而出賊以爲謹也皆爭逐之謹乃得入塞

梁玄感僞北衛玄逐之伏發而敗後復戰兵始合玄感詐令人大呼曰官軍已得玄感矣玄軍稍怠玄感與數十騎乘之大潰

唐太宗追劉武周將宋金剛劉弘諫待兵糧集而后戰太宗曰功者難成易敗機者難得易失金剛走到汾州衆心已沮我及其未定當乘其勢擊之此破竹之義也如遲留賊必生機此失機之道也

李靖攻土谷渾薛萬徹同行及至賊境與諸將各率

百餘騎先後卒與虜数千騎相遇萬徹單騎馳擊
之虜無敢當者還謂諸將曰賊易與耳躍馬復進
諸將隨之斬数千級
胡賊五萬餘人掠宜春靈軌討之行次黄欽山與賊
相遇賊乘高縱火王師稍却軌斬其部將十四人
拔隊中小帥以代之軌自率数百騎殿于軍後令
之曰聞鼓聲有不進者自後斬之既聞鼓士卒爭
先赴敵賊射之不能止因大破之
李密敗化及還動兵良馬多戰死王世充乘弊擊之
恐人心不安乃假妖巫覡言夢周公遂立祠[illegible]

言周公欲令急討李密有大功否則疲死世克兵
多楚人俗信妖妄故出此言衆請戰
王世克縛類密者過陣譟曰獲密矣士皆呼萬歲密
軍亂
郭英乂祿山將高嵩入汧隴僞勞之且具饗伏發盡
虜其衆
李淵起兵裴寂曰屈突通在此攻長安不克退爲河
東所踵腹背皆受敵此危道也世民曰不然兵貴
神速吾以累勝之威撫歸附之衆鼓行而西長安
之人望風震駭智不及謀勇不及斷取之若振槁

葉耳

肅宗問破賊期李泌對曰陛下無欲速王者之師當務萬全圖久安使無後害令詔李光弼守太原出井陘郭子儀取馮翊入河東則史思明張忠志不敢離范陽常山安守忠田乾真不敢離長安是以三地縶其四將也隨祿山者獨阿史那承慶耳使子儀無取華令賊得通關中則北守范陽西救長安奔命數千里其精兵劲騎不逾年而敝我常以逸待勞來避其鋒去翦其疲以所徵之兵會扶風與太原朔方軍互擊之徐命建寧王爲范陽節度

大使北並塞與光弼相椅角以取范陽賊失巢窟
當死河南諸將手帝然之
顔真卿出爲平原太守度祿山必反陽託霖雨脩城
池料丁壯儲倉廩日與賓客泛舟飲酒以舒其疑
果以爲書生不虞也
及破東都傳李憕盧奕蔣淸首狥河北眞卿畏衆懼
紿諸將曰吾素識憕等其首皆非是斬傳首者段
子光
陜號都知兵馬使達奚抱暉鴆殺節度使張勸代總
軍務邀求旌節且陰召李懷光將達奚小俊爲援

德宗謂李泌曰君蒲陝連衡則猝不可制且抱暉據陝則水陸之運皆絶矣不得不煩卿一往以泌爲陝虢都防禦水陸運使上欲以神策軍送泌之官對曰臣請以單騎入上曰單騎如何入對曰今事變之初衆心未定故可由其不意上許之泌見陝州進奏官及將吏在長安者語之曰主上以陝虢饑故不授泌節而領運使欲令督江淮米以賑之耳陝州行營在夏縣若抱暉可用當使將之有功則賜旌節矣抱暉覘者馳告之稍自安泌具以語白上曰欲使其將士思米抱暉思節必不[illegible]臣矣

上曰善固疾馳而前抱暉亦出謁泌稱其攝事保完城隍之功抱暉喜反側者皆自安泌入城但索簿書治糧備明日召抱暉至宅語之曰吾非愛汝而不誅恐自今有危疑地故赦汝汝爲我賫版幣祭節使慎無入關自擇安處潛來取家保無他也後上竟詔戍兵馬使林滔等殺之抱暉遂亡命達奚小俊引兵至境聞泌已入陝而還

僕固懷恩誘回紇吐蕃吐谷渾党項奴剌數十萬俱入寇縱兵標焚已而二虜爭長子儀使說回紇欲與共擊吐蕃回紇不信曰郭公在此可得見乎使

還報子儀與数騎出使人傳呼曰令公來回紇大驚大帥藥葛羅執弓注矢立于陣前子儀免冑釋甲投鎗而進執藥葛羅手讓之曰汝回紇有大功於唐唐之報汝亦不薄奈何負約深入棄前功結後怨背恩德而助叛臣乎且懷恩叛君棄母於汝何有今吾挺身來聽汝執我殺之我之將士必致死與汝戰矣藥葛羅曰懷恩欺我言天可汗已晏駕令公亦捐館中國無主我是以來今皆不然懷恩又爲天所殺我曹豈肯與令公戰乎子儀因約以期月而遣之諸部並力殺吐蕃萬計

柳晟至漢中府兵討劉闢還未至王城詔復遣戍梓州軍士怨怒謀作亂晟聞之疾驅入城慰勞之曰汝曹何以得成功對曰誅反者劉闢耳晟言闢以不受詔命故汝等得以立功豈可復使他人誅汝以爲功耶衆皆拜趨赴梓州

大都督廬陵王瑗反欲奪王君廓兵以與王詵君廓本紿瑗使亂爲巳功乃從數騎候詵留騎于外曰聞呼聲則入乃獨款詵詐曰有急變當白詵方沐握髮出即斬之因執瑗以功授都督

楊行密遣臺濠敵田頵濠之行爲狹營小舍覘者以

爲才容二千人頳輕之不復召兵纔交濠遁頳兵
爭逐比遇伏頳大敗死

王處存以輕兵三千蒙羊皮夜布之野以精騎伏地
道朱全忠軍望爲群羊爭趨之伏發大敗之

王德光世將先鋒討李成德以百騎覘賊至蔡州上
蔡驛戶橋賊疑爲誘騎擁衆欲西德麾騎大呼曰
王師大至矣賊駭遁追殺甚衆

周訪爲流矢所中折前兩齒形色不變及暮訪與賊
隔水賊衆數倍自知力不能敵乃密遣人如樵採
者而出於是結陣鳴鼓而來大呼曰左軍至士卒

皆稱萬歲至夜令軍中多布火而食賊謂官軍益
至黎曉而退訪謂諸將曰賊必引退然後知我無
救軍當還掩入宜促渡水北既渡斷橋訖而賊果
至隔水不得進于是遂歸
莊宗禦梁將戴思遠李從珂僞爲梁幟入梁壘斧其
望樓持級而還梁兵愈恐李嗣源以鐵騎三千乘
之太敗
梁劉鄩潛師出黄澤西移太原將行慮爲晉軍所追
乃結芻爲人縛旗于上以驢負之循城而行數日
晉人方覺

王景仁爲招討使將兵萬餘侵廬壽吳徐溫朱瑾率諸將拒之遇于趙步徵兵未集溫戰不勝而却景仁乘之吳吏士皆失色將軍陳紹援鎗大呼曰誘敵太深可以進矣躍馬還鬬衆隨之梁兵乃退溫賜之金帛

元豐閒劉舜卿知雄州虜寇夜竊其關鎖去吏密以聞舜卿亦不問但使易其門鍵大之後數日虜牒送盜者幷以鎖至舜卿曰吾未嘗亡鎖命加于門則大數寸併盜還之虜大慚沮反疑竊鎖者僞也舜卿近世名臣也

曾瑋知渭州時年十九馭軍嚴明賞罰立決善用間
有告戍卒叛入夏州者瑋方與客奕棊怒曰吾遣之
去耳汝再三顯言耶夏人聞之即斬叛者首投境
上
宋契丹寇河北虜騎甚盛州郡震動天子北巡至澶
州不欲渡河時寇準勸上北渡以固士卒心毋令
虜得乘勝上猶豫未決準曰先帝建都垂五十年
天下財用兵甲聚于京師宗廟社稷之所寄也不
幸有事陛下當與臣等以死守之今一旦棄去非
復陛下所有若盜賊因緣而起陛下當何歸乎上

默然猶未决準因自牽馬奉上上乃從之至澶州御城北門將士望見皆呼萬歲聲震原野勇氣百倍準承制專决號令明肅士卒喜悅虜數千騎薄城下有詔吏士迎擊之斬獲大半虜乃引退不敢復逼會暮上還宫留準居城上上使人視何爲曰準方飲酒歌笑上未嘗不釋然也相持十餘日契丹計索欲引去始遣使請和

楊偕知河中府元昊反劉平石元孫戰没偕聞乃僞爲書馳告延州曰朝廷遣救兵至矣命傍郡縣大具芻糧什器以俟

狄青擲百錢盡紅遂釘錢紗籠手封俟勝謝神後驗
視之兩字錢也

張俊引兵渡江至黃梅縣親與李成戰成憑奉新失
險之敗據石幢坡憑山以木石投人俊先遣游卒
進退若爭險狀以誑賊俊親冒矢石帥衆攻險賊
衆數萬俱潰

金兀朮棄汴有書生叩馬曰自古未有權臣在內而
大將能立功于外者岳少保且不免況欲成功乎

金主將兵入犯命李顯忠代王權遣虞允文往蕪湖
趣顯忠交代且犒師采石時權軍猶在采石允文

至權已去，顓忠未來，敵騎充斥，我師三五星散，乞
文謂坐待顓忠則誤國事，遂招諸將勉以忠義曰：
金帛誥命皆在此，待有功，衆曰：既有去，請死戰。
金烏延蒲盧渾因張覺復整兵來，諸將皆不敢戰，蒲
盧渾登山望之，乃紿諸將曰：敵軍少，急擊可破也。
若入城，不可復制，遂合戰，破之。
金苗道潤爲河北義軍隊長，得衆心，有功，求官封，宰
相難之，宣宗召王擴問之，今即以爲將，擁衆，肯爲
我盡力乎？擴曰：無制天下者，以天下爲度，道潤得
衆有功，因而封之，使自爲守，羈縻使之，策之上也。

今不許彼負其衆何所不可宜宗顔竿執曰擴言
實契朕心遂除宣武將軍
劉子俊被執詭爲文天祥意使大兵不窮追天祥可
間走也
元董摶霄賊至焚廬舍按軍不動左右請出兵摶霄
曰未也遣人執白旗登山望賊約曰賊以我爲怯
必少懈伺其有間則麾所執旗又伏兵城外皆授
以火礮復約曰見旗動礮即發已而旗動礮發兵
乃盡出斬首數千級
皇明洪武初日本寇閩浙等處　太祖與劉基曰東

夷固非比虜心腹之患猶蚊蝱驚寤自覺不寧議其俗尚佛教宜選高僧說其歸順遂命明州天寧寺僧祖闡仲猷南京瓦罐寺僧無逸克勤往彼化其來貢

成祖料吳傑平安必出戰隨散軍託言取糧示以空虛敵聞我軍散必乘虛而來我軍既出即回嚴師以待之必落我彀中矣是月散軍四出取糧又發旗尉落檐抱嬰兒佯作避兵者散入真定城報云大軍各散取糧曾無備敵聞以為信然乃出師欲掩我不備我師掌大敗之

朝僧有名法王國師者朝廷優禮供給甚盛言官每
及之蓋西番之俗叛亂讎殺一時未能遽制彼以
其法戒諭之則磨金銛劍頂經說誓守信惟謹蓋
以御夷之機在此故供給雖云過優然不須甲兵
芻糧之費而陰屈群醜所得多矣新進多不知此
朝廷又不欲明言其事故言輒不報蓋制馭之術
耳非果神之也

横州鄰壤貴縣馮姓家世以神異顯有稱都長者召
風雨鬼神虎豹言禍福奇驗兩廣猺賊皆以公祖
稱之有猖獗者視官軍蔑如總帥委都長招撫即

引數卒至巢穴，衆以牛酒迎款，惟命是從。因諭衆曰：衆皆安業，但爾渠魁某人不可赦，可隨我出見總制。衆皆唯唯。其魁即出見，訖，責付都長魁，欲回料理家事，即出至期不至。人盡危之，竟果來。人問其故，魁曰：吾固將叛，李虎來擾吾家，妻孥懼，勸我來耳。

萬曆時，比虜王台吉擒遼東叛酋王杲以獻。時台吉已官都督，例當加一品勳階。吏部疏上，擬加柱國。時臺省諸臣議以爲未妥，蓋以蠻夷而儼然埒于公卿之班，褻朝廷之體也。神宗傳旨加台吉爲

浙江文獻集成

浙江文叢

王應遴集

〔第四册〕

〔明〕王應遴 著　林傑祥 編

浙江古籍出版社

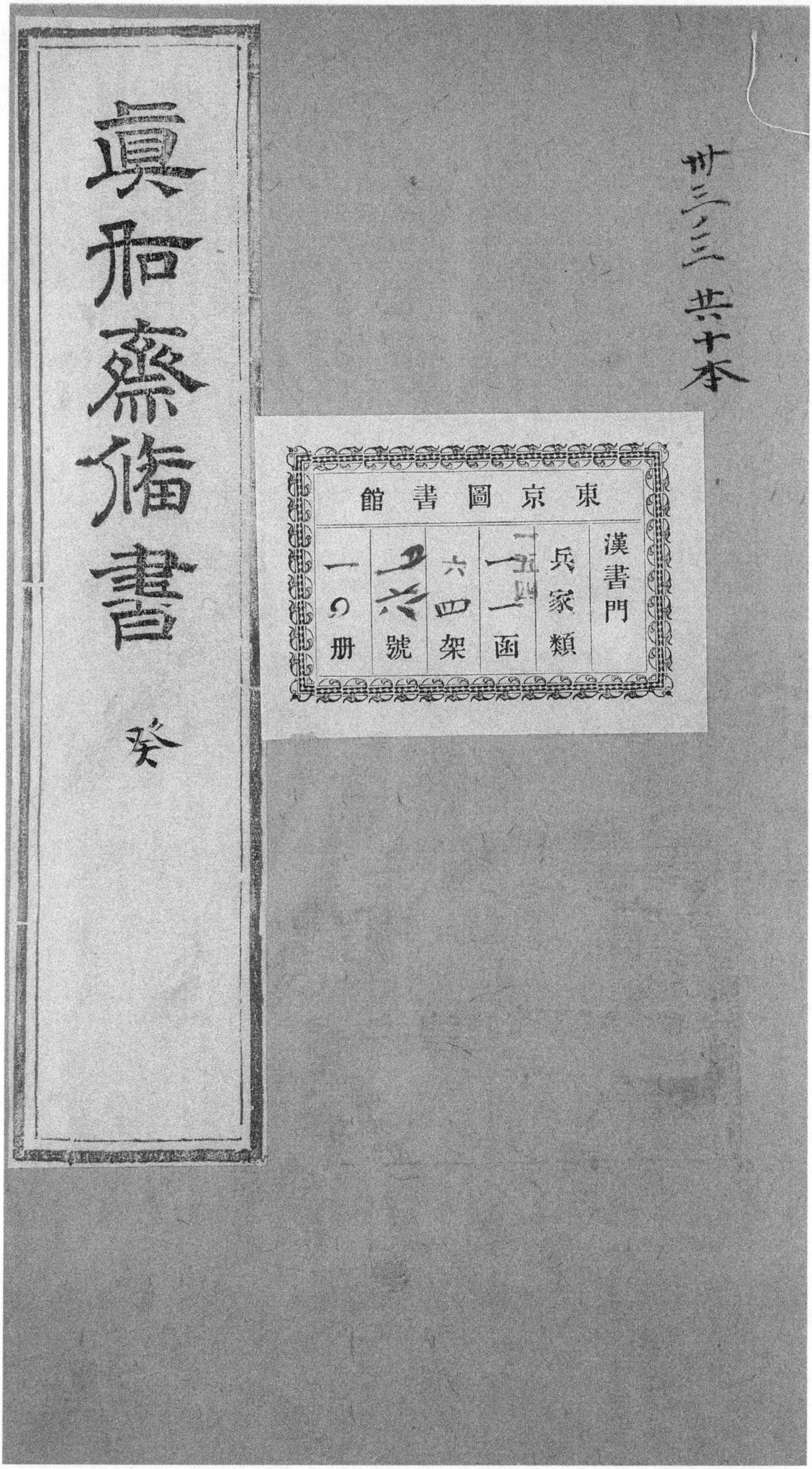
真如齋備書
癸
廿三／三 共十本
東京圖書館
漢書門
兵家類
一一函
六四架
號
一の冊

不乏人。乃東西跳梁未息。南北從之譎愈
煩致。厪我
皇上宵旰日深。粥髀日急。得無運兵之本
者。尚未得其人歟。董兹書生耳。從前料
祟遼者若觀火。規任遼者若列眉。即所
上三疏及所擬三詔言。言石畫。語語金
針。當事者非不採其議用之。乃未身展
厥猷。而今且以上書忤

旨。飄然爲青山外臣矣。語曰。有治法。無治人。余曰。無治法耳。何患無治人。覽是書者。知聖賢之爲訓何者而一一棒持之如護珙璧。又知古今之爲案何者而一一踐履之如印印泥。則天下事。天下人誰不可爲矣。必出自吾手。自吾身。辦。聖度優容。轉圜甚捷。望父之賜環超擢。理長纓以繫東西虜酋之頸。特

且莫閒承蜩事耳。嗟乎。兵本在簡冊。而用運兵之本者在
廟堂。知本之本安在。兵寧復有餘事哉。余題數語于簡端。爲之悵然而拭目
天啓甲子春孟延安郝名宦題于天庖
公署

題數語于簡端之後緣而拭目

廟堂。知本之本安在乎。寧復有餘事哉。今

用運兵之本者在

且莫問承蜩事耳。暇乎。兵本在簡端。

備書本字函卷之一

師爾唐臺山葉向高閱　　越人王應遴堇父輯
　　　　　　　　　　　友人丁乾學天行較

本之訓

易師辭曰。師貞丈人吉。朱子曰。老成之人。呂祖謙曰。老成持重籌畫如趙充國之比

師彖曰。剛中而應。行險而順。以此毒天下而民從之。

傳曰。師旅之興。不無傷財害人毒害天下。然而民心從之者。以其義動也

師象曰。地中有水。師君子以容民畜衆。爻曰。師出以

律否臧凶　田有禽利執言長子帥師弟子輿尸
貞凶
解象曰王用出征以正邦也
萃象曰君子以除戎器戒不虞
豫辭曰利建侯行師程子曰兵師之興衆心和悅則
順從而有功
書帝曰咨禹惟兹有苗弗率汝徂征禹乃會群后誓
于師曰濟濟有衆咸聽朕命蠢兹有苗昏迷不恭
侮慢自賢反道敗德君子在野小人在位民棄不
保天降之咎肆予以爾衆士奉辭伐罪

禹誓曰爾尚一乃心力所以勉衆之和也
說命曰惟甲冑起戎惟干戈省厥躬
泰誓曰同力度德同德度義
詩文武吉甫萬邦爲憲傳曰非文無以附衆非武無
以威敵能文能武則萬邦以之爲法矣謝枋得曰
漢唐而下縉紳介冑分爲兩途愚儒武夫各持一
說不知三代將帥必文武全才可以爲萬邦之法
則者也丘氏曰所謂文者附衆安民之謂非辭章
藻繪也武者戡定禍亂之謂非膂力技能也又曰
文武非二道也爲將者徒知戰陣而不知德義則

其所謂武者非聖人之武也趙衰謂郤縠說禮樂
而敦詩書
小雅六月曰有嚴有翼共武之服共武之服以定王
國丘氏曰將師皆嚴皆敬以共武事此王國之所
以定也
禮記天子將出征類乎上帝宜乎社造乎禰禡於所
征之地
受命于祖受成于學
周禮立夏官司馬使帥其屬而掌邦政以佐王平邦
國馬者武也言爲武者也夏整齊萬物丘氏曰外

服之諸侯邊方之夷狄有所不正則聲其罪以正之正其不正所以平其不平也

左傳曰天生五材民並用之廢一不可誰能去兵兵之設久矣所以威不軌而昭文德也

見可而進知難而退軍之善政也兼弱攻昧武之善經也

不備不虞不可以師以德和民不聞以亂以亂猶治絲而棼之也夫兵猶火也弗戢將自焚

楚子敗晉潘黨楚子曰夫文止戈爲武夫武禁暴戢兵保大定功安民和衆豐財者也

晉侯將伐虢大夫薦曰不可虢公驕若驟勝于我必棄其民無衆而後伐之夫禮樂慈愛戰所蓄也夫人讓事樂和愛親哀喪而後可用也虢勿蓄也亟戰將饑后爲晉滅

國語申包胥曰夫戰智爲始仁次之勇次之不智則不知民之極無以銓度天下之衆寡不仁則不能與三軍共饑勞之殃不勇則不能斷疑以發大計

先王耀德不觀兵其于民也茂正其德而厚其生阜其財賄而利其器用增修于德無勤兵于遠是以近無不聽遠無不服

太公軍誡法曰凡行軍吏士有死亡者給其喪具使歸邑墓軍人被瘡即給醫藥使謹視之醫不即治親鞭之

三略曰將必與士卒同滋味而共安危敵乃可加故軍井未達將不言渴軍幕未辦將不言倦軍竈未炊將不言饑冬不服裘夏不操扇雨不張蓋是謂將禮以身先人故其兵爲天下雄蓋舍己而正人者逆正己而化人者順逆者亂之招順者治之要是以良將養士不易于身故能使三軍如一心則其勝可全

又曰與之安與之危其衆可合而不可離可用而不
可疲以其恩素蓄謀素和此軍所以和爲貴也
又曰將能清能平能整能受諫能聽訟能納人能採
言能知國俗能圖山川能表險難能制軍權
又曰主將之法務攬英雄之心賞禄有功志通于衆
故與衆同好靡不成與衆同惡靡不傾
又曰爲國之道恃賢與民信賢如腹心使民如四肢
則策無遺
又曰興師之國務先隆恩攻取之國務先養民
又曰君無疑于臣臣無疑于主國定主安臣以義退

亦能美而無害

又曰治國安家者得人也亡國破家者失人也為將者不可不謹兵將纔聚人馬未相諳識不可與師致討謂將不識兵兵不識將將雖法令嚴明人心未相依附主將須是親行詢問材技勇怯強弱高下選揀堪可作何任使曉諭賞罰立定信義犒勞激勵使士卒知將之智勇將知士卒之熟練然後料敵與師戰無不捷

又曰為將之道要在甘苦共衆如遇危險之地不可舍衆而自全護衛周旋同其生死如此則士卒豈

忘已哉法曰見危難勿忘其衆

六韜曰將與士卒共寒暑勞苦饑飽故三軍之衆聞鼓聲則喜聞金聲則怒

又曰善爲國者馭民如父母之愛子如兄之愛弟見其饑寒則爲之憂見其勞苦則爲之悲賞罰如加于身賦斂如取于已此愛民之道也

又曰三寶各安其處三寶全則國安三寶謂大農大工大商也

又曰與人同病相救同情相成同惡相助同好相趨故無兵甲而勝

又曰故兵者國之大事存亾之道命在于將將者國之輔先王之所重也故置將不可不察也得賢將者兵强國昌不得賢將者兵弱國亾

文王問太公曰願聞爲國之務欲使主尊人安爲之柰何太公曰愛民而已文王曰愛民柰何太公曰利而勿害成而勿敗生而勿殺與而勿奪樂而勿苦喜而勿怒

又曰與人同憂同樂同好同惡義也義之所在天下赴之

齊司馬田穰苴曰將受命之日則忘其家臨軍約束

則恤其親援枹鼓之急則恤其身問疾醫藥未至國釋兵旅解約束誓盟而後入邑

魏武侯問吳起曰願聞治兵料人固國之道起對曰古之明王必謹君臣之禮飾上下之儀安集吏民順俗而教簡募良材以備不虞

又曰昔之圖謀國家者必先教百姓而親萬民

又曰不和于國不可以出軍是以有道之主將用其民先和而造大事

又曰聖人綏之以道理之以義動之以禮撫之以仁此四德者修之則興

又曰凡制國治軍必教之以禮勵之以義使有耻也夫人有耻在大足以戰在小足以典矣

又曰君使能者居上不肖者處下則陳已定矣民安其田宅親其有司則守已固矣百姓皆是吾君而非鄰國則戰已勝矣

又曰有不占而避之者六其二曰上愛其下惠施流布

又曰凡攻敵圍城之道城已既破各入其官寧之所至無刊其木發其屋取其粟殺其六畜燔其積聚示民無殘心其有請降許而安之

又曰知兵之將生民之生命國家安危之主也

又曰將者智信仁勇嚴也飛曰用兵之術仁智信勇

孫子曰視卒如嬰兒故可與之赴深谿視卒如愛子

故可與之俱死愛而不能令厚而不能使亂而不

能治譬如驕子不可用也

又曰道者令民與上同意

又曰上下同欲者勝

司馬法曰不服不和是謂戰患又曰心欲一讓以和

人自治悅其心効其力

又曰殺人安人殺之可也攻其國愛其民攻之可也

以戰止戰雖戰可也故仁見親義見說智見恃勇見方信見信内得愛焉所以守也外得威焉所以戰也戰道不違時不歷民兵所以愛吾民也不加喪不因凶所以愛夫其民也冬夏不興師所以兼愛民也

又曰國雖大好戰必亡天下雖安忘戰必危

又曰古者以仁爲本以義治之之謂正

又曰惟仁有親有仁無信反敗厥身

戰國策秦攻趙蘇子謂秦王曰力盡之民仁者不用也求得而反靜聖王之制也功大而息民用兵之

道也

蘇秦曰善爲國者順民之意而料兵之能然後從于天下

尉繚子曰凡將理官也萬物之主也不私于一人夫能無私于一人故萬物至而制之萬物至而命之

又曰民流者親之地不治者任之夫土廣而任則國富民衆而制則國治富治者民不發軔甲不出暴而威制天下

又曰欲戰者先安内

荀子議兵篇孫卿子曰士民不親附則湯武不能以

必勝故善附民者乃善用兵者也

陳囂問孫卿子曰先王議兵常以仁義爲本仁者愛人義者循理然則又何以兵爲凡所爲有兵者爲爭奪也孫卿子曰非女所知也彼仁者愛人愛人故惡人之害之也義者循理循理故惡人之亂之也彼兵者所以禁暴除害也非爭奪也故仁人之兵所存者神所過者化若時雨之降莫不說喜是以堯伐驩兜舜伐有苗禹伐共工湯伐有夏文王伐崇武王伐紂此二帝四王皆以仁義之兵行于天下也故近者親其善遠方慕其德兵不血刃遠

邇來服德盛于此施及四極

臨武君與孫卿議兵于趙孝成王前王曰請問兵要對曰上得天時下得地利觀敵之變動後之發先之至此用兵之要術也孫卿曰不然臣所聞古之道凡用兵攻戰之大在乎一民

李斯問孫卿子曰秦四世有勝兵彊海内威行諸侯非以仁義爲之也以便從事而已孫卿子曰非女所知也所謂便者不便之便也吾所謂仁義者大便之便也彼仁義者所以齊政也政齊則民親其上樂其君而輕爲之死故曰凡在軍將率末事也

秦四世有勝諰諰然常恐天下之一合而軋已也
此所謂末世之兵未有本統也故湯之放桀也非
其逐之鳴條之時也武王之誅紂也非以甲子之
朝而後勝之也皆前行素修也此所謂仁義之兵
也今女不求之于本而索之于末此世之所以亂
也

荀子曰臨武君與孫卿子議兵于趙孝成王前孫卿
子曰士民不親附則湯武不能以必勝也故善附
民者是乃善用兵者也故兵要在乎善附民而已
又曰不殺老弱不獵禾稼服者不禽格者不赦犇

命者不獲。凡誅非誅其百姓也。誅其亂百姓者也。

又曰。凡百事之成也。必在敬之。其敗也。必在慢之。故敬勝怠則吉。怠勝敬則滅。計勝欲則從。欲勝計則凶。戰如守。行如戰。有功如幸。丘氏曰。荀卿論爲將之道至矣盡矣。所謂敬謀敬事敬吏敬衆敬敵。而總以一言曰。凡百事之成也。必在敬之。其敗也。必在慢之。卿之此言。蓋有得于洙泗之餘論。而與孫吳所著之書專以權謀詐力者。不可同年語矣。

呂氏曰。兵入于敵之境。則民知所庇矣。黔首知不死矣。至于國邑之郊。不虐五穀。不掘墳墓。不伐樹木。

不燒積聚不焚室屋不取六畜
又曰愛人則民親其上民親其上則皆樂爲其君死
故凡舉事必先審民心然後可舉
又曰犯白刃冒流矢趨水火不敢卻也故人之欲多
者其可得用亦多人之欲少者其可得用亦少無
欲者不可得用也人之欲雖多而上無以令之雖
得其欲人猶不可用也令人得欲之道不可不審
矣善爲上者能令人得欲無窮故人之可得用亦
無窮也故古之聖王審順其天而以行欲則民無
不令矣功無不立矣

又曰：主之所求于民者二，求民爲之勞也，欲民爲之死也。民之所望于主者三，饑者能食之，勞者能息之，有功者能德之。民以償其二積，而上失其三望，國雖衆兵猶且弱也。若苦者必得其樂，勞者必得其利，斬首之功必全，死事之役必賞，四者旣信于民矣，主雖射雲中之鳥而釣深淵之魚，兵猶且强，令猶且行也。是故上足仰則下可用也，德足慕則威可立也。

又曰：凡用民，太上以義，其次以賞罰。其義則不足死，賞罰則不足去就，若是而能用其民者，古今無有又曰兵有本幹必義義則敵孤獨敵孤獨則上下虛民解落孤獨則父兄怨賢者誹亂內作又曰兵者天下之凶器也勇者天下之凶德也舉凶器行凶德猶不得已也舉凶器必殺殺所以生之也行凶德必威威所以懾之也敵懾民生此義兵之所以隆也

漢文帝時匈奴數寇邊鼂錯上言臨陣合刃之急有三一曰得地形二曰卒服習三曰器用利故兵法器械不利以其卒與敵也卒不可用以其將予敵也將不知兵以其主予敵也君不擇將以其國予敵也四者兵之至要也

淮南子曰治國家理境內行仁義布德惠立正法塞邪隧群臣親附百姓和輯上下一心君臣同力諸侯服其威而四方懷其德修政廟堂之上而折衝千里之外拱揖指撝而天下嚮應此用兵之上也地廣民聚主賢將忠國富兵強約束信號令明兩軍相當鼓錞相望未至兵交接刃而敵人奔亡此用兵之次也知土地之宜習險隘之利明奇正之變行陣解續之數維炮綰而鼓之白刃合流矢接涉血屬腸輿死扶傷流血千里暴骸盈場乃以決勝此用兵之下也

又曰吏卒專精選良用才官得其人討定謀决户
死生舉措得失莫不震驚故攻不待衝隆雲梯而
城拔戰不至交兵接刃而敵破明于必勝之理也
又曰兵之所由來者遠矣黃帝嘗與炎帝戰矣顓頊
嘗與共工爭矣故黃帝戰于涿鹿之野堯戰于丹
水之浦舜伐有苗啓攻有扈自五帝而弗能偃也
又况衰世乎夫兵者所以禁暴討亂也炎帝爲火
災故黃帝擒之共工爲水害故顓頊誅之
又曰上視下如子則下視上如父上視下如弟則下
視上如兄是故父子兄弟之寇不可與鬭者積恩

先施也

又曰能受諫能聽諍能納人能採言故曰將主之法務在攬英雄之心蓋謂此矣

又曰將卒吏民動靜如身乃可以應敵合戰故計定而發分決而動將無疑謀卒無二心動無墮容口無虛言事無嘗試應敵必斂發動必亟故將以民爲體而民以將爲心

又曰良將之羽卒也同其心一其力勇者不得獨進怯者不得獨退止如丘山發如風雨所凌必破靡不毁沮動如一體莫之應圉是故傷敵者衆而手

戰者寡矣

又曰將者必有三隧四義五行十守所謂三隧者上知天道下習地形中察人情所謂四義者便國不負兵爲主不顧身見難不畏死決疑不辟罪所謂五行者柔而不可卷也剛而不可折也仁而不可犯也信而不可欺也勇而不可凌也所謂十守者神清而不可濁也謀遠而不可慕也操固而不可遷也知明而不可蔽也不貪于貨不謠于物不嚂于辯不推于方不可喜也不可怒也

又曰君臣乖心則孫子不能以應敵察其勞佚以知

其饑飽故戰日有期視死若歸故將必與卒同其苦視饑寒故其死可得而盡也故古之善將者必以其身先之暑不張蓋寒不被裘所以程寒暑也險隘不乘上陵必下所以齊勞逸也軍食熟然後敢食軍井通然後敢飲所以同饑渴也合戰必立矢射之所及以共安危也

又曰得道之兵車不發軔騎不被鞍鼓不振塵旗不解卷甲不離矢刃不嘗血朝不易位賈不去肆農不離野招義而責之大國必朝小國必下因民之欲乘民之力而爲之去殘除賊也故同利相死同

情相感同欲相助獵者逐禽車馳人趨各盡其力無刑罰之威而相爲斥闘要遮者同所利也同舟而濟江卒遇風波百族之子捷捽招杼船若左右手不以相德其憂同也故善用兵者用其民自爲用也不能用兵者用其爲已用也

又曰兵之所以強者民也民之所以必死者義也義之所以能行者威也是故合之以文齊之以武是謂必取威義並行是謂至強

又曰能成霸王者必得勝者也能勝敵者必強者也能強者必用人力者也能用人力者必得人心者

也。能得人心者，必自得者也。

又曰：下不親上，其心不用；卒不畏將，其形不戰。不待交兵接刃，而存亡之機固已形矣。

又曰：政勝其民，下附其上，則兵強。

又曰：故義兵之至也，至於不戰而止。晚世之兵，君雖無道，莫不設渠塹，傳堞而守；攻者非以禁暴除害也，欲以侵地廣壤也。

亢倉子曰：其令強者其敵弱，其令信者其敵詘。先勝之于此，則勝之于彼。誠若此，則敵朝足勝也。

魏相曰：救亂誅暴，謂之義兵。兵義者王。敵加于己，不

得已而起者謂之應兵兵應者勝爭恨小故不忍

憤怒者謂之忿兵兵忿者敗利人土地貨寶者謂

之貪兵兵貪者破恃國家之大矜人民之衆欲見

威于敵者謂之驕兵兵驕者滅此五者非但人事

乃天道也

蜀馬謖曰用兵之道攻心爲上攻城爲下心戰爲上

兵戰爲下願公服其心而已諸葛亮納其策赦孟

獲以服南方

諸葛武侯曰夫用兵之道在于人和和則不勸而自

戰矣若將吏相猜士卒不服忠謀不用羣下謗議

讒慝互生智雖若湯武不能取勝于匹夫況其衆者乎

又曰孫權據有江東已歷三世國險而民附賢能樂爲之用此可與爲援不可圖也

皮日休曰古之取天下也以民心今之取天下也以民命蚩蚩之類不敢惜死者上懼乎刑次貪乎賞民之于君猶子也何異乎欲殺其子先給以威後給以利哉

晉元帝詔書昔吳起爲楚悼王明法審令損不急之官除廢公族疏遠以附益將士而國富兵强況今

日之與百姓凋困形且嘗去非急之務非軍事所
須者皆省之
王晳曰上下一心若先縠剛愎以取敗呂布違異以
致亾皆上下不同欲之致
蔣濟曰夫欲大興功之君先料其民力而𢌿咏
之句踐養胎以待用昭王恤病以雪仇故能以弱
燕服強齊羸越滅勁吳
魏桓階曰舉事而不本于義未有不敗者也
張預曰或間其君臣或間其交援使相離貳然後圖
之應侯間趙而退廉頗陳平間楚而逐范增是君

臣相離也

曹彦約曰。至于忠義之兵。必須有德者以爲統率。擇知書者以爲教導。如古人所謂教民而後用之也。今議不出此。乃欲幸勝以爲功。苟安以來。免誤天下者。必此人也

史臣曰。皮豹子等五人爲將。皆以沈勇篤實仁厚撫衆。功成事立。不徒然矣。與苟要一戰之利。僥幸暫勝之名。豈同年而語也

通典曰。三皇無爲天下以治。五帝行教兵由是興。所謂大刑用甲兵而陳諸原野。于是有涿鹿之戰。阪

衆之師。若制得宜則治安。失其宜則亂危

李衛公曰。用衆在乎一心

後周王朴獻平邊策曰。彼方之民。知我政化大行。上下同心。力強財足。以安將和。有必取之勢

杜牧論天下兵曰。上策莫如自治

文中子曰。強國戰兵。覇國戰智。王國戰義。帝國戰德。皇國戰無爲

後周宇文盧中曰。今日宜先降詔罪己。見韋孝寬端俾人心悅。天意同。則備禦之事。將帥可以任之

通鑑贊曰。周公之聖。召公之賢。少事文王。老佐武王

能平天下。周公之心，召公且不知之，苟有仁義之心，不貲以明。雖召公尚爾，況其下哉。

劉子曰：逢蒙善射，不能用不調之弓；造父善御，不能策不服之馬；般倕善斷，不能運不利之斤；孫吳善將，不能戰不習之卒。貔貅虎豹，黄帝教之戰；鷹鸇鷙鳥，羅氏教之擊。夫鳥獸無知之性，猶隨人指授而能戰擊者，教習之功也。奚況國之士民而不習武乎？是以先王因于閒隙，大閱簡車，教修戍器，為國備預也。

程子曰：兵須不失家計，兵能聚散為上。帥信多多益

吾只是分數明伐國不問仁人非也宋襄公不鼓不成列愚也

蘓老泉曰兵在外愛將軍而忘天子在内愛天子而忘將軍愛將軍所以戰愛天子所以守

蘓軾曰易介于石不終日貞吉君子方其未發也介然如石之堅若將終身焉者及其發也不終日而作故曰不役于利則其見之也明見之也明則其發之也果今夫世俗之論則不然曰兵者詭道也非貪無以取非勇無以得非詐無以成廉静而信者無用于兵者也嗚呼世俗之說行則天下紛紛

乎如鳥獸相搏嬰兒相擊强者傷弱者癈天下之亂何從而已乎

又曰王者之兵當如富人之造屋其慮周其規摹素定其取材積糧皆有方故其經營之常遲而其作之常速今日之策可且罷諸將兵獨精選一轉運使及一瀘州知州許法外行事與二年限令經畫處置他人更不得與

又曰王者之兵要在于使之知愛其上而讐其敵使之知其上之所以驅之于戰者凡皆以爲我也是以樂其戰而甘其死

又曰犯法之人絲毫無貸即須懲其有無同其苦樂豈可身居大廈而使士卒終身處于偷地破屋之中上漏下濕不安其家

宋吳璘曰軍行並從隊伍勿踐稼勿毀民舍勿掠民財

高宗問兵家三陣員半千曰臣聞古者星宿孤虛天陣也山川向背地陣也偏伍彌縫人陣也臣謂不然夫師以義出沛若時雨得天之時爲天陣足食約費且耕且戰得地之利爲地陣舉三軍士如子弟從父兄得人之和爲人陣舍是則何以戰

鶴林玉露曰：士卒畏將者勝，畏敵者敗；愛將者勝，愛身者敗。畏將則不畏敵，畏敵則不畏將；愛將則不愛身，愛身則不愛將。畏將在將之威，愛將在將之恩。有李光弼斬張用濟之威，則三軍股慄矣，何患其不畏將？有吳起吮士疽之恩，則赴死如歸矣，何患其不愛將？雖然，戮一不用命，誅一不循律，則威振矣，不必數數然也。至若撫循之恩，則終始有所不可廢。東山之時，㖞㖞兒女語，此周之所以長澆。關之敗，唐幾亡矣，而僕射如父兄，識者以是占中興焉。謀帥擇將者，則何以哉？

遼史論曰兵者凶器可戢而不可玩爭者末節可讓
而不可召此黃石公所謂柔能制剛弱能制強也
又況乎仁者之無敵哉
皇明太祖攻太平先令李長善爲戒戢軍士榜及拔
城之日即張之士卒方欲剽掠見此榜愕然不敢
動有卒違令即斬以徇城中肅然
太祖既定寧越欲取浙東諸郡集諸將諭之曰仁義
足以得天下威武不足以服人心夫克城雖以武
而安民必以仁吾師比入建康秋毫無犯故一舉
遂定今新克婺城民始獲甦政當撫恤使民樂于

歸附，則彼未下郡縣亦必聞風而歸，故取天下以
不殺爲本。吾每聞諸將下一城得一郡，不妄殺人，
輒喜不自勝。蓋師旅之行，勢如烈火，火烈則人避
之。故鳥不萃鷹鸇之林，獸不入網羅之野，民必歸
淳厚之政。爲將者能以不殺爲心，豈惟國家所利，
在已亦蒙其福。爲之子孫者，亦必有昌盛者矣。
太祖命常遇春往取安陸及襄陽，諭之曰：堅城之下，
難以猝攻，緩之則頓三軍之銳氣，急之恐驅人以
冒矢石，不宜相機招撫，以輯寧其民。凡得州郡，汝宜
駐兵以撫降附，近聞王保保集兵汝寧，彼所爲如

築堤壅水惟恐滲漏汲往能愛軍恤民則仁聲義
聞被于遠近人心之歸猶水走下正如穿穴其堤
使所聚之水洩漏用力少而成功多也
洪武初天下新定　太祖令曰王者之于士卒既用
其力當恤其老而寡妻弱子尤宜優恤予自兵興
十有餘年所將之兵攻取四方勤勞至矣以其爲
親兵也故遣守外郡以佚之其有老羸嘗被創者
令其休養營中死事物故者有妻子皆月給衣糧賑
贍之若老而思慕鄉土聽令于應天府近便居止
廩去鄉不遠以便往來所給衣糧悉如其舊

太祖諭湯和曰軍中之事雖于執一惟當以德服人
必其人負固弗順者然後以威鎮之故凡推德必
先其邇者蓋邇者遠之瞻也凡示威必先其大者
蓋大者小之所憑也邇服則遠自來大懾則小自
懼也又曰若欲人不違已必當使之以信若欲人
成功必當任之以專若不信則令必不行不專則
權有所分

太祖諭諸將曰國家用兵猶醫用藥藥以治疾不以
無疾而服藥國家未寧用兵以勘定禍亂及四方
承平只宜修甲兵練士卒使常有備蓋兵能弭亂

亦能召亂。若恃其富強。喜功生事。結怨起釁。適足以召亂耳。正猶醫家妄以瞑眩之藥。強進無病之人。縱不殘體殞命。亦傷元氣矣。故爲國者但當常講武事。而不可窮兵黷武也

太祖命諸將北征。諭之曰。汝等師行。非必掠地攻城而已。要在削平禍亂。以安生民。凡遇敵則戰。若所經之處。及城下之日。勿妄殺人。奪民財。毀民居。廢農器。殺耕牛。掠人子女。民間或有遺棄孤幼在營其父母親戚來求者。即還之。此陰騭美事。好共爲之

太祖念軍士艱苦爲領者不知愛恤乃述始終艱難之故與夫撫綏愛養之道通上下之志達彼此之情直說其辭爲護身勑以頒示將士

太祖將經理淮甸親閲試將士命鎮撫居明率軍士分隊習戰勝者賞之謂其傷而不退者亦勇敢士也亦賞有差且徧給酒饌勞之仍賜傷者醫藥諭之曰刃不素持必致血指舟不素操必致傾溺弓馬不素習而欲攻戰未有不敗者吾故揮汝等練之今汝等勇健若此臨敵何憂不克爵賞富貴惟有功者得之顧謂起居注詹同曰兵不貴多而貴

𫝑夥而不精徒累行陣近聞軍中募兵多冗濫者
特戒之冀得精鋭庶幾有用也
成祖因鎭遠侯顧成言今日惟當安養中國愼固邊
防諭侍臣曰漢武帝窮兵黷武以事夷狄漢家全
盛之力遂致凋耗朕今休息天下惟望時和歲豐
百姓安寧至于外夷則但思有以備之必不當自
我擾之以疲敝生民顧成所言甚合朕意蓋斯人
老成非喜功好勝之流也于是賜以銀幣獎之
成祖親征阿魯台駐開平召諸將諭之曰古謂武有
七德禁暴誅亂爲首又謂止戈爲武蓋帝王之武

以止殺非行殺也朕爲天下主華夷之人皆朕赤子豈間彼此今罪人惟阿魯台其脅從之衆有歸降者豈悉意撫綏無令失所非持兵器嚮我師者悉縱勿殺用稱朕體天愛人之意

成祖駐蹕開平適雨卒士有霑濕者　成祖遥見指示諸將曰士卒將帥所資以成功名撫之厚則報之厚古人有言視卒如嬰兒可與赴深谿視卒如愛子可與之俱死今方用之爲國家除殘去暴柰何不善視之哉

成祖車駕次閔安下令軍士牧放樵採皆不得出長

閫之外且諭諸將曰卿等常從朕征討首戰成功
試言今日驅除此寇之策諸將叩頭言臣等淺陋
惟成算是命　成祖曰兵法云多算勝少算不勝
蓋用兵之際貴在勇先不可忽也馭衆之道首須
部伍整肅進退以律然必將帥撫士卒如父兄於
子弟則士卒附將帥亦如手足之捍頭目上下一
心乃克有濟至于同列須和協一隊當敵則各隊
策應左右前後莫不皆然譬如舟行遇風同舟之
人齊力以奮波濤雖險靡不獲濟也
開平指揮使杜福年老乞閒楊洪等奏福練達兵務

乞令仍守開平。宣宗諭兵部尚書張本曰：邊將在得人，昔魏尚守雲中，匈奴不敢近塞；趙充國屯邊，羌虜遠遁。福練習邊事，素得士心，安可使就閒？但當優待之耳。遂以其子代，令福爲致仕官，仍往開平，協助都指揮唐銘等行事。

給事中秦崇因邊事上言：師克在和，今鎮守有善謀而巡撫或言其否，巡撫有奇策而總兵或指爲非，進止殊途，戰守異見，是以議論而妨成功也。憲宗曰：人各有長，朝廷所以兼用文武内外之臣以任邊討，正欲其彼此相資，可否相濟，以共成王事

耳背或各懷私妒護己之短嫉人之長幾何不遺
邊患大抵天下事和則易成異則易敗故當戒其
異而勉于和也
世宗諭李承勛曰朕聞皇后梓宮行殿處守護官軍
至今人馬未給糧草且前日大風猛烈山間寒氣
尤甚號哭稱苦朕聞之若裂已曆夫國家以人心
爲本百姓以衣食爲命當此嚴寒即動履亦難乃
朝夕身服草露雖梓宮爲重而人命尤重卿其會
同內外提督官議令更班輪役少甦勞苦合用糧
草戶部便處置給發不得延調朕又念貧軍無衣

何以支特工部將在庫胖襖褲鞋人給一副以爲
禦寒之用
神宗諭兵部臣曰邇者黠夷肆逆邊鄙蕩焚朕博訪
廷臣調集各處援兵共圖剪滅今撻伐在期所望
諸將士齊心戮力戡茲小醜所念特下嚴寒未退
邊方將士執銳披堅沙場暴露忠勤可憫在朕何
忍錦衣玉食頃刻忘東征之士謂宜霈施恩賞少
彰酧恤爾將所發銀如數運赴經畧軍前與主客
官兵從優分給俾人思奮志益攄敵愾早奏蕩平
之績

丘氏濬曰仁主慈愛以好生爲德以不殺爲心待偏裨如手足待士卒如兒女饑寒患難如在吾身不妄殺人爲功次以易富貴非臨陣拒戰不殺人雖臨戰陣恒以不殺人爲心雖掌殺伐恒以活人爲念斯爲仁也

又曰楚子使然丹簡兵撫民乃曰爲民而設兵兵備而民失所孰與養兵本朝命大臣守邊而無巡撫之任即此意也

丘氏濬曰仁主慈容以好生為德以不殺為心苟遇
裨知手足待士卒如見父饑寒患難如在吾身不
矣殺人為功次以易富貴非臨陣指揮不殺人雖
臨戰陣恒以不殺人為心雖掌教校恒以活人為
念斯為仁也

備書本字函卷之二　　越人王應遴堇父輯

師福唐臺山葉向高閱　　友人呂克孝公厚較

本之纂

魯僖時齊孝公伐我北鄙公使展喜犒師使受命于展禽齊侯未入境喜從之齊侯曰魯人恐乎對曰小人恐矣君子則不恐公曰室如懸磬野無青草何恃而不恐對曰恃先王之命周公太公盟曰世世子孫無相害也載在盟府太師職之桓公是以糾合諸侯而謀其不協昭舊職也及君即位諸侯

之望曰其率桓之功豈其嗣世九年棄命廢職其
君先主何君必不然特此以不恐齊乃還

衛州吁弑桓公而立將修先君之怨于鄭是時陳蔡
方睦于衛故宋公陳侯蔡人衛人伐鄭圍其東門
五日而還公問于衆仲曰衛州吁其成乎對曰臣
聞以德和民不聞以亂以亂猶治絲而紛之也夫
州吁阻兵而安忍阻兵無衆安忍無親衆畔親離
難以濟矣

秦伯猶用孟明孟明增修國政重施于民趙成子言
于諸大夫曰秦師又至將必辟之懼而增德不可

曾也詩曰毋念爾祖聿修厥德孟明念之
矣楚子救鄭過申子反入見申叔時曰師其何如對曰
德刑詳義禮信戰之器也德以施惠刑以正邪詳
以事神義以建利禮以順時信以守物民生厚而
德正用利而事節時順而物成上下和睦周旋不
逆求無不具各知其極是以神降之福時無災害
民生敦龎和德以聽莫不盡力以從上命致死以
補其闕此戰之所由克也今楚內棄其民而外絕
其好瀆齊盟而食話言奸時以動而疲民以逞民
不知信進退罪也人恤所厎其誰致死子其勉之

吾不復見子矣

秦穆公將伐晉及河將勞師而有酒一鍾蹇叔曰一鍾可投河而釀也穆公乃以一鍾酒投河三軍醉矣

晉文公教民二年欲用之子犯曰民未知義民未知信民未知禮後一戰而覇文之教也

傳曰順少長出則少者在前趨敵之義還則少者在後殿師之義

楚子使然丹簡上國之兵于宗丘且撫其民分貧賑窮長孤幼養老疾收介特救災患宥孤寡赦罪戾

諸好愚舉逢滯禮新敘舊祿勲合親任良物官使
屈能備東國之兵于召陵亦如之
晉伐楚莊王曰先君之時晉不伐楚及孤之身而晉
伐楚是孤之罪也群大夫曰請擊之王俛而泣拜
群大夫晉人聞之曰君臣爭以過為在己且輕下
其臣不可伐也夜還師
楚莊王伐蕭師人多寒巫臣曰王巡三軍拊而勉之
三軍之士皆如挾纊
楚囊瓦為令尹城郢沈尹戌曰子常必亡郢苟不能
衛城無益也古者天子守在四夷天子卑守在諸

侯諸侯守在四鄰諸侯卑守在四境慎其四境結
其四援民狎其野三務成功民無内憂而又無外
懼國焉用城今奥是懼而城于郢守已小矣卑之
不獲能無亡乎昔梁伯溝其公宫而民潰民棄其
上不亡何待夫正其疆埸修其土田險其走集親
其民人明其伍候信其鄰國慎其官守守其交禮
不僭不貪不懦不耆完其守備以待不虞又何畏
矣詩曰無念爾祖聿修厥德無亦監乎若敖蚡冒
至于武文土不過同慎其四境猶不城郢今土數
圻而郢是城不亦難乎

吳滅州來令尹子旗請伐吳王弗許曰吾未撫民人未事鬼神未修守備未定國家而用民力敗不可悔州來在吳猶在楚也子姑待之

吳師在陳楚大夫皆懼曰闔廬惟能用其民以敗我于伯舉今聞其嗣又甚焉將若之何子西曰二三子恤不相睦無患吳矣昔闔廬食不二味居不重席室不崇壇器不彤鏤宮室不觀舟車不飾衣服財用擇不取費在國天有菑癘親視其孤寡而共其困乏在軍熟食者分而後敢食其所嘗者卒乘與焉勤恤其民而與之勞逸是以民不罷勞死知

不聽吾先大夫子常易之所以敗我也今聞夫差次有臺榭陂池焉宿有妃嬙嬪御焉一日之行所欲必成玩好必從珍異是聚觀樂是務視民如仇而用之日新夫先自敗也已安能敗我

晉侯歸謀所以息民魏絳請施舍輸積聚以貸自公以下苟有積者盡出之國無滯積亦無困人公無禁利亦無貪民祈以幣更賓以特牲器用不作車服從給行之期年國乃有節三駕而楚不能與爭

晉中行穆子敗無終及群狄于太原崇卒也將戰魏舒曰彼徒我車所遇又阨請皆卒自我始乃毀車

以爲行五乘爲三伍荀吳之嬖人不肯即卒斬以
徇爲五陳以相離兩于前伍于後專爲右角參爲
左角偏爲前拒以誘之翟人笑之未陳而薄之大
敗之

晉將荀吳圍鼓鼓人或請以城叛吳曰吾聞叔向曰
好惡不愆民知所適事無不濟或以吾城叛吾所
甚惡也人以城來吾獨何好焉賞所甚惡如所好
何若其弗賞是失信也何以庇民使鼓人殺叛人
而繕守備

吳闔閭之弟夫槩請于闔閭曰子常不仁貪而少恩

其臣下莫有死志追之必破矣乃以其部擊子常

遂破楚

吕氏春秋五霸先事而後兵故兵莫强焉當今之世
巧謀並行詐術遞用攻戰不休亡國辱主愈衆所
事者末也夏后相與有扈戰于甘澤而不勝六卿
請復之夏后相曰不可吾地不淺吾民不寡戰而
不勝是吾德薄而教不善也于是處不重席食不
二味琴瑟不張鍾鼓不修子女不飾親親長長尊
賢使能期年而有扈氏服故欲勝人者必先自勝
晋文公欲合諸侯舅犯曰不可天下未知君之義也

公曰何若舅犯曰天子避叔帶之難出居於鄭君
奚不納之以正大義且以樹譽遂霸諸侯舉事義
且利以立大功文公可謂智矣此舅犯之謀也
秦昭王既息民繕兵復欲伐趙武安君不可王曰前
年國虛民饑君不量百姓之力求益君糧以滅趙
今寡人息民以養士蓄積糧實三軍之俸有倍于
前而曰不可何也武安君曰長平之事秦軍大克
趙軍大破秦人歡喜趙人畏懼秦民之死者厚葬
傷者厚養勞者相享飲食餔餽以靡其財趙人之
死者不得收傷者不得療涕泣相哀戮力同憂耕

田疾作以生其財今王發軍雖倍于前臣料趙國
守備亦以十倍矣趙自長平以來君臣憂懼早朝
晏罷卑辭厚幣四面出嫁積慮并心備秦爲務其
國內實其交外成當今之時趙未可伐也王勿聽
使王陵將而伐趙陵戰失利亡五校
趙藺相如爲上卿位廉頗之右頗曰我爲趙將有攻
城野戰大功相如徒以口舌爲勞而位居吾上吾
恥之宣言曰我見相如必辱之于是相如每引避
焉舍人怯之相如曰夫以秦王之威而我廷叱之
相如雖駑獨畏廉將軍哉顧念强秦不敢加兵于

趙者以吾二人在也兩虎相鬭勢不俱生吾所以
爲此者先國難而後私仇也頗聞之肉袒謝罪爲
刎頸交

漢李廣將兵乏絶處見水士卒不盡飲不近水不盡
餐不嘗食寬緩不苛士以此愛樂爲用

霍去病爲人少言不泄有氣敢往

宣帝時先零諸羌犯邊塞趙充國年七十餘上老之
使問誰可將者充國曰百聞不如一見兵難遥度
臣願馳至金城圖上方畧願陛下屬之老臣勿以
爲憂上笑曰諾充國至金城須兵滿萬騎欲渡河

恐爲虜所遮即夜遣三尉卿校先渡渡輒營陳會明遂以次盡渡虜數十百騎來出入軍傍充國曰吾士馬新至困倦不可馳逐此皆驍騎難制又恐其爲誘也擊虜以殘滅爲期小利不足貪令軍中勿擊充國常以遠斥候爲務行必爲戰備止必爲堅營能持重愛士先計後戰遂平先零

蓋寬饒按行士卒廬室視其飲食居處有疾病者身自撫循臨問加致醫藥遇之甚有恩

王霸善撫士卒死者脫衣以斂之傷者躬親以養之光武即位以霸曉兵愛士可獨任拜爲偏將軍

臣鐸光武時與士卒共勞苦每急輒先當矢石

王嘉曰昔秦穆公不從百里奚蹇叔之言以敗其師

悔過自責疾詿誤之臣思黃髮之言名垂後世

段熲與先零諸種戰于逢義山虜兵盛熲衆恐熲乃令軍中張鏃利刃長矛三重挾以强弩列輕騎爲左右翼激怒兵將曰今去家數千里進則事成走必盡死努力共功名因大呼衆皆應聲騰赴熲馳騎于傍突而擊之虜衆大潰段熲行軍仁愛士卒疾病者親自瞻省手爲褁創故皆樂爲死戰

慕容白曜破宋申纂城白曜欲盡以其人爲軍賞司

馬酈範曰宜先信義白曜以爲良策乃免之又破升城白曜以傷攻者將坑之韓麒麟諫曰始踐僞境方圖進取宜寬處厚惠以示賊人此韓信降趙陽之計也

沈田子伐秦姚泓圍數重田子慰撫士卒曰諸君遠來捐親戚棄墳墓出矢石之間正希此戰死生一決封侯之業於此在矣士卒皆踴躍鼓譟執短兵奮擊秦兵大敗

皇甫嵩溫卹士卒甚得衆情每軍行頓止須營幔修立然後就舍帳軍士皆食乃嘗飯吏有因事受賂

者嵩更以錢物賜之吏懷慚或至自殺

晉劉洪爲荆州刺史嘗夜起聞城上持更者歎聲甚苦遂呼省之兵年過六十羸疾無襦洪愍之乃謫罰主者遂給韋袍複帽轉以相付

秦王猛文武兼才管肅之亞爲將不尚威嚴專以恩信御物務于大畧不以小令勞衆軍士有犯法容縱舍之捕斬賊首以令軍嘗內不整似可犯而防禦甚嚴終無喪敗

魏楊大眼撫循士卒呼爲兒子及見傷痍爲之流涕

周閻慶善于綏撫士卒未休未嘗先舍故能盡其死

力

梁王紘陳人寇淮南議討紘曰若復出頓江淮恐北秋西寇乘弊而來莫若薄賦省徭息人養士使朝廷協睦遐邇歸心征之以仁義鼓之以道德天下皆當肅清豈直江南僞陳而已

蘭陵王長恭齊文襄第四子爲將躬勤細事雖一瓜數果必與將士共之朝出僕從盡散惟有一人長恭獨還無所譴罰

袁粲後廢帝時桂陽王休範爲逆攻逼南掖門諸將意沮不奮粲慷慨謂諸將帥曰寇賊已逼而衆情

雖沮孤子受先帝顧託本以死報今日當與諸護
軍同死社稷辭色哀壯于是陳顯達等感激出戰
賊即平殄

北齊斛律光軍營未成身不入幕或終日不坐身不
脫介胄常爲士卒先有罪者唯大杖撾之未嘗妄
殺衆皆爭爲之死

梁韋叡將兵仁愛士卒營幕未立終不肯舍井竈未
成亦不先食

唐太宗征高麗有從卒一人病不能起太宗自至牀
前問其所苦仍勅州縣厚加供給凡在征人猶然

縱有病者悅以忘疲將軍李思摩中弩矢太宗親爲之吮血由是從行文武競思奮勵及軍回行次柳城詔集戰亡人骸骨設太牢以祭之太宗慟哭盡哀軍人無不灑泣兵士觀者歸家以告其父母曰吾兒之死天子哭之死無所恨

李勣用兵多籌筭料敵應變契事機聞人善抵掌嗟嘆及戰勝必推功于下得金帛盡散之士卒無私貯然持法嚴故人爲之用臨事選將必訾相其奇龐福艾者遣之或問故答曰薄命之人不足與成功名也

唐穆宗時郝玭爲平章事党項引吐蕃圍涇州玭力戰破之李光顔聞料兵以赴邠人騰謗不肯行光顔爲陳說大義感慨流涕聞者亦泣下遂即路虜走出塞

汴州自大曆來多兵事劉玄佐遇軍士厚子士寧復加厚至李萬榮如士寧志及韓惟清張彥林作亂又加厚以懷之至于鄧惟恭每加厚焉故士卒驕不能禦

後周郭威居軍中見賓客褒衣博帶臨陣幘巾短後與士卒同

五代時蓋吳作亂關中汾陰薛永宗應之來襲聞喜
聞喜人裴駿聞之便率厲鄉豪曰在禮君父有危
臣子致命府縣今爲賊所逼是吾等狥節之秋率
驍騎數百人奔赴賊退走
曹彬伐江南頓師城下城將陷彬忽稱疾不視事諸
將皆來問疾彬曰予之疾非藥石可愈惟願諸公
誠心自誓克城之日不妄殺一人自愈矣諸將許
諾共焚香爲誓彬即稱愈及城陷未嘗妄殺一人
彬之子孫皆貴盛
儂智高叛度守曹觀欲藉民財爲出番圍將之于鍾

棐棐曰智高必不能過嶺無事而籍民民懼且走覩曰如緩急何棐曰同舟遇風胡越可使爲左右手况吾民乎不幸而至于急則官與民爲一家夫孰非吾財者何以籍爲

岳飛卒有疾躬爲調藥諸將遠戍遣妻問勞其家死事者與之而育其孤或以子婚其女又敗盜彭友于雩都虔吉平初帝以隆祐太后震驚密諭屠虔城飛請誅首惡而赦脅從不許請至三四帝乃曲赦人感其德繪像祠之

劉琦至順昌聞兀朮至會諸將于城上問策或謂今

巳屢捷宜乘此勢具舟全軍而歸琦曰朝廷養兵十五年正爲緩急之用况巳挫賊鋒軍聲稍振雖衆寡不侔然有進無退且敵營甚邇而兀术又奪吾軍一動彼躡其後則前功俱廢使敵侵軼兩淮震驚江浙則平生報國之志反成誤國之罪衆皆感動思奮曰惟太尉命

金人購求王彦甚急彦慮變夜寢屢遷其部與覺之相率刺面作赤心報國誓殺金賊八字以示無他意彦益感勵撫愛士卒與同甘苦

理宗因雪寒在京諸軍給犒錢有差山砦之衆倍之

貞德秀凡營中病者死未葬者孕者嫁娶者貧紆有差
金紇石烈牙吾塔上謂宰臣曰牙吾塔性剛人畏至于御下亦頗有術提控有胡論出者渠厚待之常同器而食其人感奮遂以戰死
孟珙諸將士彌月苦戰病傷者相屬珙遣醫視療士皆感泣
高永能家世州將所領多故部曲拊之有恩惠遇敵則身先之下有傷者載以巳副馬故能得士死力遠近喜言其事稱之曰老高及死邊人無不痛惜

趙方起儒生帥邊久以戰爲守合官民兵爲一體通
制總司爲一家持軍嚴毋令諸將飲酒勿醉當使
日日可戰
金楊沃衍爲陝西行省撒清野不從曰我若清野明
年民何所得食遂隔大淵持藝使民畢麥事
李革晚禾未稔牒行省革毀清野革奏今歲雨澤及
時秋成可待如令耕毀民將不從巳之
士卒有病或陣傷毋軍先定一官專掌藥餌駄轝非
敵境則寄留責醫爲治在敵境即駄轝隨軍而行
每月本隊將尉親視帥大將間往臨視疾愈主者

並厚賞如弃擲弃養飼失所皆量責氣未絶而埋
者斬甫將多不恤士卒被弃擲生埋以此求士死
力不可得也死者發瘞深四尺將尉親哭之仍立
標記候取在本境遞回本貫

皇明太祖諭徐達等曰諸將帥勿縱左右欺凌軍士
凡為將之功必資士卒宜善撫恤之大抵克敵者
必以成功為效樹德者必以廣恩為務卿等勉之
諸將皆再拜受命

太祖與陳友諒戰張蓋見士卒流汗命去蓋

成祖北征師次開平是日雨士卒有後至而沾濕者

時五月其地尚寒　上指示諸將曰士卒者將帥所資以成功名撫之至則報之厚孫子有言視卒如嬰兒時寒甚都指揮火真斂衞鞍焚于　上前有甲士數人未附火衞呵止之　上曰此皆壯士聽來勿止饑寒切身最難忍者吾擁重裘尚覺寒恨不悉令其附火而忍呵叱之乎聞者咸曰仁人之言也

成祖見一病卒卧地命以所乘從馬載之左右曰從馬卒豈得乘之　上曰人命至重馬豈貴于人乎今病卒不能行不以馬載之是弃之耳戰用其力

病則弗顧愛人不如愛馬也寧斃馬以乘之卒隨
獲濟馬復何損士聞之莫不感悅
俞通海取太倉州民獻牛酒迎降通海却其獻慰諭
之約束軍士秋毫無犯民大悅
韓雍討兩廣蠻與將士約能生擒被虜男女者准其
功故無妄殺之慘
定西侯蔣貴起自行伍一卒之微以功歷陞至此其
爲將也能與士卒同甘苦凡出境捣賊巢穴身擐
器械不役一人親帶而行與士卒無異
嘉靖時太監張永奏云内官監討團營軍做工不曾

開是其管摘發。世宗不允，乃司禮監官却不奏聞，竟自批出。世宗曰：團管京師根本，豈可輕易撥發？可傳旨李承勛，今後但有討團營軍者，着他執奏，免軍士分外之苦，且養息鋭氣，足以待不虞也。

萬曆時，倭奴寇朝鮮，時值隆冬大雪。神宗御煖閣忽傳諭曰：入冬已來，天氣嚴寒，朕思禦倭軍丁本糧薄少，且臨水面，愁苦凍餓殊可憐憫。今發太僕寺馬價十萬兩，解赴經畧宋應昌犒賞官軍，使人人沾惠，以體朕恤勞至意。

萬曆末年奴酋猖獗。九邊多庚癸之呼。 神宗獨留
次日 光宗尚未即位即傳諭發內帑一百萬兩
令戶部分犒九邊次日又命發一百萬兩特犒遼
東軍士且又命發脚價五千兩沿途支用。不許騷
擾驛遞又諭其銀勿入太倉差官即發蓋于大喪
倉追之時而為邊疆周恤之舉為國家根本慮至
深遠也

遺擲未全收而猶撥九邊多事之秋。 神宗頒遣
次日 光宗尚未即位即傳諭發內帑一百萬兩
令戶部分給九邊。次日又命發一百萬兩犒邊
賞軍士。且又命發帑價五千兩給遣支用不許逾
擬舉遴又諭其餘少入太倉差官則發益于大變
會追又撫而為邊疆開血文舉國家見本年大

王應遴雜集

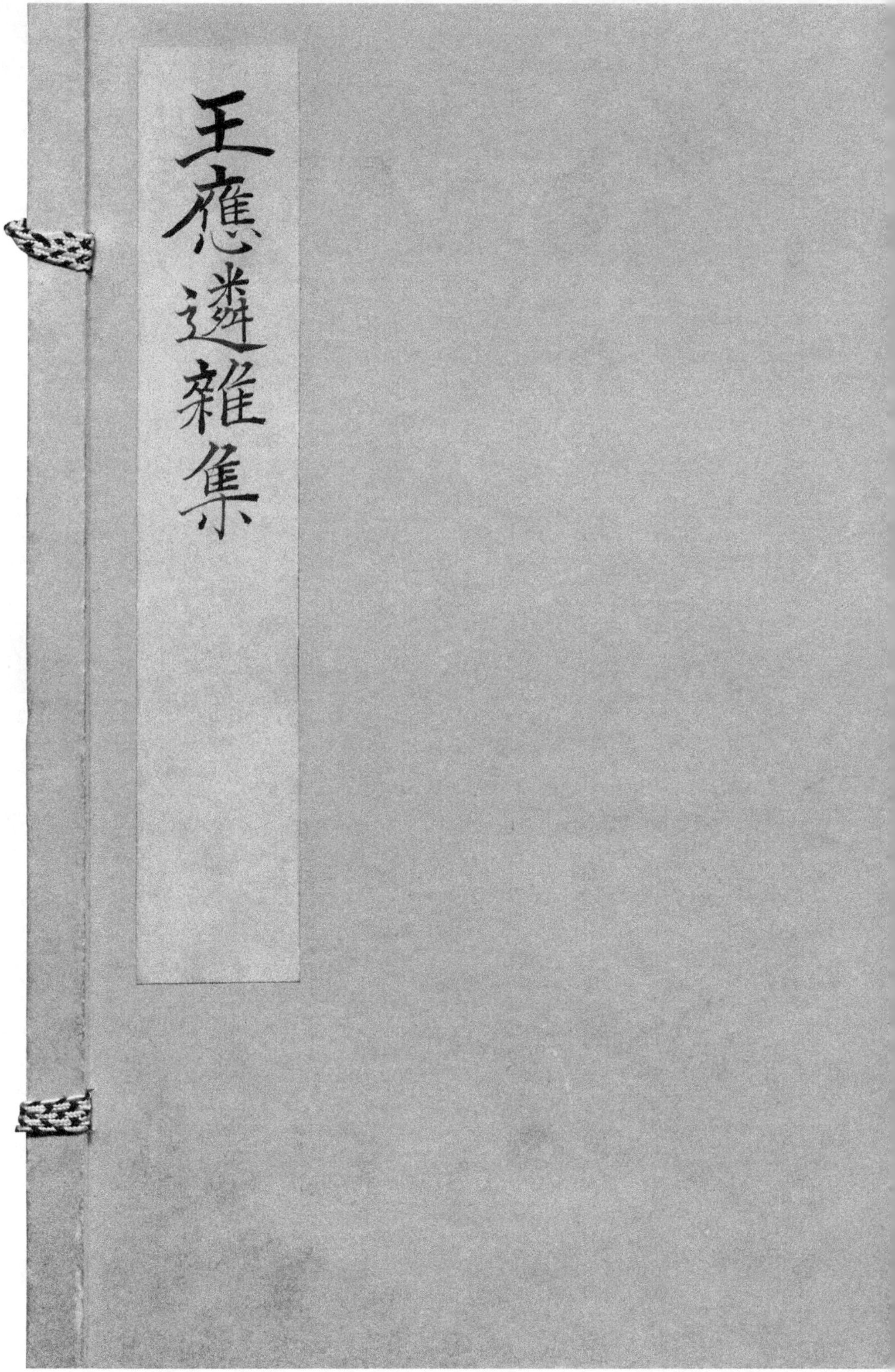
王應遴雜集

王應遴雜集

共五

莊新調引

天地戲場也。嗜利徵名貪生怖死。是戲場中可醜者耳。乃錮若鎖。酣若森。擾擾若臾。粗法之雜調細辭之不入。非一種激論危詞隱刺深詆沉痼。未易起此。此雲來先生衍莊新調所由作也。南華寓言大都為此輩說法。先生羅一部肯借髑髏為小劇。真非真幻非幻。所以警昏庸振聾聵悉出之明了解脱。試清夜味之，真暗室明燈。迷津寶筏也。嗟乎。處世至此，時笑啼俱不敢，先生以冷眼熱腸，醒世殆盡，劇中不乏駡意，必觸人怒。表石公曰：駡得着時，惟恐其不狠。駡是真實語。此輩良心具在，及水涸木落後，穆然深思，怒者未必不轉而莞爾也。書此爲先生解嘲

天啓丙寅菊月吉社末常新道人題

自題衍莊新調

人最易溺是名利關。人最難破是生死關。余不善治生。向賭中物恁其視我若仇。乃遁蒙

浩蕩恩文釋我名韁矣。惟是病魔纏朝露怖於生死事。菸菸言之神悽。丙寅秋恭謁

泗鳳兩陵道。出蒙。即莊生夢蝶處也。散步

衍徧得舜逸山人骷髏嘆寓目焉許然曰。莊之爲莊。全在變化神奇不可端倪顛爲是銖銖之稱寸寸之度耶。因就肩輿中腹稿書竟原文。獨摘新調。及抵宿宿宿旅小劇成。余素不諳此道。大意爲酬名利者頂門針。爲迷生死者夜行燭。其工拙勿論也。或曰。人言郭注莊乃莊注郭。今子衍莊乎。抑莊衍子乎。噫嘻。余老矣過去爾爾前路若何傳燈録載襄陽龐居士將入定于公頓問之居士曰但願空諸所有慎勿實諸所無是劇也其空所有耶抑實所無耶莊生而爲周郎之願諒當莞爾一笑曰王生非游戲筆也

越人雲來居士題于

宿州官署之水墨軒

凡例八則

一是編意專化俗不特于名利明規而棰科打諢處
多所譏刺直令人頽泚面赭願世不乏嫫醜惡鏡
者倘以此罪我勿辭也

一是編所用姓名雜眞虛並原載世所刊行本中明知
杜譔架空乃倚麈告非撟非此無以措手不得不仍
之耳

一是編所用事跡以其時考之多在題目正名後殊
非抵掌陷搯如吳外婆之詞說依來訶責不以此
拘拘也

一○是編韵遵中州，單用東鍾一韵。自開塲以至落塲，即賓白詞調中，亦韵亦無一字失拈。

一○是編填詞多有襯貼字，特細書以别之。歌者須着意疊搶頓挫，勿令錯拍可也。

一○是編並不用儉怪奇僻字句，其意義亦只取浮淺，專爲通俗。令婦竪亦易領畧耳。

一○是編全套只三四脚名，並不用過宫入賺等。蓋不惟漁鼓簡板非此不便合拍，而亦令歌伶易于演習也。

一○元人小劇例分四折，是編題目正名，亦析四人，但詞意一串。雖以分裁。故不拘舊格。觀者自識之。至于擬事須屬荒唐。摘詞亦盡從戲。實實虛虛。爲周郎之顧者。付之一笑可也。

衍莊新調　用東鍾韻

古越雲來居士編

友人常新道人訂

末上開場　西江月　何事無中生有。無端實裏談空。栩栩蝴蝶入花叢。攪醒邯鄲一夢。生死關頭逐逐。利名窠內憧憧。誰能片雪墮爐紅。試看當場播弄。

題目正名

小道童挖含錢惹禍　刁觜髏奪包傘成空

梁縣尹擬判名楔子　莊周子透生死關中

丑扮道童上　自家冉做道童。面花頭髮蓬鬆人物雖然醜陋刑子裏其實玲瓏只恨爹娘貧窘將我賣與人傭這到也罷了別人家爲人傭的或是打頭踄妝下程假威使勢或是討租債管買辦食足家豐偏我造化低做了推周子的盛价他既沒有威權富貴又不做士農商工且無論光景寂寞只是這家道貧欠從容吃的是黄虀淡飯那曾見臘醉糟烘穿的是破衣衲襖那曾見跤足裁縫這到也罷了身子全無着落户中一味撒空户還是風筆却是踪幾曾見五十隻牛做的釣餌幾曾見三隻脚的鷄公幾曾見蔭芘千里的樹幾曾見翼若

泰山的鵬，幾曾見五十一歲不聞道的孔子，幾曾見五個月會說話的孩童，幾曾見長于蛇的烏龜，白于雪的黑狗，又幾曾見燒不熱的火，能與蛇兩個講話的風，那裏捱經傍註，真假有影無踪，後來那這些文人才子，秀才相公，偷得他幾句殘言剩語，一篏篏在那文字之中，便道筆力遒勁，稱他是詞臣文宗，咳，不知教盡了世間多少人，荒唐爲志，又不知變盡了普天下多少人，狂情成風，這到也罷了，從來說嬾道人，要嬾來做道人，我道真只曉得早眠晏起，那裏走渭北江東，昨日分付我收拾

包裹雨傘、俺這漁鼓簡板不知要到那裏去、你聽
楂々、聲々、你看這場做出來的不是將簡撈月、多
是捉筏穿風〔生扮莊子道裝上〕威王幣聘枉臨門、
蝶夢醒來自鼓盆、勘破利名如幻泡、南華著就百
千言、自家姓莊名周、表字子休、道號南華真人、本
貫睢陽蒙城人氏、裔出楚莊、以謚爲氏、身爲楚吏、
職司漆園、因鼓盆而慨嘆世情、遂棄職而逍遥世
外、自今春秋之後、世道陵夷、七雄務驅功利、自尚
因祟有而大盜、飾禮訓奸、緣主法以爲邪、任智速
亂、哀黄純素不體、惜矣玄珠頓亾、遂致堯舜之德

無所行甚且孔孟之説無所用、貧道心懷憤嫉衡
化無由、因而著就南華寓言有意、柰人皆以異端
黜我、然我不以同流望人、不知我言雖反經、陰實
衛正、悪流之濁、故澄其源、譬之入山適河均之期
于抵越、亦如烏頭鍾乳、總之只要病痊、咳、世間人
百病纏身、最難醫是名利兩字、貧道慈悲為本、度
世為心、咳、世間那裏有度得了的人、試行一二、聊
以為榜樣耳、貧道慧眼照見淮安府塩城縣尹梁
棟、他世網糾纏、名根最重、却鼎非凡俗、夙有仙緣、
我意欲針其頂門、趂他苦海、不知他機緣若何哉

一片苦心、未免做個伎倆、道童、你可拏了包裹雨傘、隨我雲遊、往終南山去、將漁鼓簡板、并葫蘆來與我、【丑】師父、這漁鼓簡板、是何出跡、有何用處、【生】道童、你不曉得這一副漁鼓簡板、可是軒轅皇帝製成、廣成仙子習翫、能敲醒極愚癡的昏昧、能敲息極伶俐的無明、能敲動極得意的我見、能敲破極失意的窮愁、上而三十三天、下而十八重地獄、中而四大部洲、無數的衆生、但一聽此敲動、無不人々如燈明黑夜、個々似夢醒黃粱、【丑笑介】師父、雖道這漁鼓簡板是這樣好的、你如今且試把

道童來敲一敲何如［生］敲漁鼓簡板介

［浪淘沙］漁鼓響鼕鼕。這竹簡是枯笻。一聲敲破景陽鍾。只怕棒打破頭不覺痛。蕉鹿成空。你看斜月尚梳堤上柳，閒雲已掃嶺頭松、

［前腔］修道隱山中。恁世塵紅。白雲常把我門封。傀儡場中聊撮弄。不住行踪。道童我如今路經淮安府鹽城縣要見那梁棟縣尹、［丑］師父，想是你與梁縣尹是舊相知、要去打抽豐了、打抽豐是極晦氣的事［生］我出家人要錢財何用、去打抽豐，我是要去度他、［丑］師父今日是好日子、出行吉利、我不好打你

個皴頭骨、你若去訪名山、尋道友、儘得自在、若要去度那這些做官的、阿那做官的人、何曾說起這等樣事、但有人說如何鑽刺、如何斡旋、如何可討薦催陞、如何可飽囊膚產、就不然或是說張同鄉數長數短、或是說李同年講是講非、再不然或是說烏鬚藥不須包累、或是說搗被香株戰通宵、如此等話、他方喜聽、看來這幾件都非師父所長、你說要去度他、恐怕掏他一肚子臙臢臭氣、倒是容易的、那時連我道童的體面都不好看相了、【生】行

【外】休得胡說、道童、你道那梁縣尹是何等樣人、

前腔 他 夙世是仙宗。今被名利牢籠。我金針撥去中機鋒喚醒 他 三更沉睡夢。不負良朋。你看滿目雲山皆實樂、百年勞祿總虛空、

前腔 趂步到郊坰。閒撫孤松。幾回栁綠共花紅。但恐度世反遭人世閧。且去打個冬烘。迤逦行來、已到塩城縣了、丑背將衣袂裹骷髏介 生回頭看見奪驚問介 這是什麼東西 丑不與看介 生莫不是那園裡偷來的西瓜麼 丑搖頭介 生你這小厮、決定是市店中偷來的猪頭了 丑又搖頭介 生奪取看見骷髏驚介 呀、緣來是個骷髏、你這小厮、髒七的取

他來何用［丑］扳骷髏口與看介［師父］你不看見他口中含着一個銅錢我如今要挖他出來［丑］取石塊欲打碎介［生］喝止介［小廝］你要這一文錢何用［丑］師父銅錢説要他何用天地間那一件東西好得他過古往今來自天子以至於庶人豈是皆以銅錢爲本有本有利那一個不要他且無論活人便是死去的鬼便是做了神道也是要他的［生］那有這話［丑］那有這話依你説滿杭州城裡許多舖張錫箔舖都不消開了［生］

［前腔］嘆世事甚朦朧愛此頑銅閭閻百姓至王公無

不巴巴要囊裏重。鰲殺英雄。這錢呵、四字不知誰鼓鑄、一生却被你磨礱、

【前腔】咳、靈應果神通。能使河竭山崩。又能扶持子孝與臣忠。那妻子與伊衾枕共。無了你便不情濃。道童、你便饒了他罷、這個骷髏也或有子孫、他知道了、豈不怪你、【丑】師父々々、你這說話、却像不識世務了、世間只有老惜小、那裡有小惜老、你說我打破了這骷髏他祖父怪我、還有些緇墨若說他子孫怪我是萬々沒有　事、世間做子孫的、那一個不怨恨祖父遺他的銅錢欠多、便是這一文合錢也

該留與子孫買荳腐吃、我如今倘挖了這一文錢、送與他的子孫豈不歡喜我【生】

【前腔】咳、說起可棰胷、只爲這孔氏方兒、甚麽爹爹媽媽與公公、挖這一文將去送、眞個喜溢歡容、一旦無常將不去、滿前兒女盡成空、我想人死的時節、

【前腔】只爲一線氣難通、那兒孫啊哭聲兒是耳畔穿風、只嗟遺產欠加豐、但看水滴簷前不錯縫、他子孫啊仍踏前蹤、【丑】假打骷髏介【生】這小厮這等要錢我就與你一文、你饒了這骷髏罷、【丑】收錢仍背地挖錢介【生】咳、骷髏ヒヒ、你畢竟吃這一文錢虧了、當

祠石崇的事，說知財爲累，何不早散之，看來無論多財，便是這一文，也是受累的。骷髏々々，你爲何緊々的咬着不肯放他。我看這道童，利心沉錮，如病入膏肓，不免做伎倆喚轉他。〔向道童介〕道童，你道這骷髏我活得來麼？〔丑〕師父又古怪了，眞是買乾魚放生了。〔背云〕你看我說我師父是慣會撮空的。〔生〕道童，你可將骷髏的骸骨照生人排將起來，〔丑〕怕介〔生〕你適才挖他那個銅錢，如何不怕？〔丑〕師父從來說別人見了銀子，是性命，我見了銀子，要甚麼性命，挖銅錢自然胆大包天的了。〔丑〕排骨介師父少了肋骨三根，想是這骷髏當初晦氣，撞着那一個愛錢挖肋筋的將他肋骨都挖去了三根。[生]這怎麽處。[仰看介]回我有處，將這枯楊折三枝湊成罷。[做折湊成介][道童]你可把道袍脱下，將這骷髏盖了。[丑]師父，這却使不得，我日後做新郎都要這領道袍哩。[生]這不難，我日後做新的與你。[丑]師父還有一件用說得過，這骷髏若活了，他定開口。七七則含錢自然跌落，這一文還是我的。[生笑介]這小廝這等會筭計。[丑]師父，世間錢財豈是容易，都是這樣筭計來的。[生]休得胡說，且待我將葫蘆中仙丹取一九來從他齒縫中撥將進去【丑】師父你這仙丹莫非是萬病回春中的方三元丹麼仙丹不是容易用的恐日後要費唇舌【生】不妨〻〻你且往溪中取一瓢水來與我【丑取水介】【生持水孟介】

【前腔】沒法故顯神通。爲化愚蒙。略施伎倆奪天功。須剗還現非是哄。試看他舊日形容。誰言起死無三昧、須信還童有八公、

前腔這四大總成空。聚散似翻風雲。時觔斗轉撩蓬。遣遊〻你捉弊不須離這甕。你但去聽喉嚨【淨扮骷髏

潛伏地（介）生噴水（介）丑倒聽有氣驚跳（介）骷髏起立開口跌下含錢（介）丑拾錢（介）争争奪喊叫地方有賊將丑包裹雨傘奪去（介）丑揪髪混打（介）襍扮皂隸頭踏小生扮渠縣尹撞遇（介）小生叫左右將這一夥争歐人犯帶到縣裡來、（小生升堂介）淮水湯湯日夜流、尚巍鐵柱紫雲浮、三年尸素慚虛度、奏最無奇枉自愁、下官姓梁名棟、表字國禎、本貫四川成都華陽人氏、叨蒙聖恩、除授墊城縣尹、到任雖經三載、運治實無一長、適纔叅見巡方御史、説我例應考滿、但自三年以來、並無一奇政可紀、

若有一二奇政、便可奏知官裡、陞我科道、我想做
官的妙訣、只要獲上、何必治民、只要圖赫〻之名
何必爲悶〻之政、無奈本縣地方蒲坂都是蝗虫、
偏生禳他不出境、滿山都是老虎、多方趕他不渡
河、民間又造謠言、說我於吃人的蝗虫不禳〻、那
吃稻子的蝗虫、賓館裡的老虎不趕〻、那山中的
老虎咬、我爲浮名碌〻、怎禁奇政寥〻、正自懷悶
歸來、不想途中遇着一干鬬毆的人犯、左右、可将
這人犯帶進來審、衆應将三人帶進來介生立丑
净跪介小生那漢子、怎麽樣說、净小的姓武名良、

福建福州府福清縣人，因販金珠經此，遇着這兩

個強人把小的包裹雨傘打奪去了、這眞贓見在、

黃鶯兒身係福州儂、販金珠。在道路中。有駝雨傘這

包囊重。寃家偶逢。遽憑空逞兇。他把小的攔頭一棍、小

的呵、雙膝跪下將金珠貢。幸遇明公。老爺這實々是

白晝強搶、斷還原物。免使我手頭空。小生那小厮怎

麼樣說、丑小的姓道名童、不知何方人氏、

前腔父母苦貧窮。將我賣山中。做道童。主人出外應

隨從。老爺、你道這包裹裡什麼東西、是布衣舊縫。這

傘是破的了、權遮雨風。他無端奪去因與訟。老爺這

兩件東西文不是小的々［叩頭介］望明公。斷将原物
還我主人翁。［小生］那道人怎麽不跪、［生］貧道無罪、故
不跪、［小生］我姑帶你、々怎麽樣説、［生］這個漢子、原
是一個骷髏［小生驚起立介］那有這等怪事、分明
一個人、怎麽是骷髏、你且説來、［生］大人、貧道雲遊、
隨帶這小厮、路上将一個骷髏的含錢挖取、貧道
與了他一文、他又不肯歇、因做此伎倆勸誨他、這
骷髏的骸骨、是貧道叫這小厮排起來、脱下道袍
葢了、将仙丹投入他口中、他便活起來了、
［前腔］訪道出林叢。見骷髏。在狐兎塋。爲度人不覺慈

悲動。我丹投户中。他魂還氣充。他這含錢原是貧道許這小厮的，只爲含錢墮地相争閙。誰想這骷髏失了含錢，便把這小厮的包褁雨傘奪了，詐明公。恩將冤報。天理實難容。【净】小的是個人，怎麽説是骷髏，分明是個妖道了。【生揣丑】你還要如此嘴強，適纔是我與你藥吃了活起來的，怎麽轉眼便賴了。【净】老爺，不要聽他，世間這些醫生的藥，只會死人，那裏會活得人來。【生】大人，若不信，與貧道一口水，噀他一噀，他仍舊復還骷髏，便知明白了。【净慌介】老爺，這個妖道，想是曉得遁法的，切不可使他見水。【小

[生拍案驚起介]叫左右、這分明是個妖道了、將他綁起拴在樹上、恐怕他遁去、叫書房快做文書、通詳八差都院及合干上司、本縣這一宗案卷、莫說是三年未有的奇政、便是千古來、普天下、也是罕見罕聞的、快哉快哉、本縣考滿得此一段、不怕科道不在我手中了[衆將生綁拴樹上介][將漁鼓簡板放草上介][丑對生]當初我說你去見那些微官的要倒氣、如今却何如何如[生]

[前腔]不必怒冲冲、這虛言果沒蹤。[對骷髏介]你好忘恩負義、只怕你真形露出鑽沒洞。大人、你若不信、準

有一樁古怪的事，道小厮排他骸骨時，少了肋骨三根，是貧道折取柳楊三枝，凑成，今容貧道噀水復還他的真形，驗他肋骨楊枝，愈知明白了。【小生】切不可鬆了他的綁，但取水來與他試看。【生】綁須暫鬆。水含口中，這場異事真驚衆。請明公，但驗他零零白骨。有柳楊三段，緊緊按心胸。【生噀水介】【衆預將道袍包骨置卓下】【净被噀，撲地入内介】【小生背介】怎麽有這等怪事，陡然見此，不覺毛骨悚然。我想人爲骷髏，々々爲人，々々又復爲骷髏，生死輪迴，只在轉盼。楞嚴經人羊之説，信不我欺。我想人生在

世間殊石火電光碌々浮名真在蝸角應々火宅
何異夢中、我一時滿腔熱腸化爲冰冷這闌楔子、
豈待他人撥動、此處不回頭、等待何時、且這道人
仙風道骨、不是凡流、若驗這骸骨果有枯楊三段
必定是個真仙、我不免隨他出家去便了、【轉】叫左
右、試看這骸骨果有枯楊三段麼、【禀報】果有枯楊
三段、【小生頂足介】是了是了、我省得了、左右、把這
骸骨撇在漏澤園去埋了、【小生手解生綁推置上】
【坐跪介】弟子凡夫肉眼、不認真人、適來萬千唐突、
乞賜恕饒、從今情愿棄官出家、一念皈依、稱爲弟

子、仰祈大師俯納〔丑〕拽〔小生〕背〔介〕我師父是慣會攄空的，你是個做官的人，須用斟酌，不可聽他哄、便容易造次拜他〔小生〕咳，你若說起那做官的人麼、那一日不撮幾個空，那一事不撮幾個空、哄人是我做官的本行，我豈有被他哄的理、師父度人權巧，語言無不荒唐，他救世真心，主意實是誠確、你不可因此錯認了〔丑〕你如今還該家裡去商量々々來〔小生〕但有商量，便生泥滯、一刀斬斷萬法俱空、〔小生脫冠服改道裝拜介〕〔西江月〕十載青燈碌々。三年墨綬僊々。戴星出入總成空。官職恍如春夢。何幸仙師指點。撥開塵世牢籠。棄官脩道。等閒中。明月清風。堪共【轉身揖丑介】【丑】老爺。你適才這等威風。如今與我為同門友了。我還是你前輩哩。我如今叫你做梁道兒了。【小生】做官原是戲場這也不消說了。【丑】你既知做官是戲場。適才何用這等威風使勢。梁道兒。我師父出門的時節原說你名根太重。要來度你。我當初其實不擴掇他。不想你如今當真被他度了。然雖如此。你要得知。不是師父度你的。還是那骷髏度你的。【小生背介】不意道童有此見解。我不免將這關楔子。轉撥動他。

〔面道童〕〔介〕道童、我且問你、我做官是極要趁錢的主意、如今一會兒就丢開罷了、你適才何故為這一文錢却與那骷髏爭論〔丑〕〔頓足介〕是了是了、我省得了、難道這骷髏麼我不得的、我稟過師父〔面〕〔生介〕師父我如今拜梁道兒為導師了〔生〕你肯回頭吾所甚喜〔丑〕適才梁道兒的西江月做得甚妙、我如今也和他一首〔跪拜介〕〔西江月〕半世奔波碌〻。一生筭計偬〻。湯來雪去總成空。財主恍如春夢。何幸仙師開導。羊皮不做燈籠。適才我為捉這一個舍錢弄出這般大口面來。如今將這一文抛向大江東。窮快活三人，甘共隨師父。我兩人雖都是這個骷髏度的，但骷髏何曾會説話？譬如紙糊火炮，縱有消肚硝黄，不是那點放之人，與土坯石塊何異？那骷髏倘不是我師父，如何度得你我兩個？你爲名，我爲利，這都不消説了。師父原説要到終南山去，如今途中鬧嚷，我與你不免把名利兩字的意義，再求師父發揮一番如何？【小生】言之有理。【小生執漁鼓簡板，丑執包裹雨傘，隨生行介】【生】師父，我二人從名利窠臼中，蒙師父超拔出來，就如洪爐消雪，黑夜持燈了。但此兩字意義，還求

師父發揮生行介聽我道來、

要孩兒世人幾個非虛哄。利名場飛絮飄蓬。巴巴急急忙何用草頭露。比陶朱富甲漚同。湯武功。無常一到都成夢。那個肯急流勇退。誰人能勒馬追風。

小生依師父說道名是虛的了、但師父南華經中也說必持其名、又說以收名聲、难道名盡是師父所不取的麼。

生我所不取的名乃是好名的、沽名的、釣名的、買名的、盜名的、要名的、假名的、你豈不曉得名是實之賓、君以實成名、名垂千古、豈可爲避虛名、便將實事都不做了、

【七絲】學問中。誰有功。功業中。誰獨雄。千秋芳躅人難踵。名能稱實名方享。實不孚名名是空。月旦口。誰承奉。莫道是虛名可襲。須知道公論難朦。【丑】依師父說、利是虛的了、但師父是覓得孔子的、孔子當時於辭粟的教他與鄰里鄉黨、當時在陳絕糧、恐怕他肚子裏鱉索、也有些不、自在、難道利都是師父所不取的麼、【生】我所不取的利、乃是嗜利的、爭利的、逐利的、放利的、釣利的、專利的、殉利的、若是應得之利、受之何妨、倘說利竟可無、難道人生日用衣食都不消了、

【六煞】葛和裘。夏與冬。飲和食。儉與豐。聖人制。與民間用。平心取利方爲吉。利不平心定是凶。阿賭物。將人弄。閻羅殿。那收錢鈔。華嚴界。不鄙貧窮。【小生】當今的人、不爲名不肯做、不爲利不肯做、不陰收利名之實、陽避利名之名、又不肯做、是何緣故。【生】世間的人、何必以名利爲諱、但他所認的名、不是真名、他所認的利、不是真利、論真名、則逃名而名我隨、避名而名我追、論真利、則全不在得利爲利、全在失利爲利、

【五煞】利與名。誰不濃。真與假。辨不通。這秤鍾兒幾個

弊輕重。名高九錫爐邊雪。利積千鍾江上風。枉鍊却
身和氣。可惜了珠璣在口內。落得個冰炭在胃中。【丑】
師父。你南華經中。說伯夷死名于首陽之下。盜跖
死利于東陵之下。我看起來。人到底是個死。與其
餓餓而死。何如那做賊的。做個飽肚兒。到是便宜
的。【生】咳。你不曉得流芳百世。遺臭萬年麼。所以說
餓死事極小。失節事極大。世人無不以討便宜爲
得利。死名死利。恐你還辨不出誰是討便宜的哩
【四邊靜】論死生總是空論。便宜適不同。不生不滅金剛
體。撒他鬼鬼尋常事。斬却邪魔身。大將雄。好漢子。

被猢猻弄。幾個能倒沓窠臼。誰人解跳出樊籠。【小生】師父發揮名利二字之義殆盡無餘。但這沓議論。皆因這個骷髏起。不知這骷髏是男是女。作何生業。寃竟如何。還望師父指教。【生】骷髏生業男女。世本嘆骷髏的。都已說盡了。若論他的寃竟。適才奪包裹雨傘的事。是我要點化你二人。做出來的伎倆。若論這骷髏生前是爲善的。此時定生天去了。是爲惡的。此時定在地獄中受苦。我那裡知道他。

【三煞】作善的登梵宮。作惡的入地獄中。自作自受。丗不得他人共。說甚麽昔年少壯頭俱白。往日佳人臉

禮部尚書兼翰林院學士臣孫如游謹

題爲修志草創當因開館責成應議乞

賜舉行以襄

盛典事儀制清吏司案呈奉本部送禮科抄出吏

部聽選順天鄉試副榜貢生王應遴奏爲欣逢

一統極盛之世宜修一統最急之書懇乞

聖明採芻蕘以新圖籍以炳古今事云云萬曆四十四

年二月初七日奉

神宗皇帝聖旨禮部知道欽此該禮科抄出到部送

司又貢生王應遴奏爲奉

旨修志草稿粗成刪採有基纂修宜亟懇乞

聖明勑下詞臣酌議開館施行以昭

盛世文獻事云云萬曆四十七年七月二十日奉

神宗皇帝聖旨禮部知道欽此隨該禮科發看得志

史之變也而史之義存乎其間上而天文下而

地理中而人事靡不畢具誠重之也我

朝編纂之官徒備乃編纂之實無聞焉是史之不修

已爲

盛世缺典矣若

大明一統志雖經纂輯久失參訂亦未足備一代之

文獻也識者于此每有遺憾今貢生王應遴所進

修志草藁殫四年之精力集三易之工程畧一

覽觀燦然成列庶幾乎鄭之裨諶矣因而成之

事半功倍誠

今日一急務一

大典也惟是秩官定自詞林須慎選老成篤慤博

學宏詞者充之提綱挈領日省月試于以告成

事不難耳若曰時方多故而無暇及此此邇來

迂儒之談殊非通達

國體之至論也抄出行之等因通抄到部送司案

呈到部看得統志之設如星野形勝封建疆域山川土田之數此一成不改者可按籍數也如河道邊鎮兵食水利風俗建置之類則隨時沿革者不能刻舟求也故紀載不備則有挂漏之譏事實不覈則有承襲之誤家乘邑志數更之後尚必詳加考訂以示傳信豈宇內之大事類之繁自天順至今歷二百餘年一任其殘缺謬舛而可不加修葺者乎則一統志之當修不俟言也況本生業經具藁從此討論潤色爲力較易事半功倍信有如該科所云者則成勞之不

可棄又不待言也第當此兵餉倥傯之時聚材
集事正未易言或開館而特舉詞臣專任其事
或附于見開纂修
王牒之館即着原官兼管合聽閣臣酌議若購求
志書查考典故本部亦與有責所當從諸臣之
後用襄萬一者也至如本生四年三易之勞不
可無酬紱俟書成優叙非本部所敢預擬伏候
命下容臣等轉送
內閣施行緣係修志草創當因開館責成應議乞
賜舉行以襄

盛典及俱奉
欽依禮部知道事理未敢擅便謹題請
旨
泰昌元年十月二十九日禮部尚書兼翰林院
學士臣孫如游
儀制清吏司署司事
員外郎臣張光滂
十一月初二日奉
聖旨一統志宜加續輯但玉牒尚未告成
兩朝實録纂修有日竢有次第議行

浙江等處承宣布政使司紹興府山陰縣聽選貢生臣王應遴謹

奏爲欣逢一統極盛之世宜修一統最急之書懇

乞

聖明採蒭蕘以新圖籍以炳古今事切惟天下有當理之言不可因其蓊越而唾棄天下有當幹之蠱不應乘此閒暇而因逡自古聖帝明王撫圖膺曆不下陛而洞寰宇數萬里之遐一舉盻而瞭上下千百年之迹豈其聰明能推測與智計能卜度哉惟其有圖籍之可按耳臣愚以爲當今日得爲之時值人文能爲之日有必當爲之事

而又絶無難奏之功者如
大明一統志之宜修是已顧
皇上試垂聽焉臣粤稽古虞代幅幀條存禹貢周家
疆域悉著職方歷秦漢以至唐宋由五季以迄
胡元志地里者不下數百家紀方輿者寧止數
千卷蓋綦重矣我
國家應天啓運撫有輿圖東盡遼左西至嘉峪南
踰海表北暨沙漠分天下爲兩直隸十三省若
縣若州若府星列碁布屬于省司以達于
京師疆理會同延袤維極縱一萬九百里衡一萬

一千七百里前古無儷猗歟盛哉我
太祖高皇帝即位之三年命儒士魏元俊等編天下
郡縣地理為書名
大明志二十七年修寰宇通衢書我
太宗文皇帝遣使購天下郡國圖籍特命儒臣修纂
缺畧而傳未雖勤全功未究景泰初修寰宇通
志時侍郎葉盛欲併載人民戶口錢穀之數而
閣學陳循輩笑之曰此豈造黃冊所耶其議遂
格乃
大明一統志之成在天順五年總裁則閣學李賢等

纂修則侍講萬安等而下逮秀才姜立綱亦與
分其勞焉嗣是而後修補久廢自
世廟以來如桂閣學萼之本郎中李默稿而爲輿地
圖羅文恭洪先之準元人朱思本而作廣輿圖
及胡莊肅松之增表輿圖鄭端簡曉之地理述
張宫諭元忭之廣皇輿考署王政隆之輿圖要
畧程幼輿之方輿勝畧盧傳印之職方考鏡陸
應暘之廣輿考及臣所輯之廣輪志等雖于今
昔事實考訂不無異同政治幾宜采擬不無詳
畧而總之皆士民几案之書行役奚囊之帙求

其足以别五服被四夷戢兵農謹封守飭人材審方官人任土作貢臚列昭晰孰有如
大明一統志之盛者乎顧
皇上有千萬世不拔之疆宇而無二百年不修之志書易曰易窮則變變則通通則久今一郡一邑之志乘一家一人之遺書尚且歷年數而必更及身後而必飭焉有代更
七聖地廣萬餘其間之疆界漸㧋建置頓易原自月異而歲不同者況當此
重熙累洽之日詞林濟集之時可任其失次掛漏而

不一議訂正修增之耶臣竊謂志之爲部十有
八焉曰北直隷曰南直隷曰浙江曰江西曰福
建曰湖廣曰河南曰山東曰山西曰陝西曰四
川曰廣東曰廣西曰雲南曰貴州曰河漕曰邊
曰夷而宇內之地槩于此矣志之爲綱有十焉
曰疆域而沿革屬轄形勝城池等系焉曰建置
而署廨藩封宫室學校書院等系焉曰山川而
古蹟橋梁河渠坑冶等系焉曰官師而名宦系
焉曰人物而鄉賢流寓選舉列女等系焉曰祠
祀而壇廟陵墓等系焉曰貢賦而屯牧鹽茶等

系焉曰藝文而碑板系焉曰經武而關隘官軍

芻馬等系焉曰禨志而天文災祥風俗物產技

術仙釋寺觀等系焉而作志之綱目列于此矣

夫所謂修者謂于其譌者正之于其缺者補之

耳今欲議修臣以爲其宜正者有十夫直省郡

縣次第如鴈行鱗次然

朝參會謁不可混也今查

大明會典所載各省先後與原志畫一否乎且

會典脩于萬曆十五年而去今又三十載其郡邑

之以大小煩簡遠近而更其先後之次者何可

縷數似次第之宜正者一也沿革建置與世推
移
世廟時以安陸州陞承天府矣不有貴州宣慰司之
陞爲貴陽府者耶他若以州陞府如安順州之
爲安順府等凡五以縣陞州如昌平縣之爲昌
平州等凡十七又有以府降州如田州府之今
爲田州者矣似沿革之宜正者二也原志分隷
非不井井而時與世殊大相懸絶在州之改隷
如荆門州之原隷荆州府等凡七在縣之改隷
如潛江縣之原隷荆州府等凡三十三而修

胥與以後又十五矣似戍隸之宜正者三也天下衛所多寄置于郡邑城池之中其山川風土等無異地則無異宜如清平衛之于都勻府安莊衛之于鎮寧府普定衛之于安順州榆林衛之于延安府神木縣等能無重複之病乎似統轄之宜正者四也志病重複矣而在古蹟如姚墟涿鹿軒轅丘仲宣樓等在人物如倉頡尹吉甫紀信嚴光等郡邑之志多借重焉而甲乙互載疑信相參至如一山也而面背異轄一水也而兩岸共流一名宦也而遷轉于彼此則又不妨

兼牧者也似貞贗之宜正者五也今天下以邊疆則恢擴矣以郡縣則添設矣以邑里則改隸矣又有開設之府如貴州之有都匀府等又有開設之縣如太倉州之有崇明縣等又有歸併之縣如懷安縣之于保官縣等總之縱横聯絡無異布枰而奕矣似届限之宜正者六也

朝廷設官分職原以撫治地方而今擴充者既增駐轄之新署因革者又殊煩簡之職銜則刻印銷印隨時變遷正

國家宰世立法之權而可惟舊存官制之沿襲耶

似署職之宜正者七也習尚百里不同民風片
世而改我
皇上仁漸義摩薄海内外即此四十餘年間舉斷髮
文身之俗化爲聲名文物之風者不知凡幾況
自天順迄今二百餘年而其間鑄敗醇漓能不
大逕庭乎似風俗之宜正者八也原志簡帙重
矣兹欲議修不知當益者幾倍而若山川之品
題人物之事蹟自古及今名賢著述原自罄竹
難紀者如原志註釋豈無繁蕪宜删耶似煩簡
之宜正者九也儒釋之分途如日月爝火矣自

江陵柄國拆毀書院以來即
輦轂之下求一太極書院之舊址于榛莽中而不
可得乃近見志金陵梵剎者累書幾六十卷今
試舉原志之寺觀與書院相提一考鏡焉亦足
慨世尚矣似輕重之宜正者十也臣又以爲其
宜增者亦有十我
國家聲教四訖遐邇歸依自有原志迄萬曆十五
年纂修
會典以前棊已增州八增縣七十二矣自我
皇上御極至今又且增府二增州九增縣二十一而

如長官安撫宣撫等司弗討焉是並原志所弗及者也似添設之宜增者一也方輿浩繁指點難盡故昔人有聚米借箸以陳形勢者元人朱思本計里畫方之法羅文恭準而廣之縱橫長短遠近差次並有形實可據爲圖四十五而以省文二十四括焉法可采也似圖畫之宜增者二也山川首望岳瀆鍾靈然每每借人爲重試考之山海經水經補註方輿勝覽星槎勝覽名山五岳遊志等書古今名賢遊眺之處原志寥無掛漏乎似勝槩之宜增者三也國之大事在

祀非特崇德報功將以立法垂範意甚深遠原
志僅寥寥列祠廟于寺觀之後而祀典顧缺焉
弗備豈謂禮意可弗究歟况今之功德宜崇法
施當報者又不知凡幾矣似祠祀之宜增者四
也禹貢職方備載貢賦周官獻民數王拜受焉
誠重之也迺原志自陳循修黄册之誚而竟不
及此我
皇上御極以來纂維庶富兼隆豈無豐瘠異地則質
之司農而核之萬曆會計録以天下貢賦戶口
錢谷盈縮之數時備

㕑覽乙夜或亦今日之急務乎似貢賦之宜增者五

也我

皇上教化日弘中原靈秀日盛其道德功猷文章之

品挺生宇宙間者雖遐陬僻壤亦彬彬輩起焉

然志止國初六十年間事而迄于今則髦晉而

書未能殫其蒐獮矣似人物之宜增者六也人

文地方藉重而其有關于學脉之興衰政治之

得失民生之利害者誠

國家必不可缺畧之大著作也即充棟汗牛不能

備載或但各隨地方而紀其標目名氏併著作

之指以垂示後世可乎似藝文之宜增者七也
伏按洪武六年令天下郡邑繪山川險易圖以
進十六年
詔天下都司以衛所城池關津亭堠倉庫水陸道
路等圖獻夫王公設險安不忘危如關津險阸
官軍芻馬及疇昔竄伏跳梁之處擊擒剿剿之
方班班指掌不特控制者得藉此以修備而我
皇上爲疆場宵旰之憂不按此可稍紓也耶似經武
之宜增者八也河爲天塹要津漕爲
國儲孔道誠天地間一大血脉而爲南北利害所

係非拗矣則其經理擘畫非載籍之悉安必其能坐籌乎今漕河圖志漕運通志河防一覽漕乘海運編等書種種具在而何不採入

國典乎似河漕之宜增者九也夷夏大防砲兒窺匿九邊之宜志無論矣又不有如洮河松潘處鎮麻陽諸邊之當備乎況邇來東南海波亦不必不稍沸也我

皇上恩覃寓宇威振華夷設十八館以柔遠人而此外之榆山航海以獻琛

闕下者近更源源而來如日本考海防志炎涯一

覽炎徼紀聞夷情圖說殊域周咨録等書豈原志所能悉耶似邊夷之宜增者十也臣又以爲志中之重名宜議焉夫藩省之于府州縣猶祖父之于子孫也以子孫而可襲祖父之諱乎以祖父而可混子孫之名乎

傳宣涵咨選註承訛體不便矣而且印篆相同文移交遞官去而挾以爲私吏握而緣以爲蠹其流弊有不可言者今查縣之重名者四十而三重者七四重者一州之重名者四而三重者二府之重名者一州縣之重名者十九而三重者

二四重者三府縣之重名者四十一而府州縣之三重名七重名者各二甚且有省與府縣重名而如衛驛之重者更難更僕數也查邇年已來州縣之名有避

御名而改者有避年號而改者有因水灾而改者比比而是倘乘此修志之時而酌取古地名以更新之豈非杜奸弊而藻

聖治之一節耶夫使事而無可基藉諸臣而無戢展布猶可諉也今我

皇上御極四十三年于茲四海安瀾八埏禔福所稱

國家問職者非千載一時乎方今政府名儒如椽
有筆詞垣侍從鵠起群英誰不懷才願展報
主與思倘我
皇上于此事肯慨然振舉乎臣以爲慶成將承蜩之
易爲馬何者第據天下各省直各府州縣巳刻之
志書隨地一奏集訂正之其探索不在深遠其
斟酌不費紛紜也至于編纂分泒之法則臣愚
謂宜以前所稱十綱析之而綱之中又以諸目
析之令使人提一綱而綱之下又人授一[illegible]
依省郡州縣每目另爲片楮經而緯之分而合

之類彙總帙取簡删繁在已刻之志各有見成
可據也如有未經刻布者在疆域山川等雖耳
目甚真亦須從公參酌在官師人物等雖功業
德行表表著聞而見存于世或不存而出身在
世廟以後者亦姑俟焉以省議論其刻志所不載應
行據各衙門查考者隨件行查令其照類編報
如刻志查
內閣典籍廳向無藏本則或請給于
內府或檢借于士紳或行文各該地方撫按提學
等官取令

朝覲之便或隨承差進
京令其各賫一部交貯存閣以便採擇及纂修成
帙之日仍分發九卿科道等衙門各認地方虛
心品隲參酌多確然後謄錄
進呈
御覽方與鏤板頒行于以光我
祖宗之丕縈煥我
皇上之鴻圖彰千古之
綦隆而新四海之耳目者孰有急于此舉哉倘議
者曰方今

國事殷繁此非急務則臣嘗考晉臣王導當偏安
草創之日尚能請立史官加意典籍豈以今
文明在宥雅頌充庭而在事諸臣反甘處于導之
下乎倘議者又曰方今
玉牒館開費難兼給則臣竊以爲潛藩諸臣所耳
奚必藉大官珍錯之供燈窻諸臣所習奚必分
天朝薪楮之資濟濟多士悠悠歲時果何求而不爲
大典幹蠱抑何悋而不爲
皇上矢勤耶臣竊覩
祖訓大小官員幷百工技藝之人若有可言之事許

直至

御前奏

聞其言當理卽付所司施行臣愚昧寡識不知此言

于理果有當否乎如其付所司行之第在

皇上之一俞而不必煩費爲慮也臣一介草茅豈不

自知驀越僭踰取辠招譽但念臣祖臣父世叨

皇上寵恩而臣幼習舉業年踰强仕六試不售則報

國無門牗死空憾故臣戇妄居常竊願捐此餘生

獨殫駑力爲

皇上襃此一段鴻業參考據非衜泚得窺之書沓賾

豈韋布敢問之事其于此重大
國典非如負山之蚤則如觸藩之羝耳按本志在
洪武年間嘗
命儒士魏元俊之編摩在天順年間嘗敇秀才姜
立綱之謄録刻載原志可按也臣才微筆短何
敢追踪兩生而我
皇上治法
祖宗量包
天地豈于蒭蕘之言弁髦而唾棄之耶爲此甘冐斧
鉞披瀝上陳如果臣言不謬伏乞

勑下禮部會同詞林酌議開局款例推派分任職員

行購志書查據事實以襄

大典如以爲開局未便則或俯容臣自備筆札將

原志各地各目裂粘尾紙而查其宜正宜補者

採攄各志綴錄之限以歲年編成草稿呈送詞

林以憑删訂但志書浩繁檢購非易或許令卽

窺其存閣者以便採攄是不敢擅

皇上公帑之片楮寸墨而于此舉倘少裨萬一者乎

至于購書查事等項計

聖裁下部必有酌行此書一成不獨

一代之鉅典並雲漢而昭回抑將
萬古之洪謨炳乾坤而悠久矣臣不勝惶懼踧踖
待
命之至爲此具本親賫謹具奏
聞

萬曆肆拾四年二月初伍日浙江等處承宣布政使
司紹興府山陰縣聽選
貢生臣王應遴

本月初七日奉
聖旨禮部知道

王應遴雜集

仁讓鄉約

荅醫問

共五

仁讓鄉約序

余聞之古有不畏官法而畏鄉先生之知者則以鄉之耳目眞而鄉先生之信從素也惟眞與素鄉約之設有自來矣然而世道江河治法治人難言也余承乏守越領兩臺檄未嘗不屢以此事文下移廼觸法尚多嚚爭未滅是果領約者未愜人望抑法有宜于昔不宜于今與偶從山陰令吳

君得其部王君應遴所編仁讓鄉約卒業
之則見首條五法後繹六言法之最善尤
在獎規二单蓋建標樹範師道也誘掖切
磋友道也以師友之道化其鄉允稱人法
兼得宜其不假權于官府而不作輟于久
嘗如此也余讀陽明集知文成宦轍所到
拳拳此事王君文成譜裔家學故自淵源
而神而明之卓越藍田吕氏更遠甚余稔

知王君才望郡邑中大興華大利弊無不力肩調劑之乃仁讓一鄉遵其約十數年如一日咸謂彥方復生則他日經濟寓宇不蔡可知余謂其可通行永永也稍捐俸命梓之因數語弁其首

萬曆辛亥夏仲知紹興府事雲間鄭棟撰

紹興府山陰縣仁讓堰鄉約保甲人等
約爲實心併行鄉約保甲之法以安地方以挽風
俗事本鄉地方嚮稱安堵風俗亦頗醇龎先奉上
司明文頒行鄉約保甲之法尤豈人知檢飭戶尚
循良豈自近年以來閭巷之間學好自重者固多
其違法非爲干名犯義甘心自外于王化者亦不
乏人夫約束之法轉移之方官府亦既赫赫頒布
時時提撕秪虛文易視實心難萌清夜思之殊可
惶愧切念吾輩所易知易從者無過
聖諭六言吾輩所宜亟行常行者惟是鄉保兩事耄

保甲以護守家鄉約以表率鄉里此兩事豈不習
見習聞顧法未立而蠹已生利未收而害已熾其
所以條舉條罷之弊有足數者豪强剏率觀感匪
人標的之不能樹一也武斷自恣賄賂公行事權
之不便攬二也俾拘檢而迂爲不情畏呼攝而苦
于多事揣終弛而誘于剏始精神之不肯鼓三也
弊有此三即官府日懸賞以誘于前設法以驅于
後亦惟有具文舊套應之耳且
聖諭森嚴已自道我以政吾輩豈豈不察貿貿妄行
必至齊我以刑其利害相懸當有辨矣吾鄉離城

頗遠官府于鄉約豈能親講于保甲豈能親編吾
輩誠肯發一片眞實欲行之心做此大家有益之
事夫亦何難之有今集衆會議遵照先行事例因
地酌宜隨時立法試將鄉約保甲二法合併行之
蓋編甲所以齊衆講約所以齊心惟鄉約講則保
甲聯屬之誼以親惟保甲肅則鄉里捍禦之心以
合此兩事原自相爲表裏不可偏廢者凡我鄉里
其各洗心滌慮改舊從新尊長者率其卑幼者賢
智者訓其愚不肖者務要人人就約家家嚮風使
雍熙和協之氣盎然在我一鄉以享此太平含鼓

之福豈不爲大快事耶規矩既立耳目難塗奉法
者必揚于大衆梗化者難庇于一人倘至取戾于
國憲遺臭于鄉評則更洗已遲悔恨何及願各憬然
悟惕然慎之勿得狃爲陳腐忽爲具文謹條其約
于左
計開
一集衆
先奉縣諭鄉約中報有正副贊講四人今遵其舊
但或年尊不便贊講今議增習禮聲亮者二人爲
貼贊貼講保甲之法嚮未頒布今議合併行之酌

分本鄉十七都五啚地方爲仁義禮三保轄下十
六都一啚地方爲智信二保由東而西推編十家
爲甲每甲舉甲長一人各保之甲多寡不等每保
舉保長一人保長甲長即爲約衆且是合併之法也
每會保約鄉約六人保長五人必赴外其甲長衆多
恐妨務業每會每保輪赴二人其甲長非輪併甲
下人戶願來者聽各社整頂演歌童四人輪班赴
約歌詩已上置一冊簿每會升書應到不到者罰
使供茶一次
一定儀

本鄉地雖相望實界兩都今酌其中以施水菴為
約所每逢初二十六日鄉保人等各穿本色服色
齊赴本菴住持預先陳設
聖諭牌香案鼓磬卓凳合用幕次已時取齊擊鼓五
聲贊排班班齊跪聽宣
聖諭約正以下皆跪贊宣聖諭六言訖贊俯伏興
拜興拜興拜興拜叩頭叩頭叩頭興平身分班圓
揖就坐肅靜聽講鳴鼓三聲衆起贊講孝順父母
衆坐講孝順父母一章訖擊磬三聲贊歌孝順父
母之詩歌童立齊揖歌訖復揖退鳴鼓三聲衆又

起贊講尊敬長上六言俱做此如農忙事冗或只摘講一二章亦可講歌畢鳴鼓三聲贊舉獎舉規難逃公論妄獎妄規難徇私情衆舉獎舉規約正副塡獎規單訖鳴鼓五聲衆起贊排班班齊拜興拜興拜興拜叩頭叩頭叩頭興平身分班圓揖禮畢其序坐拜矣一照圖式同姓以分異姓以齒務退讓以明禮毋挾勢以爭雄會日不必供具酒食以滋科擾仗義而願供餅茶者聽或輪備亦可

一樹標

鄉約之裨益地方惟欲使人趨于善然趨向之定

于鄉里惟其有預示之標倘我輩在約之人心口不符言堯舜而行盜跖則指摘安免標準安存凡我在約者必務先遵

聖諭六言時時點檢使鄉黨不得藉我以爲口實方于此舉可行可久宣讀之時須要眞實懇到令聽者眞有泫然欲泣躍然欲起翻然自悔的光景乃能感發人心其他一應爭多寡角是非理義所不能悟者自有官府之法在吾輩安得妄干蓋鄉約之得行也固在約正副之操其權然鄉約之輒弛也又在約正副之擅其權至于約正副以下尤不

宜喋喋以賢知先人倘藉倡率之勢以持人短長託和息之名以肥巳囊槖此等混入約中是聚訟之囮敗群之魁也去之則礙體面留之則不服衆心今議每年冬盡俱各告辭大衆秉公參酌以定明歲之事必輿情允乎毫無閒言者仍舊不然不妨聽其俉退

一防患

思患預防身家切務如火盜不測爭鬭等事雖係其無與其悔于事後孰若防于事前今既有[illegible]係甲在同姓固當念其骨肉在異姓亦豈可以[illegible][illegible]

如遇口舌爭毆忿爲解紛不得挑唆起衅其[illegible]
器具時常設備遇變則爭先救撲不得乘機搶奪
盜賊一節尤宜禦防如甲中非親非眷而常往常
來不爲買爲商而鮮衣足食稍屬可疑嚴加覺察
蓋在官府原有事發連坐之條在本約亦有知情
容隱之議至于每遇冬殘盜多結約巡邏尤宜併
力齊心其奮勇捉獲者懸有重賞如共保共甲遇
事而袖手退縮無事而挑衅惹禍者聽約中據實
議處即分尊勢重情親力餘身與約保之中者亦
不得容情曲庇

一取益

鄉保之設必使地方安靜而人人知遷善改過乃爲實益往昔上司頒行原有善惡二簿但立法易得人難至有藉此權以行其私畏此議以淩其事者其乍行而乍輟職此故也今議但置獎規二簿一款善之足獎者印獎善單若干紙一款過之當規者印規過單若干紙掛號記鈐毎遇講約畢時各人坐定平心和氣低聲議舉某人某善足獎某人某過當規該保甲証其不誣約正副許其確當然後于善者塡獎善一單于過者塡規過一單貼

令該甲長帶與本人如見在約中之人有善有過
亦當照此所謂法行自近也惟是善善不嫌于過
信舉過則難于直陳如此人明係忤逆父母但規
曰鄉黨議舉爾于父母辭氣欠婉下會果來定是
翻然默悟即于號簿內默註悔改訖字不必當衆
聲說增其慚愧倘屢規不改亦不必吽其呈送官
府但至其事跡敗露時衆不爲之隱蔽可也若善
之足取如忠孝節義等年久服衆者不妨呈舉旌
異然有昨獎而今規者有旋規而輒獎者又有屢
獎而屢規者總之吾輩以無疑之衷吐不偏之辭

秉無回之筆行有益之事必人人黽勉方于此舉

不虛耳

萬曆三十年正月里人王應遴　約

約正王　森

約副余廷桂　仁字保長王　堦

約贊董文達　義字保長楊廷椿

約講姚崇志　禮字保長張　浩

貼贊余允定　智字保長吳良植

貼講王觀察　信字保長傅大清等仝校訂

宣諭拜圖

聖諭牌

香案

約正　保長　保長　　　　約副　保長　保長

甲長　甲長　甲長　甲長　　　　甲長　甲長　甲長　甲長

甲長　甲長　甲長　甲長　　　　甲長　甲長　甲長　甲長

甲下人戶隨班

講約坐圖

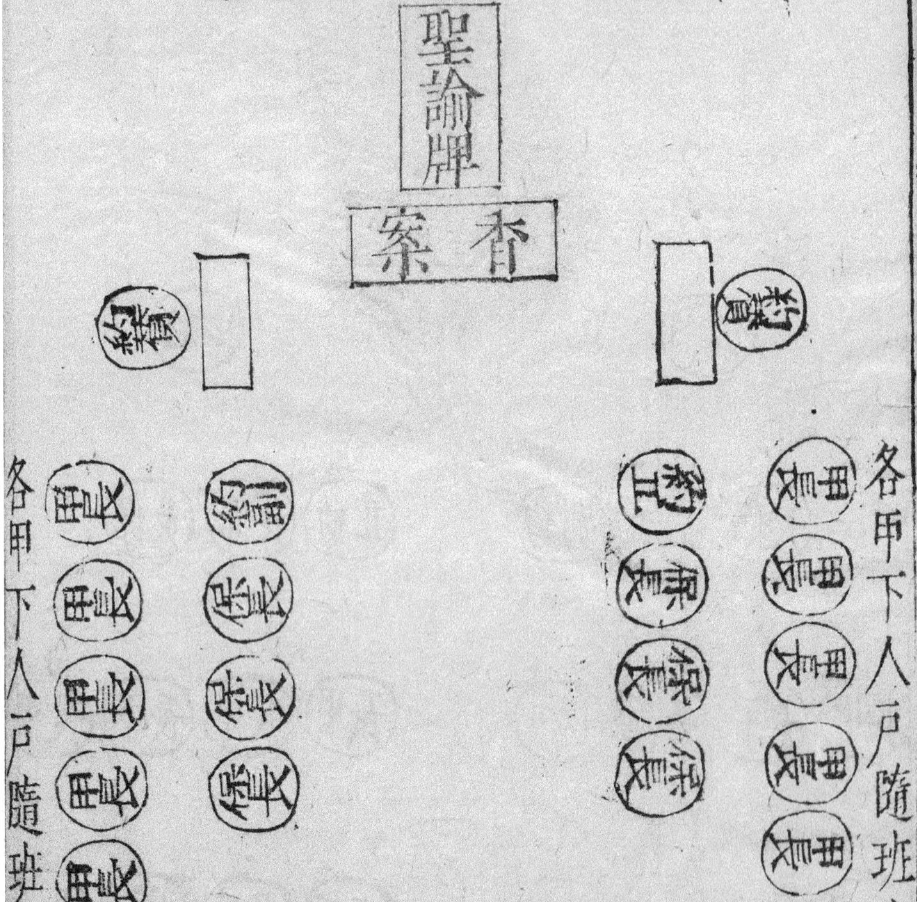

聖諭牌
香案
約員
約員
各甲下人戶隨班坐
甲長
甲長
甲長
甲長
甲長
甲長
約正
保長
保長
保長
約副
保長
保長
保長
甲長
甲長
甲長
甲長
甲長
甲長
各甲下人戶隨班坐
歌童
歌童
歌童
歌童

雜規款

善之足嘉者四十條

事父母和氣婉容　敬愛兄弟田宅不較

尊師重友　訓子孫彬彬循禮

早完糧稅及一切公家財物

遇色不淫　被罵不回言被毆不回手

包隱人過　應訟事聽處

育三女以上　拼力救援人急難

施捨藥食茶湯棺衣等物

修理濟衆橋路義井公所菴院等處

捐助婚喪　勸阻和息人訟
賙濟饑歉及平價發倉
仗義提救落難者　收養無依憐恤病老孤寡
捨地葬人及收瘞暴露屍骸
饒免逋負　交易喫虧
還遺　諫阻人非爲
阻捉盜賊　寃家相好如初
倡率尚義公舉及利益地方事
安貧謹守廉隅　優待故舊窮親
居喪哀慟不踰禮不作無益佛事

甘心義讓負屈　護守鄰家田禾財物
代洩人寃誣　爲人立嗣存孤
改行遷善　聞規喜色
婦女苦守節操　井臼艱辛聲不踰閾
善事難事之姑　調難調之妯娌
繼嫡視他出之子無異已出
恩撫妾媵
過之當規者四十條
事父母辭氣欠婉（即不孝者）　待師友欠盡禮（即不尊敬者）
待兄弟欠和田宅太較（即不悌及爭產者）

姑息子弟即縱容者　見人家婦女不引嫌即姦者

不速完糧及延捱公斂財物即拖賴銀者

過廣交游即結嫖黨羽者　欠有酒德即撒潑者

與人爭論先破口動粗即罵人毆人者

產女厭多即溺女者　事原可處輒訟即好訟者

不勸阻人訟且代爲詞揷爲証即教唆起滅者

乘機借名乞索即挾詐者　見客死暴露者不收

輕易罰咒許愿即昧心者　設計賺人即誆騙者

拾遺不速還即攘盗者　見人非爲不阻即助惡者

不贊助成就利益地方義舉公共事即阻撓者

居喪欠戚多作無益佛事及靈柩久不歸土
見盜不阻不擒即知情者　袖手隣人急難即幸災者
不着業以致不愼取捨即游手好閒爲盜者
無端興無益事即哄歛者　因公遷怒即藉勢洩怨者
故混交易及與鄰家界址欠清即欺心僭竊者
不隱諱無影事即騰謗者　恁人家田禾器物毀壞
借物假忘即盜心者　寄言稍增即傳遞是非者
過聽婦人言即懼内者　以財物行攜蕭即賄傳者
喜談人閨閫曖昧等事即傳播者
欠擇交即結納匪人者　强復拒覢即謗撓綁約者

婦女不畏物議者即不潔　高聲露面即訶厲者
事舅姑夫壻妯娌欠循禮即不孝不賢者
無子專愛及不一體視非巳出之子即妬悍者
拜僧爲師即被僧汚者
以上規款並從輕言以鄉諺不敢直陳且聽其
改悔得以自容耳然亦只就本鄉風俗錮陋者
說非敢謂可通之他鄉也

獎善單

仁讓鄉約所爲獎善事今據在約人等議舉

保第　甲下

備詢該保甲長並稱不謬衆等月旦公評同

聲欽仰相應嘉獎爲此付單奉

獎下會須赴約所宣講

聖諭以表善良以使鄉閭有所矜式須至單者

萬曆十年月日鄉約等

獎字號保甲等

規過單

仁讓鄉約所爲規過事今據在約人等議舉

保第　甲下

備詰該保甲長並難隱諱衆等桑梓至誼同

聲矜恤相應規勸爲此付單奉

規下會傾赴約所聽講

聖諭以祈遷改以息鄉黨後來浮議須至單者

萬曆十年月日鄉約等

規字號保甲簽

仁讓堰

山陰縣仁讓鄉約所　爲併行鄉保事節奉
上司明文頒行前事遵將本鄉人戶逓編保
甲務要一體遵守查察一家有事九家救援
一家違犯
聖諭九家糾正毋得坐視以致連坐仍於每逢
約期除保甲長必赴外諸人願來聽講者聽
須至單者
字保保長　　下第　甲甲長
第一家
第二家

保甲單

第三家

第四家

第五家

第六家

第七家

第八家

第九家

第十家

年　月　日編

聖諭繹

山陰草莽臣王應遴繹

孝順父母

孝順兩字，孩提之童曉得，却老成的豪傑盡不得世上多少不孝順的，不必說了。就如一等人將幾種好飲食、幾件好衣服奉養父母，說是孝順，這雖是孝順內不可少的事，然[illegible]之皮毛。又如一等人見得懷胎乳哺之[illegible]教訓婚娶之德，我所決當報効，說是孝順，此等說雖則能觸發人孝順之心，然說箇報字，也似與常人論恩論怨者等，不

知我的身子從何處來與父母原是一箇旣知身
是父母的身何可不以父母的心爲心故孝順之
事雖千端萬緒而孝順之實只在一心所以但爲
人子的都要立心在世間做箇好人做得人好就
如將第一樣好事加在父母身上倘少有違理犯
法至于受辱受刑便如將辱與刑加在父母身上
蓋保全父母所分之身卽是仰體父母所存之心
倘或遇着一等難處的父母只該說天下無不是
的父母我定要于難處中處得過方爲孝順且打
一筭父母住世還有幾時光景古人說不以三

身一日之養。言之殊可痛心。爲人子的試思之
歌曰勸吾鄉孝爹娘。罔極恩深未易償。百順總憑
一念聚。服勞奉養猶尋常。及哺烏。跪乳羊。人而不
如殊可傷。生前不曾承歡笑。枉向材頭哭幾場。

尊敬長上

所謂長上。非特是族中分尊的。但凡鄉黨親友中。
德勝如我的。齒長如我的。爵位高如我的。凡我子[illegible]
及他的。都是長上。所謂尊敬。亦非特以分在卑[illegible]
故應謙謹。蓋人品邪正。分途只在一念。[illegible]
常存尊敬。則言動步趨。自然恭[illegible]

倘或不知尊敬，遇那失勢落魄的，便不服氣，稱謂他；遇那年高衰弱的，便說道是古板了，不要睬他。甚至雌黄其短長，把持其得失，攻發其陰私，此等人自以爲立崖岸、有英氣，不知如此浮薄輕佻，縱才高發達去了，只成得箇無忌憚的小人。且世間許多不好的事，都從一念不尊敬造端。蓋不尊敬，便膽大，膽大便惹禍，不至于强凌弱、衆暴寡、富欺貧不已。到底非保守身家的消息。一時傲慢得他，有何用處？故聖人說畏大人，畏聖人之言，是君子；狎大人，侮聖人之言，是小人。然尊敬不特于長上處當然至于卑幼處尤宜着意故聖人說無衆寡無小大無敢慢所以必于不着意處不敢放肆方是尊敬可見尊敬兩字不但于長上處當然則尊長又不待言矣

歌曰勸吾鄉敬長上古來明理先退讓尊卑分謚是天成如何傲慢輕相亢蟻有序鴈有行人而不如獸可憐後生挑撻只尋常年來就是他人樣

和睦鄉里

世間第一件便宜是一味看得自已不是第一件失便宜是一味看他人不是人于鄉里不肯和睦

只爲要便宜故。但看得自巳是、看得他人不是。不知人在鄉里出入相聞、朝夕相見。若因些小言語之隙。田帖之爭。便反唇相詬、怒氣相加、甚至牽連詞訟。竭智破家。到事過氣平、慶弔相會時節、將這面顔藏在何處。且你用一點心害他、他也用一點心害你。展轉寃仇、尋報無巳。往往有一朝之忿、結累世之寃者。這等人他道讓了這着、鄉里中便做不得好漢子。你試看世間有受用的人、多是肯喫虧的人。若待一鄉都怕我、終久有不好處。便便宜又待別人討去了。惟是平心易氣、和煦待人、使大事

化小小事化無鄉黨中豈不成雍熙世界然不但
我一身與物無忤就是遇別人爭論也要竭力解
釋爲別事落難也要悉力救援縱使他千不是萬
不是我只是不與他計較畢竟自有便宜處古人
說四海一家萬物一體也只是這點和睦的念頭
充拓出去
歌曰勸吾鄉睦鄉里自古交情重桑梓癡人擧目
分秦越聖賢萬物爲一體魘附足周蝍尾人而不
如殊可恥兩好從來一好合須知害人還害已
教訓子孫

這教訓不单指着讀書的說。凡人從父母生下來，就如泥土一般，做磚成磚，做瓦成瓦，全在陶冶工夫。世人那一箇不要子孫好，那一箇不曉得教訓。但將教訓的主意認錯了，一味從討便宜處計較，私智處、行險僥倖處教得他慣熟，只管望子孫勝似人，助子孫攙向人前去。不知後生家志氣未定，習俗易錮，日後必然機械變詐，驕亢自奮，連爺娘都不肯讓了。這等教訓，要他好，却不是反害了他。所以人于子孫，當孩提時便須嚴嚴立箇規矩，教導他，使他讀書，得成做箇有道理的好[illegible][illegible]做箇報朝廷的好官不然但做一箇好人此不必于身外加毫末就是爲聖爲賢也只是這箇教訓使他人說這是某人的子孫却不是好至于女兒今日在我身傍日後承事他人關係豈細不特井臼女工最要識道理總理家務也是一叚正經事豈可草草人必有好男女方不枉了許多生育之苦照前顧後的處教訓一節豈不是箇急務

歌曰勸吾鄉教子孫漫將活計圖飽溫賢愚不是生來定龍豬還從習後分鳥翼飛豹養文人而不如何足論桑條早向柔時壓姑息從來釀禍根

各安生理

人生在世、那一箇如飛絮飄蓬、沒着落過得一生。必有箇爲生之理。這箇生理、人人都有。就如木栽土上、魚長水中。就世人身上做的、都謂之生理。這生理、豈在遠處。但莫將眼前事業錯過、如讀書的、苦志用功、務農的深耕易耨、爲商賈工匠的奔走辛勤。貧者安貧、賤者安賤、富貴者善居富貴、雖就實地上行將去。一箇人若有一件已事在身上、他便沒工夫去想別事、倘閒坐閒遊、主意不定、這身子沒有着落、遇着一二箇邪人、便做出無緒事來。

為爾豈小。然不曰各求、而曰各安。安之一字自[illegible]
蓋人若勉强去做一事、此事必不久長。惟見在職
業、日日如此、月月如此、年年如此。所謂履其事而
安焉者、不是費盡心力求之不得的。世有一等好
高的、把見在的職業不屑去做、又有一等妄想的、
希得非世間事無不可做。究竟來、百事無成、一生
虛度。與其枉費心力、何如守分安常。此生理必不
可不安也。
歌曰、勸吾鄉、安生理。豈惟衣食賴于此。無所用心
難矣哉。思不出位是君子。難能報[illegible]

如何足齒饒君走路遍天涯賫生一着理而已

毋作非爲

人只有邪正兩條路、是生死關頭在理法中的就、是是出理法外的就是非非爲的事、看作粗的凡大明律內不應得爲而爲者、都是看作細的你心下打點不過、難以對人說的、可與心腹人說、不可使聞于衆人的、都是人若于此勘得破執得定兢兢業業循理守法便是有德有行的好百姓、便是無愧無作的大丈夫、惟世人將非爲的事、看作等閒了初間做起時容易入頭如小忿小貪一時做將去却像無甚害事做得略過却像快意及一旦敗露小則受辱受刑大則喪身喪家遺玷所生遺臭身後此非爲事可是容易做的且這作字正與上安字相反生理是人現成在身上的非爲是人去無端討出來做的吾心本自空洞世界本是平穩今我無中生有七古八怪千變萬化將許多不好的事憑空做將出來何故何故我

太祖聖諭上五言勉以當爲末一言戒其勿爲雖爲我等細民說其實聖賢大學之道不能外此蓋聖賢也是常人做的聖賢也只做得常人做的事吾

輩但于當做的做于不當做的勿做見在講約轉
背不要忘記了這就是希聖的工夫
歌曰勸吾鄉毋妄作非爲不是外頭錯靈臺一點
本惺惺造惡千般不自覺鼠有禮獬觸惡人而不
如豚可愕眼前隻手也拈香歸家莫把刀鎗捉

仁壽鄉約　終

答朝鮮醫問題詞

朝鮮箕子遺封。素敦禮義。今其國王吏
雅重文教。歲壬戌等年。獻琛之使偕内
醫院正尹等官。以醫事來請益。意我
天朝仁民愛物之衷。既遠被海外。則於起
死回生之術。必洞徹底裏也。我
皇上允其請。大宗伯移文太醫院。令答之。
願其所問雖皆紀載我内地板行書中

者乃謄寫不無亥豕方音不無迷謬而
其中意義亦不無原自深邃未易測識
者夫古聖闕疑闕文不諱存而弗論況
鄭國辭命必兼四人茲欲舉彼窮年積
歲所集思詳討者而一人一時矢口走
筆立答之萬一失之強失之誕失之泛
寧獨孤異域求學之誠不幾令堂堂
天朝如許人文反貽笑外邦耶余於此道

非世業。何敢自謂窺一隙。但帖括之暇。
喜閱軒岐以後諸書。偶於長安邸舍中
患霄首之疾。偃卧浹旬。如困爻可坐毅。
因取其所問或憶之載籍所見或觸之
師友所談。稍爲擬答得二十四條。口授
記室筆之。其原答已明者不再答。其原
不能答者不敢答。頗自慚識淺見隘。作
此官墻外望吽囈語。弟爲強爲誕爲泛

自信庶幾或免耳。倘令彼國見之，曰：非
世業者而亦能若是，則海宇廣大，何所
不有，可知。是未必不於我
國家文教之隆，亦仰裨萬一也。
天啓甲子春仲朔越人王應遴堇父題
於燕邸之函三齋中

答朝鮮醫問

朝鮮國貢使内醫院正崔順立安邦正尹知微問

文淵閣管理誥勑大理寺左寺左評事王應遴荅

問凡人無子調治婦人而不能取效云何

荅凡人艱子其因不同寧獨婦人不能生育之故耶蓋多有男子之故焉夫男子腎虚病有精滑有精冷有精清或臨事不堅即堅矣或流而不射症爲盜汗爲夢遺爲便濁淋澁爲腰痠不能轉摇爲勞熱爲虚寒或服熱藥過多而精耗諸如此類必各按其症以藥之乃可望生機耳蓋世無不草木之

地然必栽培灌溉得法始足上承造化之氣然又
有人不及知而已獨知之之病不語諸人不療以
藥既無剖露之言復無調治之法則終于孤獨委
之天命亦可悲矣蓋男女之交交其精亦交其神
也神交而精不泄何以成形精交而神不接何以
入彀有等陰精奔到陽精先施如宮墻外望不覩
室家之好者又有等陰精先拋陽精後泄如陣後
放砲望空而投者總之兩無氤氳光景而神與精
不齊到如袁了凡所云自有一種漠然無味處是
也夫兩石相擊而後火生吾中國五行先水彼醫

方四行先火至理存焉大凡物生皆藉一點動氣火性内經所云少火生氣是也若命門火衰何以成生育觀此則艱子者雖獨咎婦人矣

問孫致論賈氏婦但孕三個月左右必墮何故

答陰陽施陰化以致成胎必榮衛調和乃經脉周足倘或氣血虛損不能養胎則胎必致墮三個月時兒形方化尚未定像手少陰養之心主養此臟不足則不能榮養蓋心爲五臟之君主血血少則氣必虛氣血俱虛或偶加以喜怒不調將理失當則邪熱内熾焉得不墮此賈氏婦一人之病非謂凡胎

皆然。下文云診其脉左寸大而無力重取則澁知其少血云云則治法固自在也左右猶云前後相近蓋三月之前爲二月足少陽養之膽主精而見精方成。三個月之後爲四月手少陽養之三焦內屬腑而見六府初成。此時如花之結果瓣方卸而實未堅風雨驟侵勢必難于保毓也。不以文害意。又何疑左右二字耶。至于世醫療胎動大都謂血熱則行。輙投以芩連梔柏。一切凉血之藥不知寒凉能傷脾。血生于脾而又統攝于脾脾氣困弱則不生不攝不用治本之藥而徒以寒凉療之何異揚湯止沸，非徒無益矣。此又治胎墮者不可不知也。

問：目疾腫熱，欲盡用苦寒之藥，不効，云何？

答：目傷精眇，弗能眡。世醫止知赤腫熱當從火治，而槩用苦寒之藥，不知目之為體輕膜裹水，目之為用陽以生明。執定套方，用寒藥點洗者，譬如內蘊伏火，外封冰雪，不能消散，鬱熱日深，目液受煎，久之必乾枯而為塌陷矣。用寒藥服餌者，譬如火方內灼，注水急潑，烈熖被衝，熱氣必熾，熾而上起，爆木被燔，久之，必努肉而為翳障矣。或云此是陽有餘而陰不足。夫陽果有餘，目但一府爍赤，而何至欲盲。不知此有餘特相火耳，不可以陽言也。蓋陰陽虛實，貴在平調。王太僕云：無陽則陰無以生，無陰則陽無以化。故補陰必佐以補陽，而益血當兼乎益氣。如謂目病但屬血，而與氣不相關，則内經何以云氣脱者目不明耶？眼科諸書有謂肝木不平，内挾心火，火勢妄行，故神水受傷而爲内障者。有謂酒色不節，胃氣内傷，目失其明，宜服補腎之藥者。有謂足厥陰肝主目，在志爲怒，怒甚傷肝，傷肝則神水散，久則光不收者。有謂凡治目宜先補腎次治肝。肝是腎苗。腎是肝主。治肝則神魂安定。補腎則精魄自流通者。有謂目是肝之外候。肝取木。腎取水。水能生木。母腎子肝。故肝腎氣充則明。肝腎氣乏則昏。可見氣所以帥肝腎導精血而發光明于兩目者。有謂臟腑精氣皆上注于目而為之精。故目為魂魄所常營。神氣所自生者。有謂血氣不至則目盲。雖內經有人卧血歸肝。肝受血能眎。與目得血能眎之旨。然今氣衰乏則血雖盛。亦必不能自致于目。陽先陰後。氣運而血必隨之者。凡此皆所謂補陰必佐以補陽。益血當兼乎益氣之說也丹溪治一老人目忽盲他無所苦急服參膏二斛輙效愚昔病目半年專主健脾方愈余友何大魯患此云用熱附而痊又云見一人用稜莪消食積之劑蓋病源多在血氣脾胃必非槩用者寒之藥所能療也

問咽喉腫痛服盡寒凉之藥不愈云何

答咽喉之症不同總之火熱爲患夫降火以凉治熱以寒理也然有服盡寒凉之藥而病依然反生泄瀉之症而痛甚者安可無變通救本之術蓋亦有腎虛而虛火上客者矣亦有肝虛而病生于咽者

矣。經曰。眞陰太虛。陽氣飛越。遂成咽病。六脈浮大重取必濇可辨也。又曰。形樂志苦。病生于咽。又曰。肝者中之將。取決于膽。咽爲之使。六脈弦而帶數。可辨也。夫肝腎既虛。火必上厥。務以大劑補藥療之。若緊用凉瀉。知其必不効矣。予親見一人喉痛兼瀉。六脈沉微。意其上熱者假熱。下瀉者眞寒也。投以溫補之劑立愈。又一人喉痛。六脈洪數動搖。意其必虛火上泛也。用大補陰藥。佐以熱附。下咽痛即除。蓋喉痛雖上熱。寔由下虛寒。世人徒治上而不治下。何恠乎久病不痊耶。

問血氣並虛當調治何臟爲先

答凡人根本此性命只血氣兩者若男若女非不均有血氣但不量精神不調勞逸終日役役勉强運爲神力疲倦饑飽越常喜怒失節憂思過度色慾無窮遂使五臟氣血偏枯此虛損所由生也其症晝少精神夜多惡夢或頭眩眼昏或胷滿氣短或耳鳴口苦或心煩不安或咳嗽面紅或汗多發熱或寒熱交作或四肢怠惰或百節酸疼或腰膝無力或食減形瘦皆虛損之症也是雖五臟皆病然當治心腎爲急蓋人得病多在二臟失調也調治

之法唯當補精益血爲主固不可峻用熱劑以熾虛陽亦不可固用凉藥以傷胃氣經曰虛者補之勞者溫之安其五臟調其寒熱又云形不足者溫之以氣精不足者補之以味凡滋補之藥當用和平然補腎又不如補脾爲提挈人身以脾胃爲主土寄王于四時也人能節飲食省勞役使脾胃充實元氣上升飲食美節生精輸運灌溉四臟上交心火下益腎水則水火既濟百病不生又何有氣曰虛損之症耶

問齒痛上下牙腫經絡何屬

答古人有謂上牙屬胃惡寒而喜熱下牙屬大腸喜寒而惡熱全于腎家無屬者不知腎主骨齒爲骨餘故腎氣充而牙生腎氣衰而齒墮足陽明脉入上齒縫中手陽明脉入下齒縫中其屬胃屬大腸者自其脉之所屬在上下齒縫中非齒之上下分屬胃與大腸也故有齒病用清胃散者謂齒間之肉屬胃胃熱則凉之故也要之齒之稿與不稿還屬腎之枯與不枯耳故齒之真牙乃牙之最後生者其生于腎氣之方盛故其稿獨先也然又有由于内有濕熱忽被風寒冷飲所鬱則濕熱不得外

達所以作痛者。是寒爲標而熱爲本也。宜用辛温之藥。標漱以散其外寒。用辛涼之藥。服餌以散其內熱。則標本兩攻。無不愈者。又有温熱被寒而痛亦在齦者。似齒痛而實非齒也。但燥濕解熱即愈。又有虫蛀而痛者。非取頭痛不止。亦不可不知也。

問。小便不利。何藥療之得效。

荅。小便不利。其因有三。有因津液偏滲于腸胃。大便瀉而小便澀者。有因熱搏下焦。津液熱而不行者。有因脾胃氣澁。不能通調水道。下輸膀胱而施化者。一則分利之。二則泄滲之。三則順氣施化之。而病可愈也然東垣又云皆是邪熱爲病冝分氣血而治在渴與不渴辨之如渴而不利則熱在上焦肺分故也蓋小便大腸膀胱所主也肺金生水若肺熱不能生水是絶其水之源也經云虚則補其母冝清肺而滋其化源故當從肺之分助其秋令水自生焉又如雨如霧如霜皆從天而降也且藥有氣之薄者乃陽中之陰是感秋清肅殺之氣而生可以補肺之不足淡味滲泄之藥是也如不渴而不利則熱在下焦血分故也蓋熱閉下焦者腎也膀胱也乃陰中之陰陰受熱邪閉塞其流易老

云寒在胃中渴寒不入熱在下焦填塞不入須用感寒水之化氣味俱陰之藥以除其熱泄其閉塞經云無陰則陽無以化若服淡滲之藥其性乃陽中之陰非純陰之劑陽無以化何以補重陰之不足也須用感地之水運而生大苦之味感天之寒氣而生大寒之藥此氣味俱陰乃陰中之陰也大寒之氣人感之生腎此藥補腎與膀胱受陽中之陰熱火之邪而閉其下焦使小便不通也夫用大苦寒之藥治之法當寒因熱用如熱在上焦則山梔黄芩之類熱在中焦則黄連芍藥之類熱在下

焦則黄柏知母之類是也

問。痔漏當何法治之

答。凡痔漏腫痛，内經曰：因而食飽，筋脉横解，腸澼爲痔。久而不愈，變爲漏。痔與漏病異而治法則同也。至真要大論云：太陽之勝，凝凓且至，非時水冰，痔瘧發。註云：水氣太勝，陽火不行。此言陽火畏水，鬱而爲痔也。又曰：少陰之復，痱疹瘡瘍，癰痤痔。註云：火氣内蒸，金氣外拒，陽熱内鬱，故爲痱疹瘡瘍癰痤，甚亦爲痔也。熱少則外生痱疹，熱多則内結癰痤。小腸有熱，則中外爲痔。其熱復之變，皆病于身後及外側也。又靈樞經云。太陽經虛則爲痔瘧癲疾。蓋水虛則火所乘故也。大都此病是濕熱風燥四氣相合而成。治法惟去其四者。當以順氣藥藥之以苦寒瀉火解其熱毒。以辛溫和血潤其燥疎其風。止其痛。然必須大忌房勞。戒食炙煿辛熱之物。庶乎其可瘥耳

問中風口眼喎斜經絡之辨

答。中風口眼喎斜。世醫以掉眼治之而不効者何。蓋因知竅而不知經。知經而不知氣耳。夫人首有七竅。人但知目病歸肝。口病歸脾。耳病歸腎。舌病歸

心。豈知目之內眥上下二綱。是足太陽手少[illegible]起于此。目之銳眥。是足少陽起于此。手少陽至于此。鼻之左右。是足陽明手陽明俠于此。口之左右。亦此兩經環乎此。故七竅有病。不可獨責之五臟。而當歸之六陽經也。此所謂知竅而不知經也。靈樞經云。足之陽明。手之太陽。筋急則口目爲僻。此十二經及受病處也。非爲病者也。及爲病者。天之六氣也。六氣者何。風火暑濕燥寒是也。此所謂知經而不知氣也。然則口耳喎斜。何經乎。何氣乎。足太陽。足陽明。左目有之。右目亦有之。足陽明手陽明。口左有之。口右亦有之。此兩道也。又靈樞經曰足陽明之筋其病頰筋有寒則急引頰移口。熱則筋弛縱緩不勝收故僻也。是左寒右熱則左急而右緩。右寒左熱則右急而左緩。故偏于左者左寒而右熱。偏于右者右寒而左熱也。夫寒不可徑用辛熱之劑也。蓋左中寒則逼熱于右。右中寒則逼熱于左。陽氣不得宣行故也。而况風者甲乙木乎。口眼陽明皆爲胃土。風偏賊之。此口眼之所以僻也。是則然矣。七竅惟口目喎斜。而耳鼻獨無此病者何也。蓋動則風生。靜則風息。理之常也。易象震

巽主動坤艮主靜動屬木靜屬土卦名曰觀觀視之
理也視目之用也目上綱眼下綱不眼故觀卦上
巽而下坤卦名曰頤頤養之理也養口之用也口下
頷爲上頷不嚼故頤卦上艮而下震口目常動故
風生焉耳鼻常静故風息焉常思目雖斜而目之
眶廓未嘗斜口雖喎而口之輔車未嘗喎此經之
受病非疲之受病昭昭矣于此不得明治法耶

問咳嗽日久不愈何以治之

答咳嗽日久不愈夫都先起内傷繼挾外感而後又
藥誤以成之也即使純是感冒亦當究其感之所

自感所自者乃脾肺氣虛腠理不密經所謂邪之所湊其氣必虛是也若嗽而無痰是脾肺虛熱或心腎火邪刑爍肺金而作聲也若嗽而有痰是脾不攝涎或腎不攝水隨氣上泛而爲痰也況脾肺一虛則無以生腎滋肝而肝腎真陰固亦虛耗又二臟俱挾相火若真陰一虛則相火隨熾上爍肺金亦令咳嗽且肝又主筋腎又主骨位皆居下主在腰膝肝腎一虛則遍身筋骨與腰膝間非若攣縮必患痠痛無疑矣故此症初起審有外邪便當以調補爲主而稍兼疏散若嗽已日久則大忌寒

涼尅伐之藥必用扶脾保肺滋益化源若或專主
散邪則邪未必散脾肺益傷脾傷則清氣下陷而
爲飧泄濁氣上壅而爲腹脹穀氣不運而爲惡食
爲膂羸血不華色而爲面黑爲黃稿矣肺傷則水
失化源而爲焦渴木寡于畏來脾侮土而爲泄瀉
大腸氣脫而爲便頻爲脫肛衛氣不固而爲畏寒
爲自汗又或重亡津液而咳唾膿血爲肺瘻爲肺
癰矣古云嗽久成癆暫起者易治若久而脾虚潮
熱脈數面時發紅盜汗肉削可慮也故凡治久嗽
切勿用瀉肺破氣及燥劫苦寒之藥而必從滋補

消息之。然又有鬱于未傷食物。脂膈胃痞積濁氣上薰于脂膏而爲熱嗽者。有是必消積清脾。令痰淨胃和乃安。總之必憑脉察症爲妙耳

問婦人乳汁未産先流。既産不收自出。是何經受病

答婦人兩乳並陽明之經也。陽明爲水谷之海。谷氣既盛則溢于衝脉而下爲月經。經血既養胎而不行則津液自上溢而爲乳汁。未産先流。不收自出多是氣虚不能收持。然血不足者有之。雖能養胎。血有餘者養胎有餘。亦未産先流之故也。血不足者既之不來血。有餘者不收亦出。亦不收自流之故也。

大都下爲月經，上爲乳汁。總此陽明所主。不上則下，非有餘則不足。是必然之理，而非他經所受之病。治法補氣調血之外，無他術也。

問癩症何經受病

答癩風之病，外則鼻柱壞爛，肌肉瘍潰，固是陽明經分所受風木之邪明矣。其内有臭涎惡血生虫之類，何以致然？蓋厥陰主生五虫，本于相火，熱甚而制金，金衰，故木來尅侮，肺受熱而氣不清也。况血隨氣運，涎隨氣降，既不能爲之施化，則血聚而涎積，血積久則汚惡，涎積久則臭濁，濕涎熱血相爲薰蒸久則肌肉壞爛而生虫。治之使邪出于莖縫穀道間者。是皆陽明經之脉絡。蓋真土敗木賊之症也。然又有因血熱得寒所致者。或夏月勞甚而入水澡浴。或冬月酒後而踏冰履霜及入水。由是濕熱鬱于内而不散。風寒客于外而不行。内外拂鬱既久而漸成肌肉敗腐矣。經所謂熱勝而肉腐是也。大抵此症歸重于手足陽明經。夫手足陽明胃與大腸主之。脾肺二經之府也。脾主肌肉。而肺主皮毛。乃腑及于臟病也。經曰。腸胃爲市。無物不受。無物不包。故其熱毒積于中而形于外耳。治法

宜先取陽明而後及太陰亦本而標之之義也又必先殺蟲除濕瀉火然後生血涼血祛風導滯降陽升陰而病自愈矣

問水腫鼓脹治法云何

荅通身面目浮腫曰水腫腹大如鼓而面目四肢不腫曰脹滿總之脾土濕熱爲病也但腫輕而脹重水腫則飲食如常鼓脹則飲食異昔然其脹屬脾胃者飲食少屬他臟腑者飲食如常不可不分表裡淺深也又脹在皮膚經絡間者飲食如常在腸胃盲膜間者飲食減少如其氣壅塞于五臟則喘

促不食而勢危矣。故病在表者易治。入府者難治。
入臟者不治。更要分虛寒實熱。其臟腑之氣本盛。
被邪填塞不行者爲實。其氣本不足。因邪所壅者
爲虛。實者袪之。虛者補之。寒者熱之。熱者寒之。結
者散之。留者行之。邪從外入而盛于中者。先治其
外而後調其內。邪從內出而盛于外者。先治其內
而後調其外。陰從下逆上而盛于中者。先抑之而
後調其中。陽從上降下而盛于中者。先舉之而亦
調其中。但使陰陽各歸其部而病自除矣。內經治
法。謂平治權衡。去菀陳莝。開鬼門。潔淨府。宣五陽

巨氣乃平此之謂也

問傷寒寒熱似瘧表裏陰陽安在

答寒熱似瘧即寒熱往來而邪正分爭也蓋邪氣之入正氣不與之爭則但熱無寒若邪正分爭則寒熱于是乎作矣夫寒邪爲陰熱邪爲陽裏分爲陰表分爲陽邪之客表爲熱而邪與陽爭則爲寒邪之入裏爲寒而邪與陰爭則爲熱若邪在半表半裏則外與陽爭而爲寒內與陰爭而爲熱表裏之拘內外無定由是且來且往寒熱日發有三五發甚而十數發不止者若以陰陽相勝陽氣不足則

先寒後熱。陰氣不足。則先熱後寒。此論雜病陰陽二氣自相乘勝則然。非可以語傷寒也。趙氏曰。詳仲景論。止分皮膚骨髓。而不曰表裏者。葢以皮脉肉筋骨五者。素問以爲五臟之合。主外而充于身也。惟曰臟曰腑。方可言表裏。可見皮膚即骨髓之上。外部浮淺之分。骨髓即皮膚之下。內部深沉之分。與經絡屬表。臟腑屬裏之例不同也。是知虛弱素寒之人。感邪發熱。熱邪浮淺。不勝沉寒。故外怯而欲得近衣。此所謂熱在皮膚。寒在骨髓。藥用辛溫。至于壯盛素熱之人。或酒客輩。感邪之初。寒未

變熱陰邪蔽其伏熱陰凝于外熱畜于內故內煩
而不得近衣此所謂寒在皮膚熱在骨髓藥之宜
用溫涼必矣若以皮膚爲表骨髓爲裏則麻黃湯
證骨節疼痛其可名爲有表復爲有裏之證耶
問奇經八脉既不拘十二經何起何繼
荅二十八難所云奇經八脉督脉行背而應乎陽起
于下極之俞下極長強穴任脉行腹而應乎陰起
于中極之下以上陰毛之際衝脉若衝之衝而氣
行于上謂十二經脉之海起于氣衝此三脉之源
也帶脉如帶束腰間循環一周亦可以端言也陽

維陰維乃維絡之經如綱之目亦無端也陽蹻附于太陽陰蹻附于少陰陽蹻由申脉上行陰蹻由照海上行此陰陽蹻之端也此八脉之槩非十二經所能拘也

問陰虛火動用滋陰降火之藥不效云何

答腎精爲吾人真水雖曰真陰然于卦爲坎坎中一陽而外包二陰若人色慾過度陰精消耗止剩孤陽無陰包養則陽火飛騰浮散于外而假熱之證種種見前世醫但執以寒治熱之説而反症病投元氣大壞爲害豈細是必用溫養肝腎之藥而使

之令陽兼用引陽歸經之藥而使之生陰則水生火熄神氣自清而煩躁灼爍之火當自定矣故古人謂陰虛謂陽中之陰虛也謂陽虛謂陰中之陽虛也若純于補陰必是陰氣獨損而陽氣未甚虧者乃可耳若陰虛之極陽無以化久之終至于陽陰俱虛矣王太僕云陰精損削于內陽氣耗減于外丹經云精失而元氣不生元陽不見是皆明言陰虛于前陽亦隨絕于後也故凡治陰虛不可不兼補陽也倘必執純于補陰而弗究真寒假熱之症豈未聞陽盛則熱陽虛則寒陰盛則寒陰虛則

熱之說乎倘虛陽澌盡又復以苦寒之劑尅伐之則其劇也必將熱之不熱體冷如冰如靈樞所云六陽氣絕則陰與陽離離則奏理發洩絕汗乃出旦占夕死夕占旦死又如仲景所云陽氣前絕陰氣後竭其人死身色必青彼時計將安出耶雖然此論近亦有知者但溫養肝腎等藥不過桂附等倘用之不當其禍立見必于脈之陰陽詳察之乃可耳

問頭痛頭風有何妙法可療

答淺而近者名頭痛深而遠者名頭風頭痛卒然而

至解散即安頭風時作時止有觸輙發且發時必嘔吐素問曰頭痛巔疾上虛下實過在足少陰巨陽甚則入腎徇蒙招尤目眩耳聾下實上虛過在足少陽厥陰甚則入肝夫下虛者腎虛也腎虛則頭痛上虛者肝虛也肝虛則頭暈徇蒙如以物蒙首招搖不定目眩耳聾若暈狀故肝厥頭暈腎厥頭痛大都清陽出于上竅使清陽上升則濁氣隨降元首肅清邪氣不擾使腎陰充足則水能制火邪火不炎使中氣不虧則氣能乾運無所蹇滯如是而何頭痛之有然又有勞碌之人因元陽虛損

而痛者宜補中益氣湯加蔓荆之類有房勞之人
因腎水不足虛火上炎而痛者宜六味湯加菟絲
牛膝之類有飲食之人因陽明氣塞滯上冲于太
陽額顱而痛者宜消食清痰有因中氣虛寒嘔吐
清水而痛者宜六君子補劑凡此更出于風寒暑
濕血氣諸例之外又不可不知也
問理中湯用白朮有動氣去朮加桂之說此動氣果
病名否
答動氣之說出于仲景而成無巳註曰動氣出于臍
下或左或右或中築築然跳動乃下部腎中之氣

挾外邪築觸而動也夫腎氣宜靜不宜動白朮性燥更能動氣所以去此而加桂免滯使利之意此動氣之說也

問結核瘰癧係何經絡宜何治法

荅結核瘰癧分別自明薛立齋云不變不痛按之不硬者名痰核宜推其因而治其本筋攣于項側耳前後胸脇腫脹而發寒熱者名瘰癧總之宜推因治本大都此症有因肝火血燥而不能榮筋者有因嗜慾無節而腎弱水虧致筋縮而蹉結如貫珠如核者有因老年陽火內衰下焦清冷氣血弗營筋

失所養故燥縮而爲攣結聚而成疣核者有因疊
經失血血少筋枯筋乏血濡故攣急而結核者有
因過用涼藥以滋陰降火伐正黨邪而犯苦以堅
之寒則踡縮紐結者凡此皆見于肝膽部分以肝
經多血少氣膽經多氣少血少血則濡潤有虧少
氣則運行無力故致此耳治法不過滋腎水生肝
木養陰血培脾土而已蓋腎水旺則肝火自清肝
火清則陰血自生陰血生則相火自寧相火寧則
自無熱傷血氣火乘木勢之患矣若竟作痰火而
以辛燥并寒之藥求久服消散之功則辛能散氣

氣散而肺主虛燥能涸血涸而榮氣亡寒以傷生化之原苦以作堅強之禍如是而求痰清核散烏可得哉雖然結核竟非痰耶何立齋又云有痰核之症耶且使苦寒辛燥不可久濟將何法治之立齋推因治本之說可繹已蓋所謂推因謂求之七情也所謂治本謂責之肝腎也夫痰症何與于肝腎乎曰七情怒氣傷肝即前云怒損肝脾血虛火旺血燥筋攣者是也且云痰屬腎其義微矣蓋痰之生也原于水其動也原于濕其壅也原于氣其熱也原于火腎虛則水泛脾虛則濕生肺虛則

氣濇心虛則火炎故治痰之本必補腎以攝水濕
脾以收濕治痰之變必益肺以升降諸氣清心以
制伏火邪如是而痰弗凈核弗消未之有也

問鬚鬢髮多寡及婦宦無鬚之髮

答鬚鬢髮所屬各有專經巢元方云足少陽胆之經也
其榮在鬚足少陰腎之經也其華其髮衝任之脉
爲十二經之海謂之血海其別上絡唇口若血氣
盛則榮潤于頭故鬚髮美若血氣弱不能榮潤
故鬚鬢髮禿落觀此則髮屬腎而非心鬚屬胆而非
腎明矣乃有謂髮屬心禀火氣而上生鬚屬腎禀

水氣而下生此葢以灸上潤下取象而牢合之者。然與梟氏之說何如靈樞經云足陽明之上血氣盛則髯美長血少氣多則髯枯短氣少血多則髯少血氣皆少則無髯又云足少陽之上氣血盛則通髯長美血多氣少則通髯美短血少氣多則少鬚血氣皆少則無鬚又云手陽明之上血氣盛則髭美血少氣多則髭惡血氣皆少則無髭又云手太陽之上血氣盛則多鬚髯又云通髯極鬚者少陽多血美鬚者陽明多血夫足陽明胃也足陽明之上謂凡經脉穴道之行于上體如巨窌穴俠鼻旁地倉穴俠口吻旁皆謂之上而髯之所生者也足少陽胆經也足少陽之上謂凡經脉穴道之行于上者如風池腦空正靈之類皆行于耳後而屬于胆經曰通髯乃髯之連鬢而生者也手陽明大腸經也手陽明之上如禾髎在鼻孔之旁迎香在水溝之旁皆穴道之行于上而髭之所生者也手太陽小腸也手太陽之上如天容在曲頰之後顴髎在頄骨之下皆穴道之行于上而鬢之所生者也蓋口上曰髭頤下曰鬚在頰曰髯各隨其本經氣血盛衰而爲多少美惡者也巢氏止擧足少陽少陰

二經而不及足陽明太陽三經挂漏甚矣惟腎華在髮一語則素問六節藏象論有云腎者主蟄封藏之本精之處也其華在髮又五藏生成篇亦云腎之合骨也其榮髮也蓋以腎水主受五藏六府之精而藏之也又腎主骨髓腦者髓之海而髮乃髓之所養故華在髮且經所謂榮髮華髮者以腎爲精髓之原而髮所賴以滋榮華美云耳未嘗謂髮所由生屬乎腎也又以鬚鬢之長短美惡由于手足少陽太陽及陽明之氣血多少盛衰云耳亦未嘗謂髮所由生屬乎胆也今巢氏之

說不本內經豈其生知神解反出上古軒岐耶又婦人無鬚何也婦人非無血氣也其衝任之脉血脉也循腹上行會于咽喉而絡于脣口氣血盛則充膚熱肉血獨盛則澹滲皮膚生毫毛婦人之生有餘于氣不足于血以其數去血而衝任之脉不榮口脣故鬚不生也又宦者無鬚何也宦者非無氣血也宗筋與衝脉相連屬去其宗筋則傷衝脉血瀉不復皮膚內結脣口不榮故鬚不生也亦有男子終身無鬚何也由任衝不盛宗筋不成有氣無血脣口不榮天之所獨不足者也大都膀胱多

血者必眉美胆經多血者必通髯陽明多血者必
鬚長總之鬚髮之生必本乎血也

問上盛下虛當暑畏寒何故

荅天之生人不過陰陽陰陽即血氣也血氣即水火
也火熱而水寒若周身之陽氣流佈不虧真陰充
足陰陽交媾上體下體不熱不寒縱有寒熱亦不
過旦夕偶然之疾豈有當盛暑炎酷時而不耐其
寒耶惟人勞傷太過斲伐太甚或五勞七傷以致
腎中之陽含于二陰二陰剥盡下焦之陽無以含
制飛越而上水火不濟火上升而水下降上本陽

而重陽下本陰而重陰故盛暑不能熱耳乃若上之盛而熱雖日服寒凉之劑亦不能使之降也治法徒用温下之藥反以益上焦之熱是必使心腎交濟陽火下降而不一于升陰水上升而不一于降陰陽和暢兩得其平上體雖陽而有陰以和之則不盛下體雖陰而有陽以和之則不虛由是上體之熱自除下體之寒不作即遇水雪嚴寒尚無所畏而矧暑月大熱時乎藥用填補真陰之品佐以引火歸經之劑如是而上猶盛而下猶冷吾不信也

問聲瘖服清肺之藥不效云何
答聲瘖多作痰火風寒治謂肺如鍾磬懸虚則鳴若以物填實則擊之無聲故治法宜清痰降火及踈散風寒猶之去鍾磬之填此葢以肺爲氣主而聲所從出也然有不盡然者夫肺屬乾金位高覆下清虚之體毫不可干若果有痰火風寒之感則金被衝激必且咳嗽而聲重譬如撞鍾擊磬欲不鳴不可得矣何至反病聲瘖愚故于填實無聲之喻未敢盡信爲然也葢人有嫪慾過度形瘠面黧初無痰火風寒之感而聲响不揚者病在腎而未可

專主于肺也或曰先賢云肺主氣五臟同受氣于
肺而五臟有五聲皆禀氣而通之今謂聲啊不揚
不主于肺何耶曰肺爲音聲主腎爲音聲根喉爲
音聲路舌爲音聲機會厭爲音聲戶口唇爲音聲
扇懸雍垂者爲音聲關是知聲從下發腎實基之
喉舌等第接應腎音而上出者耳夫水竭其源則
無以下注百川而流潤人竭其腎則無以上接清
陽而出聲故聲啊不揚未可專泥于清肺也病屬
大虛只宜用大味地黄丸料加五味肉桂甚者加
熟附數分以補腎根載元禮云聲音不出服冷劑

而愈甚者乃腎經虛寒每劑投附子數片方效觀此則知治主于腎之說非無稽矣若或脉見細數寢汗骨蒸大便閉小便淋沉困着床痰涎大出則多是不起如更清肺金而泄其母氣又所以速其亾也

問夜不得寐服安神之藥不效云何

荅吾人血氣晝行陽夜行陰陰陽明用事之候人固惺惺及陰柔主事時則昏昏多寐是氣陽血陰充足有餘行陰行陽不爽其候也惟血氣兩衰陰陽倒行所以晝寐而夜反竊耳然亦有因胃氣不和而

不寐者法宜和胃有因痰火爲患不寐者法宜清
痰降火有因大病之後不寐者法宜兼補氣血大
都諸書所言多用鎮心凉胆收歛神氣之劑是矣
第又有依法服藥不效者余親見一人不寐三月
矣大補氣血了無一效後一醫用八物湯暗投附
子二錢藥下咽即熟寐蓋病以真陰虛損真氣上
厥不能下行而不得歸原之故也向無附子不能
引藥下行則氣血不得行陰道而歸于原不歸原
則不寐之病無瘳期也今藉附子健悍下達之性
引八物直抵下焦補足血氣得行陰道所以成寐

頃除伏覩

光宗皇帝聖體違和時七晝夜不寐聲已瘖及李鴻

臚可灼進紅丸服之即刻熟寐鼾聲外聞逮寤而

聲頃響顏頃和頭額微汗徧體稍溫蓋紅丸中若

首經性熱投于真陰虛極時自然取効借乎進之

欠早無輓于冉溯之弗迨也然陰虛不寐之不宜

專用消痰火等藥于此乎一明証矣

問鶬鶊能化婦妒果否制服之法若何

荅鶬鶊爲膳能化妒婦之說出于山海經而驗于梁

武帝世之解者謂其羽必金衣具黃中之色能化

妒者有謂其鳴必嚶嚶發和喈之聲能化妒者有謂其飛必兩兩棲必雙雙不見于秋冬肅殺之期而必見于春和明媚之候全柔善之性能化妒者嗟乎何其陋爲之解也凡鳥色之黄聲之和而見于春明時者詎獨此一種耶大都世醫治病必究其三因妒之爲病豈內因外因不內不外因乎藥之治病必緣其氣味之升降浮沉斂散以五味投五臟之所喜惡而補其不足瀉其有餘耳未聞以色以聲以性也語云犬有義兮鴈有序鯉魚能識君臣禮使倉鶬鶊而能化妒則前世之人日食犬

日食鴈，日食鯉魚，而奈何日食夫鴈鯉魚之人率多不義不弟，而全不知君臣之禮也。爲是說者，是寓言即人而不知鳥乎之意也。故當時群臣有順陛下廣修此膳，徧食群臣，使不才者不妒有才，挾私者不妒泰公，濁者不妒清，貪者不妒廉，亦助化之一端等語，則其意可知，焉得認爲實然，而欲求制服之法，真所謂盡信書矣。夫缺疑有明訓，古今本草八百餘家，新舊本幾二千種，既不載鴿鶊，則明明無此藥性可知，存而勿論可也。

余青生于醫道原未覘藩籬兹荅第偶呈蛙見耳其來問而不能荅者尚種種旣不能妄荅以昧此心又不忍終不荅以令我
天朝見誚于異國也敬臚列于左方以俟
當世高明各出所見以荅之庶免厚顏于彼耳便中示知懸𥇦懸𥇦 應遴識

問本草序例榆皮爲母厚朴爲子之說

問醫學正傳尋常來侻之說

問直指方耳中三昧之說

問得效方養生書云勿以足置云玄處之說

問格致論本來面目頭舉目滿空滅之説

問醫學正傳悶肭二字何解

問直指方莍子疾云何

問直指方煉藥黒盞何物

問龍骨是真龍之骨否

問本草楊芍藥木猪苓上一字何解巴戟天縮砂蜜

天竺黄下一字何解

浙江文化研究工程成果文庫

浙江文獻集成

浙江文叢

王應遴集

〔第五册〕

〔明〕王應遴 著

林傑祥 編

浙江古籍出版社

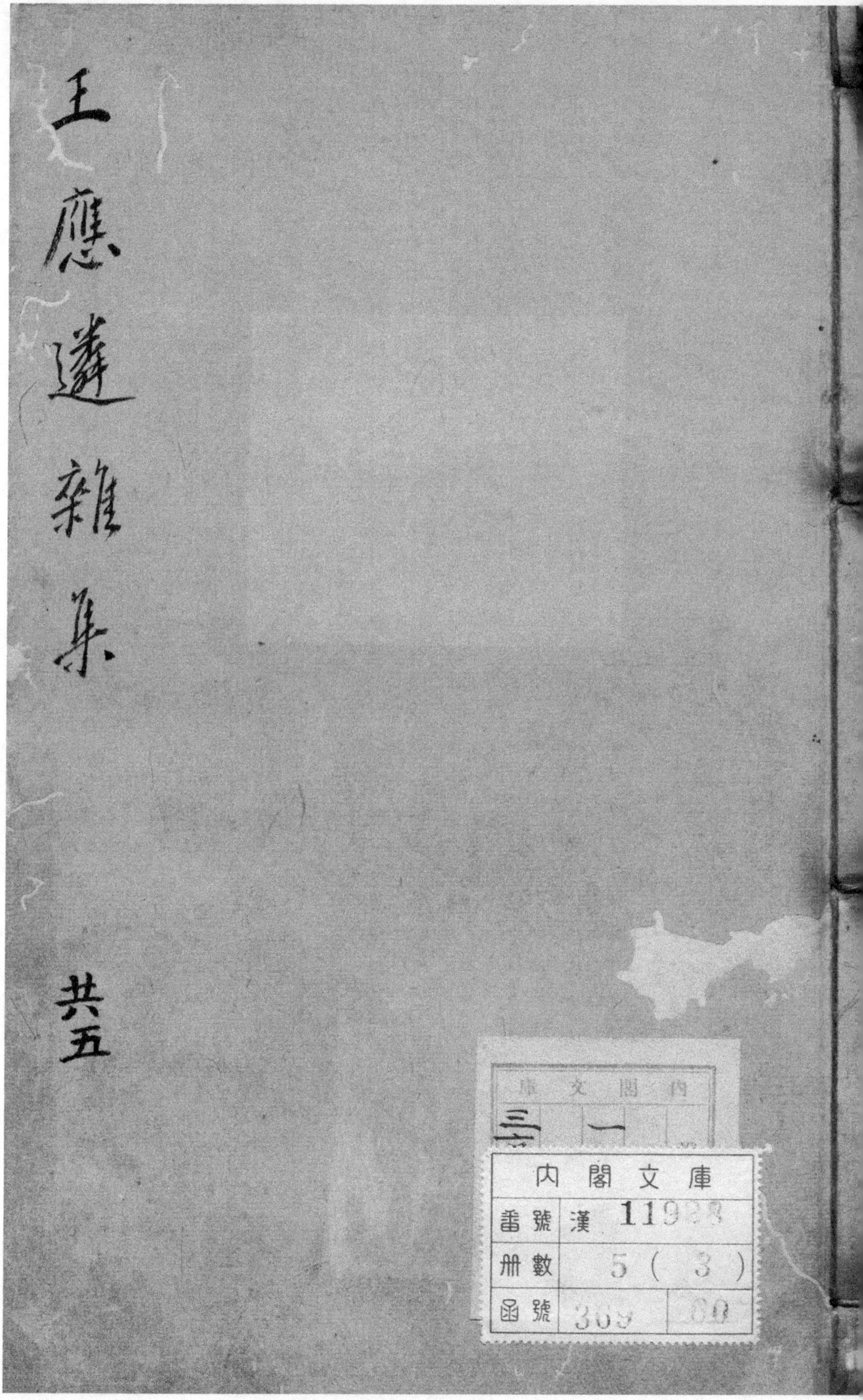
王應遴雜集
共五
内閣文庫
冊數 5 (3)

吏部聽選順天鄉試副榜貢生臣王應遴謹

奏爲奉

旨修志草藁粗成刪採有基纂修宜亟懇乞

聖明勑下詞臣酌議開館施行以昭

盛世文獻事竊惟一統

熙朝之盛必有超今軼古之圖書千秋

文治之隆必有集思廣益之著作蓋詞臣以專攻

纂修爲職書生以願効犬馬爲忠愽采兼資古

今恒軌况嘔心竭思不損

公帑之絲毫乃取簡刪煩可煥

憲章于赫奕是惟在我
皇上之一命已耳臣於萬曆四十四年二月內爲議
修一統志以欣逢一統極盛之世宜修一統最
急之書懇乞
聖明採蒭蕘新圖籍以炳古今事具疏奉
聖旨禮部知道欽此比禮科給事中姚永濟先曾具
疏條議五大典內開要修本志一欵未蒙
檢發及見臣疏與伊所見偶合倖荷
俞音遂發抄送部比禮部非不知本志亟當修輯但
據臣疏內原有情願自備筆札限以歲年編成

草藁呈送詞林以憑刪訂等語故從容議略乃

臣自奉

旨以來四易寒暑不扇不爐拮据燈窻延集友伴讎借天下群志約檢閱遍二萬餘卷採輯成藁計有八伯三十餘卷內北直隷四十八卷南直隷七十四卷浙江五十六卷江西六十二卷福建四十四卷湖廣七十卷河南陝西並三十八卷山東山西並三十二卷四川五十八卷雲南六十卷廣東廣西貴州邊鎮屬國並四十卷河漕十卷目錄採據書目沿革考同名考等共十卷

見在臣竊惟此舉有當亟修者四當請酌者四十當議行者六願

皇上試垂聽焉伏按洪武三年

命儒士魏元俊等編天下地理書名

大明志六年令有司上山川險易圖十六年令天下

都司衛所上城池水陸地理圖廿七年令朝覲

官上人民土地圖二十七年修寰宇通衢書二十八年修洪武志書迨後永樂十九年閣學楊

榮進大一統賦景泰五年修天下地理志六年

修寰宇通志而天順五年所修之

大明一統志則節令所擬修之原志也夫永樂景泰

天順猶曰世際昇平若洪武當草昧之初紛紜

之日迺于二十八年間留心此舉者六次盖

神聖聰明誠有見別五服被四夷戢兵農謹封守畜

方官人任土作貢莫有急于本志者故拳拳乃

爾迺天順迄今二伯餘年竟置此于高閣豈我

皇上久道化成登三减五寧獨于此舉遜法

祖之烈耶是以緩急之理揆之而見本志之當亟修

也查前古志地理者梁任昉之地記二百五十

卷陸澄之地理書百五十卷括地志五百五十

卷樂史之太平寰宇記二伯卷徐鍇之方輿記

伯三十卷宋王象之之輿地紀勝王希元之方

域志並二伯卷而元之一統志則一千卷夫天

地氣數雖如環之循而今古人文宜由衰漸盛

今無論禹貢職方而自秦漢五代唐宋以來其

輿圖班班可考乃元之志千卷而我

朝之志僅九十卷是腥羶之世反亘前古獨多而

文獻之朝反較前古獨寡豈之後世尚論千秋者

相提而論不將謂我

昭代右文之主若何崇文之臣若何而于此舉可姑

徐徐云乎是以多寡之數度之而見本志之當
亟修也且志亦不易言矣總其部則兩直隸十
三省及邊鎮屬國河漕等十有八焉析其目則
圖畫星野沿革疆域封建山川古蹟形勝風俗
秩官署廨城池津梁田賦水利學校書院祠祀
藝文碑板險要兵食經略名宦鄉賢流寓列女
災祥物產陵墓寺觀仙釋技術等三十有三焉
夫諸目之較昔大懸者未暇縷數第舉沿革一
目言之如改隸更名之爲州十有一爲縣五十
有四猶曰此彼此互更者耳至若原志所無而

今彙所有如府之新設及[illegible]州而陞以衛而更者十有四州之新設及以縣而陞者三十有六縣之新設者百有五又如府之降州縣之裁革及宣慰安撫等諸土司之月異而歲不同者難更僕數今試舉見刋仕籍與原志一比絜焉當駭然不意其矛盾至是矣是以異同之實稽之而見本志之當亟修也夫昔九十卷今幾千卷不啻十倍增之是簡編稱最煩最慱矣乃以臣最陋最愚之識見議之何其不知量耶但嘗覩之築室者衆材備而大匠之斵削可立成也又

嘗觀之讌賓者衆品具而大庖之烹調可立就也且本志之體只是紀載今第據其見成刊布者一摭撮成之其議論不特栩而上無所干于國是其收羅不任意而下無所徇其私情也故今于臣臺謂其體裁未當語次不倫搜括未詳查據未確則可謂其一無當于用而竟付覆瓿則或者未可何也據此刪訂之可省事半功倍之力而乘此振作之可奏修廢舉墜之功也是以難易之勢衡之而又見本志之當亟修也夫天下事固以喜事悞亦以畏事廢今郡邑志乘人

家譜牒尚且數傳必餙易世必修豈堂堂
天朝而吝此舉乎倘謂此時無暇爲此事竊意謂臣
固無所事事也倘謂書生不應與此事竊意此
事固不礙有書生也夫其當修如此易修如此
又暇修如此則我
皇上之當慨然允修無俟臣詞之畢矣臣先年請修
本志之疏原有十宜正十宜補乃令自繙閱天
下群志以來眼界稍寬又訝然嘆原所疏之掛
漏甚多而今所擬之裨益甚夥可見天下事必
行到此方明到此未可以井窺臨之也況使本

天碩彥而各擷其錦心繡口之文華僻壤遐陬
而悉獻其王蘊珠藏之典故則本志之加爛增
輝尚在無量無涯境界而今所飽飣奚啻全豹
之一班臣焉敢以未成荒謬之藁妄塵我
皇上乙夜之觀臣又焉敢以可憑删採之基而不請
酌于詞臣如椽之筆耶原志名目大書餘注分
行細書竊意本志爲
御覽巨典似於纖瑣未便或照
會典式以十行二十字悉大書之但
會典多遵例提頭而本志簡帙既重提起必多留

空行況與欵目之原提者難別今擬倣古金石
例僅空一字以畧識尊重之意是體式之請酌
一也原志通行作五十冊今藁有此數而再購
新志再查事實詞臣再增益之必盈千卷爲冊
必三五百討其簡帙不太重乎今擬于山川品
題但著標目于人物事蹟但撮大凡稍從減省
以便檢閱是煩簡之請酌二也郡邑原有次第
但今以大小煩簡遠近而先後之者頗多今擬
照吏部銓選之次次之是次第之請酌三也紀
載固難畫一裒益亦當酌量如原志載寺觀甚

縣而于書院及寥寥誠足慨已今擬採寺觀止及省志且刪其廢者于書院則採及郡邑志郎基址僅存者亦必識焉是裒益之請酌四也操觚而編纂者惟取富麗爲工非特山之背面異轄水之兩岸共流名宦之彼此遷轉如一古地名群所轄也迺古蹟人物等處處借重而蕪收之眞贋不幾混乎今擬于山川明著屬轄于名宦明著職銜而若古蹟人物等必確查而刪其複者是眞贋之請酌五也傳曰言之無文行而不遠然人代不相沿習不當以古名冒今事乃

儒者厭常如以河渠易水利之類夫志取家喻户曉奚必藻麗爲工今擬于度數名物等悉仍時制實書之而不用雕飾字語是名稱之請酌六也古今輿圖惟元人朱思本計里畫方之法爲善原志僅載省圖今擬倣朱式每府繪一圖且又定以針繈又以方圓長尖等印分别府衛州縣等排置境内是圖畫之請酌七也原志以府州成帙而各省通志多有類事析書者此于體要雖存于舊章似政今擬照原而于事屬通省不便入各府州者立一省總又于事屬天下

不便入各省者立一天下總是總志之請酌八也垂象成文精氣所屬雖談天者首稱然以理揆之終屬難信故六家分星惟李淳風能分宫度今擬酌諸家異同而姑備其説即原不在九州十二牧内者亦據四至以意測之又畧採群志中祥異之偶合者附焉是星野之請酌九也原志首建置沿革夫因建置乃有沿革況群志多有以建置冠署廨宫室等者今擬省建置而但以沿革爲目是建置之請酌十也原志沿革僅載府總不知府屬州縣其先今之分析變遷

甚多今擬查群志中歷代沿革每州縣另提頭
分志之是沿革之請酌十一也原志于各府名
下註去京路程及四至而州縣槩未之及今擬
特名疆域志之于府具四至仍著其所至各州
縣道里及編里今昔煩簡之數附焉是疆域之
請酌十二也州縣隸轄惟便臂指之勢無論先
朝即自有原志來亦無異布枰而奕矣今擬查
其原屬此而改隸彼原屬彼而改隸此及疆場
新闢而旋分旋合于彼此者悉志之是隸轄之
請酌十三也原志藩封第紀今

天潢之派夫先朝之胙土分茅誼非藩封乎今擬

按史逐代遡載之更名封建而據今

玉牒備紀其支世存除之故且併勳爵戚畹無載

焉是封建之請酌十四也原志山川總載府下

但方隅不别道里未詳今擬每州縣另爲提頭

析其四正四隅而又于方隅下序其道里遠近

使脉絡井然且畧倣古山海經水經等例稍以

事蹟議論點綴之成文是山川之請酌十五也

天下郡邑無論邊徼之㢠擴者即如腹裡州縣

有開設者有歸併者又有彼此州縣互割其數

里者縱橫聯絡惟取控制之便何妨旦暮異同今擬叅訂正之是界限之請酌十六也民風世俗勢若循環先朝風俗既不可執以槩今而溢美虛稱何裨實政今擬據群志博採見聞融諸說而總攄成文但志其足爲移易計者是風俗之請酌十七也原志志公署矣豈于秩官缺然夫撫治地方惟賴設官分職况二百年來駐轄之新署屢添煩簡之職銜屢改安可尚仍舊貫今擬質之銓部並志焉是署職之請酌十八也官以撫民師以廸士其關係地方豈細第官師

非備員也惟稱職而聲施後世者足紀耳況名宦既志則此似重出臣原疏請志官師今擬省之是官師之請酌十九也保障金湯守據急務原志未及此今擬于城池周匝高深及先令修創事蹟悉志之以竊附于春秋凡城必書之義是城池之請酌二十也原志合關隘橋梁為志夫關以備捍守梁以濟往來原不相蒙豈宜混志今擬以關入險要志而挈橋渡等另以津梁志焉是關梁之請酌二十一也禹貢周官民數最重豈原志因陳循俗黃冊之誚遂缺焉弗及

今擬質之司農按籍而志其先今隆殺之數然
又惟載其歲有常供者以見底慎之意他如因
事隨時增加者姑缺之是田賦之請酌二十二
也古帝王政先溝洫以其係生民最重也原志
非不載川而水利未備今擬除水之無關溝洫
者入之川而其隄防灌溉爲生民所利賴者特
立爲志是水利之請酌二十三也

國之大事在祀原志署祠廟於寺觀後而反遺特
祀壇壝等豈其未知禮意乎今擬備志其有關
祀典以爲功德宜崇法施當報者勸懲與異端

淫祀稍别是祠祀之請酌二十四也原志不志
藝文惟閒附于山川古蹟之下夫今古名賢品
題紀載原自汗牛况自有原志來又浸浸充棟
乎今擬但取其標目并著作之因另志之是藝
文之請酌二十五也千秋名勝百代詞宗非碑
板誰與永傳往昔之湮沒無聞爲後人扼腕者
葢種種矣今擬博採見聞特爲志以便示好古
博雅者是碑板之請酌二十六也兵者國之捍
食者兵所需乃芻馬兵所藉資屯田食所自出
並安攘最急之務也今擬質之五府及戶兵二

部以志其先今多寡之額是兵食之請酌二十
七也欃攘分争何地蔑有而勝負存亡之在往
昔者載籍臚列至治不忘武備經世者烏可贖
贖乎今擬博捜群史及
國朝實録諸典故征討平攘等事逐地分志之是
經畧之請酌二十八也王公設險控制要圖古
今防禦去處指掌班班今擬採關隘營砦等及
曾經戰争扼擾之地備志之以旌經武者考據
是險要之請酌二十九也守在四夷宰制急務
原志載九邊大槩而防僅西北未及東南今擬

自遼東起至甘肅由建昌交廣及福閩浙直東至
抵山海關閘圍分截爲志似乎八埏具舉而控
制經畧者必所願聞是邊防之請酌三十也徙
兕宂伏之性故自難馴而節制羈縻之方最須
洞悉但志所主專在地何内外之間然今擬于
川湖雲貴等處土州長官司屬府者志之府屬
其撫慰二司及土府併羈縻𥜞司之直隸于省
者于各府州後另志之是土司之請酌三十一
也原志亦載四夷廼梯航者今昔之至否逈異
然總之皆歸化于我也况如朝鮮等國邇更彬

彬文物漸盛乎今擬查其先曾通貢者總名屬
國採方輿風物等志之以示咸賓而其餘海外
未通貢市者亦間附焉是屬國之請酌三十二
也人爲地重地以人靈原志于先朝人物猶多
掛漏矧今又二百年濟濟輩起乎臣原疏請于
群志所未刻而見存于世或不存而出身在
世廟後者姑俟焉以省議論然議論猶慮未易省也
今擬于先朝間採群志以補缺畧于
本朝則有通志者據通志無通志者止據原志共
不增减一人以滋檀操予奪之口實是人物之

請酌三十三也鄉賢之名謂其賢者一鄉也今
群志所收多冠進賢者而于孝義隱逸等反另
志而殿其後豈認題之誤乎竊謂匹夫而賢于
鄉政磊落不磨者今擬總志之而省去諸名是
鄉賢之請酌三十四也群志載選舉即臣原疏
亦及此夫人文雖地方藉重而不媿科名者幾
何人果其表表定載之鄉賢中矣今擬省之是
選舉之請酌三十五也原志不載河漕夫漕爲
國儲孔道河爲天塹要津而海運一法尤經世要
圖今擬採先今漕海二運及河道諸書備志之

是河漕之請酌三十六也天人交感誰謂無稽群志閒載災祥但如交食之總屬海宇列宿之統屬一方焉得專志之一郡今擬博採群史及本朝實録中天官事實但取其專在本地者志之倘亦敬天勤民者必資乎是災祥之請酌三十七也原志取古郡名之可備稱呼通用者署之形勝前不知此名已詳載于沿革下况本志係國家典章豈僅以供詞人掇拾者今擬省之是郡名之請酌三十八也原志志宫室夫先朝宫室誰非古蹟况原多僅索基址于蓁莽中者焉得

於古蹟外又另志乎今擬以古蹟志盡之是宮
室之請酌三十九也各地之物志其特産異産
尚矣至于大關民生無過茶鹽而坑冶所出尤
産之最重者今擬于茶鹽坑冶等備志其興革
啟閉之故是物産之請酌四十也已上條款皆
臣所請酌于修志以内事也迺更于修志外願
請者與郡邑同名之當議是已蓋天下爲我
皇上分理此百姓而于勢最親于事最劇者非守令
乎守令所執以號令信驗郡邑者非印篆乎今
同名而在省府州縣猶曰有一字之別豈今並

係府而同名者一並係州而同名者六並係縣而同名者四十有八况又有三同者七四同者一乎猾胥之移甲换乙奸民之影東射西幾令魑魅公行天地昏黑胡當此清平世界而未議及此也誠能乘今修志各取古地名酌更之行禮部鑄换之亦最易易事豈非吏弊之急當釐正者哉夫夏虫之不可與語冬井蛙之不可與譚天有所局也臣所條欵第管窺蠡測耳今在事諸臣學羅今古才嫺乾坤倘果開館舉行其妙法良規何族幺麽戇喙顧匆匆見妄以爲有當

行之事請併覶陳之可乎一曰請
勑諭查先年凡有纂修並蒙
頒降勑諭況今新二百年之大典勒一千卷之鴻謨
事體頗煩職員亦衆似不得不藉此爲重也二
曰定秩官舊例纂修之職有總裁有副總裁有
纂修有同纂修有催纂有收掌有謄録下至胥
吏貼寫皆執事之不可缺者似當預擬上請者
也三曰派責成臣原疏議修本志原有分而合
之經而緯之之法故今稾每府州另爲一帙而
帙之中又每目另爲片楮以便分合經緯今似

宜于始也人授一地而令各廣搜括于繼也人
授一目而令書一體裁于終也仍照原地合之
成帙庶格式不至于參差而責成不至于推諉
耳四曰聚志書入文原因地盛衰志書亦隨時
新舊臣所見舊帙落落辰星其日新月盛者合
移文各撫按官廣爲收羅嚴限令承差賫附到
館即原無者亦令速編附進似藉以採據之第
一義也五曰查事實百寮庶務各有司存似宜
于凡事之分屬府部及内外大小衙門者但關
考據所需即便移文查取六曰廣參訂志成帙

矣寧無漏外足慮乎各該地方並有見任
都門者似宜照地方人授一編除人物不得以意
增減外但有未確者未備者悉令參酌標答以
便改正此又非集思廣益之最要者哉他若館
開而執事既齊在大官必備供給書成而
聖裁既定在將作必議繡梨益
鉅典既垂成有機則錢糧自歷費無慮是必無俟草
芧贅及者也倘我
皇上慨然省覽臣疏于四當亟修而見振舉之必不
容緩于四十當請酌而見開館之必不容稽又

于六當議行而見經始落成第旦暮反掌之易則萬代瞻仰在此舉矣夫躍冶之金人詫爲恠臣衙沙賤士呫嗶肅流以寸研而欲羅方幾萬里之幅員以四載而欲振二百餘年之廢墜是何異未鷰之鳴與負山之蚊歟然臣聞耕問奴織問婢非奴婢之智有加于士君子上也以願爲耕願爲織則習之不若其難而習于耕習于織則委之適見其便耳按漢唐宋已來若劉陶何蕃陳東等並以太學生陳言國事卽就

國朝於本志言之亦未始不容儒士魏元俊及秀

才萋立綱之仰効尺寸也臣拮据四年同諸友
費工約萬餘日今纂已經三易約二萬餘張力
不能盡數謄清僅將各省首府邊鎮屬國首卷
及目録採摭書目郡縣沿革考同名考等共一
百二十冊見在仰俟詞臣取閱伏乞
勅下禮部轉送詞臣酌議開館事宜擬派職員購志
查事俯將臣所請酌條款併志纂刪採施行豈
惟文獻之廢墜大振于
熙朝抑見
文治之炳彪永邁夫今古若臣則入入棘圍兩與副

榜郎日鉛刀尚圖一割况今見在吏部點選不
必疑其借此博進賢冠也臣不勝惶悚踧踖待
命之至爲此具本親賫謹具奏
聞
萬曆四十七年七月十四日吏部聽選順天鄉試
副榜貢生臣王應遴
本月二十日奉
聖旨禮部知道

誥勑房辦事試中書舍人臣王應遴謹

奏爲三奉

明旨修一統志懇乞查照部覆預購志書併乞容專

收掌以便速効以免虛糜事臣惟天下事備弗

預則爲無米之炊任弗專則爲道傍之築臣以

修一統志蒙禮部題送

內閣而閣臣又題臣入

誥勑房辦事適本志之稿昔翃于儒士魏元俊而

今修于臣則既非身外事而亦非分外事也臣

敢不目昧爲

皇上陳之臣於萬曆四十四年二月内以欣逢一統
極盛之世宜修一統最急之書等事具疏又於
萬曆四十七年七月内以志藁粗成纂修宜亟
等事具疏並奉
皇祖聖旨禮部知道欽此及泰昌元年十月内禮部
聖旨一統志宜加續輯但玉牒尚未告成兩朝實録
題覆奉
纂修有日竢有次第議行欽此此科臣之纂看臣
疏也有殫四年之精力集三易之工程畧一覽
觀燦然成列庶幾鄭之裨諶因而成之事半功

倍等語部臣之覆臣疏也有或開館而特舉詞

臣專任其事或附於見修

玉牒館中即着原官兼管合聽閣臣酌議至若購

求志書查考典故則本部當從諸臣後用襄萬

一等語夫奉

皇上之明旨如此而參以部科之僉議如此臣何幸

躬逢其盛哉乃其事未遂振舉只緣

玉牒未成

實録未有次第耳今臣於

玉牒則與効微勞而告成矣於

實録亦與効微勞而泰昌者既完萬曆者亦幾十
年有次第矣則部覆開館之議非此其時乎然
使館開矣而志書未購所謂無米之炊也收掌
不專所謂道傍之築也與其速舉而繁費何如
詳計以圖成臣今何敢輙以開館上
請哉但臣纂此稿雖經徧閱天下群志萬餘卷而
今昔沿革既異聞見掛漏尚多曷敢謂書生管
窺便足成
國家大典譬之作室者度木庀料惟以需斲削於
大匠耳故臣原疏有請酌於詞林者四十款既

冀以集衆思而必旋採摭於天下之群志尤冀
以廣查覈也按先年輔臣陳于陛曾因修
正史行購天下群志今存閣幾何恐第斷簡殘編
耳謂宜行令各省直將該地方志書典故各送
一部來京庶足爲叅考採擇之資然臣讀周禮
見所云外史掌四方之志則輿圖一事古來原
自有專官不混任也葢輶軒最廣載籍極博其
始也宜急於諏野有散而求聚之法其既也宜
便於採用有聚而復散之虞竊見我
國家從前纂修有費貲六七萬而一字無成者有

愆期十餘年而迄今方完者議者之口屢騰任者之心空急得無收掌未專其職之故與畚纂修之有收掌無異户之樞弩之機此職不專百廢因之故使纂修此人收掌此人自收而自閱之則隨時有稽求證彙之資倘人收而我用之則臨時費通聞求取之力假如心精所至方勃焉渺筆待書而偶是非得失之林毫釐千里之辨有待查覈隨取隨覈則無虚時待取而覈則有間日及至待覈不得則此段竟束高閣矣此無論居諸易度而

國家纖毫儀稟孰非下民脂膏何忍動糜鉅萬年
復年歲復歲悠悠泄泄若此哉如近修
王牒豈臣一人事乃二十年未完者臣於數月間
立式寫完總表詳加參對而催紙劄催綾絹催
工裝潢朝夕拮据但早完數月即省
大官之費數千倘本志容臣收掌則數萬金之省
可預擬也夫奴之耕婢之織豈惟性所安亦其
習所慣臣夢寐所縈者他人或厭之哂之然臣
妄揣非身外事亦非分外事即以多事取嫌賈
禍弗顧矣臣爲此具陳伏乞

勑下該衙門查遵三奉
明旨及照禮部覆疏原議行令各省直將合屬群志
及一應有關本志典故不拘綿竹紙張着各該
齎捧給由等官陸續順帶一部來京暫交禮部
通限一年之内取齊以備開館參考採擇惟是
臣纂輯効勞收掌似難他諉而辦事
詔勑圖籍終係代庖或邀
恩旨特授臣以收掌之銜俾掌故之責有歸而續祈
之志易集臣犬馬之効必不敢自諉以虚糜儀
廩也塵露下吐定奪取自

聖裁臣不勝悚慄待
命之至爲此具本親齎謹具
奏
聞

天啓三年三月二十日誥勑房辦事試中書舍
人臣王應遴
本月二十四日奉
聖旨志書着行文各省直限一年内送至禮部完日
着王應遴收掌以備纂輯

吏部聽選順天鄉試副榜貢生臣王應遴謹

奏爲

聖政方新正朔宜確敬因曆理之嚮未講明曆法之

亟當議飭謬獻芻蕘仰祈

採擇事竊惟

聖王之秉乾御極首以正朔爲尊賢臣之輔

國匡時要惟修廢是急我

皇上冲齡嗣位曆數在躬業已宇宙增輝草木生色

矣惟是有理原自明而嚮來講究未徹法當亟

飭而嚮來議但盈庭如修曆一事者或亦我

皇上今日繩武之大孝掀揭之弘猷所宜急急振舉者乎班固之言曰治曆者當擇三家曰專門曰明經曰精算故史遷以世家劉洪姜岌劉孝孫李淳風等以數學倪寬楊雄賈偃蘇頌等以儒術所從來矣臣經生也如云治曆明時欽若昊天敬授人時日月告凶不用其行陽事不得讁見于天及日有食之等語童而習之矣夫習其文必思解其義解其義必思幹其事臣豈于此無一隙之明而敢以妄誕瀆

聖聽乎孔子謂殷周因夏殷之禮損益可知彼其以

聖繼聖以治繼治間有所因尚未有不損益之
者況勝國以舛譌溷我
中國百年
高皇帝一驅而洗之處無不鼓長風以盪滌氛者何
獨于正朔首務乃因仍其舊歷謂
睿思鴻謨及一時賢哲名臣不能駕軼其上而更張
之耶則以彼其時原無事更張而在今時則有
必不得因仍者矣且曆何昉乎黃帝迎日推策
始作調曆顓帝爲曆宗夏曆正建寅商曆正建
丑周曆正建子魯曆以閏餘一之歲爲蔀首此

古之六曆也秦用顓帝曆漢初因之至武帝造
太初曆成帝造三統曆平帝造四分曆靈帝造
乾象曆蜀仍用四分吳仍用乾象魏文帝造黄
初曆明帝造景初曆晉武帝用三正曆即景初
舊法而其後之春秋長曆乾度曆實造而未之
用也穆帝造通曆晉武帝造三紀甲子元曆宋
太祖造元嘉曆大明中又造承天曆齊梁間仍
用元嘉曆天監中造大明曆北齊造天寶曆又
用甲寅元及甲子元曆西魏造正光曆周明帝
造武成曆武帝造天和曆天象初又用丙寅元

曆隋用張賓所造曆又用張胄元所造曆時又入
有七曜曆星極曆唐高祖造戊寅元曆高宗造
麟德曆玄宗造大衍曆肅宗造至德曆代宗造
五紀曆德宗造貞元曆憲宗造觀象曆穆宗造
宣明曆昭宗造崇玄曆五代晉高帝造調元曆
復用崇元曆周廣順中王處訥私造明元曆又
有萬分曆蜀有永昌曆正象曆南唐造齊政曆
周世宗造欽天曆宋太祖造應天曆太宗造乾
元曆眞宗造儀天曆仁宗造崇天曆英宗造明
天曆神宗造奉元曆哲宗造觀天曆徽宗造紀

元曆高宗造統元曆孝宗造乾道曆又用淳熙
曆又用會元曆寧宗造統天曆理宗造開禧曆
又有淳祐曆會天曆成天曆金造大明曆後又
重修之即宋之紀元也又有乙未曆元太宗造
庚午曆世祖用郭守敬所造授時曆而我
國家大統曆則一宗授時曆爲之者也夫六曆以
前無論矣自漢迄元僅千三百五十餘年而曆
之造已六十五家彼豈作聰明喜紛更若是哉
則其不得不然之故可想矣何故自元至元十
八年迄

今日又三百四十年矣乃得獨仍其舊無改耶竊意草創之初但憑一己之知識而潛玩之久自集衆人之心思語曰青出于藍氷寒于水故古今之曆雖殊而其稱密者惟漢之太初唐之大衍宋之紀元元之授時已耳乃守敬之造授時也何如守敬已前治曆者率用積年日法至守敬則謂以今歲之時刻分秒逆歲實筭之即可以得氣應自冬至距朔之日即可以得閏應如是而奚必用積年之法又謂以日爲萬分分爲百秒奚必用積日之法由是置歲周加氣應蒲

紀法去之即得來歲之冬至置中積加閏應蒲
朔實累去之即得來歲之閏餘蓋最捷之法也
彼時以實數考正者七事以己意創立者五事
又最精之思也上推百年長一筭下推百年消
一筭又最秘之訣也當時原有言曰積年距至
元之辛巳則可其諸應宜隨時測驗者用辛巳
爲元則不可又最遠之慮也守敬之治曆猶朱
熹之集諸儒大成宜可爲世奉功令者矣然杜
預之言曰治曆者當順天以求合不當爲合以
驗天後漢志曰曆不差不改不驗不用未差無

以知其失未驗無以知其差故守敬之爲曆能
自爲不差而不能必天地七政之自然不得不
差也使後守敬而爲曆者知何若爲在天必然
之數而不得不差又知何者爲立法未盡之意
而不得不改方爲永久無弊耳乃授時之能上
合于古而大統之因授時而作竟不能下合于
今者何也則所爲歲差一着耳夫歲何以有差
也有形之物尚且寸寸而度至丈必差銖銖而
稱至石必錯若曆固無形者也聖人不得已而
曰懸象曰日月星辰繫焉此其無可捉縛無可

按振乃必差之勢也然其所以差處可得言乎
歲之成成于日與天會太陰五星遲疾不同總
以歲實爲用我
高皇帝謂天左旋七政右旋人見其隨天帶轉遂以
爲並係左旋歲之差第因日之行不及天之行
微在分秒間耳譬之舟行水中人在舟中有在
前艙而移往後艙者又有在船首而移往船尾
者是致差之因也顧曆之差非一日矣議曆之
差者亦非一人矣虞喜謂五十年一度虞劇謂
百八十六年一度何承天謂百年一度劉焯謂

七十五年一度僧一行謂八十三年一度許衡王恂謂六十六年一度郭守敬謂七十年一度宋濂謂六十七年一度而邇崔儒秀則曰六十六年八個月邢雲路則曰六十四年八個月大都不出守敬所云六十六年有奇者近是然臣愚謂毫釐固不可混多寡亦不必拘何者在天原隨運隨差在人亘隨差隨正天固未常以定數示人人亦不當以定數限天也夫語時人以歲之差孰不曰穹窿者蒼蒼耳往來者混混耳寒暄不愆交食無悞吾安所見其差吾安必曉

嘵然議正其差乎不知天何傷于差第曆之裁
成輔相此天者不可使其有差耳葢使其差而
泛在旦暮間也相距猶僅一辰耳倘在夜半之
交不隔一日乎倘在合朔之交不隔一月乎倘
在立春之交不隔一歲乎氣差一日則閏差一
月閏差一月則時差一季時差一季則歲差一
年無論尅擇之吉凶盡舛生命之休咎盡悞如
我
皇上之躬郊祀于
天地須正朔于華夷其所關重大若何而可漫然一

聽其差耶伏按我
高皇帝命漏刻博士元統修明曆事元統但遵授時
舊數以洪武十七年甲子爲曆元撰年續之竟
掃其消長之法于不用而另立準分以爲修改
合天彼時監副李德芳上言爭之謂元統甲子
元曆不與經史合宜用許衡元曆及消長之法
方合天道
高皇帝曰二說皆難憑只驗七政交會行度無差者
爲是大哉
王言蓋欲和合二家酌取中數以垂之萬世無弊也

倘當時元統能依守緻之法而于消長通融乎
高皇帝之訓而于測驗留意乎何遂致差如今日耶
又能遵
高皇帝驗七政交會行度無差者爲是之一言盡之
然差者差矣正之宜如何臣謂
矣夫歲差之議爭自今日始哉若丘濬若周濂
若岳正若華湘若樂頀若鄭善夫若李應策若
陳星若范謙若鄧宗齡若唐順之若袁黄若周
述學若范守巳若鄭世子載堉等或獻議于
朝或著述于野此並

昭代之表表足紀者乃邇年來禮部及臺省諸臣
章疏所舉如邢雲路徐光啓李之藻崔儒秀及
該監周子愚歐邏巴熊三拔等又班班不乏人
無非爲議此事也臣苐惟近之議歲差者又如
築室無定耳夫歲之差差于後天無疑矣但往
不具陳如邇鄭世子之言曰大統與授時相較
考古則氣差三日推今則時差九刻袁黃並陳
星之言曰差九刻餘乃邢雲路則于丙申冬至
謂差九刻于戊申立春謂差十刻于庚戌冬至
謂差十一刻于甲寅冬至謂差十刻有奇于戊

午冬至又謂差七刻五十分夫一時也而彼此
之議難符一人也而又前後之筭難合豈其因
事不振舉故不免見未要歸所謂衆言淆亂必
候折諸
聖耶夫以
先皇祖之聰明天縱邇年來諸臣之章滿公車此舉
之迄未掌
允行者何也則諸臣第謂曆之當修第薦舉人之
可以修曆而未有以曆理之當明及修曆之法
之當飭詳悉入

告故上無以起
先皇祖之信且下無以剖諸當事之疑遂致因仍至
此耳夫立法者必明理理者物之所由然者也
是不可虛揣不可妄議要當于器數之中究極
其本原之處必理明而後法可飭也臣愚謂曆
理之當明有二十事焉曆有定朔即今七政曆
中所載合朔普天所奉我
皇上之正朔是也歲既有差則
新頒天啓元年正月一日合朔之時刻實非在天
真合朔之真時刻蓋太陽平行一度太陰平行

十三度十九分度之七是一晝夜間月先日十二度有奇歷二十九日五十三刻復進及日與同度是稱經朔顧日有盈縮月有疾遲于此損益之乃定朔也四大三小之法創于麟德授時酌平朔進朔之法以定合朔不知月之會日本天道之自然而朔之進退乃人爲之牵強今強天奏人曷若廢人用天而不復虚進之爲得其實耶是定朔之當明一也歲實者一歲所實有之日刻分秒也祖冲之原定三百六十五萬二千四百二十八分一十四秒而授時減去三分

一十四秒然守敬自謂祖祖冲之之法及以冲之所測之法與守敬所測之法較之又第減一分五十三秒耳及查趙知微大定曆法先授時一十一秒乃守敬所用實係大定數其紀之史冊又曰接祖冲之何自二三其說乎又有張方齋謂歲實宜三百六十五萬二千四百一十七分九十一秒一微者此其說果足採否也夫曆以歲實而成歲實少差則月策轉綏交綏及五星周等無不差矣是焉可不酌定之乎是歲實之當明二也曆之四應所謂四大柱也大統之

氣應五十五萬零六佰分而邢雲路則謂後天七百五十分矣大統之閏應二十萬二千零五十分而邢雲路則謂後天七百九十一分六十秒陳星又謂先天四十二分矣大統之轉應一十三萬二百零五分而邢雲路則謂先天一千二百九十五分九十四秒陳星又謂後天一百分矣大統之交應二十六萬零三百八十八分而邢雲路則謂後天一千八百一十六分四秒陳星又謂後天百四十一分矣他又若袁黄謂朔實宜增一秒者謂轉終宜減一十五秒六

者謂交終宜減一秒者總之歲實既更則一動百動自然千里毫厘是四應之當明三也氣之周于一歲節而爲二十四大統之氣策一十五萬二千一百八十四分三十七秒五十微即歲實所分二十四分中之一分也然大統本于授時今以授時消一之法筭之又實一十五萬二千一百八十四分二十五秒也邢雲路云一十五萬二千一百八十四分二十四秒六十微又與二說並異夫一氣之差如此則二十四氣並如此相距不甚多乎總之歲差未正故未免羣

議無憑耳是氣策之當明四也赤道當南北兩極之中四周相距皆等黄道自冬至日行去赤道最遠古云相距二十四度而授時實測得二十三度九十分三十秋自後漸行漸遠至春分前二日而黄赤交交後入赤道内漸行漸遠至夏至而黄赤相距如冬至之數冬至極南爲外夏至極北爲内自夏至後復向南行至秋分後三日黄道始自内交出赤道外至次年冬至而仍相距如初但其行道有徑斜宫分有廣狹不可以一定擬也乃又有謂每歲冬至退約一十

五分者又有謂黄道較赤道少一十一秒者諸說何無定耶是黄赤之當明五也元人曆議云堯時冬至日在女虚之交然以授時考之乃在牛二度是與虞劇同矣以大統考之又在危一度是與劉焯同矣二者已相距二十六度皆不與堯典合乃鄭世子又謂退考堯甲辰冬至午中日在女十度是又與何承天僧一行及劉虞之法並異矣夫天行健日稍遲故以漸而退乃自然之數而諸說多寡不齊將何取衷焉是日躔之當明六也論交食者謂其時有早晚分有

淺深然須加時必本之躔離盈縮求食分必原
于距交近遠苟于太陽之入氣盈縮太陰之入
轉疾遲未得其正則合朔之先後必乖而虧盈
之時刻必舛矣凡食在八分已上是日月行至
黄白道相交處乃在食既之内並無偏于南北
之勢故無論陰陽曆交前後度俱起復止東正
西並據午地論也不有黄道斜正廣狹之當審
乎不有天體升降低昂之當商議乎不有人目所
見南北迥異之當辨乎不有日夜食及里差之
說之當據乎必如是而後起復方位時刻悉無

悞耳是交食之當明七也今之筭盈縮入度者何故而必用減那最高行度哉葢因歲差積久年年不足此盈縮分故將此日中行度那以補彼年年所欠之數其剩餘度分方爲所求日行入曆之度分用以推盈縮曆差方應得所求日行盈縮曆之差度耳夫盈縮曆之關鍵于此那移則種種費力是焉可不確求其故耶是盈縮之當明八也月道隔黄赤之數曰距其遲疾因入曆之交而加減殊曰差顧其求加減差分之法當以絃望及弦太陽之盈縮差與太陰之疾

遲差視其盈遲縮疾者爲同名縮遲盈疾者爲異名以同名相從異名相消如是同名者以盈縮與遲疾二差相併異名者以二差相减餘爲實以限日分八百二十分乘之得數此筭距差舊法也乃歲差既動則所距所差之數未有得仍因其舊者矣是距差之當明九也古治曆者既以月統日矣然謂十二月不足以盡三百六十五日四分日之一也恰計十九年加七個閏月則可以周天日之運度不至同冬作夏抑春爲秋今歲旣云差則凡節候之當子正一刻而

值閏者寧不以後月之閏移而爲前月之閏耶若邇安世鳳文欲以每月統三十日或統三十一日如大小盡之例即于每年足每月天行三百六十五度四分度之一之數此是欧邏法也談何容易哉是舊聞之術明十也五星段目古來諸家之遲疾順逆留伏不同緩疾之求五星盈縮差也立三乘方及加分損益積度二術與日月同參其數止録舊章並未測驗迄今多舛據邢雲路所稱以晷記之得五星盈初謂土在畢九度六十九分而緩疾則井十度四十二分

也謂木在畢一度四十八分而授時則井二十七度三十七分也謂火在女十度八十分而授時則室十八度二十七分也謂金在尾十度七十四分而授時則尾十六度八分也謂水在婁十度四十二分而授時則畢八度九十一分也已上同異迥懸然臣愚又不無疑其未必盡確者總之歲一差則五緯自隨之盡差是歸可令漫無的據耶是五緯之當明十一也日月之繫于極猶日景之繫于表雖偏正直斜不等而景根未有不歸表者今

中國地既居極之東南則自
中國視之極之東南不在西北乎極之正東正西
不在東北西北乎故議者有謂
中國之午非天地之正午而
中國春秋二分之晨昏非天地之正卯酉者又有
謂天地雖大中正所測十道之中即天地之正
中者又有謂天地以陽城爲中今授時春分秋
分躔赤道在三日先後即此說者總之天下各
處俱有正中而諸說焉可無要歸與是極度之
當明十二也七政列宿各自爲天故有高下遠

近之殊高者或爲下所遮遠者或爲近所映其相合相凌乃自然之勢在日月有合朔在五星有合伏在日月有合璧在五星有連珠皆所謂合也經星之行與緯星之行各有度數各有次舍而偶爾同度同道皆所謂凌也合與凌總是一交耳治曆者必以此交合彼交以彼交合此交而于其交中之時刻分秒又毫釐不差乃爲精密邇歐邏巴人有列宿天球詳于此道仲尼問官于郯子曰天下失官學在四夷今焉得其人而問之臣鄉人李元庚亦留心于此是合犯

之當明十三也垣宿麗天冊元子步之詳矣彼其舉甘石巫咸三家之星括而為歌是家傳戶頌者也然錢藻以朱黒白別三家葛衡以青白黃別三家互有異同全不以星之等第分也又大角一星也兩朝志謂屬亢而中興志則屬之角庫樓十星也冊元子謂屬角而兩朝志則屬之軫夫周禮保章氏掌天星以觀天下之遷辨九州之地所封之域皆有分星以觀妖祥所關豈細而可令矇瞍為見乎是列宿之當明十四也天運晝夜一周而過日一度是以列宿在天

漸移而西越月而午宫之星已差卅度堯時日
在虚七度是日行比陸躔玄枵之次也今則日
在箕三度是日行南陸躔析木之次也夫書言
四仲第舉四時之正耳黄赤二道有歲差倘舉
六十六年前冬至之日之中星而曰此即今年
冬至之日之中星則積至萬二千九百餘年不
幾將旦之中星指作昏之中星耶是中星之當
明十五也晝夜百刻以十二辰分之每辰得八
刻三分刻之一人有言沙漠地晝僅十八刻者
雖未可的信然以人見太陽長短而分晝夜長

短是實理也哉

高皇帝大統曆造于金陵故晝夜之刻以五十一四十九乃今之都城郎元之舊都以北極出地揆之先在三十二度今在四十度援元曆晝夜之刻以六十二三十八則測既準矣哉

國家曆既用元胡獨于此一節背之嘗見正統十四年已巳曆之刻六十一三十九想彼時必曆官準漏而爲之也乃岳文肅見而駭之後竟置不用今則漏壺塵封且不知此物爲如何用矣

是晝夜之當明十六也十二宮界乃黃道躔度處也授時所測月在箕十度而今既稱在箕三度則已退七度豈不宜另步宮界另以赤道交黃道以求合今時在天之宮度耶試以守敬所測與今所測一比絜焉不大相懸乎據邢雲路云先天已八十餘刻臣未之敢信夫此猶就本率推之也如加消長則其所差更當何如是宮界之當明十七也羅計二星乃紀月道之南而北北而南出入于日道之口也孛星則于月道望左旋最速之處以爲右行最遲之時也然

則以驗置閏之節其四餘所云若干年一周天
者只借月行及閏月既遍復經故屢而名之也
總之四餘乃日月運行交合之間及歲序正餘
之分就中指其節度要領者名之今星命家用
之殊似無謂況歲既有差則又錯中之錯矣烏
可不並爲正之是四餘之當明十八也月建者
如寅月寅日之謂也華象新書載十二月建斗
綱所指如正月指寅等謂之月建不知在天之
星十二舍次與時令之月建絕不相關如正月
斗璣斗杓指寅惟雨水後六日則然其六日以

前斗杓不指丑乎久之天星漸移計六十餘年差一度五百餘年後不轉而爲二月指丑耶彼時可謂二月建丑否耶蓋趙緣督悞以天星之次舍加爲地盤之月建令人多未之知此亦不可不辯者是月建之當明十九也中曆星宿不動冬至動而退西曆冬至不動星宿動而進中曆天不動六十餘年而日不及天一度西曆日不動六十餘年而天過一度此其法果同乎否乎又中曆交黃道二日後方交春分秋分後二日方交黃道而西曆則日入白羊戌宮是爲春

前二日交黄道之日且有在三日前者此其故
必有互相發明者在胡可置之不問乎我
高皇帝治曆曾取西域馬哈麻萬年曆参酌之又命
詞臣李翀吳伯宗等譯西域天文書故欽天監
不廢回回一科蓋以此習于經而彼精于緯也
是中西之當明二十也已上二十事所謂曆理
當明之大槩也理明而知歲不可差矣然欲于
差者正之操何法而可哉自古言曆者三家太
初以鍾律起大衍以蓍策起授時以晷影起然
謂鍾律爲數無差乎則太初宜即定于漢而後

之爲三統四分者若何謂著策爲術無差乎則太衍當即定于唐而後之爲五紀貞元觀象者又若何蓋聲氣之元審音者既多淼茫而揲扐之數一定者又未圓通兩者于理雖玄于法難確臣據古今衆論折衷之惟有測驗一着耳夫測驗云者即我

高皇帝所謂驗七政行度交會無差者是也蓋二至二分曆之四維春秋二分日行赤道中夏至日行赤道北惟冬至日行赤道南而吾

中國居赤道北則當日行南陸時測景最長夫影

之歲長乃眞冬至也此可得歲差之根而于此
測之即可得歲差之證也然豈惟冬至可測哉
測天得天周測日得日周以積月積轉積交之
盈朒差加減得盈朒數以歸除周天度分得月
策轉終交終分以周天度計氣轉交周得四餘
分以日周計五星周得五星度分凡在天成象
者皆可以測驗得之也鄭繼之之言曰欲定歲
差宜定歲法于二至餘分絲毫之間定日法于
氣朔盈虛一晝之際定日月交食于半秒難分
之所按許衡郭守敬治曆時四海測景之處二

十七今他未暇及第據
王畿建極地一測驗之而修曆之能事畢矣臣愚謂
修曆之法之當飭有四焉古法周髀髀即表也
今見在星臺之影堂乃郭守敬所制之圭表與
璇璣玉衡同用者也以石爲槃而平以水渠以
銅爲表而擎以龍掌高八尺挾横梁于表端龍
掌中下布其景于槃面但夏至則景短尺寸之
下所謂分太半少之數未易的别冬至則景長
所慮未便者光盪影淡未必得眞則又宜倣古
式製一影符使針鏬小竅貫日光隱然透其横

梁實得中景便記之景簿使其紀筭不差如謂表尚欠長則就于星臺空處或即倚星臺之址照嘉靖七年題准側立四丈表測驗其布筭之法固同揆也務令兩表相符乃爲真的是圭表之當飭一也渾儀羲和舊器也尚書大傳云璣爲轉運衡爲橫簫是王者正天下之器也自是有張衡之地動儀沈括之象儀蘓頌之六合儀三辰儀四游儀他又有候極儀玲瓏儀闚几儀歐邏巴又有規儀方儀㮒儀平儀簡儀百游儀十字儀懸繩儀種種各極挑巧而今就便用之

無如見在星臺守敬所製之簡儀矣其製有北極環以定經度有赤道環以分緯度有百刻環以明時刻有四游環以齊運旋有立運環以驗地平及向南窺測不及之列宿凡七政運旋中外裂官遠近何者不悉備于此哉是簡儀之當餙二也圭表簡儀似足盡測驗之用矣然法不應備必多設以互證之乃爲無憾歐邏巴之測量矩度及表度諸說最妙最奇用之亦非甚難事但近便易省莫若另立長短二竿一擬太陽以定子午之位調刻漏以定子丑之時候太陰五

星及測宿夜半行至午位擫竿測望以度準之推高低而知經即時刻而知緯分寸不移呼吸不失七政萬星何者不在我一望中耶是表竿之當飭三也刻漏之製肇自軒轅用于夏商流珠把箭銅史金徒甚鑿之矣後世如大明燈漏五輪沙漏混儀更漏蓮花漏沙漏香漏及西洋自鳴鐘等巧奪天工精超人力然目前便用無如星臺之銅壺矣古人欲測躔度所在必以昏旦夜半中星衡考所距縱考所當但昏旦夜半時刻未易得真時刻一差則所距所當悉爲謬

得是必專督調治之假如今午正至明午正按晷扣定斟水若干若欲得子正則平分此水斟滿其半便得准時必令緩急得所流洩無滯以此證測驗而百務不具舉也哉是壺漏之當飭四也已上四事所謂修曆之法當飭之大槩也法飭而知歲差可以正矣然欲于其正否驗之

又操何術而可哉臣查得

新定天啓歲次壬戌年之五六月間應五星聚于東井按易坤靈圖曰王者有至德則五星若連珠彼時正

聖政炳彪之期尤人民熙熙樂之候于此一新
寶曆豈非咸三登五之盛事乎然曆何能以時
修也謂宜即今開局派定執事頭于本年冬至
前後各一月時專督一官逐日將景堂午刻之
日景記之恐陰晴難料取其前後相對之日得
幾何尺寸爲實又取次第兩日相距幾何尺寸
爲法以法除實得尺寸幾何或前多後少爲減
差或前少後多爲加差于前後相距各若干日
刻分秒内加減前加減差餘若干日刻分秒折
取其中得若干日刻分秒加半日五十刻共爲

若干日刻分秒乃以百刻約爲日除之餘至冬
至之日之時刻分秒是乃定天正之眞冬至也
是乃證大統曆所載之爲悞冬至也夫邇談天
者流弊在麥眦而好爲欺今所測之景圭三尺
之童莫之或欺者此不可塞不必修曆之口哉
乃又泒專司簡儀者又泒專司表竿者又泒專
司壺漏者務令晝夜用功瞬息勿懈由是太陰
可測五緯可測萬星可測何儀器不爲我掌運
何天象不入我胷次哉夫法不得理則法第形
下之陳迹而理不得法則法特制器之虚文今

理既明矣法亦飭矣然又不聞有治法無治人乎星臺雖有專門而多徒讀父書析理未精則病在因仍草野或饒獨造而若不由師授考據無憑則病在揣度此其人豈易得哉按

高皇帝即位之二年徵天文家赴京議曆二十五年選疇人赴京明推步之術二十八年令天下天文術藝人禮部務要備知以憑取用

文皇帝之二十二年命郭欽祖等入宮觀候星象其後天順七年令天下天文官生子弟就京應試弘治十年令訪山林隱逸通天文者十一年令

訪疇人通曆象遁甲者嘉靖元年令保舉致仕
官員監儒山林等人精通天文者夫
祖宗朝之惓惓為曆事而求賢若渴如此何今竟置
此事于高閣耶在曆則愈久愈差而在修曆之
人則愈遠愈少邇諸臣于理未講明于法未議
餙徒貿貿焉歸過曰我
先皇祖之河清無期也得毋機緣固有待于
今日乎臣雖非專門而幼喜此學常繪有經緯星
圖乾象圖行于世又輯有觀書測書數書等二
百餘卷藏于家夫孔子生周時尚欲行夏時于孟

子謂千歲之日至可坐而致臣固願學孔孟者
況讀
恩詔有朝廷政事天下利病許諸人直言無隱之款
夫授人時前民用旋乾轉坤敬
天法
祖我
皇上寶曆劢膺政事利益孰有大于此者臣以修一
統志事兩疏奏
旨迄今未蒙議覆茲復赧顏覼縷豈併以愚賤嗤之
乎但千古公評恐言亦未可盡以人廢臣幸當

不韙之朝又值

維新之治既于此稍窺一隙焉敢嘿嘿不吐所抱

哉爲此月昧上陳伏乞

勑下禮部行令欽天監推㴦知曆職官徵聘諳曉者

術尅期開局虚心和衷將歲差一節會議的確

測驗等事分任責成務將晷景驗真策數筭準

令七政萬星分秒不差仍將臣所條二十事逐

項商究明白容臣從傍執筆逐日紀載其事勒

爲成書或可備他年正史採擇之助即今速速

振舉庶明年夏仲刊造新曆之時或可告成邸

候比照往古六十五家造曆之例，

欽賜曆名以應五星聚井吉兆。如是則不特

新頒寶曆正朔普奉于八埏，抑將

聖製鴻謨史冊永輝于萬古。至如修理儀器，添開局

供給等事，諒該部自有定裁，無俟臣贅也。臣不

勝脊息懇禱待

命之至。爲此具本親齎，謹具奏

聞。

泰昌元年九月初十日吏部聽選順天鄉試副

榜貢生臣王應遴

本月十四日奉
聖旨禮部知道

王應遴雜集

共五

燈市詩引

長安樂事無論綏冕所興以稱阜聲諸夏無其所有非乎每開九市之場隧貨別琛藏不啻陸海上元則盛餙燈影之會公侯游士列肆姬姜競務連交傳觴張樂戲於游目天表參

依而洋、矣坐而人不得顧車不得旋
四合埃壒軼雲太半予擁面疾趨鬚淚
眉混濁絶似泥佛未聞光明其行息
野食者又群然如咽黄土予未知其樂
也歸還案頭得燈下詩百首其點綴
髮盡而風趣盎然令人悦性并情不

能已已乃知人生有盡苦樂無常長
安中緣循偃佚舌辟而不得下眼摺
而不得衡頡頏足民各不得軒舉孰
是快意之鄉哉者曲折盡意任筆所
到如子瞻所稱樂事無逾此予吾不
得不以遜董父矣昔人置百枝燈樹

高八千尺盡奪月色董父以斯敵之耳從天津橋畔偷得新畨一曲則予也請從而後也

萬曆丙辰驚蟄日究上友人吳伯與題并書

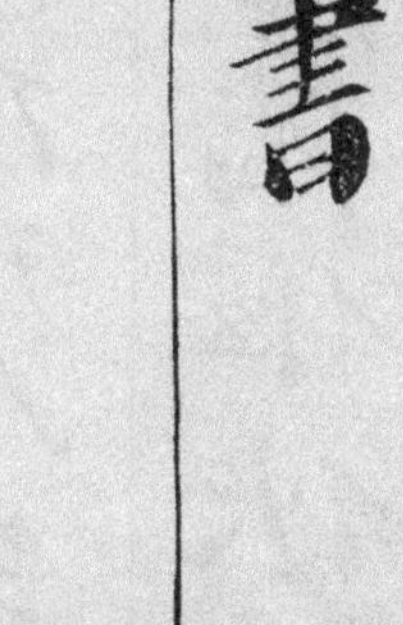

王堇父燈市詩序

士而才將以馳騖毫素藻飾風
雅爲脩名之藉已乎此文人之能事
耳於世道抑何當焉廼有瑋博通
長之儁裒幹濟而表菁華豐玉
菽穀惟所用之要於無所授而無所
不應而不屑屑以餐藻鞶帨爲名

高者斯所稱有用之才而余以為堇父氏庶幾近之堇父故翩翩佳公子賦質銳而庀才甚宏自經生帖括而外於一切人間世所有事毋不擘畫揣摩鑿鑿能言其要領性好儲書插架之富幾於二酉所搜剔古今遺經秘笈指不勝僂而尤

忼慨負氣願以七尺軀爲郡國
天下一仔肩人所縮朒而不敢身任
之事曩吾鄉海潮内嚙環數百里
之隄決爲斥鹵董父一上疏請受
畚鍤須謂
國朝一統之志久滯弗葺再上疏
請任編摩一時有識之士爭交

肳踶之以為撓四黼黻之笑迺出一
草莽長裾生也今
國家晏清
神京繁富獻琛執玉之望陋越裳
而畀王會於是當元夕而有燈市
之設琛異陸離裒焉煜雲盛事
也董父後二京之嫮辭泄三都之

麗管閑門一夕得詩百篇綴穠
李於毫端寫明月於槧末寓其
琱繪駴目抑亦神敏驚人楮墨爛
焉殆稱绝技延董父顧謂吾姑游
戲下里消此童心直付燕市酒人
嘗一噱資已耳余故略敘董父梗
槩署置以簡首俾世之觀董父者毋

三

徒以结撰之雄盡董父生平可也

萬曆丙辰燈夕宗弟驥德書于

長安之行方諸館

長安燈市詩

山陰王應遴堇父甞
社友陶允嘉幼美閱

礿傳節假出黄扉萬井笙歌寶炬輝春色原從天上降萬方爭喜識垂衣

其二

氷輪礿起擁東華千斛珠璣萬樹花想得九重行輦處許將樂事共天涯

其三

帝京此夕贘風光欣領春酺出上方未覩聖人眞

色喜只看長醉萬年觴

其四

氷搏菡萏倚雲栽火噴梨花闘雪開 展座定應同
衆樂深宮正進紫霞杯

其五

何處霓裳待月升天香繚繞綵雲凝 聖明不信神
僊事莫遣虹橋駕廣陵

其六

千官休沐逐良期不見牙牌掛阿誰聞説昔年三學
士召將殿上撰蠻詞

其七

東樓檀板正匀敲西閣徵歌自阿嬌誰說長安有貧者都來擊壤頌唐堯

其八

一圍壁月正斜河好共遊人助踏歌昨夜未圓明夜減莫教壯日易蹉跎

其九

堅毬雪蕾噴風煙玉樹吹開太液蓮漫說江南春色早此番花信報尤先

其十

從來和氣拂春風，況有銀花滿市烘。不用解衣煩
聖慮，懸鶉何處不幈幪。

其十一

玉樹條風瑞藹新，金蓮簇簇踏歌頻。鬧來偶作看花
客，不負皇州片刻春。

其十二

日日花前醉好春，星橋況復爛冰輪。眼前風月場中
侶，都是烟花物外人。

其十三

千秋佳節喜晴空，咫尺懽聲達帝聰。銀漢但教移

斗柄畫樓不斷駐香風

其十四

蓮花不向水中開桃葉歌從扇底回自有酒杯澆客況肯孤月色傍金臺

其十五

紅妝靚月聽銅鞮綽約春風處處迷遊客醉歸休問夜馬頭殘月未沉西

其十六

共稱銀燭漢宮傳到處朱門列綺筵歌舞不知花睡去却嗔春色惱人眠

其十七

明月春光傍舘娃鸞笙鳳蠟試年華天涯此日無尊酒寂寞眞成夢落花

其十八

天寶當年事頗奇吁嗟韓鏞冷胭脂只今指點花燈處猶羨金蓮掛百枝

其十九

白毫光裹翠華流絳蠟叢中紫玉柔但惱銅龍添漏箭不妨鐵騎押更籌

其二十

熊掌駝峰出大官狐裘貂帽擁雕鞍王侯自享天來
福不用遊人駐足看

其二十一

良宵皓魄掛東隣寶炬祥烟瑞色新但使此身無俗
事便令天地有閒人

其二十二

十分桂影湧氷輪千傾蓮花爛早春何用偎紅消客
況祇憑浮白酹芳辰

其二十三

寶月停空夜漸深地爐煨酒話知音等閒圓鈌看今

古世事陰晴不可尋

其二十四

共道身逢勝會難肯因貧病不尋懽遊人多少驚華髮贉把春光次第看

其二十五

戚里佳辰興更豪丹霞臺上耀龍膏千金又設明朝宴何處蛾眉不玉簫

其二十六

酒人劒俠共徘徊此日誰家錦宴開共羨燕昭能結客黃金今不濾荒臺

其二十七

勝節年來喜太平，酣春宴罷恣閑行。憑將遊展消良夜，爭得隣雞報六更。

其二十八

高樓南壯畫流蘇，畫出蓬瀛不夜圖。爏皞誰云難再覩，眼前儘見是康衢。

其二十九

東郊璧月正如規，雲裏芙蕖雪裏梨。此際春風應廣拂，柳條都綻玉河隄。

其三十

金蓮遙映玉盤光，銀漢西流夜未央，湖海只今逢勝會，關山不用引愁長。

其三十一

朱爐遙瞻桂影開，恍然蓬閬傍金臺，廣寒不必嗟寥落，月姊相邀贖酒杯。

其三十二

燈花如錦女如雲，三市烟霞螮宿醺，繚繞只愁仙樂歇，幢朧幾惜曙光分。

其三十三

韁控紅絲鐙是銀，鬧場走馬不嫌頻，從思邊境風烟

急能似堯天處處春

其三十四

紫府城中覓勝來，長春境裏好徘徊。等閑歲事驚臨鏡，獨惜清光照酒杯。

其三十五

自昔燕姬好畫眉，翠翹三兩共追隨。王孫走馬尋春去，月下相逢知是誰。

其三十六

人如蟻聚馬如龍，鶴氅霓裳一笑中。來此看花都是伴，儘逢御史不廻驄。

其三十七

欝蔥佳氣鳳城邊錦繡叢中玳瑁筵若道此間珠桂地誰人肯惜買燈錢

其三十八

尋春公子咤遺鞭墮珥佳人整翠鈿入坐但欣人似玉當壚莫惜酒如泉

其三十九

月燈交爛夜雲凉遊屐何妨遍戲場到處只尋三尺旆閑來緋覺一番忙

其四十

五侯鯖已飫郇厨宿醉連宵那得除但趂繁華行樂
事朱門轉眼網成蛛

其四十一

良宵况復是　皇都　聖世從來不禁酤此際幾人
能獨醒從教醉倒倩誰扶

其四十二

春色關情醉五陵良宵管領玉壺氷金吾　聖世常
寬禁况有遊人待日升

其四十三

煙靄壚頭濁酒香椒盤簇簇韮芽長半行搖曳青帘

字引盡遊人入醉鄉

其四十四

柳絲未綻上林條，却看銀花爛絳綃。已是東皇生意早，九衢堪奏太平謠。

其四十五

如蕙綺席撥銀箏，芳苡然來眼倍明。遮莫春衫能汚酒，夜深不怯峭寒生。

其四十六

山坡羊調唱兒童，觱栗聲將雜晚鐘。此是四郊安堵象，莫教吹向塞邊風。

其四十七

抛彈飛鳶拽伴遊，太平鼓打鬧街頭，鬧錢搜出爺娘袖，要買花燈滚地毬。

其四十八

嬾看珍味厭歌聲，宿醉迷離未解酲，叱咤坐隅彈鋏客，狂呼不問酒千罌。

其四十九

携節挈伴逐良遊，幾箇青蚨聲賣愁，笑殺積金成窖者，夢中不解展眉頭。

其五十

東風習習進椒杯，翠袖梁塵動落梅。遥指鰲山燃絳蠟，依稀只在嶺頭開。

其五十一

覔裳燈下整歌喉，錯認巫山在酒樓。却笑綈袍無贈處，儘輸疋錦作纏頭。

其五十二

星橋駕處是蓬瀛，面面相看盡笑迎。但享長安閒富貴，何須獨訝斗參横。

其五十三

半簷殘雪曳行歌，一帀珊瑚映碧波。此地春杯常恨

淺人間煩惱不愁多

其五十四

纖腰月下舞蹁蹮，歌扇燈前颺綺筵。料得釵橫雲髻墜，半窗花影尚酣眠。

其五十五

燕山羣玉彩雲堆，灼灼天桃咏雪才。邂逅遊人休迅步，香風飛度又重來。

其五十六

長街迤邐一牛鳴，燒盡龍膏百萬鐺。何處禪燈只一點，黯然解照十方明。

其五十七

翠鈿聯翩樂事稠，口脂香藥趂風流。露深不管羅裙濕，猶指燈花出絳樓。

其五十八

美人髩掃鬧穰穰，舞向芳筵颭錦襠。回首自憐燈下影，花香蝶粉幾時長。

其五十九

模糊嬌臉映窻紗，一笑燈前賽內家。未飲遊人魂已醉，嶺梅吹墮幾枝花。

其六十

鰲山仍壓舊欄杆明月今年較更團都道清時歌舞地不知華髮幾回看

其六十一

繡芾如雲散晚霞侯門少婦鬬煙花香車此日多行樂誰識紅顏泣塞笳

其六十二

春色今宵瀰九天行遊士女雜雲軿東風故惱天涯客蘭麝吹將度寶韉

其六十三

錦屏龍燭彩輝搖何處霓裳紫玉簫千里清光同此

看莫題二十四條橋

其六十四

萬箇星毬襯碧紗千罌薏酒泚梅花且忻今日春如海莫管明朝事似麻

其六十五

燈如星布月如銀眼見韶光幾度新但拚杖頭輸酒債莫教鄉思攪芳辰

其六十六

玉貌王孫綺宴開金覊又復控天街自家招得他人豔猶覘誰家席上回

其六十七

孥兒提女逐行歌子婦酡顏亦趁婆不審 聖人饒
富貴家庭歡樂更如何

其六十八

皇仁散作滿城春鰲海蕭韶景物新但喜東華饒樂
事莫提西署有羇臣

其六十九

上苑傳柑出 聖恩誰家燈火不芳樽願言春色無
偏汪化作光明照覆盆

其七十

皇都覊客自雲屯接踵摩肩盡醉春謾道閑人方到
此問他幾箇是閑人
其七十一
魂到春風最易消天街三五又良宵莫論短漏催銀
箭但聲深杯攔彩毫
其七十二
鏤冰巧護百華光碧縷瓔欄吐鳳凰着眼看來都是
幻枉雕青玉晃咸陽
其七十三
火樹生花矗翠微奪將名苑鬬芳菲遊人急看眞生

意轉眼春光便欲歸

其七十四

人說江南氣候和梅花先肯發寒柯年來鬧熱歸燕
市帶雪濤香入叵羅

其七十五

燈期幾度逐人歡月滿晴空花滿欄獨有客愁添舊
日王孫仍作去年看

其七十六

蘭膏桂醑與偏饒耳熱猶圍獸炭燒誰說今年春色
早雪深寒谷自難消

其七十七

蚖脂百斛炙鵞笙雪炮千丸射斗横看到白頭蓬累客螢囊只掛草窻明

其七十八

東風釀得海般春滿帀嬌娥樂事新多少長門今夜月無金買賦翠蛾顰

其七十九

上元都薦五辛盤月下誰家不笑歡料得春光能遍及眢天皷腹喜成團

其八十

蛾眉桂影靚紅樓。綽約春風拂帝州。試問此遊曾幾度。莫令佳景去難留。

其八十一

驄雲走馬妙周旋。花爐頻摧彩障懸。細看不知真訣竅。總來轉動藉風煙。

其八十二

瓊樓崒嵂翻鰲山。烱爍叢中現翠鬟。此景只宜供輦轂。幾多燈火世間閒。

其八十三

梅舒上苑雪初融。倒瀉銀河凍靄通。誰說上元街行

得茜裙甘染淖泥紅

其八十四

錦瑟燈前雜遝粱巴渝舞隊豔紅粧莫將一刻千金擲儘向壚頭典鷫鸘

其八十五

大袖相將襯鳳頭宮粧疑見傍銅溝王孫也學裁新樣紅紫翩翩拂絳騶

其八十六

火棗誰家綴滿枝兒童爭擬拾交梨東街不用嗟消歇西巷銀花出更奇

其八十七

早春偏借上林枝，行樂原須及壯時。聽得天雞鳴紫陌，琵琶猶自咽氷絲。

其八十八

奇珍海外載盈車，估客胡兒浪自誇。寶玩聖朝原不好，故令結市散東華。

其八十九

哥窰秦鑄聚天涯，周鼎商彝未是奇。莫惟牙郎需價急，清齋玩賞幾多時。

其九十

寶山鋪積火齊珠金谷移將襯地壚買盡異珍雙目
眩季倫貧反露珊瑚

其九十一

今年燈市貨偏饒估客何勞海外招的的女郎誰是
主髻丫多是草爲標

其九十二

夜圖的本古稱難胡賈空撑碧眼看若使贋真能鑒
別不教和氏泣荆山

其九十三

逢場作戲古人言不信袁安肯閉門趁隊一場閑富

貴儘沾　聖世片時恩

其九十四

東風吹茁牡丹芽三帀誰家不九華二十四番酬得
慣莫教孤負眼前花

其九十五

桃葉芝房出絳羅聲殘桂影墮山河遊人誰不酬婪
尾更有何人扣角歌

其九十六

坐擁紅裙唱大隄爐圍香煖醉如泥揚鞭歸去誰家
子猶道春寒怯馬蹄

其九十七

春晴又可换春衣，但逐遊轞且忘歸。如洗長空千里月，今宵不見片雲飛。

其九十八

共看紅樓醉綺疏，不知斗柄轉庭除。長安自與天邊近，一笑歸來戶草廬。

其九十九

年來春事寄酕醄，千里鄉心未寂寥。贃有一雙遊賞屐，不孤五色品題毫。

其一百

上元舊譜合歡詞，新調今翻似竹枝。聖主欲知同樂景，東風吹送入彤墀。

學會自儆詩序

今上御極之次年歲在壬戌吉水鄒公南皋西安馮公少墟嘉惠後人與學起會人文濟濟臭味蒸蒸稱盛舉矣無何以人言解散二公亦相繼告歸向所稱同堂之士面貌相失姓名不記日後相逢亦不知爲長安舊契也幸會中賡和諸詩猶在存其詩即所以存其人也延許

王君輩父欲付諸梓而徵序于余余謂
會今報罷矣而講學一事終非宇宙間
可鈌之典也終非
聖帝明王可禁之事也姑無論精義入神
上達天德開來繼往參兩乾坤如此大
學問大擔當非不學者所能與聞卽如
心吾心也何以爲心性吾性也何以爲
性五官四肢吾身也何以宰是身語默

動靜吾用也何以善是用此而不能理
會則並吾之所以爲人者亦不知也夫
人也而不知所以爲人此豈細故也而
不汲汲講求乎人徒見斯世斯民相生
相養各範圍于紀綱法度之中而成其
世界遂以爲不用此學亦無害也庸知
不學之害不可勝言哉彼其行不著習
不察履非禮之禮蹈非義之義爲賢智

之太過愚不肖之不及皆道之害也而
猶未甚也浸淫而至爲我兼愛放辟邪
修浸淫而至上無禮下無學賊民興而
喪無日浸淫而至天地閉賢人隱奸民
倡亂黠虜内侵而天下入于大亂不可
收拾則皆道不明行之流弊也昔堯舜
之世時雍風動比屋可封豈其天生蒸
民獨厚于唐虞之世哉惟其廟堂之上

執中用中明明德于天下故羣黎百姓遵道遵路無敢不歸于極者由斯以談則學問之關于世教重耶輕耶急耶緩耶不待辨而自明矣且夫學會之中啓口談者非帝典王謨則聖經賢傳非開來繼往則濟世安民非修身齊家則安內攘外所闡明者性命之奧旨所培養者忠義之宏猷視夫羣居終日言不及

義張筵作戲怠荒職業者相去何如不
彼之非而此之禁何也或謂
京師乃立綱陳紀之地百工皆修政立事
之人非如里社生徒無所事事故學可
講也而不可講于
輦轂之下余以爲
皇都立四方之極四海之人文攸聚毋見
遐方人士習染根深蔻然不知道爲何

物學爲何事今於都中聞所未聞歸而告諸鄉人愈傳愈遠是始之所及者有限而終之遞傳者無窮也人臣爲

國家宣猷達化機莫神于此矣孰謂首善之地不可以講學哉且天德王道本出一源體立用行原非兩事有一分學力方有一分事功義襲而取猶然罔濟而況不學無術者乎故學可偶罷而不可

終罷千聖道脉自今中斷萬世下謂我
明主爲何如也今將會詩鋟傳亦耶存如
綫之一脉云
天中惜陰居士楊東明題

自儆詩倡和

原倡　　楊東明河南虞城人刑部左侍郎

欲將斯道自今明，須是提刀死覓生。嗟我蹉跎空老去，勸君遄發莫徐行。

靈性生來似鏡明，無端塵垢掃還生。而今覺得渾無事，却笑從前孟浪行。

平居講論甚分明，對境茫然差謬生。名利關頭今勘破，大家不負會中行。

和　　鄒元標江西吉水人都察院左都御史

泰運天開啓聖明，乾坤到處自生生。承家報國無

它學只在人倫日用行

何幸中天際大明肯將學術誤蒼生開來繼往非難

事周道平生自坦行

中天萬古月常明春到衡門百卉生共祝同心齊努

力不須言說在躬行

何思何慮本來明一任清虛浮靄生列聖千賢爲即

是高懸寶炬待君行

老去憐予負盛明願將餘力度殘生形骸雖朽心猶

赤朝退還須拄杖行

一番掊動一番明肯負男兒過一生大海茫茫終有

岸掛帆滚滚在人行

雙懸日月麗重明可奈中宵百感生不是良朋勤聚

首大家同在暗中行

層霄忽覩一星明虛室由來白自生皓首紛如成底

事生平有志幾能行

披衣兀坐到天明無那中宵感愧生轉眼少年今老

大捫心可不愧周行

可堪人世有無明種種情緣百感生一念清時諸念

淨許君同上泰山行

斯道平平自大明春風吹動物華生人人具有孩提

性長長親親萬古行
高懸臺鏡自分明久別家鄉貌似生忽記當年真面
目方知蕩子路難行

和　馮從吾 都察院左副都御史陝西長安人

斯道中天本大明祇因情識誤平生從今洗濯源頭
淨美月吟風策杖行
斯道中天本大明祇因毀譽誤平生從今勘破人間
世雨霽雲開自在行
斯道中天本大明何爲佛學講無生從今掃却菩提
障庸德庸言努力行

斯道中天本大明何爲玄學講長生從今謝絕金丹
訣古往今來素位行

和　　　　周應秋大理寺卿南直金壇人

千聖淵源總自明只緣蔽痼負浮生捜將一點玄珠
妙穩步安流自在行

雙懸日月照空明失足毫厘誤一生繫認根宗堅定
力不煩下帶見躬行

和　　　　鍾羽正左僉都御史山東益都人

道在人心本至明只緣塵障逐時生若能掃去紛紜
念便得中流自在行

和　　余懋衡協理京營右僉都御史南直婺源人

巍巍天宇自虛明，有物則枯無物生。生理何須從外索，靈源不窒便通行。

千聖關頭止自明，却慚荏苒任虛生。而今老去尋師友，猶勝終身落塹行。

日月麗天終古明，人心不息自生生。杏壇儆戒無他語，學講德修配徒行。

天心何以不能明，陰翳祗緣情僞生。一點微陽君記養，功深有日見中行。

昊天曰旦亦曰明，纔一差池悔吝生。信得此中惟一

過依稀參倚利於行
氣中有理自分明養氣不離循理生學問窮源亦究
委滔滔滾滾任東行
斯道於今應大明不明當責工夫生淘金採玉還鎔
冶向若望洋踉蹡行
爲卦以後漸文明六畫由來變化生學易幾年窮此一
子肯因駑蹇却前行
和　　　陳于廷太常寺卿南直宜興人
逝者如斯閱晦明年年五月海潮生都將消息還天
地贏得虛舟載月行

賢愚喙喙各爭明大塊無情勞衆生誰向虛齋一回
坐爲貉坎止與流行
綠樹青山印水明不從寂滅學無生天淵飛躍來今
古涉趣須教細細行
蒙茸披盡眼初明出谷嚶嚶喚友生大道甚夷還甚
邇空空豈礙鄙夫行
謾言利善自分明總向雞鳴一念生蕩蕩邦畿胡所
止還從著察顯周行

和　　　朱光祚太常寺卿湖廣江陵人

亭看長夜一燈明誰其傳者魯諸生　君師天與貞

堯舜手其持今足其行

毀蕺十年友淨明綠草窓前日日生愛惜苔茵還畏

足肯于夙夜事宜行

天高地下日貞明百行都從孝裡生豈是王尊學叱

馭欲回陽轍不成行

二王性義兩分明汩汩慚予負此生賴得君恩容負

笈教予今是著而行

爲臧爲穀問誰明白首亡羊感慨生寄語薙人頻借

力憐予茅塞闢中行

明德欲教天下明無官帶髮古先生春風媿我連三

月未息叉叉深行

終日如思似不明欲將大惑了中生先知若問齋心

意忠步步趁趁善謗行

學者有講天根大明堅堅白白辯叢生赤珠誠問誰人

得不傍離失智者行

大道其如能漢明無端隨智自障横生道師非有難知

路先引思夫思儒行

平日幾希了了明舜徒路花笛裏生一條義路欣然

玄亦心學勝朱相泣行

寸管窺天根未明那從天竺悟行生無言記取相傳

意撒手尼山頂上行

學到無明無無明丈夫三立總漚生惟餘一念嬰兒

慕不廢江河萬古行

晨星三五麗天明照見羣工夜氣生嘉樹乍看萌一

葉休教斤斧傍車行

九月授衣令明明侵肌已覺栗欲生可憐塞上衣寒

鐵無鐵還教出塞行

門榜黃金射日明杲愿巧結似天生飛飛燕雀思闌

入黃鵠摩空獨自行

黃房遥略衮衣明一朶紅雲足下生爲語侍臣還撥

擦好開四目徤乾行
山呼纔罷頌明明又見西山爽氣生柱笏共誇餐秀
色空庭誰與幕南行
憶昔青山眼倍明相携童冠幾書生望雲臨水無慚
色日日春風舞雩行
行藏南北欠分明絮絮刀刀太俗生不是終南貪借
徑只因扶侍未成行
今日石蓮洞始明先生何羡二先生龍門砥柱波心
在玉井蓮根嶺上行
淑山大節目爭明碣下題詩吉水生爲道分宜今不

獨長沙斫地又吟行
良知吾亦宗陽明不學誰祖孟先生會得大人卽赤
子窮居不損加大行

和　蕭近高太僕寺卿

千聖傳心只自明功夫須向死邊生爲山一簣憑吾
往獨力矯如獅子行
心鏡當空本大明更從何處有塵生個中若了渾常
事撒手懸厓自在行

和　耿廷栢太僕寺卿

眇論微言藉講明明來機活自生生憑將傳取還之

約頓漸同歸在篤行
道脉千秋幾聯明擔承一線在儒生只從誠上牢根
脚平治修齊次第行

和　　　　南居益太僕寺卿

此中無物本虛明欲認虛明障已生不向源頭求解
脫將於何處覓躬行
鷄鳴夜氣亦清明善利關頭判死生但使綿綿存始
念滿腔元氣自流行
廓然大道其昭明谿徑蓬榛妄自生説到聖眞無剝
啄斯民直道至今行

講院弘開麗日明春風偏傍五雲生從今首善王
畿地挈起綱維萬化行
日月中天自大明夷氛妖術莫萌生請看吾道與人
後始信風從草上行
喜氣虞廷際　聖明群公端不負平生直須剖决危
微指六府爕章次第行
和　胡克儉大理寺左少卿
但繇心上本來明不問榮枯與死生千聖相傳惟此
脉由仁義出莫教行
從來斯道自明明賢智從中别見生百姓朝朝都在

用可誣飲食謂非行
峻德唐堯始克明羲皇豈在夢中生人心箇箇唐堯
在莫只求堯服與行
真心萬古自常明誰與斯明有滅生雷雨滿盈天地
晦口光依舊暗中行

和　劉憲寵通政使司右通政

明自誠兮誠自明擔當全力亦天生晨昏提醒須良
友車輔相依更易行
路逢岐處要分明利善關頭判亦生進道不須愁老
大尚堪秉燭向前行

夜靜天清月倍明，眞元此際自生生。莫將起意開魔障，順應何如信步行。

靜中耿耿本來明，動處融融睟氣生。庭草盆魚渾自在，浴沂風雩與時行。

和　饒　位大理寺左少卿

性道由來自分明，夜氣澄虛覺始生。胸中鏡著千般事，觸處皆眞任我行。

和　曹　汴都察院左僉都御史

爲是爲非我自明，每從暗裏淚痕生。會堂廑廑廑得良藥，欲策駑駘勉强行。

此道何時不大明青霄無奈片雲生幾回欲掃掃不
得不掃憑誰代若行
同此天真同此明宛如一鏡羅群生煩君提我迷途
裏沂水河邊好共行
還得原來恁地明無邊真趣自生生何須着力相防
檢水自流兮雲自行
眉宇薰人乍欲明須防鄙吝別來生利名根蔕縛人
急口說難憑且去行
頗解蓬開未是明辟如擊石火光生可憐擊罷依然
石到此令人猛欲行

果然明盡知無明到得真明萬照生千古良知孩提
子孩提剛是任天行

和　　　　鄭三俊太常寺少卿

聖賢同處無多子只是幾希日夜生畢竟生來無一
物父乾坤母共持行

好將吾道剖分明恐教蓁蕪蔓地生一向源頭知入
處許君掉臂可横行

性地從來本自明紛紛同異此間生吾儒實有寬平
路何事偏從棘裏行

和　　　　周起元太僕寺少卿

宏開講幄際休明，臣子公餘求友生。莫使時光同石火，細尋絲縷脈中行。

和　田生金太僕寺少卿

自虛自直本來明，莫把端倪妄裏生。此日曉鐘驚夢醒，相期攜手並肩行。

和　黃龍光太僕寺少卿

斯道何常嘆不明，祇緣難透死和生。眞儒一眼窺千古，直破無明日下生。

但求明德自吾明，何問榮枯死與生。千聖相傳惟此脉，却嗟自障自冥行。

和　　　　高攀龍太常寺少卿

此道何緣有不明惟民有欲逐情生臨深履薄終身事恐向毫釐差處行

和　　　　王命璿大理寺右寺丞

日月中天萬古明蒼蒼松栢雪間生由來洙泗源流遠不舍江河晝夜行

和　　　　方大鎮大理寺左少卿

此中如日自孤明何處浮雲瞥眼生我不見雲還見日昭昭大路信心行

有物如珠圓且明胡形漢像照中生原來本自

累活潑流盤不得行

是非何必向人明公是原從獨是生在我定須成獨

是不緣口耳緩躬行

生死關頭未易明迷之云外悟之生誰迷誰悟無言

說照取良知踽踽行

不從鏡面借伊明不向刀頭索此生信步優游皆自

得百年處處坦途行

本來恒性豈難明無奈塵情與世生高遠不離卑近

奚欲爲堯舜在徐行

理趣應從講處明天機定向樂中生時時能講時時

樂千古津梁視此行

共尊簪裾對　聖明肯將歲月擲平生山林廊廟皆

鄒彝合併精神一路行

學因濂洛始開明功在闢闔接後生此外葛藤應斷

絕交肆精進且同行

千百工夫愚可明桐川藐爾一書生執鞭幸御龍門

後倘許宮墻把臂行

尊席談經巧發明中原早已領諸生筆花心錦層層

出不倣他人舊路行

古今大業與誰明提挈工夫伏友生縷芷佩蘭如臭

味礪金攻玉好勤行

但於本體透光明次第經綸百善生摘葉尋枝終外

道歸根復命見中行

性地常如一鑑明悅心之妙日生生總於所性無增

減不問窮居與大行

爲堯爲跖不分明只在鷄鳴一念生出入毫釐欺慊

判尸居屋漏忌宜行

規矩準繩法法明舊章不守便虛生必於庸德庸言

處無作無訾是法行

如大帝德肇欽明畬牧平章切好生主敬依仁學者

事不言勉強異安行
處世惟應晦裏明治心却要死中生如山不動那能
奪似水無情自在行
陸海迷人眼未明更防天外石尤生此時穩柁惟三
老一任風帆利所行
析薪常自嘆無明負笈時懷忝所生趨步幸超形迹
外乾坤終日此庸行

和　　黄正賓太僕寺少卿

當空日月本來明至道根心逐處生消息只須平旦
後工夫原不離庸行

車書同一萬方明問學將無負此生人鬼關頭分理
欲莫教斯世盡寘行

氣度要寬道要明支離休自悞平生好從師友勤叅
悟日用應須在力行

義利分岐已辨明儼然朱陸兩先生好將大道重推
廣舍則藏兮用則行

不講何由學得明學明端的道心生從來好尚多同
異一任風波自在行

西來爽氣秋光明道在朋從樂自生靜對座中言下
悟滿天雲物放空行

和　蕭如薰 左都督 [redacted]

孔顏心法相傳在領畧修為畢此生但使愚蒙沾化育本來忠孝信吾行

明德須從講學明頓開茅塞悟浮生物來順應無非道不得雲山處處行

和　楊汝業 錦衣衛指揮陝西膚施人

無聲無臭朗然明萬化機先春草生學得大公忘物我吟風弄月四時行

日新功到道心明物我同春感化生　帝聖傳經諸彥集佳兵鬪外好橫行

忠孝相傳翊　聖明詩書端不負吾生經文緯武今
時事悉本宣尼大道行
群賢鳴珮謁承明退食高談聖念生豈是清言志世
事平胡滅虜道斯行

和　　錢時八工部郎中浙江諸暨縣

亭午攜來帶月明紛紛説法聽先生幾多歌舞邀歡
處此地何妨自在行
孰是憑空辨晦明由來都向此心生一群滿志無添
設坐起徐徐後長行
褒彈幾度説陽明孔子當年憂一生今日莫將口語

聽大家認路可前行
後車數百未分明舌戰森森鄒魯生早得此番鳴響
出白蓮恁地任橫行

和　　　　　徐時泰庚吉士浙江錢塘縣人

玄珠久繫自分明何事沿門持鉢生象罔不離當下
獲箇中消息倩誰行

雖然衣下事分明掇取多從喚醒生寄語儕侯好珍
重莫同買櫝鄭人行

和　　　　　陳　盟庶吉士四川富順縣人

學問先須着眼明更於熟處放教生有時得力因興

驗身在太華峯上行
欲將疑事特求明盡道無如死與生却似自來都碌
碌何緣夢覺一齊行
積水空庭一片明水中藻荇任交生還知就裡原無
物獨秉靈光信步行
實際工夫日用明眼前春草不妨生請看錦永通吳
會萬里應從足下行

和　王若之後府經歷山東益都縣人

由來大道若朝明但恐宵長枉此生何幸得逢司寇
氏從今常向日中行

江漢秋深水湛明有時風浪亦還生舟師定力於斯
試載向中流要徒行

和　林之翰 舉人聽選知州陝西人

淮南信步到春明當下風光足此生漫憶郵亭空回
首如今　皇路任由行
玄宮講業正朱明習習薰風兩腋生歸路饒他車馬
亂等閑安步箇中行
翻身壇坫月初明多少河山瀉影生指破緣來同一
月休疑人境礙人行
忽然煙雨忽晴明眼底嘽陰萬象生覰破些兒真不

測學人端要法天行

造化吾師分外明師師衣鉢此中生悠然會到唯微處天自無言時自行

渴飲饑飡箇箇明迷情何事又萌生尼山喚出中秋味爵破應依覺路行

泗濱樂處自誠明反得誠來樂自生莫訝呼參參即唯秋陽皜皜是庸行

私小家風未是明明明明相照道生生吾斯若可須臾斷請看川流晝夜行

和　陳于庭山西絳州學正陝西醴泉縣人

良知一點自分明何事昏昏過此生一自鐸聲警夢覺眼前大路任吾行

斯道中天本大明何勞極樂覓無生只憑方寸虛靈地水自流兮雲自行

明誠究竟即誠明只問工夫熟與生打破疑關莫駐足好從不息象天行

和　　蕭思似人戶部員外郎南直涇縣

個中一竅本圓明何有死來何有生踏破人間生外窟方知大道自流行

和有序　　王應遴人中書舍人浙江山陰縣

南皋鄒先生少墟馮先生講學都門而晉庵楊先
生作自儆砭拮之壁間蓋自儆以防誤因以覺人
之誤耳夫人非賢聖孰能無誤而未必愚狂鮮不
覺始誤而還復于無誤者則儆之一字所藉於學
力良多也認賊作子暗室持燈大覺不迷回頭是
道學不厭故教無倦斯砭也成已成人兩得之矣
遴跡且庸未堪受琢幸從講久而指示真切因以
覺乍之非而今乃是有倡斯和期以明道證學不
暇爲藻繪語故曰詩云乎亦聊以自儆耳
斯道元來本自明只緣隱怪誤平生精微所寓庸常

裏何事偏尋別路行

斯道元來本自明只緣習氣誤平生末流毀譽無干性秖作飄風過耳行

斯道元來本自明只緣揜覆誤平生任教傀儡當場舞覷破終知線索行

斯道元來本自明只緣岐路誤平生若教泣到途窮處日暮終難倒逆行

斯道元來本自明只緣私智誤平生竅中混沌誰爲鑿無事何如禹智行

斯道元來本自明只緣偏見誤平生窺規斑執自詹全

覺孰是明通公溥行
斯道元來本自明只緣名障誤平生好名去利曾無
幾實大聲弘貊可行
斯道元來本自明只緣門戶誤平生分曹意見能成
黨覆轍寧無鑑古行
斯道元來本自明只緣文字誤平生支離竊畔陳芻
語那得江河決沛行
斯道元來本自明只緣我見誤平生一腔苟自生籓
隔斷是天空任鳥行
斯道元來本自明只緣巧令誤平生清談江左陸沉

日孰障弘　瀾向海行
斯道元來本自明只緣榮利誤平生乘田委吏祿猶
在不素飡兮道始行

王應遴雜集

誥勑房辦事大理寺左寺左評事臣王應遴謹
奏爲曆法要務久奉
綸扉曆理當明業獻一得乞
勑移文催取原俟徵聘亟議收用見在諳曉曆法之
人以飭
一朝大典以垂萬世鴻猷事竊惟正朔爲華夷共遵
筭可明知其謬盩而不飭曆法爲
國史最重筭可坐視其闕筆而不修況以
皇祖晚年靜攝疏多留中而獨于萬曆四十年間禮
部推筭月食差錯一疏有曆法要緊爾部還酌

議修改來說之
旨則
宸衷之鑒其急切可知以萬曆二十二年間奉
旨纂修正史彼時以曆志派與編修黄輝輝曰做得
成是幾卷元史則史官之難于措手又可知臣
于此事留心二十餘年有經緯圖乾象圖説行
于世有測書觀書等三伯餘卷藏于家萬曆四
十一年間臣見原籍浙江撫按通行所屬内稱
奉到都察院咨准禮部題奉
欽依訪取天下諳曉曆法不拘山林隱逸官吏生儒

人等徵聘來京等因遂乘應試之便于泰昌元
年八月内以
聖政方新正朔宜確敬因曆理之總未講明曆法之
亟當議餙等事具疏奏
聖旨禮部知道欽此彼時已蒙禮部議覆豈被先任
欽天監楊監正誣呈阻撓事遂中止夫天下理
能兼數數不能兼理今人但言曆數未言曆理
故臣原疏條陳曆理之當明二十事曆法之當
餙四事無容再贅惟是議者曰曆何必脩蓋謂
寒暑昏曉未見愆期不知立春之氣候差一刻

則歲次之甲子差一年豈未自覩交食時刻之僎又豈未查自漢迄元千三百年間曆已修六十五次耶又議者曰曆無暇修葢謂今東西跳梁中外多故何暇及此不知六曹各有職司欽天監職司何事今局內者年年遭參罰之殃局外者勃勃僎願効之犇豈需兵需餉而云有妨碍耶又議者曰曆無人能修葢謂不得其人則事同築室不知十室忠信十步豐草今無論文行天下應聘者必多源源又無論見今左論德蔡毅中有所知之周文華太僕卿劉洪

知之陳良策臣原疏中有所知之李元貞及近
疏奉
旨下部候覆之陽瑪諾龍華民湯若望等班班見在
即如臣最愚鈍無知在前次月食人謂該後欽
天所算而臣獨謂先期前次日食人謂該先欽
天所算而臣獨謂後期及後月食果先五刻日
食果後二刻言俱偉中預先荅戶部尚書李宗
延及先任祠祭司郎中今浙江参議康新民書
札刻本可証則臣豈買貿以妄言欺人者而遂
可謂馬骨不必買耶我

國家治超千古獨曆仍胡元夫使事不大壞雖胡
元仍之何害但今察之衆言証之測驗實實氣
候已差至十一二刻交食已差至四五刻五星
纏度已差至數日不等而不之覺則焉得執踽
踳未窺之見謂修曆是荒唐不經之談竟令萬
世後稱
大明國史獨無曆志豈非鈌典之最大者乎况此議
非自臣今始矣也嘉靖已前如寺臣童軒華湘
樂護臺臣朱篩及周濂鄭善夫等萬曆已來部
臣則范謙李廷機翁正春等科臣則李應策姚

永濟臺臣則胡恩伸王紀孫居相等外職則范

守己邢雲路及

天潢鄭世子載堉該監監正周子愚等種種章滿

公車彼豈盡無見而敢以無稽欺

列聖者哉今該監阻修曆者逝矣監正周子愚正疏

請修曆懷淵識而顛及時逮劾其本身職業者

也按

大明會典一款凡天文等藝術之人禮部須要備知

取用仍行文天下訪取收用今文既行矣胡爲

而未之收用乎夫以必不可不做之事奉於不

可不做之

旨而又難言無不得做之暇又難言無能做之人恐此事終不可罷也至于做之之法惟有測驗一着益測驗是修曆以奉天若今之杜撰方法硬執筭盤妄稱曆該如是如是者是欲強天以奏曆弟以資識者一捧腹耳然測驗又豈能一了百當哉必多集者術精製儀器慢着工夫細心斟酌要知冬至之景去年與今年不全是何緣故交食之期或先與或後不一是何緣故又交食之數起于冬至乃今人所筭冬至先期差若

于時刻而人所見交食又只差若干時刻是何
緣故必要模着根苗乃可商量動手譬如治病
者必聞望問切多方以揣知病根乃可斟酌治
法臣學非專門詎敢妄自謂已得治法但病根
所在之處得人商量爲知不可揣其一隙且如
聖賢可學謂無柰困勉者何假如臣願希聖希
賢競得禁之乃謂郭守敬技絕千古莫追其踪
甚有以疏請修曆姍笑臣迂腐者臣未之敢心
服也况臣聞
上有好者下必有甚焉者天下懷材抱異誰不願獻

其尺寸于
明時今于頤献者槩錮之而不爲一試不幾及今秩
砥拖削足之嗟魚目冐睛投之愆乎當今天下
事惟有顧慮者難做是舉也既不慮糜錢糧又
不慮騙官爵又不慮惹議論但一肯做又何患
做不成乎不然東
嚴旨于高閣停史筆于踟躇目擊可用之人而弗肯
袖手職掌之缺而弗顧臣愚之不得其故矣臣
原疏未蒙議覆冐昧再瀆陳伏乞
勅下禮部查遵先奉

明旨亟爲嚴覈但行文各省直將先行徵聘諳曉曆
法之人催取速速起送前來其見在者亟爲收
用秉此冬至之先令其登臺測驗俟明年徵聘
取齊之日然後開局舉事寧獨煥
大典于一時實且炳
鴻猷于萬世矣臣不勝惶悚懇禱待
命之至爲此具本親賫謹具
奏
聞
天啓三年八月　日

誥勑房辦事大理寺左寺左評事臣王應遴謹

奏爲曆法要緊久奉

嚴綸曆理當開業獻一得乞

勑移文催取原行徵聘亟議收用見在諳曉曆法之

人以飭

一朝大典以垂萬世鴻猷事竊惟正朔爲華夷共遵

寧可明知其謬盩而不飭曆法爲

國史最重寧可坐視其閼失而不修乎以

皇祖晚年静攝疏多留中而獨于萬曆四十年間禮

部推筭月食差錯一疏有曆法要緊爾部還酌

議修改來說之
旨則
宸衷之鑒其急切可知以萬曆二十二年間奉
旨纂修正史彼時以曆志派與編修黄輝輝曰做得
成是幾卷元史則史官之難于措手又可知臣
于此事留心二十餘年有經綸圖乾象圖說行
于世有測書欄書等三伯餘卷藏于家萬曆四
十一年間臣見原籍浙江撫按通行所屬内稱
奉到都察院咨准禮部題奉
欽依訪取天下諳曉曆法不拘山林隱逸官吏生儒

人等徵聘來京等因遂乘應試之便于泰昌元

年八月内以

聖政方新正朔宜確敬因曆理之猶未講明曆法之

亟當議餙等事具疏奏

聖旨禮部知道欽此彼時已蒙禮部議覆並被先任

欽天監楊監正誑呈阻撓事遂中止夫天下理

能兼數數不能兼理今人但言曆數未言曆理

故臣原疏備陳曆理之當明二十事曆法之當

餙四事無容再贅惟是議者曰曆何必脩葢謂

寒暑昏曉未見愆期不知立春之氣候差一刻

則歲次之甲子差一年豈未目覩交食時刻之
僕又豈未查自漢迄元千三百年間曆已修六
十五次耶又議者曰曆無暇修葢謂今東西跳
梁中外多故何暇及此不知六曹各有職司欽
天監職司何事今局內者年年遭參罰之殃局
外者勃勃懷頷効之欝豈需兵需餉而云有妨
得耶又議者曰曆無人能修葢謂不得其人則
事同築室不知十室忠信十步豐草今無論文
行天下應聘者必多源源又無論見今左諭德
蔡毅中有所知之周文華太僕卿劉洪謨有所

知之陳良策臣原疏中有所知之李元貞及近

疏奉

旨下部候覆之陽瑪諾龍華民湯如望等班班見在

即如臣最愚鈍無知在前次月食人謂該後欽

天所算而臣獨謂先期前次日食人謂該先欽

天所算而臣獨謂後期及後月食果先五刻日

食果後二刻肯俱偉中預先答戶部尚書李宗

延及先任祠祭司郎中今浙江叅議康新民書

札刻本可証則臣豈貿貿以妄言欺人者而遂

可謂馬骨不必買耶我

國家治超千古獨曆仍胡元夫使差不大壞雖胡
元仍之何害但今察之衆言証之測驗實實氣
候已差至十一二刻交食已差至四五刻五星
纏度已差至數日不等而不之覺則焉得執蹈
踳未窺之見謂修曆是荒唐不經之談竟令萬
世後稱
大明國史獨無曆志豈非鉄典之最大者乎况此議
非自臣今始㧑也嘉靖已前如寺臣董軒華湘
樂護臺臣朱節及周濂鄭善夫等萬曆已來部
臣則范謙李廷機翁正春等科臣則李應策姚

承濟臺臣則胡恩伸王紀孫居相等外臓則范
守已邢雲路及
天潢鄭世子載堉該監監正周子愚等種種章滿
公車彼豈盡無見而敢以無稽欺
列聖者哉今該監阻修曆者逝矣監正周子愚正疏
請修曆懊淵識而顧及時遠効其本身職業者
也按
大明會典一款凡天文等藝術之人禮部須要俻知
取用仍行文天下訪取收用令文既行矣胡爲
而未之收用乎夫以必不可不做之事奉必不

可不做之

肯而又難言無不得做之暇又難言無能做之人恐此事終不可罷也至于做之之法惟有測驗一着盖測驗是修曆以湊天若今之杜撰方法硬排筭盤妄稱曆該如是如是者是欲強天以湊曆夢以資識者一捧腹耳然測驗又豈能一了百當哉必多集者術精製儀器慢着工夫細心斟酌要知冬至之景去年與今年不全是何緣故交食之期或先與或後不一是何緣故又交食之數起于冬至乃今人所筭冬至先期差者

干時刻而人所見交食又只差若干時刻是何
緣故必要摉着根苗乃可商量動手譬如治病
着必聞望問切多方以揣知病根乃可斟酌治
法臣學非專門詎敢妄自謂已得治法但病根
所在之處得人商量焉知不可揣其一隙且如
聖賢可學謂無柰困勉者何假如臣願希聖希
賢孰得禁之乃謂郭守敬技絶千古莫追其踪
甚有以𪪽請修曆姍笑臣迂腐者臣未之敢心
服也況臣聞
上有好者下必有甚焉者天下懷材抱異誰不願獻

其尺寸于

明時今于頤献者槩銅之而不爲一試不幾反令硃

碱抱刖足之嗟魚目冐瑨投之恣乎當今天下

事惟有顧慮者難做是舉也既不慮糜錢糧又

不慮騙官爵又不慮惹議論但一肯做又何患

做不成乎不然東

嚴旨于高閣俘史筆于踯躅目擊可用之人而弗肯

神乎職掌之缺而弗顧臣恐之不得其故矣臣

原疏未蒙議覆冐昧再陳伏乞

勅下禮部查遵施行

明旨亟爲議覆俾行文各省直將先行徵聘諳曉曆
法之人催取速速起送前來其見在者亟爲收
用秉此冬至之先令其登臺測驗俟明年徵聘
取齊之日然後開局舉事寧獨焕
大典于一時實且炳
鴻猷于萬世矣臣不勝惶悚懇禱待
命之至爲此具本親賫謹具
奏
聞
天啓三年八月　日

辛酉歲前冬至測驗數

大統曆依郭守敬成法算得

天啓元年辛酉歲前冬至在庚申年十一月二十八

日辛丑午時正一刻

今于冬至前後各半月置立圭表惟取晴明無雲

之日測得冬至前六日爲本月二十二日乙未

午時正一刻之景長一丈六尺六寸四分冬至

後五月爲十二月三日丙午午時正一刻之景

長一丈六尺六寸二分冬至後六日爲十二月

四日丁未午時正一刻之景長一丈六尺五寸

九分

倣元史算法以乙未丁未前後相對各六日測得之景相較差五分爲晷差爲實以丙午丁未次第相聯二日測得之景相較差二分爲法以二歸之法除前實數得二寸五分每分分作十刻得二十五刻

自十一月二十二日午時正一刻起至十二月四日午時初四刻止共十二日整積一千二百刻因前測得景數冬至之前長于冬至之後應作減差法算于一千二百刻内减去二十五刻得

一千一百七十五刻平分之而折取其中得五百八十七刻五分百約爲日命起二十二日午時正一刻至二十七日午時初四刻計五日整除五百刻訖又命起二十七日午時正一刻至本日夜子時初四刻除半日五十刻訖餘三十七刻五分以發斂之法收之得四十五數爲四個零半時除二十八日子時正一刻至本日巳時初四刻訖則

天啓元年辛酉歲前在天正眞冬至乃在庚申年十一月二十八日巳時初一刻較之大統曆所載

冬至時刻實似後天十二刻夫今所議大統之差差于後天無疑矣但據鄭世子之言曰大統與授時相較考古則氣差三日推今則時差九刻袁了凡先生依陳星川之法謂差九刻邇邢觀察則于丙申冬至謂差九刻于戊申立春謂差十刻于庚戌冬至謂差十一刻于甲寅冬至謂差十刻有奇于戊午冬至謂差七刻五十分于庚申冬至謂差八刻衆議與同並未有多至十二刻者況氣候交食雖云兩事而欽天監係郭守敬法所算八首面交食之數未有不起于

冬至者若云有如許相懸無論欽天監人怖而
阻修曆之舉疑而掃修曆之議卽遴反之寸心
亦不能不怖且疑矣遴學非專門原無師授況
寓邸之地向未必正中私製之圭表未必的確
如云卽此便是不幾自欺甚乎是必登臺較勘
修整儀器仔細搜求多人商確假之歲月乃克
有成今第據見在測得之景倣古人原立之法
算得應該如此敬錄如左以請正于
當世大方伏惟
有其狂愚而

賜之指示幸甚幸甚

庚申冬季朔越山陰王應遴謹識

辛酉歲前冬至測驗數

大統曆依郭守敬成法算得
天啓元年辛酉歲前冬至在庚申年十一月二十八
日辛丑午時正一刻
今于冬至前後各半月置立圭表惟取晴明無雲
之日測得冬至前六日爲本月二十二日乙未
午時正一刻之景長一丈六尺六寸四分冬至
後五日爲十二月三日丙午午時正二刻之景
長一丈六尺六寸一分冬至後六日爲十二月
四日丁未午時正一刻之景長一丈六尺五寸

九分

倣元史算法以乙未丁未前後相對各六日測得之景相較差五分爲晷差爲實以丙午丁未次第相聯二日測得之景相較差二分爲法以二歸之法除前實數得二寸五分每分分作十刻得二十五刻

自十一月二十二日午時正一刻起至十二月四日午時初四刻止共十二日整積一千二百刻因前測得景數冬至之前長于冬至之後應作减差法算于一千二百刻内减去二十五刻得

一千一百七十五刻平分之而折取其中得五百八十七刻五分有約爲日命起二十二日午時正一刻至二十七日午時初四刻計五日整除五百刻訖又命起二十七日午時正一刻至本日夜子時初四刻除半日五十刻訖餘三十七刻五分以發斂之法收之得四十五數爲四個零半時除二十八日子時正一刻至本日巳時初四刻訖則

天啓元年辛酉歲前在天正眞冬至乃在庚申年十一月二十八日巳時初一刻較之大統曆所載

冬至時刻實似後天十二刻夫今所議大統之
差差于後天無疑矣但按鄭世子之言曰大統
與授時相較考古則氣差三日推今則時差九
刻袁了凡先生依陳星川之法謂差九刻邇邢
觀察則于丙申冬至謂差九刻于戊申立春謂
差十刻于庚戌冬至謂差十一刻于甲寅冬至
謂差十刻有奇于戊午冬至謂差七刻五十分
于庚申冬至謂差八刻衆議與同並未有多至
十二刻者況氣候交食雖云兩事而欽天監依
郭守敬法所算八百回交食之數未有不起于

冬至者若云有如許相懸無論欽天監人怖而
阻修曆之舉疑而掃修曆之議即遴反之寸心
亦不能不怖且疑矣遴學非專門原無師授況
寓邸之地向未必正中私製之圭表未必的確
如云即此便是不幾自欺甚乎是必登臺較勘
修整儀器仔細搜求多人商確假之歲月乃克
有成今第據見在測得之景倣古人原立之法
算得應該如此敬錄如左以請正于
當世大方伏惟
宥其狂愚而

賜之指示幸甚幸甚

庚申冬季朔越山陰王應遴謹識

與欽天監楊監正書

聞之天下事不必一人獨爲而爲天下事亦不必局内之人得爲顧事有羣以爲當爲而一人獨起而非之又有局外人以爲得爲而局内人反從而敗之此在稍有知識者弗爲而謂老成

高朗如

台翁者乃于修曆一事獨令人不可解乎夫台翁何官則曆事誰事不肖經生何知第繙閱經史每遇此等書輒喜讀又屢于場屋中彖策問頗經竭思以對故于此事留心稍窺一隙年來

見諸當事爲此事章滿公車每悵悵
先皇祖河清無期及今
新王當陽妄上此疏幸奉
旨下禮部夫明時授人王政首務修廢舉墜職司要
圖以
台翁所不爲諸當事所不及爲而今不肖疏偶徼
天幸有得爲之機正
台翁所當獨擔而共襄之者也胡反多方謗毁甚
且命屬官具呈禮部以阻之夫不肖一人之言
無足採矣先年在禮部則汪宗伯俊李宗伯廷

機孫宗伯偉何宗伯宗彦等在垣中則樂掌科
護李掌科應策姚掌科永濟等在臺中則朱柱
史節王中丞紀孫柱史居相等在外職則華主
政湘范正郎守已邢觀察雲路等即
天潢之派如鄭世子載堉者亦特疏
上請種種諸疏彼豈盡無見而云然
台翁豈未之知乎然此猶曰局外之人言或無足
信也即在
貴監　中官正濂朱漏刻博士裕及見在周監副
子愚等種種諸疏彼又豈盡無見而云然

台翁亦豈未之見乎夫今議曆之當修只因氣候
有差氣候與交食另是一道不肖已說破于原
疏中舟行水中人在舟中之諭今
貴監所筭氣候交食大都後天葢其遵郭守敬之
成法應該如此毫未曾差即不肖今所請亦從
不曾說
貴監有差此意看原疏便知或
台翁謂書生妄談不足埀之睞耳惟是守敬當年
原有消長之法從古曆家原有歲差之說今㑹
未之用故無惟其差茲欲議修不過按成法以

調停之據測驗以訂正之不肖正以帮助
貴監修明此事免令屢次差錯以致叅罰但不肖
所請是欲修曆以合天
貴監所執是欲强天以湊曆不肖所請方欲爲守
敬忠臣
貴監所執反欲爲守敬逆子是不肖視
貴監爲同舟而助楫
貴監則視不肖爲異已而操戈矣至如
貴監自云曆宜修而
台翁獨謂曆不宜修又豈非同楫而不相助同戈

而不共操耶按四十年四月望月食差三刻四十四年正月望月食差三刻四十五年正月望月食邢觀察在北測得差三刻不肖在浙測得差五刻雖兩地人月所見不同大都即今

輦轂爲主未有不先于

貴監所筭者盖照依守敬成法以驗之在天則不差反是差差反是不差此不待智者能辨也前

月望月食

貴監筭得初虧在子正一刻不肖于是日蚤蒙

康祠部走書問今　食該在何時不肖[illegible]

荅字云該在亥時比未及明言刻數亦慮南北
所見必異今昔氣候或殊故未敢遽以向年淅
地所測得者妄對然不肖所謂差第據測驗得
之原非于
貴監筭盤之外另有一面筭盤也及是夜中府護
月月旣初虧久矣
貴監官以時未及筭延待不報及祠部索候香看
驗則引燭爇短以湊之尚未及數現有眼見之
人可証聞在星臺測候者亦約添漏水以湊之
亦未及數俾以二刻報及蒙禮部題叅又歸罪

于不肖夫修曆之說豈不肖創言題參之疏豈
不肖能挽倘比時使不肖代爲
貴監瞞人詭計必將預短候香多杓漏水奏是時
刻乃免題參而何
貴監見不及此然月食在于正一刻該當天中令
東偏遠甚則雖三尺童子莫之或欺乃不慾天
而慾人是欲欺人而併天且欺之矣昨掌呈請
禮部欲以算法與不肖考較夫古今算法甚多
只算曆者有六十二種不肖原疏稱家有自所
輯觀書測書數書三百餘卷非敢妄謅也若二

所五星通軌段月等但六十二種中之一種試
呼一二坊里筭手習之旦暮可熟而謂不肖曆
爲之是無異責巧匠以必握斧斤責明醫以必
按古方責運籌幃幄中者以必執銳披堅矣故
不肖原疏首以明曆理爲請正以訓不通文理
硬執筭盤而井蛙褌虱其見者豈令不將不肖
原疏熟讀詳解請問求益而反肆謗阻耶且
貴監自負筭盤精熟今就請以筭盤諸之前月望
月食時太陰在七十八度應何時何刻何分秒
見食前冬至前六日景在一丈六尺六寸四分

後六日景在一丈六尺五寸九分後五日景在
一丈六尺六寸一分應何時何刻何分秋爲天
正眞冬至使此數與
貴監所算得者合則從前許多議論盡屬誣罔盡
可抹殺使此數與
貴監所算得者不合則恐人可欺天必不可欺也
台翁職任欽天不許局外人談曆是矣但鄕年榮
卜任南京曆日中黑子
台翁不言能禁阻董大理不言否乎四十五年七
月望月食之期乃奉

台須行者也

貴監獨筭得該先期一日行文各衙門至期雲集

百官救護凍寒坐守至曉不見月食妄以當食

不食相慶賀及次夜則月食而不行救護此時

部科業封疏題參矣無柰

台翁遍處叩頭求饒乃得追疏不上長安多户迄

今笑破

貴監如此筭盤恐又是坊里筭手所弗屑習而欲

與不肖考較不肖情愿退三舍避之矣但不肖

固甘避矣倘于從前諸談曆者而盡欲與之考

較則將就于禮部堂上考較禮部大堂諸公乎

且不肖原疏稱乞

勑下禮部行令欽天監推㳂知曆職官徵聘諳曉者

術是明以事權歸之

貴監

台翁豈不具隻眼者嚮年工部發許多錢糧修理

貴衙門不修一椽一瓦人誰不知使令事果行則

一應修理供給等項又是買賣發動而曆果修

成定有異常叙勞恩典不肖豈不是

貴監掙子而反目爲讐人耶按四十四年四月禮

部以

貴監算月食有差題參曆官戈謙亨等奉

神宗皇帝聖旨這月食差該監官罰俸三個月曆法要緊爾部還酌議修改來說欽此今次月食禮部

又題參奉

聖旨罰曆官戈永齡等俸數日內又見禮科周公士樸疏中云人時不可忽月食糾錯何不精求暢曉之人等語不知此事之叠奉

明綸而衆煩朝議果何如也夫草茅之言既輕而當途之言又不足重局外之言固妄而局內之言

又不足憑是
台翁謂人可欺矣氣候明明差而竟令圭表塵封
月食明明錯而但扮漏香掩遮是
台翁謂天可欺矣至于
欽頒月食之期華夷共仰而獨集百官以更之曆法
要緊爾部還酌議修改來說之
旨御墨未乾而令屬官舉呈以阻之則
台翁寧謂
君亦可欺耶夫上無天而傍無人猶可言也食
君禄而背

君旨不可言也

台翁者舊重臣或應有此等力量不肖聞之實驚

異咋舌矣據原呈稱成法世守萬萬不磨豈未

知自漢迄元僅千三百年而曆已修六十五次

乎又稱曆固遠年消息應修然智所不及豈未

知儒有智者在儘可爲愚者師乎又稱不肖欲

借此以博進賢階不知

貴監有何職何銜可容齷齪王郎冠進賢以階進

身也此等議論徒足供人捧腹不肖此舉第閑

中游戲事而此覼縷奉聒亦是老婆舌不足聽

也幸

台翁有以教之應遴再頓首頓首

泰昌元年十二月望日

答李崧毓先生問日食書

不肖經生，於曆事原無師授，妄上此疏，倖邀

明旨，兹辱

垂問將來四月朔日食時刻。不肖雖無知，敢不以臆對？夫天地間理、數二字，原不相離，顧理能兼數，數不能兼理。自談理者似隔靴搔痒，談數者似望空射覆。此曆法所以未明，故前脩曆小疏首以明理爲言，蓋謂必理明，然後可談數也。客歲十一月望月食，欽天監算該子時正一刻，乃有人言該後期二刻者，届期

祠部康莊衡公走書問不肖今夜月食該是何時不肖荅云該在亥時蓋第據先年浙地所測得先期五刻之數以對然猶意地有南北人目所見不同或未必合而不意其竟符中也及是夜欽天監僅以先期二刻報致禮部

題參曆官乃曆官遷怒不肖具呈禮部攻之而修曆事遂寢矣然

禮垣周繽唐公既云人時不可忽月食糾錯何不精求暢曉之人彼豈無見云然乎此已往月食事也若將來四月朔之日食何如欽天監筭

該申時正三刻乃又有人言該先期二刻者蓋意月食先期則口食亦必先期也然不肖不敢雷同而疑是日日食似應該後期在酉時何者欽天監所據是數遡所云先期後期者亦仍是數不肖則兼理與數擬之妄疑其該如是耳夫交食之說何昉乎日月同度謂之朔日月相對謂之望黃白相貫謂之交二體相會謂之食顧日月之食係于交而食分之定在于時月能蔽人見之日而不能奪日之光人自見食于下而日自光明于上也漢張衡以月行分九道北齊

張子信以交道别陰陽隋張玄胄以朔望差定
分抄僉爲郭守敬採用矣詎意唐徐昂有時差
分法守敬雖用之而猶未盡其妙耶何謂時差
分法謂求其午前午後之差分而加减其朔之
交定日大小餘以爲日食甚定分也蓋因人在
地上見食有早晚之故非定朔之法有未密而
又爲之加减也夫月行疾日行遲一晝夜間月
先日行十二度有奇人所知也如食在午前日
在東而月從西來以掩之則未及見黄白度分
相掩而人在地中斜視之先已見食及至黄白

度分相掩則食已過矣其地之偏東者乃方見
食故午前日食則見食必早也如食在午後日
在東而月從西來以掩之則黃白度分雖掩而
人在地中斜視之猶未見食如地之偏西者先
已見食必俟月行更東則地中斜視方纔見食
故午後日食則見食必遲也所謂時差分法謂
于見食早者宜減其午前分于見食遲者宜加
其午後分乃其加減之或多或寡又必酌量其
測驗所得之數而多方以湊合之乃可以得在
天真交食之時刻惜乎守敬業用其法而猶未

參伍斟酌以盡其刻秒無遺今日有交食時刻之悞耳然聞者已日當正午則地中見食與定朔時刻相應宜不必用時差分法以爲之加減其定朔時刻卽當是日食甚分矣乃前次月食在子時正一刻夫子時正一刻正與午時正一刻相對而又不合者何也此則氣候有差使然蓋今欽天監所筭交食之時刻原非在天眞交食之時刻也前小疏于天與七政有舟行水中人在舟中之驗而茲于交食請以大小二餅影于燈光驗之可乎蓋日輪大月輪小以燈比人所

居所見物之日日食者如人持小餅之影能掩大餅之體也月食者如人持大小兩餅相對于燈之兩旁而人所居之地掩月之體不得借日之光也若人所居稍偏于旁則大餅即露于小餅之邉不能掩日之光而人持兩餅低昂之又遲速之則餅邉之光不因有遲速多寡分數之不同乎于此摹擬之可想見交食或早或遲或多或寡之故矣前蒙

諭目今曆事只憑預先筭得四月朔食日者便與他修大筭之一字談何容易哉欽天監人謂

不肖不能筭不知　不肖　非不能筭不敢筭耳去
年不肖以冬至測得日景送彼筭之彼云不能
此豈真不能必不屑教我也夫冬至猶易筭者
乃從前筭者或兩人也而甲乙異同或一人也
而前後矛盾則筭者要歸安在豈不白白費許
多氣力若交食則又大有商量焉得爾瓣一新
法我瓣一新法今年瓣一新法明年又瓣一新
法硬執筭盤便云得手到底能筭者徒供彼不
能筭者一笑耳不肖不敢筭正不敢草草學前
筭者之枉費精神爲聚訟者抵掌之資也是以

脩曆一事首重測驗測驗之法必多集精術精製儀器慢着工夫細心斟酌要知冬至之景去年與今年不同是何緣故要知交食之期或先與或後不一是何緣故又要知交食之數起于冬至而今人所筭冬至先期差若干乃人所見交食又只差若干是何緣故若要搜着根原有許多繁難是必思之思之鬼神通之庶幾得其萬一寧有

國家重典關係千萬年事陡然杜撰一法憑臆筭之便能于旦暮間一了百當耶夫儒者談理不

談數術家談數不談理議修曆而不尋根所謂不揣其本而齊其末也不肖學非專門狂瞽之見如此倘今歲日食或如期或先期乃是用不着時差分法又須另作商量别尋訣竅不肖勸人勿執數寧敢自執理當今天下事儘多理所不載者豈天上事能盡知其爲理所載哉

明問下及不敢不臆對如此併以客歲所測冬至晷景筭數附呈

台覽幸

高明有以教之應遴頓首頓首辛酉閏月朔

答李崧毓大理問日食書

不肖經生，於曆事原無師授，奏上此疏，倖邀

明旨兹辱

垂問將來四月朔日食時刻，不肖雖無知，敢不以臆對。夫天地間理數二字原不相離，顧理能兼數，數不能兼理。自談理者似隔靴搔痒，談數者似望空射覆，此曆法所以未明，故前脩曆小疏首以明理爲言，蓋謂必理明然後可談數也。客歲十一月望月食，欽天監算該子時正一刻，乃有人言該後期二刻者屆期

祠部康莊衢公走書問不肖今夜月食該是何時不肖荅云該在亥時蓋第據先年浙地所測得先期五刻之數以對然猶意地有南北人目所見不同或未必合而不意其竟符中也及是夜欽天監僅以先期二刻報致禮部

題參曆官乃曆官遷怒不肖具呈禮部攻之而修曆事遂寢矣然

禮垣周續唐公既云人時不可忽月食紏錯何不精求暢曉之人彼豈無見云然乎此已往月食事也若將來四月朔之日食何如欽天監算

該申時正三刻乃又有人言該先期二刻者蓋
意月食先期則日食亦必先期也然不肖不敢
雷同而疑是日日食似應該後期在酉時何者
欽天監所據是數邇所云先期後期者亦仍是
數不肖則兼理與數擬之妄疑其該如是耳夫
交食之說何昉乎日月同度謂之朔日月相對
謂之望黄白相貫謂之交二體相會謂之食顧
日月之食係于交而食分之定在于時月能蔽
人見之日而不能奪日之光人自見食于下而
日自光明于上也漢張衡以月行分九道北齊

張子信以交道別陰陽隋張玄胄以朔望差定分抄金爲郭守敬採用矣詎意唐徐昂有時差分法守敬雖用之而猶未盡其妙耶何謂時差分法謂求其午前午後之差分而加减其朔之交定日大小餘以爲日食甚定分也蓋因人在地上見食有早晚之故非定朔之法有未密而又爲之加减也夫月行疾日行遲一晝夜間月先日行十二度有奇人所知也如食在午前日在東而月從西來以掩之則未及見黃白度分相掩而人在地中斜視之先已見食及至黃白

度分相掩則食已過矣其地之偏東者乃方見食故午前日食則見食必早也如食在午後日在東而月從西來以掩之則黃白度分雖掩而人在地中斜視之猶未見食如地之偏西者先已見食必俟月行更東則地中斜視方纔見食故午後日食則見食必遲也所謂時差分法謂于見食早者宜減其午前分于見食遲者宜加其午後分乃其加減之或多或寡又必酌量其測驗所得之數而多方以湊合之乃可以得在天真交食之時刻惜乎守敬業用其法而猶未

參伍斟酌以盡其妙故遺今日有交食時刻之
悞耳然問者曰日當正午則地中見食與定朔
時刻相應宜不必用時差分法以爲之加減其
定朔時刻即當是日食甚分矣乃前次月食在
子時正一刻夫子時正一刻正與午時正一刻
相對而又不合者何也此則氣候有差使然蓋
今欽天監所筭交食之時刻原非在天眞交食
之時刻也前小疏于天與七政有舟行水中人
在舟中之喻而玆于交食請以大小二餅影于
燈光喻之可乎蓋日輪大月輪小以燈比人所

居所見物之目日食者如人持小餅之影能掩大餅之體也月食者如人持大小兩餅相對于燈之兩旁而人所居之地掩月之體不得借日之光也若人所居稍偏于旁則大餅卽露于小餅之邊不能掩日之光而人持兩餅低昂之又遲速之則餅邊之光不因有遲速多寡分數之不同乎于此摹擬之可想見交食或早或遲或多或寡之故矣前蒙

諭目今曆事只憑預先筭得四月朔食日隼者便與他修大筭之一字談何容易哉欽天監人謂

不肖不能筭不知不肖非不能筭不敢筭耳去年不肖以冬至測得日景送彼筭之彼云不能此豈真不能必不屑教我也夫冬至猶易筭者乃從前筭者或兩人也而甲乙異同或一人也而前後矛盾則筭者要歸安在豈不白白費許多氣力若交食則又大有商量焉得爾一新法我一新法今年一新法明年又一新法硬執筭盤便云得手到底能筭者徒供彼不能筭者一笑耳不肖不敢筭正不敢草草學前筭者之枉費精神爲聚訟者抵掌之資也是以

脩曆一事首重測驗測驗之法必多集看術精製儀器慢着工夫細心斟酌要知冬至之景去年與今年不同是何緣故要知交食之期或先與或後不一是何緣故又要知交食之數起于冬至而今人所筭冬至先期差若干乃人所見交食又只差若干是何緣故若要搜着根原有許多繁難是必思之思之鬼神通之庶幾得其萬一寧有

國家重典關係千萬年事陡然杜撰一法憑臆筭之便能于旦暮間一了百當耶夫儒者談理不

談數術家談數不談理議修曆而不尋根所謂
不揣其本而齊其末也　不肖學非專門狂瞽之
見如此倘今次日食或如期或先期乃是用不
着時差分法又須另作商量别尋訣竅　不肖勸
人勿執數寧敢自執理當今天下事儘多理所
不載者豈天上事能逆知其爲理所載哉
明問下及不敢不臆對如此併以客歲所測冬至
晷景筭數附呈
台覽幸
高明有以教之應遴頓首頓首辛酉閏月朔

燕游紀序

燕市故築臺買駿而捐千金也者今之市名市利所競趨焉惟達觀之游與兩者異彼一有市心則逐鄰集羶肥腸未滌間爲聲歌夫亦鳴得意寫牢騷不平巳耳均於大雅無當也余社王葦父負性曠達家梅峯沇釀閒游鯉高鴻灌木遠岫時變幻景色於虛堂疎牖以陶汰其塵滓而一歸于

容歲壬子應試都門亦曰吾奉遺訓余余何知名之成否爲故人往亦違人歸亦歸其違也柳堤蟬韻荷渚桂風而馬首起白雲於青山其歸也菊秀蓮枯鴈行蛩語而襟袖驚涼颸之淅瀝凡見見聞聞若或有言以觸其所欲言而董甫本無意於詩自有不得不爲詩也者故饒於興致絕無雕鏤彼刻鵠承蜩巧而熟矣未免博甘於苦

耳蓋董父儲書數萬卷編摹讎校殆無虛
日而於竺乾之書似有夙契信手拈來物
物皆眞若休文貪佛理優於詞右丞放梵
神超於骨是皆得之沖虛澹漠中非從枝
葉摹擬以詩爲詩者比也疇非法門宗鏡
而與夫跡禪而揚者異矣它日經世事業
端在是焉一詩云乎哉
萬曆癸丑長至後八日會稽山人袁大鶴

書於臥雪齋

燕游紀

山陰王應遴董父著

友人祁承㸁爾光閱

余根鈍福薄蹇槧自廿第未能免俗每試期亦逐隊而趨由浙而南而今且北矣諸親友昆弟猶不嗤其愚而攜榼舟中以祖其道時萬曆壬子夏仲朔也赧然口占

一帆湖上破烟波忍唱驪駒促叵羅共道賈生終侍席獨憐馮子尚彈歌兩都自昔欣曾擅十上於今愧已多秪恐金臺收駿骨贈鞭空負繞朝過

先是邑令君白滬吳公餞余于署中之光化亭，及舟次賦此謝之

龍山鬱蔥蔥，光化望中峙。拂拂薰風來，灌木映百雉。中有吳神君，豈弟綏遐邇。無狐不斂威，有鴞寧萃止。沓沓既云調，瑟瑟亦以紀。壯余燕雲行，驪歌餞佳旨。杯斝白雪翻，塵拂青雲起。超然宦中情，陽和煥桃李。瑚談忘形骸，夏蟲驚且喜。慷慨生平歡，冰壺映秋水。

渡錢塘

次早抵西陵，江心普渡亭，余所創也，住僧茶畢，買

長途開曙色，短劍渡江門。一水紅于染，千峯翠欲吞。

晨潮遲吉月宿鳥散朝暾賸有投鞭興離愁未足論

王玄樞訂會武林遲之不至意善飲故庅約耳口占嘲之

遲君江上共仙舟倚棹長安水自流莫漫剡溪多一曲只今猶醉仲宣樓

午日舟過吳江風雨交集沽酒草酌門人章君懷笑曰余卽赤貧午日壬之菖蒲角黍是生平第一次耳索詩漫賦二律

雨打天中厄帆懸客裏愁風狂驚虎艾雲濕滯龍舟絲縷誰爲繫香蒲若箇投汨羅君自怨聖主正旁

求。

標向他鄉奪愁添午日遊無蒲咀菜味有酒快仙舟

烟樹侵帆亂寒江傍寺流何來長命縷心繫五雲頭

登閶門訪日者戴如雲是余舊所試者

繫維閶闔門理展鬬雞陂行藏不自忖來叩君平扉

既云信已及胡迺旋生疑難認識破後何用剗天機

祗京口潘太液參軍留酌署中夜歸得寔疾枕上

口占

客去嫌舟滯愁來苦病纏正欣帆帶月却恨柳拖烟

悶到難消酒身閒剩有眠縱令游興劇誰着祖生鞭

迎醫何仁源調治詩以謝之

杏種仙源出仁聲海外聞藥爐烹活火丹鼎起鮮雲泉石君成癖烟霞我欲群却慚身外病一匕尚須君

望日渡淮水

積潦漲淮水輕帆促淺舸浪花翻日影棹曲亂漁歌山外長虹散檣頭暮靄多浮沉嗟世事鷗鳥不驚波

見進鮮馬快船華樓錦檣繡袍而坐船者勢更炫赫云遲則魚不鮮也聽棹歌而戲和之

鮮鰣五月龍江來樓船飛奔淮河洄高閃龍旌欲掩日亂撾鼉鼓疑驚雷岸上猶見聲辟易須臾百里如

梭櫂尚方若嫌魚到遲須道民間也有三旬九餐食

渡呂梁洪偕行者言水道大異曩時余郎未經然知變遷自是山川常態耳

人傳呂梁渡水面橫山骨今余操舟來土淤石影沒危陂喜既平良疇翻苦汨昇哉千古流消長在嗟咄碌碌往來人滄桑看飄忽

次娘娘洪見漕舟蚹尾而行悵焉賦此

薰風從南來迢遞催漕舟閘壩既夙戒部督誰淹留帆聲逐烏雀櫓聲驚魚鷗危檣列千艘霈旆紛貔貅竭此江南力紓彼燕京憂豢士盡替役飼蠹空持籌

歲虛四百萬安餉三千餓太平賴有慶含哺始悠悠

將抵徐爲逆風所滯沽酒夜酌口占四絶

遥睇青山是太行片帆無那石尤降鑑湖自是清涼候羞看輕鷗水面翔

江南梅雨正絲絲楊柳梳風拂水涯遥睇燕雲猶未半不須倚櫂論歸期

連朝風雨傍江關仰臥看帆盡日閒翻勸長年莫懊惱浪遊吾已六回還

遥看隔岸海榴紅邨酒呼來醉短蓬利鈍從來有主宰此番花信任西東

至徐主徐禹壁家、禹壁高士也、設酒迎風、談及徐即彭祖所產地、故名彭城、席上口占

漢業飄零楚亦捐、荒城落日愴啼鵑。山河百戰英雄碎、花草三春雨露偏。豐澤波濤沉白帝、碭雲物散青烟。彭君縱抱長生術、剩有淮流濺客船。

侍御張平宇、余舊邑令恩師也、家于徐、仙遊十餘載、予過而弔之、會其嗣君涵朴素養、因攜榼邀登三義祠、即劉關張結義處也、

帝業觀朝槿、荒祠剩夕陽。勿仍橫峻閣、樓尚蔭柔桑。雲氣秋逾薄、塤聲久更長。天涯成義合、千古一爐香。

執鞭豎子道中獲一雀雛以獻余釋之無從懷之袖中愈行則愈遠矣因侑錢數文令來者還放之故處詩以紀之

雀雛驚墮巢牧豎執以獻翾翾翼未成唧唧口若唁似鵲音可聽如烏慈甚眷驅車不得停途長雀難旋今人纔離鄉愁緒結成片況爾方在雛待哺以焉燕異類抱人心蟲乎豈云賤我今佐青蚨還爾故巢便匪願報雙環亦不繫紅線爾奮原不長第將舊枝戀

余以仲夏朔束裝至河間而匝月矣回首北堂愴然有懷

人逐風塵老，時移蓂莢新。觴蒲將洎月，塡鵲尚迷津。
日近炎逾炙，雲深望更頻。阿香聽捧檄，桃上憶何人。
過河間長堤柳塘，河畔舟橫，儼然吾江南風景也。

和旅壁韻

水光長亘曲堤虹，柳色菁葱一望通。倦策紫騮來冀北，喜看青雀汎江東。人間赤石秦時篆，天上黄河夏后功。獻邸只今何處是，洋洋大國有遺風。

望見商家霖過雨泥濘，騎脜輿損，口占二絶

迢迢泥濘馬輪遲，帶雨拖縕拴濕衣。遥憶江南北窻下，閑門午睡正酣時。

海天漫白路猶賒荒艸郵亭月欲斜幾樹殘花對零落亂雲深處有人家

時旱久雖苦雨而憶故園正甘之也燈下紀懷

商家千古譽客子一時嗟草潤望逾碧雲低路轉賒濯枝欣故國破塊願天涯遮莫淒膽淄殘燈喜亦花

任丘道中聞蟬

客路三千里蟬鳴第一聲乍疑槐影出又似柳陰生吸露清堪挹吟風思欲驚似知游興急故送馬蹄輕

新城旅店有童子吳歌不聞此聲久矣一笑口占

吳謳匝月不經聞何處歌聲動客醺不是巴音能入

耳鄉心原自遏行雲

東平途中塵沙蔽天揮汗如雨忽憶鑑湖五月清涼之句

風塵歎掌汗沾衣回首清涼事已非湎俗趨炎誰氏子元規有扇不能揮

初到京覓寓未得偶聞鳩鳴有感

居停未着漫躑躅飄泊浮萍散水涯萬里乾坤羞蕩子鳴鳩傲我據高枝

初主周省吾家邀酌于劉氏園

纔拂衣塵馬足停巍巍宫闕駭初經日臨王氣隱晴

麗天近祥光別是晴羞我脫裘看寶劍多君壓酒出
銀瓶頹然不覺家園夢長樂鐘聲未慣聽
遷寓廣戍寺欲下帷溫理故業而未免投刺爲勞、
悵焉賦此
古刹聽清磬禪窻聆曉鐘夢回鑑水上身在帝城東
倒枕忙尋蠹撾衣怕勒驄勞生誰與息今古自忡忡
京邸襍咏六言
馬上三千偃蹇雲間五鳳崔巍離別方驚兩月繁華
只夢一回
西望太行欲滴俯看易水長流白眼頓如新識青山

却似舊遊

珠桂昔稱非誑菜蝦今覺頗腴誰敵食前方丈我甘釜内無魚

北窻風動淅淅南衙塵播盈盈開卷自知有益閉門不向閒行

觀星臺距廣成寺咫尺余登覽見璇璣與南中稍異詢之臺官則漫無以對余故究心於此者然非經生所敢談也慨然賦此

東眺觀星處危臺護綵雯問天驚帝座探月動星文

混沌誰人窾璇璣若箇分銅龍馴尺度不敢挾風雲

長安炎熱特甚作苦熱行

人傳燕地多氷冷○我來祝融偏雷霆○俯仰爐中成暑、醉○三十六龍息欲屏○兒復塵坌滿街市○偏覓陰樹買、甜水○堪憐從事汗血駒○陘底趨炎䅶䆁子○長安原是炙手場○喘息誰知把扇颺○我見江南煑鹺者○每向烈日乘風涼○要知熱中更有熱○此熱那堪滴水滅○任君如火欲燒身○我有清涼快於雪○

燕市動戚甚多呵殿之聲接踵作避馬行

六街呵聲避欲疾○不是椒房是恩澤○貂蟬蔥鬱擁毬幢○寶篨排金耀人赤○飛鞚高簷並御溝○射鵰歸去酣

瓊樓粱懸明月擁軟玉誰向雍門悲白頭一朝寵衰謝事去寂寞朱門蛛網處多少勳高甲第人北邙青塚猿狙踞

長安街觀熱審時滿王諸君子俱在逮中臺省請釋之章屢上而　聖意未轉圜也悵焉賦此

民命古所重順時宜伏恕漏長月當六熇高日燭天圜土若帶木汗流墨飾顏厎羸息一線望解項刻懸蠅集若爲卜鳥啼空自煎時盼嚴霜飛忍見浮雲旋景風忽南來幽谷欣煦然纍纍胥靡輩魂夢羈重泉傴僂出犴狴嘉石祈悲田捧頭妻子哭張目街[illegible]

春回盆啓覆否極泰必還耿雉脱羅罟釜魚遊深淵
鵲亭與梧丘白骨寧終塡殷家幸祝網虞廷暢調絃
歡聲動地起霖雨濡郊埏所願光明燭長炳昇平年

酌陶剡浦比部署中步月歸寓

薊門聚首嘆漂蓬鳩署飛觴且暫同避暑小攀河朔
飲披襟大快郢人風雲開碧海青天外心在氷壺雪
楹中試向嬋娟問消息此中芳桂爲誰叢

署中攤書放歌

祝融原向江南司詎今蒸鬱燕中移最苦襪襪塵沙
馳不然爭較擅心碁我今病熱逢良醫古書在手旋

能支高枕不礙匡牀敧開摇團扇來涼颸神交賢聖
羲皇時臥遊山水天之涯會心高唱逍遥詞倦抛起
舞婆娑姿興來還酌葡萄巵乘風何必清泠池街頭
勒馬風塵見碌碌流汗將安之

時熱甚然砌蟲啾啾有聲矣

夜靜天河索火星疎簾透入影青青先秋蜻蜊渾能
解故作涼吟伴草亭

苦俗事纏擾余篤之過予談莁小酌口占

俗事避還逼閒愁掃復來百年今日夢千古後人哀
白髮猶寬假紅塵只迸催因知荷鍤者原不是貪盃

孟秋八日同邵象岦張異度茅公選徐鳳梧吳祖洲赴石磴菴放生之社自南師劇談留齋余以事先歸賦謝

石磴長生窟茅簷大士家禪心涼慧月香氣護曇花路向竿頭遠程從脚下賒清談能飽德何用飯胡麻

宿僧舍見螢書似本原禪師扇頭

清齋初罷夜將沉唄韻鐘聲枕上親牕外流螢如有意殷勤來照獨眠人

時試期逼矣而交際棼如苦之作避客行

一枝寄燕市非隱亦非官閙心托蠹魚棲遲如在澗

對月理氷絃汲水滌溪硯不驚氣栗傾那慌衣縫綻
去住夢中身浮名等如幻夜倦依清燈朝嬾起亦晏
逢迎吾所羞不覷貴遊盼軒蓋願他之秤坐吾誠便
岸幘步庭除飛雲自片片

武林汪汝南朱孟端邂逅遂成莫逆同步月于觀
星臺池邊

帝里涵芳沼星臺拂綠楊移樽延夜月倒履逐新涼
絡緯催愁急蒹葭入夢長從來烟水癖不覺是他鄉

徐伯鷹水部邀同董揆仲乞巧署中放歌

帝里銀河夜光皎鵲度螢飛霜色皛西山月魄華采

流北闕霞標粉香絲聞說臨春鬬玉人競排瓜果穿金針喜逢今夕天分巧百子池頭望幸臨嗟余浪游空碌碌長竿標裩聊免俗卧笑乘槎往事荒支機不向成都卜閨中遮莫理新粧我自㪚髯挹太行世人乞巧欲避拙我猶恨巧翻成怭

又寫懷二首

涼思驚羇客銀河轉帝州緱山仙跡杳漢使海槎浮月步三千里針穿十二樓支機何處石催織薊門愁

綺節人祈巧芳筵酒滿巵難醫疎嬾癖誰撰笑梯貲

瓜李吾知嗷蛆蛛爾自絲方平能返俗未必鬢青時

朱孟端與余寓並棘闈時以制義見示余願退三舍偶孟端部試不利賦此慰之

析聲忙裏急絲雨悶中紛展卷開晴色揮毫動彩雲知希原俗態顛倒自前聞豈令豐城物龍光闇斗文

初入試適遭雲麓家弟之變

鴈行分鏡湖後先長安遊我正酬筆戰爾忽辭衾稠興襯去復速魂旐何悠悠孤影寫明月落葉紛荒丘痛爾鼓盆戚又離喪明憂田園自有樂何必他鄉謀知機古稱哲非分聖所愁人琴嘆俱去我悵姑淹留

征鴻有還期淮泗潺潺流

當弟變拆家報又得王積翁年伯之訃積翁養高林泉屢徵不起嘗自書壁柱有一春長費買花錢之句今仙逝而余不及執紼抆淚賦此

四海蒼生望有年稽山忽爾愴啼鵑花分此日憑誰費酒債于今好共捐桃李春風金谷閉芝蘭秋露玉堦妍只今世講頽知已何日龍泉向墓懸

以弟變家信還南

正酬蝸角夢豈耐鶺原哀鄉思和雲斷家書拂淚裁浮名拋筆冢旅况愴泉臺寂寞長安寓誰人步月來

中秋試畢過余篤之寓中酌月

海月雲將破，新槐露欲溥。浮名身外事，杯酒眼前歡。砧逐飛鴻急，衣驚魄兔寒。一輪當此夕，千里共誰看。

子友有驪妾而不悦其妻者，且致斷髮別居，傷哉。余每見妻妒妾者，未聞妾妒妻者也，爲作去婦詞以諷之

閨訓出有七，妾一不自知。所知夫子心，但愛如花姿。憶昔初結褵，伉儷百年期。妾今覘鸞鏡，亦自羞蛾眉。君心不松栢，蒲柳寧不摧。掩淚出門去，衰貌將安之。雙環篋中冷，妝衣塵舊帷。妾聞婦有妒，今妒妾者誰。

妾自邀君棄君心安足嗤回頭祝新婦願長年少時

皇貴妃舉殯出安定門觀者如堵人傳　東宫悲戚特甚紀之

鳳輦拂仙旌靈輀北郭征花零風後色水逝雨餘聲玉骨千秋慘貂蟬萬隊行　青宫瘞望處長樂曉鐘鳴

步月得司馬兄將至家報

乘風秋欲去步月夜將沉莫漫羈千里誰將抵萬金有情驚旅夢無恙慰鄉心羞看南歸雁凌霜度槲林

秋風蕭瑟不覺鄉思勃然

搖落風塵酒一杯燕雲孤客自徘徊無端昨夜秋風起引得家山入夢來

徐孝廉岐陽余先君守撫時寮友子也臨汝署中同塾相劘後會于金陵茲以赴春官來邸邂逅賦此志喜

汝水共雞窻相思夢裏長雲泥分把袂風月又平章和雪㽌巴耳雕龍羨上方君看風雨夜匣劒正舒鋩

如臯族兄曩與余同硯今聞其下帷漁陽不可得見賦此志思然未得鱗鴻却寄聊以識之他日耳

雞窻分袂十經年鴈去漁陽不附牋轉盼風塵流水

外消魂夢想白雲邊金臺驥足君猶滯鏡水龍山我
尚眠樓上仲宣難獨醉擬操雪夜剡溪船

長安秋思二首

月白烏定栖榆柳成霜林庭除獨散步鴈影遺哀音
祥雲紫極護湛露凄清砧尊鱸吾有思荊榛誰人心
回首紆南北鬱抱嗟浮沉
蟋蟀觸寒悲四壁何蕭蕭披衣看明月長風吹斗杓
離緒疎柳結匣匆風雨號丈夫倖逢年力田徒自勞
吾有薜荔心唾壺亦不敲
時秋思鷩人衣欲着臬

朔風吹徹雨參差，絡緯聲聲遶砌悲。不是秋時人獨惜，從來寒到客先知。

寫懷

誰云簫鼓不堪聞，遮莫雲泥只尺分。客路迢遥原是夢，世情変幻總如雲。郢人歌歇寧無和，冀馬空來復有群。已矣此番聊免俗，莫提十上更論文。

周鶴鳴邀遊韋公祠，歸而天色暝矣

寥落天涯客，殷勤地主人。花攜香是國，酒載草爲茵。鶴唳驚觀權，茶烟動憶尊。浮沉嗟咄事，不必問迷津。

是月拉徐鳳梧、張允及與俱、二丈先歸、詩以嘲之

郊遊何事思逡巡剡曲難留雪夜賓篡篡迎霜看遠
樹粼粼入郭聽車輪白雲似送無緣客綠酒惟醺有
意人片轡清閒消不得仍將衣染洛陽塵

易水歌

易水兮蕭蕭壯士兮安招歌聲兮太苦骨悚兮神搖
壯士兮燕丹秦廷兮生還胡爲兮挑怨國破兮身殘
我聞歌兮心如搗翻笑古人兮胡艸艸人誦千秋兮
俠骨香吾謂浮名兮何足寶

九日送同試友南還

黄酒驚秋色驪歌愴別筵劇談桑梓話高會菊花天

獻玉俱違楚，登臺獨去燕。江南風氣懊，莫怯舊貂蟬。

沈涵赤少尹邀酌時余與沈有婚姻之約

筵欣開九日，緣喜結三生。繡榻人如玉，瓊巵菊韡英。休文春雪韻，逸少歲寒盟。帽落君毋訝，茱萸髩欲盈。

秋夜撥悶

貂敝囊空不自憐，挑燈把醆且陶然。葉邊無雨蟲增響，霜下敲砧月欲圓。星斗四簷涼似浸，鄉關一枕夢多纏。浮生到處能瀟灑，任聽人歌易水篇。

范立齋儀部與余子女互婚邀酌賦謝

秋色滿金臺，清尊喜共陪。菊飡九日後，望重五雲隈。

感有綈袍德慚無作賦才連枝欣並蒂鄉思不須催
時秋思逼人砌蟲啾啾爲作蟋蟀吟
新涼桃上生蟋蟀叫何處玉露濕高林金風鼓微耆
促促不斷催號寒若知預蟲乎何所需中宵聒如絮
長安豪俠見醉眠不知曙
初度之日周鶴鳴設酌高歌不知余愴然之懷也
賦此爲謝
浮生冗中過初度燕雲稽因歌壽我曲翻憶見時啼
籠鳩且騎竹摘花還丸泥唯得大人惜不受先生嗤
忉怛數十年猶向衡門棲庭幃宛然愛墟墓松楸齊

報親媿烏鳥謀生嗟觸羝管枯手仍搦貂敝袍亦綈莫追往日悞安解來時迷弧矢悔初衹南北還東西

前門闢廟祈籤甚靈今而後余不復敢叩矣

王氣靈神倚香烟福地鍾風仍嘶赤兔月尚偃青龍鼎立從天定桃源敢尚濃[illegible]沉公莫強吾自識行踪

龍精華爲利西泰好友[illegible]歐羅巴流寓都門往余在金陵曾交其友黄文穩者今來邸逅遇談及歎若生平言有獨解而製作色色超越人間曩歲西泰故而　今上賜葬不特柔遠安爾亦見其立教無礙吾道矣賦紀其事

盡車返朝歌去，有名薄劣自慚容。朽質迍邅未信是，修程莫將老蠹營。心緒且讀丹青學養生。

病中董景越侍御見訪

病魔纏枕上，知己自天來。空負綈袍德，徒慚襪線才。霜隨皂蓋入，菊傍繡衣開。藥石君毋吝，尫羸徧八陔。

病中自南師過訪

交向遊禪寡，愁從伏枕多。三江張翰思，一七馬卿訛。酒不消長夜，碁難爛短柯。安閒必有法，正恰叩維摩。

病起

病起秋已去，枕離事尚慵。將梳慚短髮，引鏡怯衰容。

同邢懷賢草君儀道經西苑

然有酒中趣五柳君問之

鄙哉成霸承相定長朝權委虛此平原飲流涎徒坐馳

主人憐我悶邀我金扃底奈我病支骨枕上維摩思

七尺石火耳爲歡幾何時所以古達者把醆不肯辭

錢麟武太史羅和宇問卿邀酌並以病辭賦謝

披霞雲濃欲墜長颩刷月落陰花陰還我雙燧借羞看紅樹林

無才逢白眼有幸遇金針杏塢開春手桃源入路心

余日之念也實荷敬山撿雲之功賦此爲謝

落照驚鴉驕西風傳砂塋白雲千里望又見樹頭紅

紫禁西迤瑞靄濃，琉璃高矗翠芙蓉。柳拖晴色宮雲裊，山抹嵐光御水溶。舞影好隨天廐馬，瞻雲閒傍掖門松。臺池不換宵衣志，手額空欣駕六龍。

余始以鄭鴻修太尊書投朱雲來先生，值先生有分試之命，書不果入。及試畢往謁，則先生以憂歸雲間矣，賦此寄之

共竚持衡望，誰攀讀禮車。三江鱸美日，九月鴈歸初。鳥跡空奇字，閒雲掩道書。空令光霽夜，恍惚引長裾。

秋後夜集胡司城寓，亦婚姻之酌也

玉種欣夘合，簫吹引鳳來。歡逢青女節，慶聚郭生臺。

流目看英莉聽歌辨落梅仙郎能坦腹媿我仲宣才

是夕、章太玄内兄在坐太玄偶誦昌黎詩云別來楊柳堦頭舞擺亂春風不自持惟有小園桃李在留花不發待郎歸余即席轉和之云

絳桃一片爛如綺柳眼偷窺强自持無奈幾番花信至春風也逐陌頭歸

堵敬吾從泗州來談及故鄉刈禾事寫懷

男兒不利又不名厭看阿堵搦管城疲劬南北織岐路四十五十猶無聲此身自有眞榮辱豈因失意窮途哭裘敝難邀范叔憐舉眼炎涼任鹿鹿遥憶故鄉

正刈禾班荆南畝醉叵羅無邊風月兩頭擔誰爭誰讓何婆娑

張侗初先生過寓談藝且索觀書籍

蓽門邀鶴馭茗椀沸松濤品翰披緗帙評詩動綵毫青雲慚未償白雪羨能操何幸幽寒地春風拂艸茅

立齋酌余署中歌童年僅十三頂置玉甌作盤旋舞聲色俱絕余因慨世人何事不可習慣耶惟慮童年長他日見之非故態耳即席漫占

帝里西風月光皎筵開仙署天香繚何來重喜幼童見歌遏行雲拂天表更欣紅袖舞婆娑玉甌點額驚

迴波魚龍不數巴渝妙兩行笙鼓聲相和异哉童子技能痒風月塲中伊無兩人能應可奪天工當筵那惜纏頭賞怪余愁腸眼亦青主人情重傾銀瓶爲囑鄰雞勿喔喔願留此童白髮遲遲生

余瑶圃先生見枉

秋日枉高軒春風起谷暄漫勞題鳳字夙喜托龍門文變南山豹談傾北海樽窮途何有幸衆恩五雲屯

望夕潘至寧邀酌歸而見月蝕漫成二絶

霜鏡無端點太清光還漸見彩雲輕不須鼓角冐喧長夜自是嫦娥厭太明

誰妒清光此際收，蛾眉鏡裏欲含羞。爲嫌昨夜明猶欠，磨洗今宵徹九州。

寫懷

倦甚怯仍孅，愁來病更增。治生慚計拙，謀國嘆無憑。面目無鹽女，生涯有髮僧。青山家自剩，不斷布袍登。

周鶴鳴餽炭賦謝

窮愁炊桂地，炭喜餽寒天。挾纊恩猶晚，綈袍愛幸先。茶烹蠏眼雪，酒煖柳絲烟。遮莫茅柴焰，爔紅我獨便。

送董揆仲南還時揆仲方買燕姬于舟次

客况驚霜白，離愁付草玄。與君同落羽，誰獨未逢年。

失意羞操瑟知音更理絃五湖風色好西子已登船

朱比部鳴和親翁方納姬而膺審囚江南之命賦

此以當祖道

名花初豔爽鳩司忽報軒棠擁傳馳北闕獨寬三面

網西湖共醉萬年巵遙抒澤國飛霜望近慰金閨待

月思堤柳不堪游子折江南青眼向誰窺

過崇仁寺訪張異度孝廉異度尊公省堂余曩在

白門時社友也因檢其所作先大人傳聽之

椿蔭當年合蘭交此日尋風塵異國景雲物各鄉心

意氣懸長鋏聲名托素琴盍簪看拭手澤倍感舊知音

朝鮮醫問答

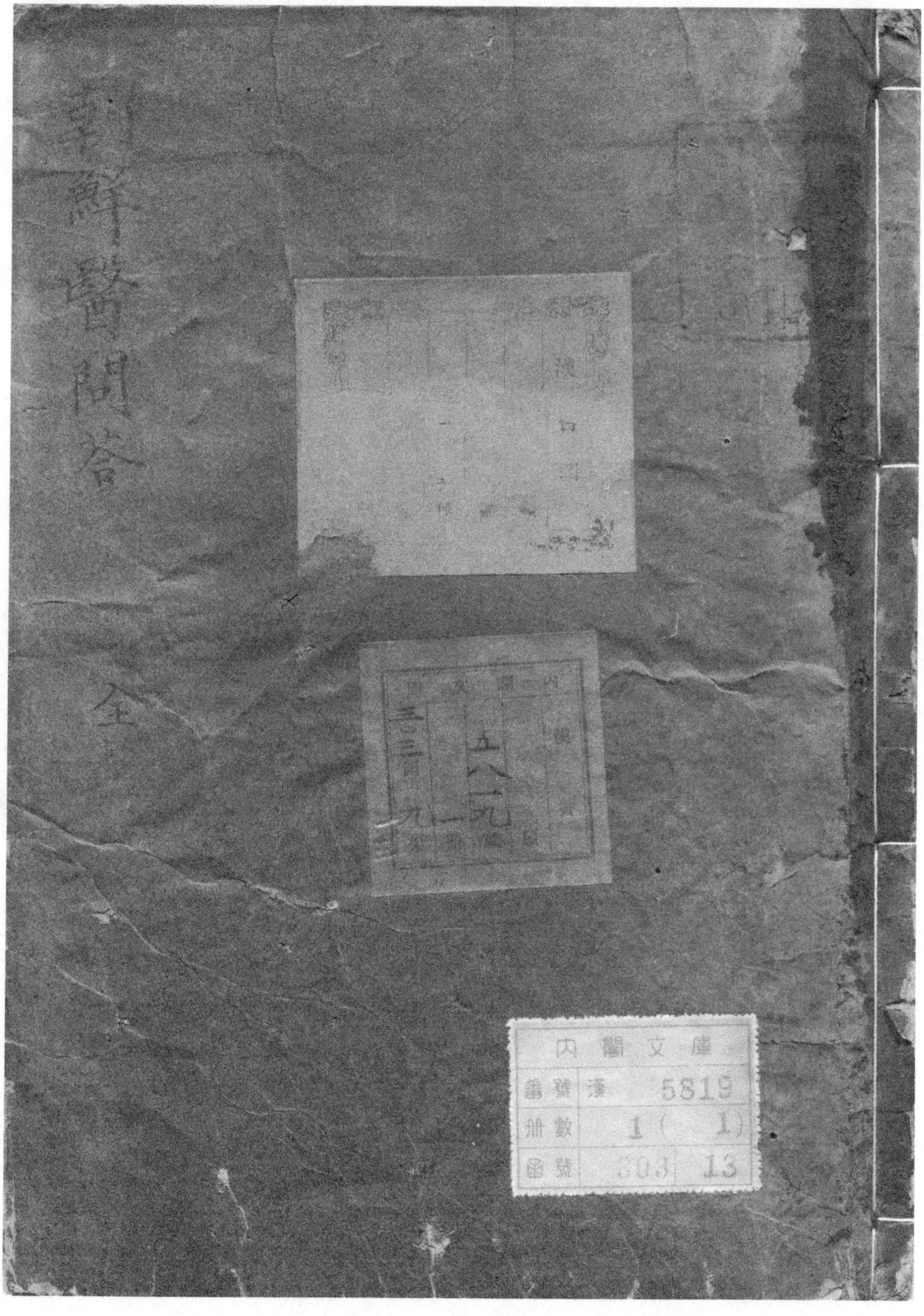

朝鮮醫問答
全
内閣文庫
番號 漢 5819
冊數 1(1)
函號 303 13

朝鮮醫問目錄

○問答二十四條

凡人無子調治婦人而不能取效云何

格致論賈氏婦但孕三個月左右必墮何故

目疾腫熱欲盲用苦寒之藥不効云何

咽喉腫痛服盡寒冷之藥不愈云何

血氣並虛當調治何臟爲先

齒痛上下牙腫經絡何屬

小便不利何藥療之得効

痔漏當何法治之

中風口眼喎斜經絡之辨
咳嗽日久不愈何以治之
婦人乳汁未産先流既産不吮自出是何經受病
癩症何經受病
水腫鼓脹治法云何
傷寒寒熱似瘧表裏陰陽安在
奇經八脉既不拘十二經何起何繼
陰虛火動用滋陰降火之藥不効云何
頭痛頭風有何妙法可療
理中湯用白朮有動氣去朮加桂之説此動氣果病

名否

結核瘰癧係何經絡宜何治法

鬚髮多寡及婦宦無鬚之髮

上盛下虛當暑畏寒何故

聲喑服清肺之藥不効云何

夜不得寐服安神之藥不効云何

鶬鶊能化婦妒果否制服之法若何

問十條

本草序例榆皮爲母厚朴爲子之說

醫學正傳尋常來往之說

直指方耳中三昧之說
得効方養生書云勿以足置云玄處之說
格致論本來面目頭舉目滿空藏之說
醫學正傳閃肭二字何解
直指方茄子疾云何
直指方煉藥黑盞何物
龍骨是真龍之骨否
本草楊芍蕤木猪苓上一字何解巴戟天縮砂蜜天
竺黄下一字何解
朝鮮醫問目錄終

答朝鮮醫問

朝鮮國貢使内醫院正崔順立安邦正尹知微問

文淵閣管理誥勅大理寺左寺左評事王應遴答

問凡人無子調治婦人而不能取效云何

答凡人艱子其因不同寧獨婦人不能生育之故耶

蓋多有男子之故焉夫男子腎虛病有精滑有精

冷有精清或臨事不堅即堅矣或流而不射症爲

盜汗爲夢遺爲便濁淋澁爲腰憊不能轉揺爲勞

熱爲虛寒或服熱藥過多而精耗諸如此類必各

按其症以藥之乃可望生機耳蓋世無不草木之

地然必栽培滌溉得法始足上承造化之氣然又有人不及知而已獨知之之病不語諸人不療以藥既無剖露之言復無調治之法則終于孤獨委之天命亦可悲矣蓋男女之交交其精亦交其神也神交而精不泄何以成形精交而神不接何以入轂有等陰精未到陽精先施如宮牆外望不覩室家之好者又有等陰精先拋陽精後泄如陣後放砲望空而發者總之兩無氤氳光景而神與精不齊到如袁了凡所云自有一種漠然無味處是也夫兩石相擊而後火生吾中國五行先水彼西

方四行先火至理存焉大凡物生皆藉一點動氣
火性內經所云少火生氣是也若命門火衰何以
成生育觀此則艱子者難獨咎婦人矣
問格致論賈氏婦但孕三個月左右必墮何故
答陽施陰化以致成胎必榮衛調和乃經脉周足倘
或氣血虛損不能養胎則胎必致墮三個月時兒
形方化尚未定像手少陰養之心主養此臟不足
則不能榮養蓋心爲五臟之君主血血少則氣必
虛氣血俱虛或偶加以喜怒不調將理失當則邪
熱內熾焉得不墮此賈氏婦一人之病非謂凡胎

皆然下文云診其脉左寸大而無力重取則澁知
其少血云云則治法固自在也左右猶云前後相
近蓋三月之前為二月足少陽養之膽主精而兒
精方成三個月之後為四月手少陽養之三焦内
屬府而兒六府初成此時如花之結果瓣方卸而
實未堅風雨驟侵勢必難于葆毓也不以文害意
又何疑左右二字耶至于世醫療胎動大都謂血
熱則行輙投以芩連梔柏一切凉血之藥不知寒
凉能傷脾血生于脾而又統攝于脾脾氣困弱則
不生不攝不用治本之藥而徒以寒凉療之何異

揚湯止沸非徒無益矣此又治胎墮者不可不知也

問目疾腫熱欲自用苦寒之藥不效云何

答目傷精眇弗能眎世醫止知赤腫熱當從火治而槩用苦寒之藥不知目之爲體輕膜裹水目之爲用陽以生明執定套方用寒藥點洗者譬如內蘊伏火外封冰雪不能消散鬱熱日深目夜受煎久之必乾枯而爲塌陷矣用寒藥服餌者譬如火方內灼注水急澆裂焰被衝熱氣必熾熾而上起爍木被燔久之必努肉而爲翳障矣或云此是陽有

餘而陰不足夫陽果有餘自但一時燥赤而何至欲省不知此有餘特相火耳不可以陽言也蓋陰陽虛實貴在平調王太僕云無陽則陰無以生無陰則陽無以化故補陰必佐以補陽而益血當兼乎益氣如謂目病但屬血而與氣不相關則內經何以云氣脫者目不明耶眼科諸書有謂肝木不平內挾心火火勢妄行故神水受傷而爲內障者有謂酒色不節胃氣內傷目失其明宜服補腎之藥者有謂足厥陰肝主目在志爲怒怒甚傷肝傷肝則神水散久則先不收者有謂凡治目宜先補

腎次治肝肝是腎苗腎是肝主治肝則神魂安定補腎則精魄自流通者有謂目是肝之外候肝取木腎取水水能生木母腎子肝故肝腎氣充則明肝腎氣乏則昏可見氣所以帥肝腎導精血而發光明于兩目者有謂臟腑精氣皆上注于目而爲之精故目爲魂魄所常營神氣所自生者有謂血氣不至則目盲雖内經有人卧血歸肝肝受血能眎與目得血能眎之旨然令氣衰乏則血雖盛亦必不能自致于目陽先陰後氣運而血必隨之者九此皆所謂補陰必佐以補陽益血當兼乎益氣

之說也丹溪治一老人目忽盲他無所苦急服參膏二觔輙效愚昔病目半年專主健脾方愈余友何氏曾患此云用熟附而痊又云見一人用稜莪消食積之劑蓋病源多在血氣脾胃必非槩用苦寒之藥所能療也

問咽喉腫痛服盡寒凉之藥不愈云何

答咽喉之症不同總之火熱爲患夫降火以凉治熱以寒理也然有用盡寒凉之藥而病依然反生泄瀉之症而痛甚者安可無變通救本之術蓋亦有腎虛而虛火上客者矣亦有肝虛而病生于咽者

矣經曰眞陰太虛陽氣飛越遂成咽病六脈浮大重取必濇可辨也又曰形樂志苦病生于咽又曰肝者中之將取決于胆咽爲之使六脈弦而帶數可辨也夫肝腎既虛火必上厥務以大劑補藥滋之若緊用涼瀉知其必不効矣予親見一人喉痛兼瀉六脈沉微意其上熱者假熱下瀉者眞寒也投以温補之劑立愈又一人喉痛六脈洪數動搖疑其必虛火上泛也用大補陰藥佐以熟附下咽痛即除蓋喉痛雖上熱寔由下虛寒世人徒治上而不治下何恠乎久病不痊耶

問血氣並虛當調治何臟爲先

答凡人根本此性命只血氣兩者若男若女非不均有血氣但不量精神不調勞逸終日役役勉強運爲神力疲倦饑飽越常喜怒失節憂患過度色慾無窮遂使五臟氣血偏枯此虛損所由生也其症晝少精神夜多惡夢或頭眩眼昏或胷滿氣短或耳鳴口苦或心煩不安或咳嗽面紅或汗多發熱或寒熱交作或四肢怠惰或百節酸痛或腰膝無力或食減形瘦皆虛損之症也是雖五臟皆病然當治心腎爲急蓋人得病多在二臟失調也調治

之法唯當補精益血為主固不可峻用熱劑以燥
虚陽亦不可固用涼藥以傷胃氣經曰虚者補之
勞者溫之安其五臟調其寒熱又云形不足者溫
之以氣精不足者補之以味凢滋補之藥當用和
平然補腎又不如補脾為捷蓋人身以脾胃為主
土寄王于四時也人能節飲食省勞役使脾胃充
實元氣上升飲食美節生精輸運灌漑四臟上交
心火下益腎水則水火既濟百病不生又何有氣
血虚損之症耶

問齒痛上下牙腫經絡何屬

答古人有謂上牙屬胃惡寒而喜熱下牙屬大腸喜寒而惡熱全于腎家無屬者不知腎主骨齒爲骨餘故腎氣充而牙生腎氣衰而齒墮足陽明脉入上齒縫中手陽明脉入下齒縫中其屬胃屬大腸者自其脉之所屬在上下齒縫中非齒之上下分屬胃與大腸也故有齒病用清胃散者謂齒間之肉屬胃胃熱則涼之故也要之齒之稿與不稿還屬腎之枯與不枯耳故齒之眞牙乃牙之最後生者其生于腎氣之方盛故其稿獨先也然又有由于内有濕熱忽被風寒冷飲所鬱則濕熱不得外

達所以作痛者是寒爲標而熱爲本也宜用辛溫之藥攃漱以散其外寒用辛凉之藥服餌以散其內熱則標本兩攻無不愈者又有溫熱被寒而痛亦在齦者似齒痛而實非齒也但燥濕解熱即愈又有虫蛀而痛者非取虫痛不止亦不可不知也

問小便不利何藥療之得効

答小便不利其因有三有因津液偏滲于腸胃大便瀉而小便澁者有因熱摶下焦津液熱而不行者有因脾胃氣澁不能通調水道下輸膀胱而施化者一則分利之二則泄滲之三則順氣施化之而

病可愈也然東垣又云皆是邪熱爲病宜分氣血而治在渴與不渴辨之如渴而不利則熱在上焦肺分故也蓋小便太陽膀胱所主也肺金生水若肺熱不能生水是絶其水之源也經云虚則補其母宜清肺而滌其化源故當從肺之分助其秋令水自生焉又如雨如霧如霜皆從天而降也且藥有氣之薄者乃陽中之陰是感秋清肅殺之氣而生可以補肺之不足淡味滲泄之藥是也如不渴而不利則熱在下焦血分故也蓋熱閉下焦者腎也膀胱也乃陰中之陰陰受熱邪閉塞其流易老

云寒在胷中遏塞不入熱在下焦填塞不入須用感寒水之化氣味俱陰之藥以除其熱泄其閉塞經云無陰則陽無以化若服淡滲之藥其性乃陽中之陰非純陰之劑陽無以化何以補重陰之不足也須用感地之水運而生大苦之味感天之寒氣而生大寒之藥此氣味俱陰乃陰中之陰也大寒之氣人感之生腎此藥補腎與膀胱受陽中之陰熱火之邪而閉其下焦使小便不通也夫用大苦寒之藥治之法當寒因熱用如熱在上焦則山梔黄芩之類熱在中焦則黄連芍藥之類熱在下

焦則黄柏知母之類是也

問痔漏當何法治之

答凡痔漏腫痛内經曰因而食飽筋脉横解腸澼爲痔久而不愈變爲漏痔與漏病異而治法則同也至真要大論云太陽之勝凝凓且至非時水氷痔瘧轉發註云水氣太勝陽火不行此言陽火畏水鬱而爲痔也又云少陰之復疿疹瘡瘍癰痓痔註云火氣内蒸金氣外拒陽熱内鬱故爲疿疹瘡瘍痓甚亦爲痔也熱少則外生疿疹熱多則内結癰痓少陽有熱則中外爲痔其熱復之變皆病于身後

及外側也又靈樞經云太陽經虛則爲痔瘻癲疾蓋水虛則火所乘故也大都此病是濕熱風燥四氣相合而成治法惟去其四者當以順氣藥兼之以苦寒瀉火解其熱毒以辛溫和血潤其燥疎其風止其痛然必須大忌房勞戒食炙煿辛熱之物庶乎其可瘥耳

問中風口眼喎斜經絡之辨

答中風口眼喎斜世醫以掉眩治之而不效者何蓋因知竅而不知經知經而不知氣耳夫人首有七竅人但知目病歸肝口病歸脾耳病歸腎舌病歸

心豈知目之内眦上下二綱是足太陽及足陽明起于此目之鋭眦是足少陽起于此手少陽至于此鼻之左右是足陽明手陽明俠于此口之左右亦此兩經環乎此故七竅有病不可獨責之五臟而當歸之六陽經也此所謂知竅而不知經也靈樞經云足之陽明手之太陽筋急則口目爲僻此十二經及受病處也非爲病者也及爲病者天之六氣也六氣者何風火暑濕燥寒是也此所謂知經而不知氣也然則口耳喎斜何經乎何氣乎足太陽足陽明左目有之右目亦有之足陽明手陽

明口左右之口右亦有之此兩道也又靈樞經云足陽明之筋其病頰筋有寒則急引頰移口熱則筋弛縱緩不勝收故僻也是左寒右熱則左急而右緩右寒左熱則右急而左緩故偏于左者左寒而右熱偏于右者右寒而左熱也夫寒不可徑用辛熱之劑也蓋左中寒則逼熱于右右中寒則逼熱于左陽氣不得宣行故也而況風者甲乙木乎口眼陽明皆為胃土風偏賊之此口眼之所以僻也是則然矣七竅惟口目喎斜而耳鼻獨無此病者何也蓋動則風生靜則風息理之常也易象震

巽主動坤艮主靜動屬木靜屬土卦名曰觀視之理也視目之用也目上綱眨下綱不眨故觀卦上巽而下坤卦名曰頤養之理也養口之用也口下頷嚼上頷不嚼故頤卦上艮而下震口目常動故風生焉耳鼻常靜故風息焉常思目雖斜而目之外廓未嘗斜口雖喎而口之輔車未嘗喎此經之受病非竅之受病昭昭矣于此不得明治法耶

問咳嗽日久不愈何以治之

答咳嗽日久不愈大都先起内傷繼挾外感而後又藥誤以成之也即使純是感冒亦當窮其感之所

自感所自者乃脾肺氣虛腠理不密經所謂邪之所湊其氣必虛是也若嗽而無痰是脾肺虛熱或心腎火邪刑觸肺金而作聲也若嗽而有痰是脾不攝涎或腎不攝水隨氣上泛而爲痰也況脾肺一虛則無以生腎滋肝而肝腎眞陰因亦虛耗又二臟俱挾相火若眞陰一虛則相火隨熾上爍肺金亦令咳嗽且肝又主筋腎又主骨位皆居下主左腰膝肝腎一虛則遍身筋骨與腰膝間非苦攣縮必患痠痛無疑矣故此症初起審有外邪便當以調補爲主而稍兼踈散若嗽已日久則大忌寒

凉剋伐之藥必用扶脾保肺滋益化源若或專主散邪則邪未必散脾肺益傷脾傷則清氣下陷而爲飧泄濁氣上壅而爲腹脹穀氣不運而爲惡食爲痞羸血不華色而爲面黑爲黃槁矣肺傷則水失化源而爲焦渇木寡于畏乘脾侮土而爲泄瀉大腸氣脫而爲便頻爲脫肛衛氣不固而爲畏寒爲自汗又或重亡津液而咳唾膿血爲肺痿爲肺疽矣古云嗽久成癆暫起者易治若久而脾虛潮熱脉數面時發紅盜汗肉削可慮也故凡治久嗽切勿用瀉肺破氣及燥劫苦寒之藥而必從滋補

消息之然又有等素傷食物腸胃垢積濁氣上熏于肺而爲熱嗽者是必消積淸脾令痰淨胃和乃安總之必憑脉聚症爲妙耳

問婦人乳汁未産先流既産不吮自出是何經受病

答婦人兩乳並陽明之經也陽明爲水谷之海谷氣既盛則溢于衝脉而下爲月經經血因養胎而不行則津液自上溢而爲乳汁未産先流不吮自出多是氣虛不能收持然血不足者僅能養胎血有餘者養胎有餘亦未産先流之故也血不足者吮之不來血有餘者不吮亦出亦不吮自流之故也

大都下爲月經上爲乳汁總此陽明所主不上則
下非有餘則不足是必然之理而非他經所受之
病治法補氣調血之外無他術也
問癩症何經受病
答癩風之病外則鼻柱壞爛肌肉瘍潰固是陽明經
分所受風木之邪明矣其内有臭涎惡血生蟲之
類何以致然蓋厥陰主生五虫本于相火熱甚而
制金金衰故木來尅侮肺受熱而氣不清也況血
隨氣運涎隨氣降既不能爲之施化則血聚而涎
積血積久則汚惡涎積久則臭濁濕涎熱血相爲

薫蒸久則肌肉壊爛而生虫治之使邪出于齒縫穀道間者是皆陽明經之脉絡蓋真土敗木賊之症也然又有因血熱得寒所致者或夏月勞甚而入水澡浴或冬月酒後而踢氷履霜及入水由是濕熱欝于内而不散風寒客于外而不行内外怫欝既久而漸成肌肉敗腐矣經所謂熱勝而肉腐是也大抵此症歸重于手足陽明經夫手足陽明胃與大腸主之脾肺二經之府也脾主肌肉而肺主皮毛乃腑及于臓病也經曰腸胃為市無物不受無物不包故其熱毒積于中而形于外耳治法

宜先取陽明而後及太陰亦本而標之之義也又必先殺虫除濕瀉火然後生血凉血祛風導滯降陽升陰而病自愈矣

問水腫鼓脹治法云何

答通身面目浮腫曰水腫腹大如鼓而面目四肢不腫曰脹滿總之脾土濕熱爲病也但腫輕而脹重水腫則飲食如常鼓脹則飲食異昔然其脹屬脾胃者飲食少屬他臟腑者飲食如常不可不分表裡淺深也又脹在皮膚經絡間者飲食如常在腸胃肓膜間者飲食減少如其氣壅塞于五臟則喘

促不食而勢危矣故病在表者易治入府者難治入臟者不治更要分虛寒實熱其臟腑之氣本盛被邪塡塞不行者爲實其氣本不足因邪所壅者爲虛實者枯之虛者補之寒者熱之熱者寒之結者散之留者行之邪從外入而盛于中者先治其外而後調其內邪從內出而盛于外者先治其內而後調其外陰從下逆上而盛于中者先抑之而後調其中陽從上降下而盛于中者先擧之而亦調其中但使陰陽各歸其部而病自除矣内經治法謂平治權衡去菀陳莝開鬼門潔淨府宣五陽

巨氣乃平此之謂也

問傷寒寒熱似瘧表裏陰陽安在

答寒熱似瘧即寒熱往來而邪正分争也蓋邪氣之入正氣不與之争則但熱無寒若邪正分争則寒熱于是乎作矣夫寒邪爲陰熱邪爲陽裏分爲陰表分爲陽邪之客表爲熱而邪與陽争則爲寒邪之入裏爲寒而邪與陰争則爲熱若邪在半表半裏則外與陽争而爲寒内與陰争而爲熱表裏之拘内外無定由是且來且往寒熱日發有三五發甚而十數發不止者若以陰陽相勝陽氣不足則

先寒後熱陰氣不足則先熱後寒此論雜病陰陽二氣自相乘勝則然非可以語傷寒也趙氏曰詳仲景論止分皮膚骨髓而不曰表裏者蓋以皮脉肉筋骨五者素問以為五臟之合主外而充于身也惟曰臟曰腑方可言表裏可見皮膚即骨髓之上外部浮淺之分骨髓即皮膚之下內部深沉之分與經絡屬表臟腑屬裏之例不同也是知虛弱素寒之人感邪發熱熱邪浮淺不勝沉寒故外怯而欲得近衣此所謂熱在皮膚寒在骨髓藥用辛溫至于壯盛素熱之人或酒客輩感邪之初寒未

變熱陰邪蔽其伏熱陰凝于外熱畜于內故內煩
而不得近衣此所謂寒在皮膚熱在骨髓藥之宜
用溫凉必矣若以皮膚爲表骨髓爲裏則麻黄湯
證骨節疼痛其可名爲有表復爲有裏之證耶

問奇經八脉既不拘十二經何起何繼

答二十八難所云奇經八脉督脉行背而應乎陽起
于下極之俞下極長強穴任脉行腹而應乎陰起
于中極之下以上陰毛之際衝脉若衝之衝而氣
行于上謂十二經脉之海起于氣衝此三脉之源
也帶脉如帶束腰關循環十周不可以端言也陽

維陰維乃維絡之經如綱之目亦無端也陽蹻附于太陽陰蹻附于少陰陽蹻由申脉上行陰蹻由照海上行此陰陽蹻之端也此八脉之槩非十二經所能拘也

問陰虛火動用滋陰降火之藥不効云何

答腎精爲吾人眞水雖曰眞陰然于卦爲坎坎中一陽而外包二陰若人色慾過度陰精消耗止剩孤陽無陰包養則陽火飛騰浮散于外而假熱之症種種見前世醫但執以寒治熱之說而反症誤投元氣大壞爲害豈細是必用溫養肝腎之藥而使

之含陽兼用引陽歸經之藥而使之生陰則水生火熄神氣自清而煩躁灼爍之火當自定矣故古人謂陰虛謂陽中之陰虛也謂陽虛謂陰中之陽虛也若純于補陰必是陰氣獨損而陽氣未甚虧者乃可耳若陰虛之極陽無以化久之終至于陽陰俱虛矣王大僕云陰精損削于內陽氣耗散于外丹經云精失而元氣不生元陽不見是皆明言陰虛于前陽亦隨絶于後也故凡治陰虛不可不兼補陽也倘必執純于補陰而弗窮眞寒假熱之症豈未聞陽盛則熱陽虛則寒陰盛則寒陰虛則

熱之說乎倘虛陽漸盡又復以苦寒之劑剋伐之則其劇也必將熱之不熱體冷如水如靈樞所云六陽氣絶則陰與陽離離則湊理發泄絶汗乃出旦占夕死夕占旦死又如仲景所云陽氣前絶陰氣後竭其人死身色必青彼時計將安出耶雖然此論近亦有知者但溫養肝腎等藥不過桂附等倘用之不當其禍立見必乎脉之陰陽詳察之乃可耳

問頭痛頭風有何妙法可療

答淺而近者名頭痛深而遠者名頭風頭痛卒然而

至解散即安頭風時作時止有觸輙發且發時必嘔吐素問曰頭痛巔疾上虛下實過在足少陰巨陽甚則入腎徇蒙招尤目眩耳聾下實上虛過在足少陽厥陰甚則入肝夫下虛者腎虛也腎虛則頭痛上虛者肝虛也肝虛則頭暈徇蒙如以物蒙首招搖不定目眩耳聾若暈狀故肝厥頭暈腎厥頭痛大都清陽出于上竅使清陽上升則濁氣隨降元首肅清邪氣不擾使腎陰克足則水能制火邪火不炎使中氣不虧則氣能乾運無所蹇滯如是而何頭痛之有然又有勞碌之人因元陽虛損

而痛者宜補中益氣湯加蔓荊之類有房勞之人因腎水不足虛火上炎而痛者宜六味湯加故紙牛膝之類有飲食之人因陽明氣壅滯上冲于太陽顴頰而痛者宜消食清痰有因中氣虛寒嘔吐清水而痛者宜六君子補劑凡此更出于風寒暑濕血氣諸例之外又不可不知也

問理中湯用白朮有動氣去朮加桂之説此動氣果病名否

答動氣之説出于仲景而成無已註曰動氣出于臍下或左或右或中築築然跳動乃下部腎中之氣

挾外邪桀繃而動也夫腎氣宜靜不宜動白朮性燥更能動氣所以去此而加桂免滯使利之意此動氣之説也

問結核瘰癧係何經絡宜何治法

答結核瘰癧分別自明薛立齋云不變不痛按之不硬者名痰核宜推其因而治其本筋攣于項側耳前後胸脇腫脹而發寒熱者名瘰癧總之宜推因治本大都此症有因肝火血燥而不能榮筋者有因嗜慾無節而腎弱水虧致筋縮而踡結如塊如核者有因老年陽火内衰下焦清冷氣血弗榮筋

失所養故燥縮而爲攣結聚而成瘰核者有因曾經失血血少筋枯筋之血濡故攣急而結核者有因過用凉藥以滋陰降火伐正黨邪而犯苦以堅之寒則蹝縮絀結者凡此皆見于肝胆部分以肝經多血少氣胆經多氣少血少血則濡潤有虧少氣則運行無力故致此耳治法不過滋腎水生肝木養陰血培脾土而已蓋腎水旺則肝火自淸肝火淸則陰血自生陰血生則相火自寧相火寧則自無熱傷血氣火乘木勢之患矣若竟作痰火而以辛燥苦寒之藥攻久服消散之功則辛能散氣

氣散而肺主虛燥能涸血血涸而榮氣亡寒以傷生化之原苦以作堅強之禍如是而求痰清核散焉可得哉雖然結核竟非痰耶何立齋又云有痰核之症耶且使苦寒辛燥不可久消將何法治之立齋推因治本之說可繹已蓋所謂推因謂求之七情也所謂治本謂責之肝腎也夫痰症何與于肝腎乎曰七情怒氣屬肝即前云怒損肝脾血虛火旺血燥筋攣者是也且云痰屬腎其義微矣蓋痰之生也原于水其動也原于濕其塞也原于氣其熱也原于火腎虛則水泛脾虛則濕生肺虛則

氣滯心盛則火炎故治痰之本必補腎以攝水温
脾以收濕治痰之變必益肺以升降諸氣清心以
制伏火邪如是而痰沸浄核沸消未之有也

問鬚髮多寡及婦宦無鬚之變

答鬚髮所屬各有專經巢元方云足少陽膽之經也
其榮在鬚足少陰腎之經也其華其髮衝任之脉
爲十二經之海謂之血海其別上絡唇口若血氣
盛則榮潤于頭故鬚髮華美若血氣弱不能榮潤
故鬚髮禿落觀此則髮屬腎而非心鬚屬膽而非
腎明矣乃有謂髮屬心稟火氣而上生鬚屬腎稟

水氣而下生此蓋以炎上潤下取象而牽合之者然與巢氏之說何如靈樞經云足陽明之上血氣盛則髯美長血少氣多則髯枯短氣少血多則髯少血氣皆少則無髯又云足少陽之上氣血盛則通髯長美血多氣少則通髯美短血少氣多則少鬚血氣皆少則無鬚又云手陽明之上血氣盛則髭美血少氣多則髭惡血氣皆少則無髭又云手太陽之上血氣盛則多鬚又云通髯極鬚者少陽多血美鬚者陽明多血夫足陽明胃也足陽明之上謂乃經脉穴道之行于上體如巨窌穴俠鼻傍

地倉穴俠口吻皆謂之上而髯之所生者也足少
陽膽經也足少陽之上謂九經脈穴道之行于上
者如風池腦空正營之類皆行于耳後而屬于膽
經曰通髯乃髯之連鬢而生者也手陽明大腸經
也手陽明之上如禾髎在鼻孔之旁迎香在水溝
之旁皆穴道之行于上而髭之所生者也手太陽
小腸也手太陽之上如天容在曲頰之後顴髎在
顴骨之下皆穴道之行于上而鬚之所生者也蓋
口上曰髭頤下曰鬚在頰曰髯各隨其本經氣血
盛衰而為多少美惡者也巢氏止舉足少陽少陰

二經而不及足陽明與手陽明太陽三經挂漏甚矣惟腎華在髮一語則素問六節藏象論有云腎者主蟄封藏之本精之處也其華在髮又五藏生成篇亦云腎之合骨也其榮髮也蓋以腎水主受五藏六府之精而藏之也又腎主骨髓腦者髓之海而髮乃髓之所養故華在髮且經所謂榮髮華髮者以腎爲精髓之原而髮所賴以滋榮華美云耳未嘗謂髮所由生屬乎腎也又以鬚髮之長短美惡由于手足少陽太陽及陽明之氣血多少盛衰云耳亦未嘗謂鬚所由生屬乎膽也今巢氏之

說不太內經豈其生知神解反出上古軒岐耶又
婦人無鬚何也婦人非無血氣也其衝任之脉血
脉也循腹上行會于咽喉而絡于唇口氣血盛則
充膚熱肉血獨盛則澹滲皮膚生毫毛婦人之生
有餘于氣不足于血以其數去血而衝任之脉不
榮口唇故鬚不生也又宦者無鬚何也宦者非無
氣血也宗筋與衝脉相連屬去其宗筋則傷衝脉
血瀉不復皮膚內結唇口不榮故鬚不生也又有
男子終身無鬚何也由任衝不盛宗筋不成有氣
無血唇口不榮天之所獨不足者也大都膀胱多

血者必眉美膽經多血者必通髯陽明多血者必
鬚長總之鬚髪之生必本乎血也
問上盛下虛當暑畏寒何故
答天之生人不過陰陽陰陽即血氣也血氣即水火
也火熱而水寒若周身之陽氣流佈不虧真陰充
足陰陽交媾上體下體不熱不寒縱有寒熱亦不
過旦夕偶然之疾豈有當盛暑炎酷時而不耐其
寒耶惟惟人勞傷太過斲伐太甚或五勞七傷以
致腎中之陽各于二陰二陰剥盡下焦之陽無以
各制飛越而上水火不濟火上升而水下降上本

陽而重陽下本陰而重陰故盛暑不能熱耳乃若
上之盛而熱雖日服寒涼之劑亦不能使之降也
治法雖用温下之藥反以益上焦之熱是必使心
腎交濟陽火下降而不一于升陰水上升而不一
于降陰陽和暢兩得其平上體雖陽而有陰以和
之則不盛下體雖陰而有陽以和之則不虚且是
上體之熱自除下體之寒不作即遇氷雪嚴寒尚
無所畏而況暑月大熱時乎 藥用須補真陰之品
佐以引火歸經之劑如是而上猶盛而下猶冷吾
不信也

問聲喑服清肺之藥不効云何

答聲喑多作痰火風寒治謂肺如鍾磬懸虛則鳴若以物塡實則擊之無聲故治法宜淸痰降火及疎散風寒猶之去鍾磬之塡此蓋以肺爲氣主而聲所從出也然有不盡然者夫肺屬乾金位高體上清虛之體毫不可干若果有痰火風寒之感則金被衝激必且咳嗽而聲重譬如撞鍾擊磬欲不鳴不可得矣何至反病聲喑愚故于塡實無聲之喩未敢盡信爲然也蓋人有嗜慾過度形瘠面黧初無痰火風寒之感而聲响不揚者病在腎而未可

專主于肺也或曰先醫云肺主氣五臟同受氣于
肺而五臟有五聲皆禀氣而通之今謂聲响不揚
不主于肺何耶曰肺爲音聲生腎爲音聲根喉爲
音聲路舌爲音聲機會厭爲音聲戶口唇爲音聲
扉懸雍埀者爲音聲關是知聲從下發腎實甚之
喉舌等緣接應腎音而上出者耳夫水竭其源則
無以下注百川而流潤人虧其腎則無以上接清
陽而出聲故聲响不揚未可專泥于清肺也病屬
太虚只宜用六味地黃丸料加五味肉桂甚者加
熟附數分以補腎根戴元禮云聲音不出服冷有

而愈甚者乃腎經虛寒每劑投附子數片方效須
此則知治主于腎之說非無稽矣若或脈見細數
寢汗骨蒸大便閉小便淋沉凹着席痰涎大出則
多是不起如更清肺金而泄其母氣又所以速其
亡也

問夜不得寐服安神之藥不效云何

答吾人血氣晝行陽夜行陰陽明用事之候人固惺
惺及陰柔主事時則昏昏多寐是氣陽血陰充足
有餘行陰行陽不爽其候也惟血氣兩衰陰陽倒
行所以晝寐而夜反寤耳然亦有因胃氣不和而

不寐者法宜和胃有因痰火爲患不寐者法宜清痰降火有因大病之後不寐者法宜兼補氣血大都諸書所言多用鎮心涼胆收斂神氣之劑是矣第又有依法服藥不効者余親見一人不寐三月矣大補氣血了無一効後一醫用八物湯暗投附子二錢藥下咽即熟寐蓋病以真陰虚損真氣上厥不能下行而不得歸原之故也向無附子不能引藥下行則氣血不得行陰道而歸于原不歸原則不寐之病無瘳期也今藉附子健悍下達之性引八物直抵下焦補足血分得行陰道所以夙

頓除伏観

光宗皇帝聖體違和時七晝夜不寐聲已喑及李鴻臚可灼進紅丸服之即刻熟寐鼾聲外聞逮寤而聲漸響顏頓和頭額微汗徧體稍溫蓋紅丸中有首經性熱投于真陰虛極時自然取効惜乎進之欠早無覩于鼎湖之再泣也然陰虛不寐之不能專用消痰火等藥于此乎一明証矣

問鴝鵒能化婦妬果否制服之法若何

答鴝鵒爲膳能化妬婦之說出于山海經而驗于梁武帝世之解有謂其羽必金衣具黃中之色能化

妬者有謂其鳴必嚶嚶發和喈之聲能化妬者有謂其飛必兩兩棲必雙雙不見于秋冬肅殺之期而必見于春和明媚之候全柔善之性能化妬者嗟乎何其強爲之解也凡鳥色之黃聲之和而見于春明時者詎獨此一種耶大都世醫治病必以其三因妬之爲病豈内因外因不内不外因乎藥之治病必緣其氣味之升降浮沉歛散以五味投五臓之所善惡而補其不足瀉其有餘耳未聞以色以聲以性也語云犬有義兮鴈有序鯉魚能識君臣禮使食鶬鶊而能化則請世之人日食

日食鷹日食鯉魚而柰何只食大鷹鯉魚之人率
多不義不弟而全不知君臣之禮也爲是說者是
寓言即人而不知鳥乎之意也故嘗賜群臣有順
陛下廣修此膳徧食群臣便不才者不妬有才挾
私者不妬奉公濁者不妬清貪者不妬廉亦助化
之一端等語則其意可知焉得誕爲實然而欲示
制服之法眞所謂盡信書矣夫鈇疑有明訓古今
本草八百餘家新舊本幾二千種旣不載鶚鷹則
明明無此藥性可知存而勿論可也

余書生于醫道原未窺藩籬茲答第偶呈蛙見耳其來問而不能答者尚種種既不能妄答以昧此心又不忍終不答以令我
天朝見誚于異國也敬臚列于左以俟
當世高明各出所見以答之庶免厚顏于彼耳便中示知懸踶懸踶　應遴識

問本草序例榆皮為母厚朴為子之說

問醫學正傳尋常來兌之說

問直指方耳中三昧之說

問得効方養生書云勿以足踐云玄處之說

問格致論本來面目頭舉目滿泛臧之說

問醫學正傳閃肭二字何解

問直指方茄子疾云何

問直指方煉藥黑盞何物

問龍骨是真龍之骨否

問本草楊芎藥木猪苓上一字何解巴戟天縮砂蜜

天竺黃下一字何解

朝鮮醫問答大尾

皇都中村孫兵衛富平鐫板

施治所綱領者在虛與實爾苟不察此二
者妄投藥則有虛虛實實之誤何獲更生
蓋論當時醫術之次客語有偏温補者自
稱薛氏流余曰是何言與夫薛氏節飽照
虛實療之於其實者視參附如蛇蠍就想
其自稱纔見流行之醫按未知全集醫按
中有偏補者實實用寒凉攻擊等之按矣
彼流行之按者黃承昊任所好蒐輯虛虛

按於全編中而備鑑焉薛氏奚翅偏濕
補哉惜乎見醫按者偏屬朝鮮醫問答
出焉試其所答論薛氏之奥義而能分辨
虛實今斯二十四條殆雖作省略然藉茲
擴充則臨諸疾悟機變之活法歟中村氏
已登梓乞余一言幸樂讀東觀書爲之跋
享保五年庚子扶達子禿計堅
洛東逸士長岡恭齋丹堂